La Belgique Insolite et Mystérieuse

N.V. READER'S DIGEST S.A.
12A, Grand Place
1000 - Bruxelles

La Belgique Insolite et Mystérieuse

Reader's Digest

LA BELGIQUE INSOLITE ET MYSTERIEUSE

Direction littéraire : Guy DU CHAMPS — Direction technique : Michel CONVENS

Coordination générale et direction artistique
Albert de VISSCHER

Conseillers de la rédaction : Arlette LARET, Docteur en Philosophie et Lettres, Premier Assistant à l'Université Libre de Bruxelles — Jean BAERTEN, Docteur en Philosophie et Lettres, Professeur ordinaire à la Vrije Universiteit Brussel

REDACTION

Préface de Thomas OWEN, Membre de l'Académie Royale de Langue et de Littérature française de Belgique — Introductions d'Arlette LARET, Docteur en Philosophie et Lettres, Premier Assistant à l'Université Libre de Bruxelles.

Auteurs : Richard BOIJEN, Licencié en Histoire, Chercheur Scientifique du Musée Royal de l'Armée et d'Histoire Militaire — Jean-Paul COLLETTE, Licencié en Philosophie et Lettres, Journaliste — Louis DEVILLE, Licencié en Philosophie et Lettres, Directeur de l'Institut Commercial de Laeken — Claude HERMINAIRE, Journaliste — Marc JASINSKI, Licencié en Sciences — Daniel MALLINUS, Journaliste — Jacques PAUWELS, Licencié en Sciences Géographiques, Professeur honoraire à la Ville de Bruxelles — Henri PRÉMONT, Sociétaire de la Société des Gens de Lettres — Claude STERCKX, Docteur en Philosophie et Lettres, Chargé d'enseignement à l'Université Libre de Bruxelles — Raymond TERCAFS, Docteur en Sciences zoologiques — Erik VAN HOORICK, Journaliste — Jacques VAN LENNEP, Licencié en Philosophie et Lettres, Archéologie et Histoire de l'Art, Attaché, Musées Royaux des Beaux-Arts de Belgique — Jean-Claude VAN TROYEN, Licencié en Journalisme et Communications Sociales, Journaliste — Charles WIRTZ, Licencié en Philosophie et Lettres, Professeur à l'Athénée Adolphe Max

Correction des épreuves : Marie-France KOZYREFF, Diplômée d'études supérieures de l'Université de Paris

Traductions : H. BIJLEVELD

ICONOGRAPHIE

Introductions et jaquette : Guy PHILLIPPART de FOY

Reportages : Pierre CLAREBOUT — Paul COERTEN — Marc DEJAEGHER — Daniel MALLINUS — Gérard MATTHIEU — Guy PHILIPPART de FOY — Alain SCHRÖDER — (Pour le crédit photographique complet, voir page 302)

Illustrations : Geneviève MASOIN, Graphiste

CARTOGRAPHIE

GEOCART, Sint-Niklaas

Documentation : Marie-Paule VAN OBBERGEN-LAMBRECHT, Licenciée en Histoire de l'Art

MISE EN PAGE

Albert de VISSCHER

COORDINATION GRAPHIQUE

A. DE LAET, Graphiste

PREFACE

Monuments insolites ou chargés de mystère, sites où les gens du lieu hésitent à s'engager, maisons secrètes portant quelque malédiction qui se poursuit d'âge en âge, cimetières qui parfois s'allument d'étranges feux, calvaires que la foudre abat tous les cent ans, trous qui jamais ne se comblent, pierres levées dressées parmi les orties, mille superstitions, mille faits inexplicables méritent d'être évoqués.

C'est bien l'intérêt de ce livre étrange et touffu que le recensement, le classement et la présentation de tant de croyances, de traditions orales, de vestiges, de traces laissées dans la roche, de signes imaginaires... L'érudition, en ce domaine, des rédacteurs de « La Belgique insolite et mystérieuse » est vraiment extraordinaire.

Sans doute, certaines croyances se sont altérées avec le temps. Ainsi, la guérison de la rage par apposition de la clé de Saint-Hubert, devenue peu fréquente depuis la découverte du vaccin de Pasteur, succédait déjà à une autre pratique : un prêtre faisait au front du « mordu » une légère incision, et y plaçait un minuscule brin de fil prélevé à l'étole de Saint-Hubert. Mon père, de tradition familiale, fut traité de la sorte en 1889, après avoir été attaqué par un chien furieux. A cette guérison, je dois la vie !

Ma grand-mère Sophie Fontaine, née à Chassepierre, et qui connut les petites fées de ce lieu, soignait la conjonctivite en plaçant en croix, au poignet du malade (côté veine), deux herbes d'elle seule connues, qui chassaient le mal dans les deux jours. La même fabriquait d'herbes et de feuilles fraîches écrasées — mais lesquelles ? — une grosse boule verdâtre qui, servant d'emplâtre, soulageait en quelques heures la sciatique, mais laissait à la cuisse une cuisante brûlure.

On a connu beaucoup de ces remèdes simples, de ces prières, de ces pratiques, depuis l'urine de sanglier chauffée au bain-marie pour les maux d'oreille, jusqu'à la cire vierge mêlée de grains de blé carbonisés, réduits en poussière rugueuse, pour soigner les brûlures profondes, en passant par la moelle de bœuf fondue pour nourrir le cuir chevelu des coquettes.

Toutes ces choses me sont revenues à l'esprit en lisant ce livre étonnant, si riche et si pittoresque.

Que de souvenirs évoqués ! Le jeu d'osselets qui permettait d'entrevoir l'avenir ; le squelette d'un tout petit enfant blotti dans la poussière sur la haute poutre d'un grenier à foin ; le soubassement éventré d'un vieux cimetière d'où pointait, entre les pierres éboulées, un os blanc qu'un chien noir inconnu emporta, sous mes yeux, d'un air sournois.

Tout ce que l'on rencontrera dans ce beau livre de maléfices, de mystères et de conjurations — personnages, lieux sacrés ou maudits, dates fatidiques, animaux familiers ou sauvages, prières et formules magiques, feux follets et odeurs de sainteté, parfum de soufre et de foin coupé, verres qui se brisent, lampes qui s'éteignent, ardoises qui glissent du toit, arbres que secoue une invisible tempête, alors que tout est paisible aux alentours — autant de choses qui ouvrent un champ immense à nos rêveries, à nos craintes héritées de l'enfance, à notre curiosité imprudente de l'inconnu.

Retrouvons donc ici la crédulité des anciens âges et laissons-nous emporter sur les ailes du merveilleux pour une évasion dont les bornes ne sont jamais atteintes.

Thomas Owen

THOMAS OWEN.

TABLE DES MATIERES

DES REVES D'OR

UNE VIE SOUTERRAINE

LE SECRET DES PIERRES

UN PASSE DE LEGENDES

ENIGMES

Croyances d'hier et d'aujourd'hui

Croire, oui. Mais à quoi et surtout à l'intérieur de quel périmètre
autorisé par la lucidité et l'esprit critique ?
Au-delà des dogmes et des doctrines de l'Eglise s'étend en effet une zone
incertaine où la foi côtoie la crédulité, où la religion le cède
à la superstition.
« Soutenir la piété jusqu'à la superstition, c'est la détruire », affirmait Pascal.
Peut-être, mais où placer le garde-fou ? Et qui, prêtre ou laïc,
prendrait sur lui de taxer d'impie le malade incurable qui appelle le miracle
au passage d'un reliquaire ou le désespéré qui baise
avec ferveur le pied d'une statue ?
La maladie, la pauvreté, la misère morale furent séculairement les sèves
nourricières de pratiques à caractère magique,
lesquelles sortaient en droite ligne de la nuit des temps.
Les fontaines curatives, les arbres guérisseurs,
les lieux chargés d'énergie naturelle étaient déjà vénérés par les Gaulois
et, lorsque vinrent les évangélisateurs chrétiens,
ceux-ci eurent la sagesse de n'y rien changer,
sinon de consacrer à Dieu ou à un saint ce qui l'était préalablement
au vent, au feu ou à la pluie.
Aujourd'hui, sources bienfaisantes et arbres thaumaturges sont toujours là,
dans nos campagnes.
A vous, lecteur, d'en éprouver les vertus.
En revanche, si vous cherchez de véritables sorcières, il y a peu de chance
que vous en rencontriez encore.
En rêve, — qui sait ? — si vous vous assoupissez dans certain pré au bord
de la Semois ou sous un tilleul du côté d'Audenarde.
Point de superstition, encore moins de magie dans les apparitions
mariales de Beauraing, de Banneux,
dans les sanglants stigmates de Louise Lateau.
Manifestations surnaturelles, phénomène inexpliqué ?
Sans nul doute, mais surtout affaire d'intime conviction pour
beaucoup d'entre nous. Laissons donc passer le noir cortège des
pénitents et réjouissons-nous de ces centaines de petites flammes claires,
qui, au poing des participants de la procession de Montaigu,
ensoleillent la grisaille de novembre.

Le musée anversois du Folklore abonde en objets magiques, dont certains—poussiéreux grimoires, crânes ivoirins, corbeaux, hiboux et crapauds empaillés ou séchés — firent partie de la panoplie des sorciers de jadis. C'est cependant à la collection des poupées de cire que la palme de l'étrange doit revenir. Un étrange d'autant plus inquiétant que ces simulacres étaient en fait destinés à provoquer à distance le trépas de celui ou celle qu'ils étaient censés représenter.

Envoûtements et vaudou ressortent à première vue de pratiques étrangères à l'Europe occidentale et la sorcellerie semble avoir rallié aujourd'hui le domaine du fantastique et des contes noirs. Pourtant, le temps n'est pas si lointain où les sorciers jouissaient en Flandre d'une exécrable réputation, qui les faisait craindre et rechercher tout à la fois par le bon peuple, avide d'user de leurs charmes d'amour et de haine. Grâce à eux, il n'y avait point de passion unilatérale, point d'amours impossibles et si d'aventure l'un des partenaires venait à se lasser, le Diable alors scellait la réconciliation ou faisait souffrir mille morts à l'inconstant.

L'affaire prenait une tournure franchement redoutable lorsque le sorcier, pour parfaire un envoûtement de haine, se servait d'une poupée pétrie de cire vierge à la ressemblance de la personne à persécuter.

Les traits n'étant souvent qu'imparfaitement figurés, il importait de « charger » la poupée d'éléments corporels prélevés à l'insu de la future victime : tissu taché de sang, rognures d'ongles, cheveux, voire même excréments, qui étaient incorporés à la cire, mêlés à des fragments d'hostie.

POUPEES DE CIRE ET DE MORT

Anvers

Selon la tradition, la poupée était baptisée rituellement du nom de la personne à tourmenter et était ensuite transpercée de longues aiguilles chauffées à blanc ou empoisonnées.

D'horribles imprécations accompagnaient les séances de torture du simulacre, dont la tête et la poitrine étaient particulièrement malmenées.

Instantanément, la femme ou l'homme visé par cette malveillance magique souffrait les tourments de la poupée et dépérissait bientôt jusqu'à en mourir. Ces pratiques barbares ont tant épouvanté nos devanciers qu'artistes et écrivains les illustrèrent dans leurs œuvres. Pieter Verhaeren consacra l'une de ses toiles aux poupées d'envoûtement, et des récits d'Henri Conscience et de Somerset Maugham témoignent de la vitalité de cette forme de magie dans la conscience populaire.

Les poupées du musée du Folklore d'Anvers, bien qu'en assez mauvais état, exsudent encore la peur superstitieuse qu'elles engendraient dans les villages enténébrés, livrés aux puissances mauvaises de la nuit.

En 1938, la revue « Tijdschrift van Geschiedenis en Folklore » se faisait l'écho d'un récit d'envoûtement que nous relatons ici en guise de conclusion :

« Dans le 'Hoehoek' à Brecht, un petit enfant au berceau ne cessait de pleurer. Une voisine, qui lui faisait de fréquentes visites, piquait chez elle une poupée de cire à l'image du bébé et celui-ci ressentait dans sa chair autant de blessures. Un beau soir, les parents firent dans l'âtre un feu d'enfer et invitèrent la sorcière à venir se réchauffer. Lorsque la mégère voulut quitter sa chaise à cause de la chaleur torride, elle ne le put, car la paille du siège dissimulait un objet bénit. En échange de sa délivrance, les parents exigèrent le bris du charme qui accablait leur enfant. La sorcière ayant retiré une à une les aiguilles de la poupée qu'elle serrait dans sa poche, le bébé fut instantanément guéri. »

DES ARBRES

voués à Satan

L'avènement de la télévision a bouleversé de fond en comble les traditions sociales du monde rural. A l'heure où dans chaque foyer s'allume le petit écran magique, il n'est plus âme qui vive dans les rues des villages et, même lorsque les haies embaument sous le ciel de velours d'un beau soir d'été, les bancs devant les portes demeurent désespérément vides.

Jadis pourtant, la veillée, qui rassemblait sur le seuil ou autour d'un gros poêle de Louvain parentèle et voisins, constituait la conclusion obligée et attendue de la journée de travail ; et les histoires qu'on y contait, qu'elles fussent merveilleuses, héroïques, amusantes ou franchement sinistres, entretenaient de génération en génération la mémoire collective du terroir.

Chaque saison apportait son lot d'aventures, de potins et de légendes et, quand venait l'instant du coucher, adultes et enfants vivaient par la pensée des voyages lointains qu'ils n'accompliraient jamais et des rencontres qu'ils priaient Dieu de ne pas faire. Le temps de la Toussaint ramenait invariablement les histoires de revenants et de sorcières, et si d'aucuns affirmaient que les premiers n'étaient rien d'autre que des fantômes modelés par la brume d'automne, tous tenaient pour bien réels les maléfices des secondes.

Dans la région d'Audenarde, la peur qu'engendrait la sorcellerie paraît avoir été particulièrement tenace, comme en témoignent ces arbres dits « à sorcières », vieux géants dont les feuillages tiennent à la brise de bien étranges discours.

A Wannegem-Lede se dresse encore le tilleul Saint-Hilaire dont la mauvaise réputation n'est plus à faire, tandis que le carrefour des routes d'Oosterzele-Nederzwalm et de Beerlegem-Gavere se signale par la présence oppressante de l'arbre

des Saxons. Une légende raconte qu'en cet endroit eut lieu un sanglant combat entre guerriers saxons et paysans du cru, mais une tradition plus fondée, sans doute, définit le vocable de l'arbre comme calqué sur le patronyme de la puissante famille Sackx dont les propriétés s'étendaient aux alentours.

Jusqu'en 1938, une roulotte arrêtée sous l'arbre maudit abrita un ermite, assez téméraire pour vivre sous les branches qui, la nuit, ployaient sous le poids de sorciers joueurs de trompette.

Sans doute devait-il avoir lui-même quelque affinité avec les suppôts de Satan, ce mystérieux solitaire, pour n'en être pas importuné, car les sorciers musiciens avaient la détestable réputation d'attaquer tout être qui s'approchait de leur perchoir. Ils possédaient littéralement le malheureux imprudent, affolant son esprit au point qu'il perdait tout contrôle de soi et errait là où les sorciers l'envoyaient et aussi longtemps qu'ils en avaient le caprice.

Une chapelle fut un jour accrochée au tronc de l'arbre des Saxons. Primitivement destinée à exorciser un endroit investi par les forces du Mal, elle fut détournée de son rôle purificateur par les superstitions des habitants des environs. Des jeunes femmes venaient y réclamer la mort de leur amant infidèle et, de trois coups de marteau, enfonçaient un clou dans l'arbre, juste sous l'image de la Vierge. Les personnes ainsi maudites étaient censées tomber malades et même quelquefois mourir par un phénomène de transfert, la blessure de l'arbre les éprouvant dans leur chair. Ces pratiques d'« enclouement » garantissaient à l'arbre une longévité particulière, car bien hardi le menuisier qui eût osé le débiter en planches, entre lesquelles un mort même aurait sans doute refusé de coucher.

Depuis une bonne trentaine d'années, le sabbat de Vielsalm récolte un franc succès populaire. Peut-être parce que l'on ne s'est pas contenté d'une vague reconstitution pseudo-historique, mais que l'on a donné l'occasion à la créativité d'aujourd'hui de s'exprimer sur un simple canevas.

AU RENDEZ-VOUS DU DIABLE

Elles ont le nez en casse-noix, la bouche édentée, la mèche sale et rebelle, le regard féroce, la lippe mauvaise. Vêtues de noir, elles chevauchent un balai pour s'en aller au sabbat, au rendez-vous sulfureux fixé par le Diable.

On les soupçonne de jeter des sorts, de tarir les puits, de brûler la récolte et de faire tourner le lait des vaches.

On les nomme « mâcralles » en Wallonie et « heksen » en Flandre. Ce sont les sorcières, filles de la nuit et de la peur, nées d'ancestrales terreurs paysannes ou — qui sait ? — d'antiques croyances imparfaitement déracinées par le christianisme.

Au cours des XVIème et XVIIème siècles, une impitoyable répression de la sorcellerie sévit dans l'Europe entière et tout spécialement en Allemagne. Rares furent les villages où ne s'alluma pas un bûcher de sorciers ou, plus souvent, de sorcières. Dans nos provinces, le crime de sorcellerie fut dénoncé par les cours locales de justice sur base de la « Nemesis Carolina », le code de droit criminel édicté par Charles Quint en 1532, lequel préconisait de « questionner » et de punir par le feu ceux qui étaient convaincus de commerce avec le Malin. Le nombre des procès diminua après 1650, mais la crainte de la « magie qui empoisonne » perdura dans les campagnes jusqu'à nos jours.

Le folklore et les impératifs de la promotion touristique ont provoqué la renaissance d'une sorcellerie de meilleur aloi, les « rendez-vous du Diable » ne se voulant plus, en cette fin du XXème siècle, que le prétexte à réjouissances populaires.

En Flandre, Beselare et Nieuport rivalisent d'imagination et de faste pour mettre sur pied un « Heksenstoet » (cortège de sorcières) évoquant les sombres destinées de Jeanne Panne, Sefa Buffels, Nele Krotte et autres Tinneke Van Heule, tout cela à grand renfort de chars, groupes folkloriques, fanfares et majorettes.

Ambiance de kermesse à Haccourt où l'on se plaît à faire revivre le « grand sabbat de Hesbaye » et à Ellezelles, un charmant village de la région des Collines, entre Lessines et Renaix, qui joue avec bonheur toutes les cartes possibles dans le domaine du folklore et de l'animation.

Le sabbat des sorcières d'Ellezelles rappelle que cinq femmes accusées de maléfices furent étranglées et brûlées sur la place du village le 26 octobre 1610. Aujourd'hui, c'est un mannequin d'osier, la Quintine, qui part en fumée, tandis que les sorcières dansent autour de Satan et font mine, après avoir absorbé un philtre magique, de se

préparer à de diaboliques amours. Surgissent in extremis des paysans en armes qui, sauvant la morale et la religion, mèneront joyeuse farandole autour du bûcher.

Créé en 1956, le sabbat de Vielsalm est sans doute le plus original du genre. Au soir du 20 juillet, les mâcralles règnent sur la cité — le maïeur leur a complaisamment remis les clés — et s'en donnent à cœur joie aux dépens de leur vieil ennemi, le garde-champêtre. Elles perpétuent le souvenir vénéneux de Gustine Maca, dont l'occupation accessoire était, à la belle saison, de récolter des myrtilles — des « frambâches » en patois —, la principale consistant, bien sûr, à « emmâcraller » tout le pays.

Des sorcières « pour rire », en nos contrées? Peut-être pas. Un excellent ami m'a assuré en avoir rencontré deux, un soir de sabbat, à la croisée des chemins. L'une disait à l'autre : « N'allons pas par là ! Imagine que nous en rencontrions une vraie, habillées comme nous le sommes... ».

Le diable de Vielsalm a vilaine figure à souhait. Impassible, il présidera le sabbat des sorcières riche en péripéties plus cocasses qu'effrayantes.

Plus ou moins réconciliés sous le regard de Satan, le garde-champêtre et les mâcralles se préparent pour l'intronisation des nouveaux « barons de la Frambâche », notables qui ont mérité cet honneur en rendant des services à la cause du folklore wallon.

Même dans la vitrine du musée, le tilleul de Soleilmont reste impressionnant. Il mesurait 3,50 m de circonférence à 1,50 m du sol. Il y avait des clous plantés jusqu'à plus de 2 m de hauteur. Leur nombre a été estimé à 70.000. De nos jours, il existe encore un arbre semblable dans la province de Liège, à Anthisnes. Les gens de la région y ont souvent recours.

UNE ETRANGE MEDECINE

En 1922, la tempête abattit un arbre à Gilly, au Pays Noir. L'événement serait sans doute passé inaperçu s'il ne s'était agi du plus célèbre arbre à clous de Belgique, dont le tronc fut ensuite transféré au musée de la Vie Wallonne, à Liège. Le tilleul de Gilly tendait ses branches noueuses en direction de l'entrée de l'ancien monastère de Soleilmont et, de mémoire d'homme, on ne lui connaissait pas de prédécesseur. Les croyants du passé l'avaient voué à saint Cloud et, comme par osmose, les bonnes sœurs du couvent voisin en étaient venues à confectionner et à vendre une pommade réputée souveraine contre la furonculose.

La tradition de ces arbres thaumaturges remonte à la nuit des temps et, de nos jours encore, certaines populations primitives du globe leur vouent un culte.

Au début du siècle, il existait bon nombre d'arbres à clous disséminés aux quatre coins du pays. Un morceau de tissu ou plus fréquemment le clou qui avait été frotté sur la partie atteinte était fixé à l'arbre par le malade, lequel transférait ainsi ses souffrances au bois sain. Vous qui êtes migraineux, ulcéreux ou hépathique, empruntez donc la route qui mène de Mons à Ath et faites une halte à Erbaut. A la sortie du village, en direction de Herchies, s'ouvre la rue des Chats. Parcourez-la sur 300 mètres environ et tournez à droite dans la sente étroite qui débouche dans un bouquet d'arbres.

L'endroit est tout de calme et de sérénité; il appartient à la brise, aux odeurs de foin et aux oiseaux. Arbre parmi les arbres, se dresse le chêne à clous de Jurbise. Si vous découvrez quelques centimètres d'écorce vierge, fichez-y le clou de vos douleurs ou le pansement de vos peines et patiemment attendez la rémission. Rien ne coûte d'essayer: la Nature a quelquefois de ces mystères! ... Arbre païen aux origines — un menhir se dressait là jadis — qui fut ensuite sanctifié par le voisinage d'une chapelle, le chêne de Jurbise appartient à un très ancien passé. La ferveur populaire n'a jamais boudé ses frondaisons ombreuses, et la croyance en son efficacité thérapeutique a traversé les siècles.

La Belgique d'aujourd'hui compte encore quelques arbres guérisseurs, mais leur nombre ne cesse de décroître car on ne remplace plus par de jeunes baliveaux les vieux géants abattus. La commune de Gistel, près d'Ostende, s'enorgueillit du sien et, à Hasnon, à deux pas de la frontière belge, en France, des papillottes multicolores signalent au passant deux arbustes supposés miraculeux. A Han-sur-Lesse, juste à côté de l'église, un panneau vente les vertus curatives d'un arbre, mais les clous s'y font rares. Sans doute celui-là ne jouit-il pas de la réputation flatteuse des arbres de Thimister, censés guérir les maux de gorge.

Pour les gens d'autrefois, les plantes parasites comme le lierre et le gui conjuguaient leurs propriétés bienfaisantes à celles de l'arbre qu'elles étouffaient. Ainsi de la terre, réservoir de minéraux, à la cime de l'arbre s'élaborait une pharmacopée naturelle dont l'homéopathie et la phytothérapie se sont amplement inspirées.

Dans une admirable nouvelle intitulée «La mémoire du bois», Claude Seignolle suggère que les peurs et les passions humaines viennent imprégner la matière ligneuse, l'impressionner comme une plaque photographique. Imagination d'écrivain ou, qui sait, portrait d'un arbre aux qualités particulières?

L'arbre de Jurbise est un chêne pédonculé d'environ 15 m de haut et d'une circonférence de 1,50 m. Il a été planté en 1950, alors que son prédécesseur (classé le 12-8-1919) venait d'être abattu par la tempête. Il est censé guérir toutes les maladies.

Il n'y avait en Belgique, vers 1914, guère plus de quatre mille médecins et moins de deux mille pharmaciens... Le praticien, mandé à la ville la plus proche, arrivait fréquemment trop tard, après avoir tenté de joindre la demeure du malade en suivant, à cheval ou en carriole, des chemins à peine praticables... Arrivé sur place à temps, n'en était-il pas trop souvent réduit à aider son malheureux patient à mourir, impuissant qu'il était à le guérir?

LA MEDECINE POPULAIRE

Bien qu'elle ait progressé à pas de géant depuis plus d'un siècle, la science médicale ne jouit pas pour autant de la confiance aveugle de l'ensemble de nos contemporains. Le refus de la chirurgie d'amputation et des remèdes drastiques est pour une large part responsable du succès grandissant des médecines dites parallèles, auxquelles, tout récemment et avec une infinie circonspection, la Faculté vient d'ouvrir ses portes. Heureux hommes qui avons, sous nos latitudes du moins, le choix du médecin et quasiment celui de la thérapie !

Que dire de nos aïeux, dont la rude existence se déroulait au sein d'une nature mal apprivoisée, qui voyaient dépérir leur cheptel par le fait d'épizooties aussi soudaines qu'impitoyables, sans parler des redoutables épidémies qui à l'occasion décimaient leurs propres rangs... !

Que faisait-on naguère, lorsqu'il n'y avait ni médecin, ni hôpital à des kilomètres à la ronde et qu'on était affligé d'une taie sur l'œil, d'une rage de dents ou d'un furoncle mal placé?

C'est alors qu'entraient en scène les ressources infinies de la médecine populaire, à savoir le recours à des procédés thérapeutiques, étrangers certes à la pharmacopée officielle, mais néanmoins réputés capables de guérir — ou mieux encore, de prévenir — la maladie ou d'apaiser la souffrance.

Pour parer au plus pressé, pour atténuer ou faire cesser la douleur, les Belges d'autrefois puisaient en premier lieu dans l'immense trésor des remèdes domestiques, lesquels présentaient l'avantage insigne d'être disponibles dans l'environnement immédiat. On étendait salive ou blanc d'œuf sur les piqûres d'insectes, on enserrait le membre malade dans une peau d'anguille, on plaçait une clé froide dans le dos de l'enfant qui saignait du nez, ou encore on urinait sur les engelures pour en hâter la guérison.

Mais si d'aventure ces «remèdes de bonne femme» ne produisaient pas l'effet espéré, la tentation était grande de s'adresser aux rebouteux ambulants, à ces charlatans qui, de foire en kermesse, de ducasse en marché, écoulaient d'étonnantes poudres, pommades et potions dont ils vantaient l'efficacité à grand renfort de cris et de roulements de tambour.

Il n'empêche que la grande majorité de nos devanciers croyaient obtenir une guérison plus rapide et plus durable en s'adressant par la prière à un élu de Dieu ou en accomplissant un pèlerinage. Il existait un «bienheureux» thérapeute pour quasi chaque affection, du rhumatisme à la stérilité, de l'insomnie aux convulsions des enfants. Quelquefois, le choix du saint était plaisamment déterminé par un jeu de mots ou une compréhension fallacieuse de son nom. Ainsi saint Ignace (tignasse!) était tout indiqué pour les affections du cuir chevelu, tandis que saint Eutrope (qui entend trop: «ôt trop» en wallon) s'imposait d'évidence pour les maux d'oreille...

Gardons-nous cependant d'abuser de l'imparfait, puisque ce que nous narrons ici est toujours d'actualité, à une époque où le calendrier liturgique a cependant subi quelques coupes sombres et où certains saints et saintes thaumaturges ont perdu leur auréole. De nos jours encore, nombre de nos compatriotes se plient, l'espoir chevillé au cœur, aux antiques prescriptions rituelles et partent en pèlerinage seuls ou en groupe, de nuit comme de jour, à jeun ou en restant muets...

Sur place, ils feront plusieurs fois le tour de l'église ou de la châsse, brûleront cierges et bougies et déposeront leur offrande en récitant les prières convenues. Le mal une fois jugulé, il sera bon de faire au saint tutélaire l'hommage d'un ex-voto. Aujourd'hui, de sobres plaquettes de marbre remplacent aux murs des églises les béquilles, prothèses et simulacres d'organes malades de jadis.

De ce parcours d'espérance, les pèlerins ramèneront des médailles bénites ou un objet de piété destiné à prendre place sur la cheminée du salon.

Cependant, vers qui se tournaient les affligés, si l'intercession du saint n'apportait pas le réconfort attendu? Qu'y avait-il lieu de tenter si sorcières et magiciens s'ingéniaient malignement à priver votre foyer de progéniture ou empêchaient vos enfants de pousser normalement? Il arrivait en effet que le prêtre de la paroisse ou les bons pères du couvent voisin fussent impuissants à conjurer le mauvais sort par leurs exorcismes.

Face à d'aussi pernicieux envoûtements, il ne restait plus qu'à recourir à la contre-magie. Fermement convaincus de la réalité de l'emprise des forces maléfiques, les tourmentés se décidaient alors à aller discrètement conter leur infortune à un défaiseur de sorts, mal famé certes, mais qui n'en possédait pas moins un mystérieux grimoire ou une formule incantatoire remontant à la nuit des temps.

De nos jours, les folkloristes ont démontré la logique primitive de cet art de guérir des simples, celui d'autrefois et celui qui survit sous le masque de notre civilisation technicienne. Ces chercheurs ont mis en lumière l'omniprésence de la «règle des semblables», selon laquelle il est indispensable qu'une certaine analogie existe entre le mal et son remède. Et voilà justifiés, par exemple, l'emploi du safran ou du jaune d'œuf contre la jaunisse ou le pèlerinage à saint Cloud... pour les furoncles ou clous.

S'il faut en croire le second grand principe de la médecine populaire, tout l'art consiste à «transférer» son malaise à un objet, un animal ou une plante. Ainsi, votre matou familier «prenait» vos rhumatismes s'il dormait près de vous; et le tilleul, votre rage de dents lorsque vous y plantiez le clou qui avait touché votre dolente mâchoire...

Il serait trop facile de jouer ici les esprits forts et de s'étonner de ce que nos ancêtres ne paraissaient pas s'émouvoir du caractère aléatoire de nombreux procédés thérapeutiques. D'abord, il pouvait advenir que la guérison survînt spontanément, et on en créditait alors tel ou tel remède ou le médicastre qui avait été consulté.

D'autre part, des coïncidences favorables se produisaient à l'occasion et, même si le mal persistait, nos frustes ancêtres préféraient se battre la coulpe et s'en remettre au destin. Ils présumaient sans doute avoir commis quelque erreur dans l'application des pratiques traditionnelles dont la validité, restée intacte à leurs yeux, ne manquerait pas de se révéler pleinement une prochaine fois....

Certains guérisseurs jouirent autrefois d'une notoriété incroyable. Ainsi, le waeslandien Andries De Clerck au milieu du siècle dernier. Ses talents, réels ou supposés, ne l'empêchèrent pourtant pas de succomber lors d'une épidémie... à l'âge de 26 ans.

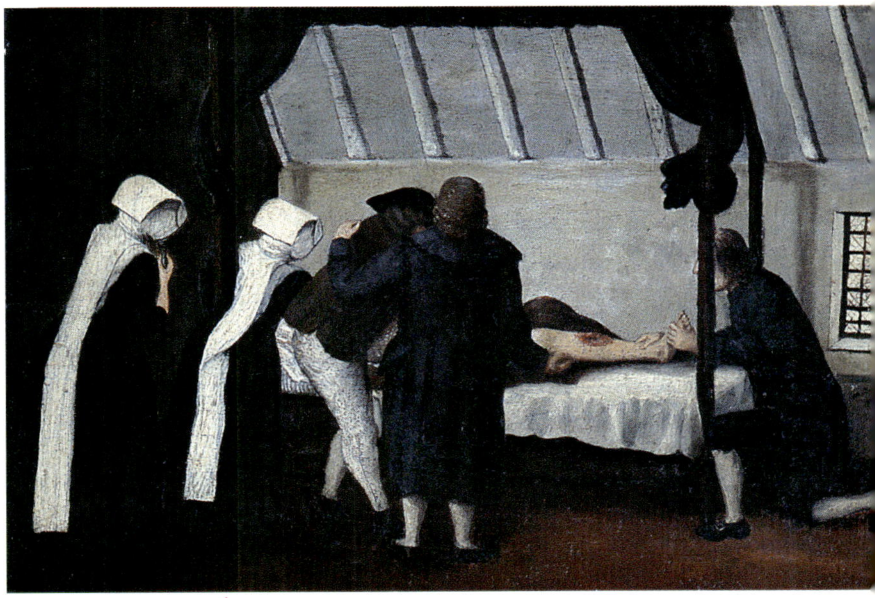

SAUTE SORCIERE, SAUTE !

La Semois s'alanguit dans les méandres, rêve, s'érafle aux rochers de la rive et repart en ligne droite, voie royale où chemine la brise. Il n'y a personne sous le couvert des arbres, personne dans le pré, et pourtant il s'y murmure de bien étranges choses à propos d'anciennes sarabandes que le Diable lui-même aurait menées. Mais que sont devenues les sorcières... ?

Le vol de la sorcière, à cheval sur son balai, n'a pas la discrétion soyeuse du vol de la chauve-souris. Au passage des filles de la nuit, la forêt d'Ardenne frémit et répercute, de sente en hallier, leur infernal charivari où domine la note haute du violon de Colas Chacha, le pâtre de Satan. Malheur à qui hante la clairière sur le coup de minuit !

Au touriste, au promeneur qui par un beau jour de mai emprunte le chemin montueux qui, au départ de la route des Hayons à Auby, mène au « Saut des Sorcières », celui-ci n'offre rien de plus qu'un merveilleux point de vue sur les versants boisés du Ru des Allènes. Mais que viennent novembre et ses brouillards, et tout le paysage s'en trouvera métamorphosé. Plus de fleurs ni d'oiseaux, seulement le noir entrelacs des branches griffant un ciel pâle et tout là-haut, au-delà de la roche lavée de pluie, l'abîme brumeux taché de roux des forêts mortes et le grondement du ruisseau.

De sorcières, point, en dépit de la saison et du site lugubres à souhait. Ces dames ne sortent qu'à la nuit close, quand le Sabbat est annoncé. D'ailleurs leur lieu de réunion se situe plus bas dans la vallée, dans un pré au bord de la Semois. Lieu hanté dont se détournaient les paysans de jadis et que signale un affleurement rocheux, la « Saupîre », la pierre des sorciers.

A Auby comme partout, la légende se mêle à l'histoire et bien malin celui qui, dans l'histoire de Colas Chacha, fera la part de la fable et celle du passé vécu. Il était une fois, il y a très longtemps, un pâtre nommé Colas Chacha, qui chaque matin reconstituait la harde du village en allant de masure en masure quérir chèvres et brebis. Il portait au cou, à côté de son cornet, un chapelet à gros grains et passait à Auby pour un homme d'une foi ardente. En fait, l'habit faisant moins que jamais le moine, le bougre était le roi des sorcières et sorciers du canton. C'était lui qui, au terme des orgies et des danses frénétiques du Sabbat, conduisait sa troupe maudite au sommet de la colline et l'obligeait à sauter à reculons de l'éperon encore visible aujourd'hui. La personnalité nocturne du berger aurait sans doute échappé à tout le monde, si une matrone du village l'ayant un jour complimenté sur son chapelet et son air dévot, n'avait été gratifiée d'un regard incendiaire et de cette menace: « Tu ne me connais pas encore ! ». Quelques semaines plus tard, une mystérieuse épidémie décima le bétail et les soupçons se portèrent sur une jeune fille, qui, torturée et convaincue de maléfice, accusa Chacha et les membres de sa coterie satanique. Le pâtre, interrogé et soumis à son tour à la question, avoua tout ce qu'on voulut et fut brûlé vif sur un fagot d'épines noires, au milieu du pont de Bouillon. Sa lamentable fin n'a pas laissé de trace dans les minutes des procès de sorcellerie qui, aux XVIème et XVIIème siècles, furent le corollaire sulfureux des guerres de religion, mais il n'est pas douteux que la légende s'empara d'un cas tristement réel. Auby, village reculé du très catholique duché de Luxembourg, n'échappa pas à la vague de répression qui alluma des bûchers aux quatre coins de l'Europe occidentale et qui, selon l'expression de l'historien Jean Delumeau, correspondit à une phase « de la christianisation des masses en profondeur ».

Une autre version de la légende met Colas Chacha aux prises avec les fées, les dernières divinités païennes des sources et des bois. Préférons aux sorcières ces charmantes protagonistes et gageons que le spectacle de leurs robes de soleil et de lune s'envolant du rocher était plus plaisant aux yeux du pâtre que celui d'horribles mégères chevauchant un balai.

Dans la vallée de la Semois, les premiers brouillards de l'automne soufflent une haleine blanche au flanc des collines. L'aube naît dans la grisaille et le ciel prend la couleur de l'eau. Instant fugace où cessent les sortilèges. Balais et chaudrons ont repris leur place dans la cuisine. Les sorcières ont regagné leur lit. A Auby, un jour nouveau commence.

Mons. Chapelle Saint-Callixte. Détail du gisant de Gilles de Chin, grand chambellan du Hainaut, mort en 1137. La légende l'a promu « tueur de dragons » dans les marais de la Haine.

Face à saint Georges, curieusement accoutré, le « doudou » et son escorte dont la tradition fixe strictement l'effectif: cinq « diables », six « hommes sauvages » et onze « hommes blancs ».

LE DRAGON MONTRE LES DENTS

Mons

De toutes les créatures qui hantent les jungles du rêve, le dragon est sans doute la plus extraordinaire et la plus terrifiante. Aux antipodes de l'inoffensif reptile chinois, le dragon des mythologies européennes crache un feu infernal de sa gueule hérissée de crocs. Vert ou noir, pourvu ou non d'ailes membraneuses, il traîne par monts et par vaux, battant de la queue et labourant le sol de ses pattes griffues. La tradition lui assigne généralement la garde d'un trésor, mais la majorité des légendes où intervient un dragon mettent plutôt l'accent sur sa victime — une jeune vierge livrée à sa férocité — ou sur son triomphateur — le vaillant guerrier venu sauver la captive et tuer le monstre. Tristan, Yvain, Siegfried eurent raison d'effroyables bêtes, comme avant eux Persée, qui s'était mis en tête de délivrer Andromède.

Dans la « Légende Dorée », c'est au nom du Christ que saint Georges, le vaillant Cappadocien,

Mons est la seule ville de Belgique où survit encore aujourd'hui un jeu processionnel issu de la tradition médiévale. On ignore à quelle date (sans doute au XVIIème siècle) le jeu se dissocia de la procession du Car d'Or.

Dans les collections du musée de la Vie montoise, un bien curieux « trophée » : crâne de dragon ou de « vulgaire » animal préhistorique ? Ne serait-ce pas tout simplement une tête de crocodile ramenée de Terre Sainte par quelque Croisé ?

trucida le dragon sous les yeux de la princesse de Trébizonde. Son exploit entraîna la conversion du roi et de ses vingt mille sujets. En Provence, la fragile sainte Marthe vint à bout de la « tarasque », alors que chez nous saint Quirin débarrassa Malmédy de son dragon local. Dans les deux cas, le monstre se laissa docilement passer au cou une étoffe bénite. Episodes assez semblables pour saint Théodore, en Thrace, saint Paul de Léon, dans l'île de Batz, saint Pavace, au Mans, saint Romain, à Rouen, et saint Marcel, à Paris. On pourrait également leur associer les saints Hilarion, Lifard et Germain d'Ecosse, mais ils n'eurent en somme affaire qu'à des serpents.

Par contre, c'était bien un dragon qu'affronta, lance au poing, Gilles de Chin, grand chambellan de Hainaut, au XIIème siècle. Le combat se déroula dans les marais de la Haine et l'enjeu en était, une fois de plus, l'amour d'une belle captive. Les Montois s'emparèrent, au nom de saint Georges, de l'aventure de Gilles. Ainsi naquit le Lumeçon, à l'origine jeu scénique lié à la procession du Car d'or, ensuite manifestation indépendante, qui retrouva tout son lustre en 1803.

Aujourd'hui, le « doudou », dragon de bambou, d'osier et d'étoffe, meurt sous les coups d'un saint Georges bizarrement accoutré d'une casaque jaune, d'une culotte blanche et coiffé tel un cuirassier de la garde napoléonienne. La foule qui se presse sur la grand-place de Mons, le dimanche de la Trinité, s'active à tenter d'arracher les crins porte-bonheur de la queue du monstre. Mais combien de ces joyeux Montois savent que le crâne du « vrai » dragon, le trophée supposé conquis de haute lutte par Gilles de Chin, repose toujours en leurs murs, dans une vitrine du musée de la Maison Jean Lescarts ?

Un dragon ? Allons donc, ricanent les paléontologues qui affirment reconnaître là l'imposante mâchoire d'un saurien de l'ère secondaire, vague cousin des iguanodons découverts dans un puits de mine à Bernissart, pas loin de la Haine, précisément. Ou bien alors le crâne d'un gigantesque crocodile ramené d'Orient par quelque croisé.

Exceptionnellement, nous préférerons nos chimères aux savantes démonstrations des hommes de science. Pour faire le procès du dragon, nous citerons à comparaître la vouivre, la salamandre, le répugnant basilic et la douce licorne, ces inventions immortelles de la pensée magique.

Et si d'aventure nous avons l'âme encline au voyage, nous gagnerons l'Ecosse et, au bord des eaux sombres du Loch Ness, nous appellerons de nos vœux « Nessie », le dernier des dragons.

VAPEURS DE SOUFRE

Au Musée gaumais

Au XVIème siècle, les sorcières sont partout. Jusque dans les cuisines, où leur hideuse image bossue orne la fonte des taques de cheminée. Prends garde, toi la servante, toi la bourgeoise, l'Enfer commence dans les braises de ton âtre !

C'était la coutume jadis d'orner le fond de l'âtre d'une plaque de fonte gravée d'armoiries ou de scènes allégoriques, très rarement aussi inquiétantes que celle-ci, visible dans les collections du Musée Gaumais, à Virton. La facture en est naïve, mais le message, destiné à mettre quotidiennement en garde une ménagère susceptible d'être tentée par quelque pratique magique, conserve tout son impact. Sous la date de 1589, quatre sorcières et deux démons s'activent à la préparation d'un infâme brouet dont les vapeurs malodorantes se tordent comme autant de serpents sous le manteau de la cheminée. L'une des femmes touille la mixture, une autre en teste la saveur, à même la louche, tandis qu'une troisième, coiffée d'un bonnet à ailettes, observe dubitativement la cuisson. A droite, un mystérieux conciliabule occupe la dernière sorcière et un diable aux jambes de bouc et aux ailes de chauve-souris. Quant au second démon, curieux paradoxe pour un envoyé de l'Enfer, il se réchauffe les mains au-dessus du chaudron.

Les artistes du Moyen Age finissant et de la Renaissance eurent une prédilection pour la représentation des scènes de sorcellerie, si bien que Grillot de Givry dans son « Musée des Sorciers » put abondamment illustrer les chapitres qu'il consacra au Sabbat et à sa préparation. Le détail et la diversité de ces scènes ne laissent pas de nous frapper quant au contenu et à la richesse de l'imaginaire luciférien des hommes d'autrefois. Le Diable était partout, comme ses servants les sorciers et les sorcières, affirmait Michelet et, pourrait-on ajouter, pour une sorcière véritable, combien de femmes innocentes ? Produit de siècles inquiets, travaillés par les guerres, les pestes et les famines, la sorcellerie constitue sans doute le reliquat du paganisme tenace dans le monde rural, mais surtout la réponse des humbles à l'intolérance du clergé et à la rudesse des temps. La répression, avec son horrible panoplie de tourments par l'eau, le fer et le feu, débuta avec la chasse aux hérétiques, au XIIIème siècle. Dans nos régions, l'amalgame entre sorcellerie et hérésie se fit sous Philippe II, en pleine Contre-Réforme. En 1592, une ordonnance royale définissait la sorcellerie comme un crime de lèse-majesté divine et humaine et préconisait l'union étroite des pouvoirs civils et religieux pour en extirper le chancre. L'idéologie, de même que le cadre et la procédure de la répression étaient désormais clairement définis. La délation étant encouragée, chaque village eut ses espions et ses dénonciateurs et dans chaque chef-lieu, hélas, des bûchers s'allumèrent. Au feu, la fille trop jolie, accusée d'avoir fait tourner le lait des vaches ; au feu, la vieille qui cultivait des simples dans le secret de son potager ; au feu, le vagabond à la peau trop brune et au sourire de loup.

La taque du Musée Gaumais fut fondue au plus fort de la lutte contre le Malin et ses suppôts, quand toute cuisine était apte à se muer en un antre à sorcières, quand la plus banale des marmites était soupçonnée d'avoir mitonné bouillon de crapauds et daube de fœtus. Pourtant, à bien les détailler, on ne les trouve pas bien méchantes, ces sorcières de Virton. Préparent-elles un philtre d'amour, un onguent pour nouer l'aiguillette ou tout simplement une potion contre les fièvres ? La présence des deux diables, bien sûr, ne les innocente guère, mais à y regarder de près, eux non plus ne paraissent pas très effrayants. Il leur manque la flûte de Pan et une couronne de pampre pour se transformer en faunes antiques et emmener nos filles de Satan danser dans les clairières.

Les émissaires du Diable sont entrés dans la chaumière. Dehors règnent l'hiver et la nuit. Du mauvais temps pour les soudards, mais pas pour les sorcières qui s'affairent à cuire le brouet du Sabbat ou une quelconque potion magique. Bientôt sonnera minuit, l'heure de tous les maléfices et l'instant pour les filles des ténèbres de chevaucher leur balai.

Que peuvent-ils donc avoir à se raconter, le démon et cette vieille femme que l'artiste a faite osseuse et longue comme une journée de disette ? Le diablotin, s'il n'avait des jambes de bouc et des ailes membraneuses, passerait aisément pour un paysan gaumais, écoutant, les bras croisés, les confidences venimeuses d'une commère de village.

Si l'épidémie de sorcellerie s'apaisa à partir de la 2ème moitié du XVIIe. s, ce fut dû, notamment, à la stabilisation de l'Etat moderne et à la clarification de la situation religieuse.

LE TEMPS DES BUCHERS

Surprenant paradoxe... Ce fut à l'époque de la Renaissance et de l'Humanisme, au cours du XVIème siècle, en Europe du Nord du moins, que la peur du Diable et de la damnation atteignit son paroxysme et que s'allumèrent les bûchers des sorciers.

En fait, la Renaissance ne fut libératrice de l'esprit humain que pour une petite minorité d'hommes, lettrés et peu soucieux de leurs finances. Pour l'immense majorité des autres, paysans pour la plupart, le siècle d'Erasme et de Michel-Ange fut, tout autant que le précédent, signé par la guerre, les famines et les pestes. La croissance démographique avait de surcroît entraîné une surpopulation relative des terres cultivables, réalité économiquement dommageable qu'aggravait la cherté croissante des denrées de première nécessité.

De nombreuses études historiques ont aujourd'hui mis en évidence les caractères généraux que revêtit le phénomène de la répression de la sorcellerie à son apogée. La fourchette chronologique doit se situer entre 1550 et 1650 environ, décennies maudites pour un monde rural épuisé, en crise, et fatalement accueillant aux séductions du péché et aux puissances des ténèbres, vectrices de toutes les illusions.

Ces temps, ne l'oublions pas, furent ceux des guerres de religion, qui, au-delà de leur cortège d'atrocités, désespérèrent les populations par l'incertitude quant à foi à rejeter ou, au contraire, à conserver.

Catholique jusque-là, l'Europe était en effet écartelée religieusement, au début du XVIème siècle, sous le choc de la dissidence protestante. Quelle voie suivre, désormais? Choix crucial qui assurerait le salut éternel ou qui, au contraire, précipiterait dans la damnation.

De plus, de 1618 à 1648, la guerre de Trente Ans mit l'Europe centrale à feu et à sang et perturba les marges orientales des Pays-Bas espagnols, c'est-à-dire en partie le territoire de nos provinces actuelles. Bien que recensées par centaines, les accusations de sorcellerie, qui furent à la base des procès menés de concert par les pouvoirs civil et religieux, présentent le même contenu stéréotypé. Elles stigmatisent les agissements occultes du sorcier ou de la sorcière, destinés à *maléficier* hommes et bêtes, à leur ôter la santé, voire à provoquer leur trépas. S'ajoute à cela la dénonciation du pacte diabolique, du commerce charnel avec le Diable et de la fréquentation assidue du Sabbat.

Le Sabbat..., cette immonde danse nocturne, scandée par le son lascif du violon. Que de fois a-t-il inspiré peintres et graveurs de l'époque, bacchanale satanique que la sorcière ralliait, nue, fendant l'air, à cheval sur un balai. Jeune ou vieille, celle-ci participait au banquet, fréquemment pourvu en chair humaine, et s'accouplait avec le Diable, présent sous la forme d'un séduisant jeune homme ou d'un bouc monstrueux dont la semence était réputée être aussi froide que de la glace. C'était là, dans une clairière ou une lande battue par les vents, que les nouvelles initiées renonçaient à Dieu et s'engageaient à servir le Malin.

Le monde misérable des sorcières fut avant tout un univers rural, celui des terroirs compartimentés, marginaux et forestiers que leur isolement contribuait à soustraire quelque peu à la mainmise directe des autorités. Entendez par là, à l'emprise de la monarchie absolue, militaire et administrative qui, par le biais de ses agents du fisc et de ses baillis, de ses contingents de mercenaires aussi, consolidait ses assises dans l'Europe du XVIIème siècle.

Les laissés pour compte de l'opulence forment l'essentiel des futures victimes des bûchers, mais aucune catégorie sociale n'échappa à la suspicion des enquêteurs, notamment dans l'ancien duché de Luxembourg, où la chasse aux sorcières fut particulièrement rude.

Car, s'il ne faut pas tomber dans la démesure romantique d'un Michelet, il convient bien de parler de sorcières plutôt que de sorciers. Les femmes représentent en effet 80 % en moyenne des inculpés... Ce fait s'explique aisément par la condition misérable, marginalisée, qui leur était dévolue, principalement aux femmes seules, veuves, célibataires ou infirmes. Ce statut d'infériorité les guidait tout naturellement vers cette perverse évasion hors du temps et du monde quotidien qu'était l'illusion sabbatique.

Le portrait-robot de la sorcière nous renverrait sans doute l'image pitoyable d'une femme âgée, disgracieuse physiquement, vivant seule au bout du hameau et par là, crainte et respectée tout à la fois. Elle vivotait du fruit de quelque modeste labeur, entretenait une ou deux chèvres et cultivait un jardin de simples dont elle tirait poudres et onguents. On la consultait en secret pour un mal de ventre ou un mal d'amour, mais on l'évitait en temps ordinaire. Par contre, les vaches venaient-elles à donner moins de lait, la dysenterie à faire des ravages au sein d'une famille, qu'aussitôt la vindicte populaire se déchaînait contre la pauvre vieille et la vouait au bûcher.

Dans nos anciennes principautés, la comptabilité des procès de sorcellerie, autorisée grâce à l'examen des documents d'archives, n'est pas uniformément sinistre. Les pièces relatives à l'immense duché de Brabant n'ont livré que 34 cas de personnes accusées de sorcellerie, de divination ou d'hérésie entre 1404 et 1636 (année du dernier cas recensé). Ces quelques malheureux, qui furent alors condamnés ou torturés, ne représentent finalement que 0,2 % de la criminalité totale des Temps Modernes en terre brabançonne...

De 1416 à 1659 (dernier cas connu), 38 affaires de sorcellerie furent jugées dans la seigneurie de Malines, pour 366 entre 1509 et 1646 dans le modeste comté de Namur.

Sous nos cieux, la dernière sorcière à monter sur le bûcher fut brûlée à Marche-en-Famenne en 1689.

La mort par le feu n'était pas, fort heureusement, la seule issue possible à ce type de procès. En dépit de la rigueur des ordonnances criminelles et de l'acharnement des magistrats à extorquer des aveux aux prétendus criminels — souvent par la torture — , ces derniers réussissaient parfois à sauver leur vie.

Selon les élites (?) du temps des sorcières, la femme demeurait la tentatrice, par qui s'était consommé le scandale du péché originel. La peur du sexe féminin se greffa ainsi sur l'angoisse de l'enfer.

Une fois retombée la vague de répression qui caractérisa la charnière du XVIème et du XVIIème siècle, la sorcellerie en tant que crime disparut progressivement des prétoires, mais la peur viscérale de la sorcière et du sorcier persista longtemps dans les campagnes.

Basilique de Saint-Hubert. Transept gauche. Détail du mausolée du saint, œuvre de Guillaume Geefs (1847). La scène reproduit l'épisode de la conversion du prince, ému par l'apparition de la Croix du Christ entre les bois du cerf et les paroles de l'ange.

Les sonneurs de trompes de chasse se sont placés sous le patronage de saint Hubert. Ils participent à toutes les cérémonies en l'honneur de celui-ci et font résonner à tous les échos les notes d'une musique éclatante sans laquelle la vènerie perdrait beaucoup de son panache.

LES ENRAGES

La clef de Saint-Hubert

Avant Pasteur et sa découverte du vaccin antirabique, à la fin du siècle dernier, la rage était un mal si redouté que ceux qui n'en étaient pas atteints entendaient bien s'en protéger, même en éliminant physiquement les « enragés ». Aussi, dès qu'un de ses membres présentait les symptômes de l'affreuse maladie, la famille le tenait-elle « serré », parfois jusqu'à l'étouffer, entre deux matelas. L'Eglise condamna ce genre de pratique, mais admit néanmoins que le malade fût maintenu étroitement ligoté, afin de l'empêcher de nuire. Certains médecins n'en continuèrent pas moins à « expédier » le patient en douceur, en le saignant à mort.

Pendant des siècles, le fléau ne connut point d'autres remèdes que les intercessions auprès de saints et de saintes réputés l'éloigner : saint Marcoul, premier abbé de Nanteuil, sainte Quitère, vierge de Galice, saint Othon, évêque de Bamberg, saint Ulrich, évêque d'Augsbourg, saint Hubert, moine de Brétigny..., lequel n'était que le filleul du principal protecteur contre la rage, saint Hubert, patron de l'Ardenne.

Celui-ci était prince d'Aquitaine, peut-être de la souche carolingienne. Vivant à la cour du roi Thierry III, il passait le plus clair de son temps à la chasse, apparemment peu soucieux du salut de son âme. Un Vendredi saint, alors qu'il poursuivait un cerf dans la forêt d'Ardenne, une croix étincelante apparut entre les bois de l'animal, tandis qu'une voix céleste le morigénait sur son existence mécréante. Hubert se repentit et entra en religion. Bien que son hagiographie soit vraisemblablement calquée sur celle de l'apocryphe saint Eustache, retenons néanmoins qu'Hubert fut évêque de Tongres-Maastricht, qu'il fonda la cité de Liège et décéda à Tervueren, sans doute en 727. Moins d'un siècle plus tard, son corps fut remis aux moines d'Andage, une abbaye située au cœur de la forêt ardennaise qui, dès lors, prit le vocable de Saint-Hubert.

Il semble bien que, dès le IXème siècle, saint Hubert fût invoqué contre la rage, maladie qu'un des miracles prêtés au bienheureux avait jugulée. Quant au pèlerinage au sanctuaire, on assurait qu'il garantissait la guérison au patient pour autant qu'il « eût la vraie foi et qu'il observât les prescriptions ordonnées ». Ces dernières ne manquent pas de pittoresque : « Dès qu'une personne se croit infestée du venin de la rage, elle se rend à Saint-Hubert ; si elle a été mordue *à sang* par un animal enragé, elle subit l'opération qu'on appelle la *Taille* ; si elle n'a pas été mordue à sang, elle reçoit le *Répit*. Après quoi, la personne retourne chez elle, accomplit une neuvaine. Elle est assurée de sa guérison. Voici comment se fait l'opération de la *Taille :* l'aumônier fait une petite incision au front de la personne qui a été mordue ; l'épiderme étant légèrement soulevé à l'aide d'un poinçon, il introduit dans l'incision une parcelle exiguë de l'étoffe de la sainte étole et l'y maintient à l'aide d'un étroit bandeau de toile noire qui doit être porté pendant neuf jours, c'est-à-dire pendant une neuvaine qui est prescrite à saint Hubert ». La *Taille* fut pratiquée jusqu'en 1932, en dépit du vaccin de Pasteur. Au cours des siècles, le culte réservé au saint ardennais connut un tel succès qu'il suscita même la création d'un ordre de chevalerie dont les derniers rois de France furent les chefs souverains. Aujourd'hui encore, Saint-Hubert draîne les foules vers son admirable basilique, où persiste le souvenir du chasseur devenu homme de Dieu que reconnaissent pour patron les bouchers-charcutiers, les sonneurs de cor et, bien sûr, les chasseurs eux-mêmes.

Messe solennelle en la basilique de Saint-Hubert, à l'occasion de la Journée internationale de la Chasse, le premier dimanche de septembre. L'édifice, qui dépendait de l'abbaye bénédictine fondée au VIIIème siècle, a été reconstruit de 1526 à 1564. La grande nef est un admirable exemple de gothique tardif ; le chœur a reçu, au XVIIIème siècle, une somptueuse décoration baroque.

NOTRE-DAME DE WALLONIE

Beauraing et Banneux

Beauraing: sous l'aubépine des apparitions, a été placée la statue de Notre-Dame « au Cœur d'Or », œuvre d'Aurélien Pierroux. En 1985, à la veille du voyage en Belgique du pape Jean-Paul II, des vandales lui avaient brisé les mains.

L'histoire de l'Eglise abonde en événements surnaturels, les apparitions du Christ, des anges et des saints y occupant une place tout à fait particulière. Les « révélations privées » ne manquent pas de poser des problèmes exceptionnellement épineux aux autorités ecclésiastiques amenées à se prononcer sur leur authenticité, ceci d'ailleurs sans qu'il soit jamais imposé aux chrétiens de se rallier aux conclusions positives du magistère.

Depuis 150 ans, l'approbation canonique a été obtenue pour des apparitions de la Vierge en 8 cas seulement : à Paris, rue du Bac (1830), à La Salette (1846), à Lourdes (1858), à Pontmain (1871), à Pellevoisin (1876), à Fatima (1917), à Beauraing (1932-33) et à Banneux (1933). La Belgique en général et la Wallonie en particulier se trouvent donc bénéficiaires des deux plus récentes apparitions de Marie reconnues par l'Eglise. En mai 1985, le pape Jean-Paul II avait d'ailleurs inscrit Beauraing et Banneux au programme de sa visite apostolique.

A Beauraing, petit village de la province de Namur, proche de Dinant, la Vierge se serait manifestée à 33 reprises, du 29 novembre 1932 au 3 janvier 1933. Les témoins, cinq enfants de neuf à quinze ans, que rien apparemment ne prédisposait au mysticisme : Fernande, Gilberte et Albert Voisin, Andrée et Gilberte Degeimbre.

La « belle Dame blanche » de Beauraing mit très vite en émoi le pays tout entier. Les apparitions ayant été reconnues par l'Eglise, on ne trouve plus guère de traces, dans les ouvrages postérieurs à 1950, de la controverse à propos du témoignage des enfants. C'est dans l'abondante littérature publiée immédiatement après les faits qu'il faut rechercher l'écho de la crise de conscience qui secoua le monde catholique belge. Crise d'autant plus violente que l'enquête, à l'époque des apparitions, fut menée avec une maladresse et une absence de rigueur que vint encore compliquer le caractère bizarre, voire incohérent du phénomène.

Pourquoi la Vierge est-elle apparue à Beauraing ? Essentiellement pour demander à cinq enfants d'être bien sages et pour rappeler au monde qu'elle entendait convertir les pécheurs. Entre ces deux extrêmes se situe la véritable énigme du message. Les circonstances dans lesquelles il a été transmis ne l'éclairent pas, hélas, d'une lumière suffisante pour que sa lecture en soit commode aux esprits chrétiens. Dès que l'on se penche sur le détail des révélations faites par les voyants de leurs visions respectives, on se heurte à un embrouillamini qui ne peut qu'engendrer les doutes les plus graves. Aujourd'hui encore, de bons catholiques peuvent penser que, même « cautionnée » par l'Eglise, Notre-Dame de Beauraing a révélé au monde un message sans grande originalité par le truchement de témoins peu transcendants.

Sur le lieu des apparitions, une statue tente depuis 1951 de restituer l'image la plus significative de la « belle Dame », image dont la synthèse fut bien difficile à dégager du témoignage des enfants. L'élément le plus remarquable : le « cœur d'or », fait de lumière et entouré de rayons étincelants. On a beaucoup épilogué, sans grand profit, à propos de cette figuration de Notre-Dame, à la fois conforme à l'iconographie traditionnelle et d'une incontestable originalité. Plus essentiel est de constater que la Vierge de Beauraing a beaucoup souri et très peu parlé. Une madone apaisante et énigmatique, très différente de celle qui, à

La dévotion mariale tient une grande place dans le catholicisme romain. La Vierge parle au cœur des foules, à sa sensibilité plutôt qu'à son intelligence.

Le coin du jardin de Beauraing où la Vierge serait apparue a été conservé, autant qu'il se peut, dans l'état où il était en 1932. Juste à côté a été établie une vaste esplanade pour accueillir les pèlerins.

A Banneux, Marie a demandé qu'on lui construise « une petite chapelle » a dit Mariette Béco. Aussi ne s'étonnera-t-on pas de ne point y trouver un sanctuaire vaste et solennel, comme à Lourdes, par exemple.

Nombreux sont à Banneux ceux qui tiennent à rapporter de leur pèlerinage un peu de cette eau de la source dont la « Vierge des Pauvres » a dit qu'elle était « réservée pour toutes les nations ».

Fatima annonçait au monde des catastrophes. Et pourtant, en 1932, l'échéance de la Deuxième Guerre mondiale était proche. A Beauraing, la Vierge rassure, recommande la prière, mais ne fait qu'une vague allusion à la pénitence. A Banneux, quelques jours plus tard, elle n'en parlera plus du tout, ce qui vaudra à la Belgique le privilège de posséder les apparitions les plus sereines de l'Histoire. Pas d'apocalypse pour ce petit pays qui, dans les années trente, vit dans la réconfortante illusion de la neutralité. Marie, curieusement, ne l'a pas détrompé.

Le 15 janvier 1933 commence la série des huit apparitions dont la Vierge va gratifier, jusqu'au 2 mars, un autre petit village de Wallonie, situé entre Liège et la frontière allemande. Le grand tumulte de Beauraing n'est pas encore apaisé que déjà naît celui de Banneux. Une nouvelle gageure pour les autorités diocésaines ! Une seule voyante, cette fois, une fillette d'une douzaine d'années, Mariette Béco, plus « banale » encore, s'il est possible, que les enfants de Beauraing. Issue d'un milieu pauvre, elle est d'une santé robuste, d'esprit pratique, mais d'une intelligence assez limitée. Dernière en catéchisme, elle a déserté l'enseignement du chapelain, puis la messe du dimanche et ne se soucie pas de faire sa première communion.

Et cependant, Mariette va voir la Vierge, y croire et y faire croire tout de suite. Pas d'extase à Banneux, pas de modification radicale de la personnalité de la voyante, mais une piété retrouvée dans la joie de la contemplation de la Dame si belle et si lumineuse qui se présente comme la « Vierge des Pauvres », déclare « Je viens soulager la souffrance » et donne aux hommes un seul message : « Priez beaucoup ».

Les sceptiques de l'époque ne manquèrent pas de ricaner : « Une *apparitionnette* de rien du tout ! ». Paradoxalement, elle sera néanmoins très soigneusement étudiée. Longue, méthodique, fouillée, l'enquête sera menée dans un calme relatif, et cela malgré l'invraisemblable prolifération, aux quatre coins de la Belgique d'alors, de visionnaires aujourd'hui oubliés : à Verviers, Anvers, Lokeren, Tubize, Rochefort, Foy-Notre-Dame, Rotselaere, Herzele, Onkerzele, Etikhove… et dix ou vingt autres localités qui se disputent l'honneur d'avoir reçu des visites célestes. A Beauraing même, en juin 1933, un certain Tilman Côme, atteint de spondylite, se prétendit guéri par une belle Dame portant un ruban bleu où s'inscrivaient en lettres d'or les mots… « Notre-Dame de Bôring ».

Les apparitions de Beauraing et de Banneux seront finalement « reconnues » en 1949, après bien des hésitations de la part de l'Eglise, qui, on le sait, ne s'engage qu'avec une extrême prudence en matière de phénomènes paranormaux. Des manifestations mariales aussi « importantes » que celles de San Damiano (Italie), Kerizinen (Bretagne) ou Garabandal (Espagne), où continuent d'affluer les pèlerins, n'ont suscité jusqu'ici que des jugements négatifs. Dans d'innombrables autres cas, l'oubli a eu raison de la ferveur initiale. Sans doute en ira-t-il ainsi des visites du Sacré-Cœur de Jésus dont se dit favorisé, depuis 1984, un certain André Pestiaux, dans son logis de Watermael-Boitsfort.

Qu'en sera-t-il des apparitions de la Vierge qui n'ont pas cessé depuis 1981 à Medjugorje, un petit bourg de la socialiste Yougoslavie ? Nul ne saurait le dire. Les six jeunes voyants de là-bas ne peuvent du moins être suspectés de rechercher, par le biais du surnaturel, la notoriété ou un quelconque bénéfice.

A Banneux, à Beauraing, comme dans tous les sanctuaires chrétiens, l'omniprésence des cierges, symboles de foi, d'espérance et d'amour. Jésus n'a-t-il pas proclamé : « Je suis la lumière du monde » ?

PIETE MARIALE

Montaigu

Notre-Dame de Montaigu: la statuette miraculeuse, haute d'environ 50 cm, est presque entièrement dissimulée sous un ample et riche vêtement. Habituellement, l'œuvre est conservée au-dessus du tabernacle du maître-autel.

Les apparitions de la Vierge à Beauraing et à Banneux n'ont en rien diminué le prestige de Montaigu — en flamand Scherpenheuvel —, une petite localité brabançonne née de la dévotion mariale. Depuis plus de 500 ans, les foules s'y pressent en pèlerinage pour vénérer une statue de la Vierge à l'Enfant réputée miraculeuse.

Au début du XVème siècle, celle-ci était fixée à un chêne, dans la campagne de Sichem. La ferveur populaire lui attribuait la guérison des malades, surtout des fiévreux. En 1415, un berger eut l'idée de se l'approprier, mais l'impie demeura cloué au sol, incapable de bouger jusqu'à ce que son maître vînt le libérer en remettant l'image à sa place. Le prodige ne manqua pas de faire grand bruit et les pèlerins d'affluer.

Notre-Dame de Montaigu, vénérée en Brabant depuis la fin du XIVème siècle au moins, fut couronnée au nom du Souverain Pontife le 25 août 1827, et une indulgence plénière fut accordée à ceux qui prieraient devant la statue le jour de cet anniversaire. A l'occasion du cinquantenaire du couronnement, Pie XI éleva l'église au rang de basilique mineure.

En 1579, la statue disparut. « Retrouvée » par un bourgeois de Sichem sept ans plus tard, elle suscita une nouvelle vague de dévotion. L'an 1603, le jour de la Nativité de Marie, quelque deux cent mille fidèles se rendirent à la petite chapelle qui abritait désormais l'image de la Madone. Quant au vieux chêne, trop tailladé par les amateurs de souvenirs pieux, il dut être abattu et l'on tira de son bois quelques répliques de la statuette, qui allèrent orner des chapelles privées et des « sanctuaires-succursales », notamment dans l'est de la France.

Cette même année 1603, les archiducs Albert et Isabelle placèrent Montaigu sous leur haut patronage : ils financèrent la construction d'une chapelle en pierre, puis d'une somptueuse basilique. Ce fut ainsi autour de l'un des premiers édifices baroques de notre pays que s'édifia peu à peu la petite cité.

Le premier dimanche qui suit la Toussaint se déroule la procession dite « aux chandelles ». Son origine est à rechercher dans un vœu de la population qui, en 1629, implorait la Vierge de la délivrer de la peste. Certains historiens parlent de dysenterie et avancent la date de 1734. Les plus critiques veulent y voir une réminiscence de la tradition des « processions des trépassés », les flammes des cierges tenus par les participants étant censées éloigner les âmes errantes.

Foi et superstition mêlées... Les bouts de chandelle sont ensuite conservés précieusement et rallumés devant une effigie de sainte Anne ou de la Vierge pour obtenir assistance dans toutes les calamités. Le petit commerce, quant à lui, trouve son compte dans l'affluence des dévots. Le surnom des habitants de Montaigu : les « keerskatten », les « chats aux cierges ». Rusés, matois... et un peu tous marchands de chandelles, du moins autrefois. Car aujourd'hui on y vend de tout et n'importe quoi, à l'occasion surtout de la procession, prétexte à la liesse populaire.

La kermesse cependant n'est pas tout. Dans la frileuse après-midi de novembre, de longues théories de pèlerins défilent dans les rues de Montaigu. La tradition leur impose de faire trois fois le tour de l'église en récitant à haute voix le rosaire, puis de se ranger sur le chemin de croix, cierges allumés à la main ou fichés en terre, pour assister au défilé du clergé, de la fanfare, des statues, de la Madone enfin, petite Vierge roide au visage noirci par les ans, qui n'a quitté son sanctuaire à trois heures de l'après-midi que pour mieux y revenir à quatre. Un sanctuaire qui, toute question de foi mise à part, mérite bien qu'on lui accorde un coup d'œil, avec son immense coupole, son beau christ de Duquesnoy et ses toiles de Van Loon. Si l'on en croit trois pèlerins, des gouttes de sang auraient perlé aux lèvres de la Vierge le 3 janvier 1603. Un an plus tard, un hérétique qui la mettait au défi de guérir son cheval aveugle fut cruellement puni par la Madone de Montaigu : l'animal recouvra la vue, mais le cavalier persifleur la perdit.

La basilique Notre-Dame, érigée à l'initiative des archiducs Albert et Isabelle, est l'un des premiers édifices baroques bâtis en Belgique (1609-1627). Le plan « en rotonde » est de Wenceslas Koeberger ; et la vaste coupole, de l'Italien Serlio. Le sanctuaire se trouve au centre d'un plan urbain géométrique, sept avenues convergeant vers ce haut-lieu de dévotion mariale.

STIGMATISEE !

Louise Lateau à Bois-d'Haine

Florence. Eglise Santa Trinita. Chapelle Sassetti. Saint François recevant les stigmates, fresque de Domenico Ghirlandaio (1483-86). Ce phénomène, inconnu jusqu'alors, fut accueilli par certains comme un grand miracle... mais suscita l'incrédulité de beaucoup d'autres. Depuis, il s'est reproduit à quelque trois cents reprises dans la catholicité.

« Je porte imprimés sur mon corps les stigmates du Seigneur Jésus » a dit saint Paul dans son Epître aux Galates. Il semble bien qu'aucun auteur chrétien des premiers temps n'ait pris cette affirmation à la lettre et n'ait considéré que l'Apôtre des Gentils voulait ainsi parler de blessures différentes de celles que les persécuteurs lui avaient infligées. La stigmatisation véritable — c'est-à-dire l'apparition sur un corps humain de plaies comparables à celles du Christ — n'est connue qu'à partir du XIIIème siècle. François d'Assise aurait miraculeusement reçu aux mains, aux pieds et au côté la marque des clous et du coup de lance de la Crucifixion, au cours d'une extase sur le mont Alverno.

Treize siècles de christianisme sans stigmatisés. Et puis soudain, après le « Poverello » d'Assise, une abondance de cas. Le chiffre de trois à quatre cents, avancé à la fin du siècle dernier, paraît assez vraisemblable.

La Belgique peut revendiquer un cas tout à fait remarquable et « exemplaire » de stigmatisation, celui qui, de tous ceux antérieurs au XXème siècle, a été le plus étudié, le plus contrôlé : Louise

Lateau, née le 30 janvier 1850 à Bois-d'Haine, près de Manage, en Hainaut, décédée le 25 août 1883.

Quelque trois cents médecins — dont les plus hautes autorités du pays —, des prélats, des magistrats, croyants et athées, se sont rendus à son chevet, ont constaté les phénomènes paranormaux et affirmé solennellement leur authenticité. Les avis n'ont divergé — de la façon la plus radicale — que sur la détermination de la cause : le professeur Lefèbvre, professeur de pathologie générale à Louvain, a proclamé l'impossibilité pour la science d'expliquer les stigmates de Louise Lateau, alors que le docteur Hubert Boëns, de l'Académie de Médecine, rangeait la «christomane» de Bois-d'Haine parmi les névropathes hémophiliques.

Nous ne sommes guère plus avancés aujourd'hui, qu'il s'agisse de cas anciens ou récents. Louise, de toute manière, constitue un excellent sujet d'étude, l'essentiel des phénomènes stigmatiques se présentant chez elle dans toute la pureté et la logique souhaitables.

Ses parents étaient de pauvres gens, honnêtes et pieux. L'année même de sa naissance, Louise fut gravement atteinte par la petite vérole, qui, par ailleurs, emporta son père. A deux ans, elle manqua se noyer dans un fossé. A treize ans, une vache la piétina, lui causant de sérieuses lésions internes. En 1866, le choléra l'épargna, bien qu'elle se fût exposée à la maladie en soignant avec dévouement ceux qui en étaient atteints. Mais l'année suivante fut de loin la plus terrible : grave

Sienne. Eglise San Domenico. Extase de sainte Catherine, fresque de Sodoma (1526). Catherine Benincasa, patronne de l'Italie et docteur de l'Eglise, compte parmi les grandes figures du mysticisme. Comme François d'Assise, elle fut marquée des stigmates.

Portrait de Louise Lateau, la stigmatisée de Bois-d'Haine. Le célèbre Virchow, créateur de la pathologie cellulaire, a cru pouvoir juger de son cas dans son Dictionnaire Rationaliste, déclarant que toute l'histoire était « soit un miracle, soit une imposture. Or, le miracle n'existe pas, c'est donc une imposture. »

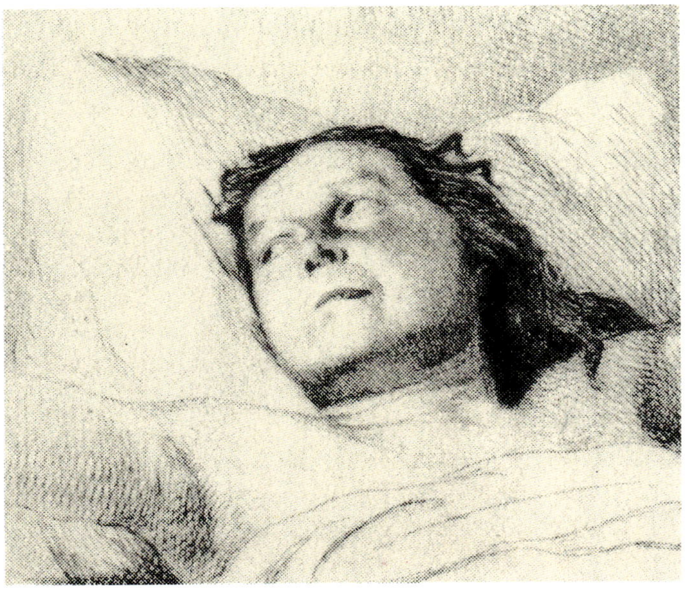

Louise Lateau fut littéralement persécutée par les médecins avides d'observations scientifiques en ce XIXème siècle qui se targuait de tout expliquer. Epuisée par les expériences, elle finit par refuser d'entrer à l'hôpital où l'on voulait « reprendre toute l'affaire à zéro ».

La tombe de Louise Lateau, à Bois- d'Haine. Toujours fleurie, elle est aussi entourée d'ex-votos, alors même que l'Eglise n'a pas autorisé son culte... et que sa cause n'a même pas été introduite en cour de Rome. Louise est cependant réputée « morte en odeur de sainteté »

affection de la gorge, abcès, paralysie, vomissements de sang... Le 15 avril 1868, Louise était aux portes de la mort. Et pourtant, après avoir communié et s'être plongée dans l'action de grâces, une conviction s'insinua dans son esprit : elle allait guérir, complètement et très vite ! Le 21 avril, Louise, convalescente, put se rendre à l'église. Trois jours plus tard, le premier stigmate apparut, annoncé par de violents élancements dans la région cardiaque. Prière, pénitence, méditation, grande ferveur pour la Passion du Christ et désir de souffrir pour le rachat des offenses, dévouement, amour ardent de l'Eucharistie : toute la jeunesse de Louise se résume ainsi. A 18 ans, la voici marquée d'une plaie au flanc gauche, qui saigne avant de se refermer et de disparaître. Elle se reformera une semaine plus tard, un vendredi à nouveau, et ce 1er mai verra aussi l'apparition des stigmates sur la face dorsale des pieds. Les blessures seront complétées le 8 mai. Dès ce jour, Louise porta les 5 plaies, aux « endroits d'élection ». Celles-ci vont saigner quelque 800 vendredis de suite. Le 17 juillet, les premières extases débutèrent. En août, la rumeur publique était si forte que l'ouverture d'une enquête ecclésiastique fut jugée nécessaire. Rien ne fut épargné à Louise : examens médicaux, interrogatoires, test des bandelettes scellées, plaies provoquées... Parallèlement, bien sûr, les traditionnelles accusations de fraude, tout à fait dénuées de fondement, semble-t-il. Le 23 septembre, la couronne d'épines commença à se former ; elle s'accentuera au fil des jours jusqu'à la mi-octobre.

On pourrait relater beaucoup de faits extraordinaires à propos des phénomènes paranormaux que manifesta la stigmatisée de Bois-d'Haine. Qu'il suffise, pour achever ce tableau aux lignes sèches comme une épure, de rappeler que les souffrances expiatoires de Louise furent, elles aussi, marquées du sceau de la plus grande « lisibilité ». Une coïncidence troublante peut, en effet, être remarquée entre la violence des douleurs que l'extatique ressentit le 20 septembre 1870 et au cours de la Semaine Sainte de l'année 1871, et les maux qui

accablèrent l'Eglise à ces dates, lesquelles correspondirent à l'entrée des troupes piémontaises à Rome et aux accès de la fureur anti-cléricale de la Commune de Paris. Enfin, on n'oubliera pas de se souvenir que Louise, dès le 30 mars 1871, vécut dans une abstinence complète, son organisme ne tolérant plus que l'hostie consacrée. Cela aussi s'inscrivait dans la logique du phénomène, de nombreux stigmatisés ayant manifesté pareille anorexie sélective.

Les observateurs ont été très loin, trop loin sans doute sur le plan de la stricte humanité, en soumettant Louise Lateau à des expériences répétées et parfois fort cruelles. Il en avait été de même avec Anne-Catherine Emmerick quelque cinquante ans plus tôt, avec Lucie de Narni au début du XVIème siècle ou Véronique Guiliani en 1714 ; il en sera de même, de notre temps, avec Thérèse Neumann de Konnersreuth, Marthe Robin de Châteauneuf-de-Galaure et surtout Padre Pio de Pietralcina qui subit, lui, une véritable persécution.

Et tout cela sans profit réel, qu'il s'agisse de science ou de religion. Car, comme l'a écrit Aimé Michel, « Toute la querelle sur les stigmates (et d'une façon générale sur les prodiges) confirme que l'observation la plus minutieuse ne sert à rien : ce ne sont pas les faits qui déterminent les verdicts, mais la métaphysique ».

L'Eglise, quant à elle, n'entend pas se prononcer en ces matières. Si elle a élevé sur les autels une vingtaine de stigmatisés, ce ne fut jamais (sauf peut-être dans le cas de saint François d'Assise) en raison directe de ce phénomène qu'elle considère a priori comme « suspect ». Aussi, la grande foule des hommes et des femmes — surtout celles-ci —, qui ont porté ou portent encore dans leur chair les plaies du Christ, se trouve-t-elle composée indifféremment d'individus « quelconques » et de saints personnages... sans oublier l'un ou l'autre simulateur éventuel.

Les meilleurs chrétiens ont d'ailleurs le droit d'ignorer superbement ce genre de faits. Juan de Yepes, connu sous le nom de saint Jean de la Croix, grand extatique ultérieurement proclamé « docteur de l'Eglise », haussa les épaules quand, à Lisbonne, dans les années 1580, on lui proposa d'aller voir la « nonne aux plaies », la supérieure d'un couvent qui jouissait d'une grande réputation de sainteté pour avoir présenté des stigmates. Il s'en alla tout bonnement se promener au bord de la mer...

San Giovanni Rotondo. Statue de Padre Pio. Le plus célèbre des stigmatisés contemporains — il est né en 1887 et mort en 1968 — aurait été marqué de la plupart des phénomènes mystiques : dons de la conversion, de la guérison, de l'ubiquité, du discernement, de la prophétie, de la fragrance... La cause de son procès en béatification serait en bonne voie grâce à une initiative personnelle de Jean-Paul II.

Modèle en relief de l'image du Suaire de Turin, réalisé d'après les travaux les plus récents des chercheurs américains, notamment le décodage par ordinateur VP-8. Il a été offert en octobre 1983 au pape Jean-Paul II.

L'EGLISE FACE AU MIRACLE

Sienne. Maison de sainte Catherine. La sainte, enfant, entre en lévitation, fresque d'Alessandro Franchi (1896). La lévitation constitue un phénomène paranormal bien connu, même en dehors du mysticisme chrétien, dans le bouddhisme lamaïque, par exemple.

Aux scribes et pharisiens qui réclamaient de Lui un signe, Jésus répondit qu'il ne leur en serait pas donné d'autre « que celui du prophète Jonas. De même que celui-ci demeura trois jours et trois nuits dans le ventre du poisson, le Fils de l'Homme demeurera trois jours et trois nuits dans le sein de la terre. » L'Evangile donne donc d'emblée la solution du problème : le miracle par excellence, le fait « sur-naturel » qui, à lui seul, justifie et garantit la foi chrétienne, c'est la résurrection du Christ. Mais le signe de Jonas ne suffit pas à l'homme. Pour asseoir sa foi, il en réclame de plus tangibles, de plus immédiats, de plus « utiles ». Plus que la résurrection du Fils de l'Homme, il se souvient de Ses bienfaits. Jésus a guéri les malades, rendu la vue aux aveugles, l'ouïe aux sourds, la parole aux muets, la pureté aux lépreux. Il a ressuscité le fils de la veuve de Naïm, son ami Lazare et la fille de Jaïre. Il a changé en vin l'eau de Cana et multiplié pains et poissons pour nourrir la foule qui Le suivait. Il a apaisé la tempête, rempli les filets de Simon-Pierre et chassé les démons aussi aisément que les marchands du Temple.

Des miracles par dizaines. Et pourtant, l'Evangile le proclame, un seul signe : celui de la résurrection.

L'Eglise la première, semble-t-il, ne l'a pas compris. Face à une humanité avide de prodiges, elle a, tout au long de son histoire, appelé le miracle à la rescousse de son enseignement, affirmant — avec l'Evangile — que Jésus ne s'était pas contenté d'en accomplir Lui-Même, mais qu'Il avait aussi transmis Son pouvoir à Ses disciples. Nul chrétien n'est obligé de croire à d'autres miracles que ceux rapportés dans les Saintes Ecritures, mais il importe à la foi que le principe du miracle — dérogation voulue par Dieu aux lois de la nature — ne soit pas mis en cause.

Au long des siècles, croyants et athées se sont évidemment opposés de la manière la plus irréductible. Si le problème de l'intervention divine dans les affaires humaines peut être posé à propos de toute grande religion — sans même parler des religions dites « primitives » ou « historiques » —, jamais il ne prend une importance aussi considérable, aussi envahissante que dans le cadre de l'Eglise catholique. Quant aux rationalistes, ils ne peuvent que refuser catégoriquement le principe du miracle, sous peine de voir s'effondrer celui de la causalité et, avec celui-ci, tout l'édifice de la pensée non métaphysique.

A cette opposition, le progrès scientifique, même reconnu et « assumé » par la théologie, ne change fondamentalement rien. En fait, déistes et athées se retrouvent frères dans la peur ou l'espoir. Pour se prémunir du malheur, pour attirer sur soi ou les siens la félicité, croyants et incroyants sont prêts à tout. Aux meilleurs d'entre eux, aux plus nobles, Dieu suffit ou la Raison. Mais au niveau de la masse, de l'immense majorité des humains, pauvres et nus devant le destin, la crédulité continue de régner, presque sans partage.

Le merveilleux n'a pas dit son dernier mot. Il en crie au contraire, par phrases entières. Et des plus incohérentes. Comme l'a fait fort justement remarquer l'abbé Marc Oraison : « depuis quelques années, on voit beaucoup moins la Sainte Vierge, les anges, le Sacré-Cœur ou les démons ; mais on voit de plus en plus de supposées soucoupes volantes, plus ou moins habitées de supposés Martiens ». L'Eglise actuelle, que le merveilleux gêne à présent alors qu'elle l'avait autrefois accueilli avec faveur, paraît s'accommoder assez bien du relais pris par le paranormal profane. Il lui donne le moyen de tirer son épingle du jeu et de laisser aux scientifiques le soin de le cautionner ou de le démystifier.

L'histoire du christianisme regorge de phénomènes extraordinaires dont l'apologétique a longtemps tiré de pieux arguments: manifestations de saints personnages ou d'âmes du Purgatoire, statues qui pleurent, hosties qui saignent, incorruptibilité des corps, visions, prophéties, stigmatisations, possessions démoniaques, dons de fragrance, des langues, de discernement, de bilocation, de lévitation, d'incombustibilité... On n'en finirait pas de détailler les prodiges liés à la vie des saints ou à leurs reliques, et cela jusqu'au plus invraisemblable.

Mais, ainsi que le fait dire, dans « Les Clés de Saint Pierre », Roger Peyrefitte à l'un de ses personnages: « Il n'y a pas de scènes de comédie dans notre religion. Tout y est sacré, même le ridicule ».

Il n'empêche. L'Eglise d'aujourd'hui n'entend plus prêter trop aisément le flanc aux sarcasmes des « esprits forts » et elle laisse volontiers dans l'ombre les phénomènes qui risqueraient, si elle faisait mine de s'y intéresser, de lui attirer le soupçon d'« obscurantisme ». Le calendrier liturgique a été fondamentalement épuré et les saints les plus manifestement légendaires ont été déchus de leur droit aux autels. Dans le même temps, pour répondre à la crise de la spiritualité, le Saint-Siège s'est mis à canoniser « à tour de bras », proposant à la conscience populaire des modèles plus actuels de perfection chrétienne.

En ce qui concerne les miracles, il n'est plus guère question aujourd'hui que d'apparitions — de la Vierge, principalement — et de guérisons dont la science a reconnu qu'elle ne pouvait les expliquer.

Deux exceptions, cependant, et non des moindres.

La première concerne le Suaire de Turin qui, s'il est authentique, constituerait la plus vénérable des reliques chrétiennes. Il aurait enveloppé le corps du Christ et gardé mystérieusement son image. Des études scientifiques extrêmement poussées, entreprises au cours de ces dernières années, n'ont pas permis de déterminer le mode de « fabrication » des fantastiques empreintes du Suaire. Mais aucun indice n'autorise à le tenir pour un faux. Curieusement, il n'est jamais fait mention de miracles opérés par l'intermédiaire de la relique. Elle-même, en quelque sorte, en constituerait un.

L'autre exception peut, à première vue, sembler plus « folklorique ». Et pourtant! Depuis le Moyen Age, depuis 1659 en tout cas, saint Janvier, martyr du IIIème siècle et patron de Naples, opère deux ou trois miracles par an et cela à dates fixes. Son sang, contenu dans une ampoule hermétiquement close, habituellement — et normalement — coagulé, se liquéfie, plus ou moins vite, plus ou moins complètement, ou parfois ne se liquéfie pas du tout, mais cela au mépris de la physique la plus élémentaire. Un phénomène aberrant, inexplicable, dont on n'a jamais pu démontrer qu'il était une supercherie et qu'il n'a jamais été possible de reproduire expérimentalement. Un phénomène que l'Eglise cependant s'est toujours refusé à reconnaître comme « miraculeux » et ce, parce que la liquéfaction du sang de saint Janvier ne présente, au plan religieux, aucune signification précise.

Etrange univers que celui du merveilleux chrétien. Impossible débat que celui du miracle, croyants et athées ne pouvant qu'être renvoyés dos à dos quels que soient les progrès de la recherche scientifique. Ne restera-t-il pas toujours à l'Eglise la possibilité d'opposer à tous les démentis le signe de Jonas?

Naples. L'abbé du Trésor constate la réalité du « miracle de saint Janvier ». Le sang liquéfié coule dans l'ampoule contenue dans le reliquaire. Jusqu'ici, la science n'a pas pu expliquer ce phénomène, seul « miracle » reproductible à dates fixes dans le christianisme.

Rome. Cérémonie de canonisation dans la basilique Saint-Pierre. En principe, la qualité de « bienheureux » ou de « saint » n'est accordée à un défunt que si l'on a reconnu que des faveurs spirituelles ont été obtenues par son intercession. En clair: des miracles.

CAGOULES ET CROIX DE BOIS

Furnes et Lessines

Le Moyen Age chrétien a doté notre folklore de manifestations à caractère pieux au cours desquelles la fête devance et prolonge souvent la procession ou le pèlerinage. La superstition n'est pas toujours absente de ces cortèges hauts en couleurs. Bien malin d'ailleurs celui qui parviendrait à la dissocier de leur contenu strictement chrétien, tant la religion triomphante a su, au cours des âges, amalgamer à ses propres rites d'anciennes pratiques magiques. Cependant, parmi les processions qui, aux dates fixées par le calendrier liturgique, sillonnent les rues de nos villes et villages belges, il en est qu'engendrèrent exclusivement les fastes et les dogmes du catholicisme : elles trahissent encore, à l'heure actuelle, l'intensité du sentiment religieux de la société qui les vit naître et les perpétue. Les plus poignantes, les plus impressionnantes pour le spectateur demeurent les processions pénitentielles dont l'existence remonte aux âges troublés de l'Eglise. Au Moyen Age, les cortèges de « flagellants » drainaient des hallucinés de la foi, qui, dans l'espoir de sauver leur âme éternelle des tourments de l'Enfer, infligeaient les pires souffrances à leur corps mortel.

Aujourd'hui, les marches des Pénitents, qui se déroulent encore annuellement à Furnes et à Lessines, perpétuent cette volonté de fustiger le corps pour purifier l'âme et, devant la rigueur de la punition, nul ne songerait à se gausser de ces

◄ *Seule procession sortie en droite ligne de la période Espagnole, la marche des Pénitents de Furnes rassemble chaque année des participants venus de tous les coins du pays et même de l'étranger. Plusieurs centaines de figurants les escortent dans leur quête de la rédemption.*

A Lessines, patrie de René Magritte, les Pénitents Noirs revivent la mise au tombeau par Joseph d'Arimathie et ses amis suivis des Saintes femmes qui portèrent le corps du Christ depuis le Golgotha jusqu'à un jardin proche. Les cloches étant « parties pour Rome », seuls les roulements de tambour et des bruits de crécelles accompagnent ce voyage vers l'éternité. ►

étranges processionnaires. Austérité et recueillement sont d'ailleurs au rendez-vous de ces manifestations religieuses, qui, contrairement à bien d'autres, excluent volontairement les chœurs, les danses et la musique, à l'exception de quelques sonneries de trompettes thébaines, du grincement des crécelles ou du roulement des tambours.

A Furnes, le dernier dimanche de juillet, un chaud soleil d'après-midi est généralement de mise pour aviver les couleurs des drapeaux et des bannières, mais aussi pour rendre plus pénible encore la progression d'une centaine d'hommes et de femmes portant de lourdes croix et allant pieds nus pour la plupart. L'anonymat de ces marcheurs de Dieu, venus parfois de très loin, est préservé par la robe de bure et la cagoule, alors que d'autres pénitents, le visage découvert et murmurant des versets bibliques, tirent ou portent des statues du XVIIème siècle : les « Stations » et les « Poésies ». Ils marcheront ainsi deux heures environ, de Sainte-Walburge à Saint-Nicolas, assez semblables aux Pénitents de Séville dont ils héritèrent probablement la tradition, lorsque la procession furnoise fut créée en 1644, soit en pleine période espagnole.

Mais si le sérieux de la Marche de Furnes impose le respect au touriste le plus désabusé, que dire alors du sentiment qui oppresse le spectateur au passage des Pénitents Noirs de Lessines ? Ici, pas de soleil ni de couleurs, mais les ténèbres d'une ville occultée que parcourent des files silencieuses de Pénitents en cagoule, porteurs de torches, de lanternes, de croix de bois et encadrant une statue du Christ étendue sur un brancard. A l'approche de la procession de la « Mise au Tombeau », rythmée par les roulements des tambours, les lumières s'éteignent partout pour se rallumer ensuite, symbolisant ainsi la résurrection de la clarté et de la vérité.

C'est de cette manière que depuis 1475, chaque Vendredi Saint, à la nuit tombante, les hommes tentent d'exorciser la folie humaine et d'obtenir le rachat de leurs fautes.

A Furnes, à Lessines, c'est une même foi, devant laquelle on se doit de s'incliner, que l'on soit ou non croyant.

« Lutiner » une belle... L'étymologie nous en dit long, n'est-ce pas, sur les mœurs de ces étranges petits bonshommes dont bien des peuples, mais surtout les Celtes, ont cru qu'ils hantaient nos forêts et nos nuits, quand ce n'était pas les ruelles des lits conjugaux.

Nutons et Sotés

DE BONS PETITS DIABLES

A un kilomètre environ d'Houffalize, sur la rive droite et en aval de l'Ourthe, une paroi rocheuse presque à pic montre une excavation assez spacieuse que l'on appelle « Trou des Nutons ». On affirme dans la région qu'elle sert de refuge à de petits génies, amis des hommes, qui, la nuit venue, s'en vont visiter les maisons pour apporter à leurs habitants aisance et prospérité. Pour autant, toutefois, qu'ils y découvrent l'ordre et la propreté, l'amour du travail et de l'économie. Si, au contraire, les nutons décèlent des signes de négligence, de laisser-aller, ils adressent au propriétaire ces paroles sévères : « Nous vous avons apporté la richesse *pâte à pâte* (épi par épi) ; aujourd'hui, à cause de votre mauvais rangement, nous vous la reprenons *geâbe à geâbe* (gerbe par gerbe) ».

Les nutons constituent la branche typiquement ardennaise de la grande famille — assez mal caractérisée par ailleurs — des génies « favorables ». Ceux-ci comptent les lutins, que l'on dit faire partie des trente mille démons, mais qui ne sont pas méchants pour autant, seulement malicieux; les gnomes, esprits élémentaires habitant les entrailles de la terre et gardiens de mines ou de trésors, qui se plaisent à rendre service aux humains avec l'espoir de lier quelque alliance amoureuse capable de leur assurer l'immortalité; également les sylphes des mythologies celtique et germanique; les elfes du fonds populaire scandinave; les djinns arabes, même s'ils sont, quant à eux, des esprits de l'air...

Si l'on s'en réfère à l'étymologie, les nutons seraient, pour leur part, des génies de l'eau (de *neptunus*, en vieux français *netun*). Leurs cousins du folklore wallon se nomment sotais, massotais, massokais, dodos, selon les régions. Tous sont petits, bienveillants, un peu farouches. Leur occupation favorite serait la réparation des outils agricoles, des instruments de cuisine et des chaussures... qu'il convient de déposer à l'entrée de leur grotte en compagnie de quelques provisions. Tout travail mérite salaire, même si l'on est diablotin de bonne compagnie.

Les plus sceptiques assurent que les seuls nutons authentiques que l'on ait jamais vus étaient de hardis garnements qui, après avoir assuré leur réputation en effrayant les bourgeois aux abords des cimetières, pénétraient dans les maisons pour y boire à l'aise, voire lutiner quelque belle, donnant ainsi naissance au vieux proverbe : « Où sont fillettes et bon vin, c'est là que hante le lutin ».

Bons vivants, les génies ? Et sensibles aux charmes féminins ? Ce n'est pas impossible. On conte que Madeleine de la Croix, future abbesse de Cordoue, s'éprit d'un charmant lutin alors qu'elle n'avait que douze ans et qu'elle s'employa, trente années durant, à donner, en plus de quelques félicités charnelles, l'immortalité de l'âme à son curieux amant... avant de le chasser, son confesseur ayant fini par la persuader que c'était un commerce avec le diable.

Un bon petit diable, en somme !

Quant aux sept nains des frères Grimm — auxquels Walt Disney devait donner la plaisante apparence de vieux enfants un peu maniaques — n'étaient-ils pas tous tombés amoureux de Blanche-Neige ? Mais survint le Prince Charmant qui réveilla la jeune fille de son funeste sommeil, et les espoirs galants des nains de s'effondrer alors en longs sanglots émus. Qui, après cela, osera prétendre qu'au pays des légendes il n'est que joie et bonheur, et que les petits êtres mythiques ont éternellement le cœur léger ?

Les nutons cordonniers, plaisant thème d'inspiration pour l'artisanat populaire.

Dans les traditions les plus anciennes, dans la plupart des religions, l'eau est symbole de vie, moyen de purification et source de régénérescence. Premier désinfectant connu et médication complémentaire des cures de simples, elle lave, soulage et même guérit. Bien avant la vogue du thermalisme, les hommes du passé connaissaient et appréciaient les vertus bienfaisantes de telle ou telle source. Charlemagne ne fit-il pas d'Aix-la-Chapelle la capitale de l'empire franc uniquement parce que ses eaux sulfureuses amélioraient la déficience rénale dont il souffrait ? Si des eaux prestigieuses font de nos jours l'objet d'une intense commercialisation, elles n'ont pas pour autant écorné la renommée d'humbles fontaines rurales, réputées également curatives. Généralement l'eau sourd ou jaillit dans un bassin de pierre bleue. A Saintes, elle stagne au fond d'un puits enclos d'une grille, froide et limpide, miroir du ciel brabançon.

Situé entre Hal et Enghien, le village conserve le Hondzochtmolen, l'un des derniers moulins à vent en pierre du pays. En son centre, une massive église dresse sa tour flanquée de quatre tourelles, architecture des temps de guerre et de peur. Sainte Renelde règne en ces lieux depuis le XVIe siècle. Aux temps mérovingiens, quand le paganisme

Sainte Renelde était la sœur de Sainte Gudule et la cousine de Sainte Gertrude. Elle donna au monastère de Lobbes son domaine de Saintes. Lors d'une invasion hongroise, elle refusa de fuir. Les soldats la découvrirent dans l'église où elle s'était cachée. On s'en saisit et elle fut décapitée.

s'accrochait encore dans les campagnes, le sang de trois martyrs de la foi chrétienne sanctifia le sol de Saintes. Grimoald et Gangulphe sombrèrent plus ou moins vite dans l'oubli. Par contre, leur compagne, Renelde, fut l'objet d'une vénération populaire qui dure toujours. Chaque année, à la Trinité, la châsse d'argent de la sainte est hissée sur un char en permanence exposé dans l'église, et promenée solennellement dans les rues de la localité. Le spectacle est joli, coloré quand le soleil de mai consent à se montrer, mais ceux qui, incidemment, font un bout de chemin avec la procession ont un autre but de promenade. Lorsque celle-ci aura tourné le coin de la rue de Tubize, ils prendront le chemin des champs, se hâtant vers le puits dont l'eau rêve au bord d'une prairie.

L'EAU MIRACULEUSE

Le puits de Saintes

Une statuette de sainte Renelde rappelle, s'il en est besoin, la vocation miraculeuse de cette eau réputée guérir les maladies d'yeux et de peau. Sur la margelle, les bouteilles vides et pleines montent la garde en bataillons serrés. Un car vient de débarquer son contingent de pèlerins. On se bouscule un peu, qui pour boire, qui pour s'asperger à grande eau, qui pour jouir simplement d'un coin de campagne et de la lumière d'un beau jour d'été. Saintes n'est pas Lourdes. Ici, pas de publicité tapageuse, pas de bureau où l'on enregistre les guérisons, où l'on comptabilise les miracles. Renelde en opère-t-elle d'ailleurs ? On le dit. Toujours est-il que le site est rarement désert et que l'eau du puits s'avère bien agréable au gosier, alcaline, acidulée d'un parfum d'herbe verte.

L'endroit jouit de surcroît d'un autre privilège. A certaines heures du jour, jamais aux mêmes, d'aucuns prétendent y ressentir une impression de bonheur spirituel, comme si le puits était dépositaire d'une « chape de sainteté ». Ne cherchez pas à comprendre. Certains endroits, sans qu'il y ait de cause apparente, éveillent le malaise, l'inquiétude ; d'autres secrètent le bonheur. A Saintes, Paul Claudel aurait pu écrire : « Miroir moins que frisson... à la fois pause et caresse, passage d'un archet liquide sur un concert de mousse ».

Même si Saintes est le seul lieu où il y a de l'eau miraculeuse de Sainte Renelde, on la vénère dans d'autres endroits en Wallonie, et notamment à Awenne, Châtillon, Forrières, Halma, Massul, Masbourg, Pondrôme, Saint-Hubert, Saint-Léger, Sainte-Marie-Chevigny et Wellin, le plus souvent pour les yeux.

Les croix byzantines d'Eksaarde mesurent à peine 12 cm. Le mystère cerne ces objets énigmatiques dont la découverte fut spectaculaire. Nul ne parvint jamais à les orner. Or ou argent, rien ne tient sur les petites croix...

CROIX MERVEILLEUSES

Eksaarde

Le village d'Eksaarde, près de Lokeren, en bordure du doux Pays de Waas, était jadis un lieu de pèlerinage très fréquenté. A une très ancienne dévotion à la Sainte Croix s'était en effet ajoutée, dans le courant du XIVème siècle, une vénération particulière rendue à des croix mystérieuses exhumées du sol même de la localité.

En 1317, en effet, quelques années après la sanglante bataille des Eperons d'Or, un paysan nommé Baudouin aux Neuf Livres houait sa terre avec vigueur, lorsque le fer de l'outil sonna sur du métal. Il se pencha sur le sillon et retira de l'argile meuble une petite croix dont dégouttait du sang.

Conscient d'avoir été choisi par la Providence divine pour en accomplir les desseins, il emporta l'objet chez lui et retourna aux champs où l'attendait encore la découverte d'une seconde croix, d'un fer de lance et de deux coupes romaines. Il rangeait ses trouvailles avec tout le respect qui leur était dû, lorsque les cloches de l'église, mues par une force mystérieuse, se mirent à sonner. Baudouin se rendit alors chez le curé, lui narra son aventure et fut sommé par le prêtre de céder les croix à l'église paroissiale. Au moment où la procession qui effectuait le transfert traversait la place du marché, s'opéra le premier miracle. Alors qu'un bûcheron présent s'émerveillait du faste du cortège, son compagnon se détourna en maugréant : « Baudouin aux Neuf Livres a retrouvé l'ancien Dieu ! » A peine avait-il prononcé ces paroles sacrilèges que son cou se souda aux épaules et que le bonhomme ne put plus tourner la tête. C'était là une manifestation patente de la colère divine, qui ne s'apaisa qu'après que le bûcheron se fut publiquement repenti.

L'incident convainquit tout le monde du caractère extraordinaire de la découverte de Baudouin. Erasme de Gavere, le seigneur d'Eksaarde, voulut doter la chapelle de son manoir d'Hontenisse d'une des croix. Sitôt déposée sur l'autel, la croix disparut comme par enchantement et fut retrouvée à Eksaarde aux côtés de sa jumelle. Le seigneur persévéra dans son entreprise et cette fois alla jusqu'à se coucher sur l'objet, qui, aussi étrangement que la veille, se volatilisa avant de recouvrer sa place d'élection dans l'église d'Eksaarde. On en déduisit donc que Dieu avait Lui-même dévolu aux croix le lieu où elles seraient offertes à la dévotion des fidèles.

Celles-ci ne mesurent pas plus de 12 centimètres; elles paraissent de facture byzantine et ne tiennent aucun revêtement d'or ni d'argent.

Non loin de l'endroit de leur découverte s'éleva au XVIIème siècle une chapelle qui fut désignée du vocable patoisan de «Verre Kapel». Des hêtres pourpres et des peupliers du Canada centenaires l'abritent de leurs branches, ainsi que le puits sacré creusé dans le champ même de Baudouin aux Neuf Livres.

Un chemin de pèlerinage, long de 2 kilomètres, part de la chapelle et invite les croyants à se recueillir aux 14 stations d'un chemin de croix.

Dans son livre «Crux Rediviva», datant des premières années du XVIIème siècle, le curé Bruselius relate les miracles recensés à Eksaarde et attribués aux petites croix. Un homme et un enfant qui s'étaient noyés furent rappelés à la vie; une femme paralysée retrouva l'usage de ses membres; plusieurs malades furent guéris; des parturientes qui, dans les douleurs de l'enfantement, avaient ardemment invoqué les saintes croix furent réconfortées.

Et maintes tempêtes s'apaisèrent, lorsque les pêcheurs eurent juré une inconditionnelle vénération aux curieuses reliques d'Eksaarde.

La route du pèlerinage, jadis fort fréquentée, passe par les 14 stations de l'église Notre-Dame dans le village d'Eksaarde et mène à la Chapelle de la Croix, perdue dans les champs. La photo nous montre l'étonnement de Baudouin aux Neuf Livres lorsqu'il déterra la première croix.

Les mystérieuses croix d'Eksaarde furent découvertes en 1317 par Baudouin aux Neuf Livres. Elles restèrent en possession de familles nobles jusqu'au début du XVIIème siècle, date à laquelle la Chapelle de la Croix fut construite près de l'endroit même de la découverte. La chapelle s'élève au milieu des champs, dans un environnement plein de charme. Elle s'entoure de chênes du Canada et de peupliers. Le puits sacré devant la chapelle indique l'emplacement de l'invention des croix.

LES TEMPLIERS

Une fois la perte du royaume latin de Jérusalem consommée, le r chevaliers teutoniques, pour leur part, se reconvertirent dans la lu Teutoniques établirent un de leurs bailliages, ils demeurèrent «h (aujourd'hui Rijkhoven, près de Bilzen), les bâtiments de leur com

En 1099, les Croisés d'Occident reprirent aux Infidèles Jérusalem et le tombeau du Christ. Le problème des pèlerinages en Terre Sainte n'en fut pas résolu pour autant car le petit nombre de chrétiens implantés en Palestine n'écartait pas résolument le danger musulman.

Quelques chevaliers tentèrent de remédier à cette situation en gardant militairement la route de Jérusalem depuis le port de débarquement des voyageurs venus d'Europe. En 1119, une dizaine d'entre eux prononcèrent un vœu en ce sens et s'installèrent sur l'emplacement du Temple de Salomon, conquis de haute lutte une vingtaine d'années auparavant. De là, bien sûr, l'appellation de Templiers, sous laquelle ils passèrent à la postérité. L'originalité de cette fondation consistait en la combinaison de l'existence militaire et de la vie religieuse chez ces «moines-soldats», dont l'illustre Bernard de Clairvaux — le futur saint Bernard — rédigea la règle. Bientôt, les Templiers bénéficièrent de l'exemption pontificale qui les soustrayait à l'autorité des évêques en les rattachant directement au Saint-Siège, ainsi que d'un bon nombre de privilèges au niveau de l'acquisition des biens. Pareils avantages expliquent partiellement l'ardente jalousie dont ils furent l'objet et qui marqua d'autant plus leur destin qu'un précoce engouement des princes en leur faveur leur valut une manne de donations et de libéralités...

Les fondations templières s'implantèrent d'ailleurs très rapidement à l'autre bout de la Méditerranée, où les ordres d'Alcantara et de Calatrava poursuivirent un combat similaire contre les Maures de la péninsule ibérique.

A la tête des chevaliers du Temple se dressait la figure imposante du Grand Maître, l'équivalent du père abbé dans les ordres monastiques plus classiques. Son autorité sur ses frères était celle d'un généralissime et sa tâche principale était de veiller au respect et à la stricte application de la règle. Celle-ci prescrivait le port du manteau blanc sur lequel se détachait la croix pattée d'étoffe vermeille, placée au-dessus du cœur. De même, l'observance du vœu de chasteté, qui défendait «de baiser femme, ni veuve, ni pucelle». L'ordre du Temple et sa tragique destinée ont engendré plus d'une légende et forgé plus d'une conviction. Qui n'a rêvé à la mystérieuse chapelle souterraine du château de Gisors, en Normandie, censée abriter le trésor des Templiers, alors même que l'éphémère présence des religieux dans la forteresse — quelques mois de l'année 1158 — semble dénier tout fondement à cette croyance? Certes, il arriva un temps où la richesse déborda les principes initiaux de l'ordre, répandu en milliers de commanderies dans l'Occident tout entier. Celles-ci, érigées sur des terres reçues de seigneurs laïcs, affectaient le plus souvent l'allure de grosses fermes où œuvrait une paysannerie locale. Rien donc, dans ces bâtisses, de particulière-

ordres militaires repliés en Europe apparut moins évident... Les
tre les païens des régions baltiques. Chez nous cependant, où les
liers», ce qui ne les empêcha pas de s'enrichir. Ainsi, à Biesen
rie des «Vieux-Joncs» ont subsisté.*

ment militaire, si ce n'est, bien entendu, au contact des Sarrasins d'Espagne et des Turcs du Proche-Orient... Dès le milieu du XIIIème siècle, l'échec de la mission primordiale du Temple — à savoir la garde des Lieux Saints — l'avait contraint à se replier vers l'Europe. Les ressources variées dont ils disposaient avaient amené les Templiers à jouer un rôle de banquiers; ils prêtaient sur gage et recevaient en dépôt des biens de particuliers. On sait, par exemple, qu'ils contribuèrent au versement de la rançon du futur saint Louis, tombé entre les mains des musulmans en 1250.

Mais la roche Tarpéienne est proche du Capitole! Le 13 octobre 1307, le roi de France Philippe IV le Bel ordonna l'arrestation immédiate de tous les Templiers du royaume qui, jetés en prison et torturés, furent pressés d'avouer leurs «crimes abominables». Apostasie, idolâtrie, sodomie, outrage au Christ, la liste est longue, à la mesure de la haine des bourreaux. En 1312, le pape Clément V se résolut à dissoudre l'ordre. L'épisode le plus marquant du célèbre procès fait aux frères fut sans conteste la mort sur le bûcher du Grand Maître Jacques de Molay, en 1314, après sept ans de détention. Les décès successifs du souverain pontife et du roi Philippe, avant la fin de la même année, donnèrent par ailleurs naissance à cette légende tenace selon laquelle le supplicié aurait voué les deux responsables de la perte de l'ordre à comparaître devant leur Créateur dans les six mois à venir.

Selon certains historiens, un prince cupide avait en l'occurrence utilisé sans scrupules l'amas de calomnies que l'envie avait accumulées sur le compte du Temple. Pour d'autres érudits, l'appât du gain ne fut guère le mobile qui anima le Capétien. Ce dernier aurait vu dans les Templiers un corps étranger que la raison d'Etat commandait d'écraser. Philippe, veuf austère, prenait en outre très au sérieux le rôle de défenseur suprême de la Chrétienté qu'il s'était attribué. Il n'est même pas exclu que cet homme vertueux ait été sincèrement indigné par certains aveux troublants faits par les Templiers. Quoi qu'il en soit, les biens mobiliers du Temple furent certes vendus au profit du roi, mais son patrimoine foncier lui échappa, puisqu'il échut à l'ordre des Hospitaliers. Il est vrai que le monarque en avait perçu les revenus pendant les sept interminables années qu'avait duré le fameux procès des Templiers de France...

Il est, en tout cas, bien hardi d'imaginer que les Templiers aient disposé du temps nécessaire pour cacher quelque trésor que ce soit. L'opération policière qui présida à leur capture, en 1307, avait été organisée de trop maîtresse façon pour que les victimes aient pu rassembler leurs richesses dispersées dans tout le royaume et les dissimuler quelque part.

Peu d'historiens se sont attachés jusqu'ici à l'histoire des ordres militaires nés en Terre Sainte et à leurs possessions disséminées sur le territoire des principautés où naquit, en 1830, le royaume de Belgique. Si l'on consulte les minces travaux consacrés au Temple dans nos régions, il en ressort que ses biens n'étaient pas négligeables. On sait, par exemple, qu'au début du XIVème siècle, précisément lors de la suppression du Temple, celui-ci était à la tête de six maisons, rien que dans la partie du duché de Brabant qui relevait spirituellement du diocèse de Liège. Ces diverses possessions étaient alors sises à Géraucourt, La Baraque, Louvain, Neuve-Court, Vaillampont et Vieille-Court.

Une fois les Templiers de France arrêtés, en octobre 1307, les interrogatoires menés, tant par les commissaires royaux que par les cardinaux désignés, entraînèrent une suite d'aveux effarants. Si quelques uns nièrent, la plupart se défendirent piteusement.

Un curieux folklore

Un roulement de tambour, puis un autre dans le petit matin.
Une porte vite refermée sur la tiédeur claire d'une cuisine. Des sabots qui claquent sur le pavé et des clochettes qui sonnaillent au rythme d'une danse, vieille comme le Temps. Les Gilles sont sortis dans les rues de Binche, précédés par Carnaval qui fait la roue dans son habit d'arlequin.
Que la fête commence !
Qu'elle soit bruyante, joyeuse, gourmande et paillarde.
Le Ciel n'y verra point offense car, dans nos us et traditions populaires, pour une mascarade que de processions et de pieux cortèges !
Pourtant n'en déduisez pas que ces derniers sont par comparaison, privés de gaieté et qu'il n'y ait pas prétexte à rire dans le sillage de la « Virga Jessé » de Hasselt ou sur les pas de saint Hermès, à Renaix.
Bien au contraire.
Dans maints villages et cités de Belgique, lorsque l'heure est à la piété, il n'est pas rare que les géants suivent de près le clergé et que l'odeur des beignets chasse celle des roses dans les reposoirs.
Pourquoi, après tout, sainte Rolende ou saint Feuillen n'apprécieraient-ils pas les salves tirées par les zouaves et l'allure martiale des régiments de fantaisie qui marchent en leur honneur, dans les campagnes de l'Entre-Sambre-et-Meuse ?
Faut-il donc cultiver l'austérité pour prétendre au paradis et bouder d'anciennes coutumes sous prétexte qu'elles sont filles du paganisme et ont un relent de fagot ?
Les grands feux sur la colline brûlent dans l'allégresse le bonhomme Hiver.
Quelques semaines encore et il sera temps de planter le mai, vert emblème du printemps revenu.
Ces brasiers, cet arbre étaient jadis consacrés à Odin ou à Freya, de même que les chats précipités du haut du beffroi d'Ypres servaient de pâture au Malin et aux forces mauvaises de la nature.
Superstition, fanatisme que tout cela ? Sans doute.
Mais gardons-nous de jeter l'enfant avec l'eau du bain.
La fête mérite de se perpétuer, intacte, avec ses masques, ses déguisements et ses fanfares. Libre à nous de la dédier désormais à Dieu, à la Liberté, à l'Amitié. Pourvu qu'en demeurent la tradition et la mémoire dans ce grenier aux merveilles qui a nom « folklore ».

PELERINAGE ET ENDURANCE

Le Fiertel de Renaix

Les porteurs du reliquaire changent régulièrement au cours du pèlerinage. Bien que la cadence soit assez modérée, beaucoup de pèlerins ne les suivent qu'à grand peine.

Chaque année à la Sainte-Trinité, le dimanche après la Pentecôte, se déroule à Renaix une fête religieuse de grande renommée. Ce jour-là, les Renaisiens fêtent le patron de leur ville, saint Hermès. Les reliques de saint Hermès sont portées tout autour de la cité, afin qu'elles intercèdent auprès de Dieu pour obtenir sa bénédiction. La procession s'étend sur 33 km. L'Ommegang de saint Hermès porte le nom de « Fiertel », mot qui apparut dans le langage populaire à la fin du XIXème s. et provient du latin *feretrum* (châsse) transformé en « fierte ». La prononciation locale y ajoute un « l ». Saint Hermès est invoqué contre les migraines, la neurasthénie ou la névrose, les hallucinations, la rage, la débilité mentale, les évanouissements et les convulsions.

La légende raconte qu'Hermès était un patricien romain, propriétaire de nombreux esclaves. Il fut même préfet de Rome et premier dignitaire après l'empereur. Marié, il avait plusieurs filles et un seul garçon. Hélas, cet unique héritier, sur qui reposaient tous les espoirs de la famille, mourut

Quatre solides gaillards portent le reliquaire au départ de la procession. Les autorités ecclésiastiques et civiles parcourent à pied, derrière la châsse, les derniers kilomètres de l'Ommegang.

Le « Trommeltje en het Fluitje », l'un des nombreux groupes folkloriques qui participent à la procession du début jusqu'à son terme. Celui de Renaix, reconnaissable à ses costumes particuliers, obtient un franc succès de foule.

très jeune. Cependant, grâce à l'intervention d'une de ses anciennes nourrices, il fut rendu à la vie par le pape Alexandre. Confondu par un miracle aussi extraordinaire, Hermès se convertit, libéra ses esclaves et se fit baptiser avec sa femme et ses enfants. Il s'attira la disgrâce de l'empereur par cette conversion qui fit grand bruit dans l'aristocratie romaine.

Hermès fut arrêté en même temps que le pape Alexandre, et décapité.

C'est en 860 que le monastère de Renaix — qui dépendait de l'abbaye bénédictine d'Inder, près d'Aix-la-Chapelle — recueillit les restes du martyr. L'empereur Lothaire avait en effet souhaité que les reliques soient transférées à Renaix, mais ce fut son successeur Louis II qui réalisa ce projet.

Lors des invasions normandes de 880, les moines durent fuir vers l'abbaye-mère en emportant leurs précieuses reliques. Elles ne revinrent à Renaix qu'en 940, grâce à Fulbert, évêque de Cambrai.

L'Ommegang de saint Hermès ou « Fiertel » de Renaix part de l'Eglise Saint-Hermès après la messe de 8 h. Cloches sonnant à toute volée, coups de canons et sonneries de clairon marquent le début de la fête pour laquelle de nombreux Renaisiens restent au pays afin de « marcher » dans le Fiertel.

Six sapeurs coiffés de bonnets à poil, en tablier de cuir blanc, portant une hache sur l'épaule, ouvrent le cortège, suivis par le corps des pompiers et une délégation de la Guilde des Arbalétriers. Un sonneur-pèlerin précède la procession muni d'une clochette ; viennent ensuite la châsse de saint Hermès, le bourgmestre et les échevins, le clergé et les cavaliers.

D'innombrables pèlerins les suivent, fermant la marche. Au hameau d'Ekkergem, dans la rue de la Croix, sapeurs, pompiers et guilde font demi-tour. Dans une chapelle en bois élevée pour la circonstance, la châsse est alors recouverte d'une housse.

Quatre nouveaux porteurs s'y attellent et parcourent au rythme de la marche le chemin de croix du Calvaire, toujours précédés par l'homme à la clochette. Par la rue de l'Ommegang, ils gagnent Louise-Marie où la châsse est portée en procession dans l'église et où les fidèles viennent vénérer les reliques. A l'endroit de l'ancien bâtiment de gendarmerie de Louise-Marie, le sonneur agite fébrilement la clochette et les pèlerins se mettent à courir sur 100 m. Cette pratique fait référence à une attaque de 1724 où, à cet endroit, des Egyptiens surgirent du bois pour s'emparer de la châsse. Ils furent mis en déroute par la vigoureuse intervention des cavaliers du Saint-Sauveur et de Roborst.

L'Ommegang part du sommet de la Montagne de la Croix, grossi par divers groupes, qui, pour la plupart, évoquent Renaix et son riche passé. La jeunesse y est bien représentée, issue en particulier des écoles de la ville.

La châsse ainsi sauvée, le pèlerinage peut poursuivre sa route en toute sécurité. Au lieu-dit « Boekzitting », situé dans le joli Bois à Musique, l'Ommegang descend la colline, entre dans la chapelle de Lorette et s'arrête un moment au quartier de Schoonboeke pour permettre à nouveau aux fidèles d'honorer les reliques. Le cortège emprunte ensuite la chaussée wallonne, gagne Ellezelles, vers le Kattemolen qui présente ses ailes en croix en l'honneur des pèlerins. A la « Place Aulnoit », où l'on prie, l'Ommegang fait encore une halte, et à Tombeel la châsse est promenée autour de la chapelle. Plus loin, les piétons et les cavaliers se séparent, mais ils se rejoignent à la chapelle « Croix sur Pile ». Une pratique de dévotion veut que les pèlerins fassent trois fois le tour de la chapelle avant d'entrer ; seuls les porteurs de la châsse, régulièrement relayés, ne font qu'un tour. Les reliques portées à l'intérieur, l'on prie encore. Au « Groenen Boom » — la procession se trouve à nouveau sur le territoire de Renaix —, des rafraîchissements circulent. 19 des 33 km sont alors parcourus.

On poursuit jusqu'à Wattripont, dans la province du Hainaut, où le bourgmestre de Renaix offre un grand pain d'épices ou un gâteau au comte et à la comtesse de Béthune. Après que la châsse a été déposée à Wattripont, les descendants des seigneurs de Waudripont (l'ancien nom de Wattripont), c'est-à-dire les comtes de Béthune-Hesbigneul, s'avancent au-devant des autorités de Renaix qui participent au Fiertel. Le bourgmestre de Renaix se présente aux visiteurs de marque, puis évoque l'ancien acte qui scellait depuis le Moyen Age l'amitié entre les Renaisiens et les seigneurs du lieu, et cette reconnaissance est concrétisée par l'offrande d'un pain d'épices. Cependant, depuis le décès du boulanger qui en avait la spécialité, l'administration communale de Renaix s'est vue dans l'obligation de le remplacer par un gâteau rectangulaire avec, par-dessus, deux mains et les lettres R(enaix) et W(attripont). La famille de Wattripont remercie et rassemble tout le monde pour un vin d'honneur.

De Wattripont, l'Ommegang se dirige ensuite vers Rozenaken ou Russeignies où, après 24 km de route, la procession arrive vers 14 h. Les reliques sont portées dans l'église et les milliers de pèlerins s'éparpillent pour manger et pique-niquer. Après le salut de 14 h45, le Fiertel repart. A la ferme de Saint-Hermès située un peu plus loin, l'on offre un gâteau aux porteurs de la châsse, qui péniblement aborderont bientôt la rude pente de la rue du Lait Battu et atteindront ainsi «Hootondberg» (150 m), par Heindaele. Ensuite, on poursuit le long de la rue du Sable jusqu'au haut de Kruissem. Là, nouvelle halte pour souffler un peu, puis le groupe de pèlerins à perte de vue dévale la rue de la Croix, au bas de laquelle se pressent des milliers de spectateurs venus voir la joyeuse entrée du Fiertel et des marcheurs exténués. Aux groupes de la matinée s'ajoute un cortège de religieux et de figurants en costume d'époque, avec un char richement décoré représentant la vie de saint Hermès. Ensuite, dans l'église, se déroulent la cérémonie solennelle et la vénération des reliques du saint par tous les pèlerins.

Le clou de la procession se situe à la halte de Wattripont, dans la province de Hainaut. Badauds et pèlerins se pressent autour du bourgmestre de Renaix qui fait hommage d'une tarte aux notables du lieu.

Le matin, dans la rue de la Croix. La procession vient de débuter, suivie par les autorités écclésiastiques et communales. Porteurs et pèlerins paraissent encore en grande forme.

A chacun son brandon ! Nombreux sont ceux qui participent activement à cette fête de la résurrection. Mille petites torches s'allument alors qui trouent la nuit noire de l'hiver finissant, lumières vacillantes pour une fantasmagorie d'un soir...

L'HIVER BRULE

Grands feux de Carême

Le premier dimanche du Carême, à la tombée de la nuit, sept grands feux embrasent le ciel du côté de Namur. Un spectacle singulier lorsque, sur sept points culminants, s'allument sept bûchers dont les lueurs un peu irréelles déchirent la nuit d'hiver. Ce jour-là, rendez-vous à Bouge ! De là, les sept grands feux, vous les verrez tous en même temps, ce qui, selon la croyance populaire, vous préservera des sorcières et des mauvais sorts pour l'année qui vient...

Au-delà de la superstition, l'origine des grands feux se perd dans la mémoire des hommes. Une origine païenne, très certainement, même si l'Eglise s'est parfois efforcée de leur ôter leur caractère profane. Ils sont le souvenir, a-t-elle affirmé, des feux allumés pour retrouver l'Enfant-Jésus : ses parents, rappelez-vous, le croyaient égaré alors qu'il était resté au Temple, parmi les docteurs...

Une tradition païenne, donc, que ces grands feux, lointaine réminiscence d'un antique cérémonial sans doute destiné à assurer la fertilité des terres. D'ailleurs, autrefois, les cendres n'étaient-elles pas vendues aux enchères et répandues sur les champs ? Ne disait-on pas qu'elles garantissaient des récoltes généreuses ?

Fête de la fertilité, mais aussi fête de la purification. Aussi les grands feux étaient-ils allumés à l'entrée du printemps, au moment où la nature se réveille de son long sommeil. Ainsi, à Bouge, brûle-t-on — après l'avoir hissé au sommet du bûcher — l'énorme mannequin qui symbolise le méchant Bonhomme Hiver. Des kilomètres à la ronde, le bon peuple peut ainsi assister à l'agonie de la mauvaise saison et au triomphe de la lumière retrouvée.

Quantité de villages, en Wallonie, sont fiers de leur grand feu. Certes, leurs vertus sont bien mortes et on ne croit plus, comme autrefois, que *« Si on ne fait pas le grand feu, Dieu le fera »*. Il n'empêche : ils sont devenus, grâce à l'enthousiasme de quelques-uns, d'émouvantes cérémonies puissamment évocatrices de nos croyances ancestrales.

C'est ainsi que fut créée à Bouge, en 1957, une Confrérie du Grand Feu destinée à renforcer une tradition que, de mémoire d'homme, rien n'avait jamais pu interrompre. Les voici donc, les membres de cette confrérie !

Brandissant des torches, en robe longue et cagoule rouges — noires pour le Grand Allumeur — ils gagnent le bûcher au son des fifres et des tambours.

C'est le dimanche des brandons et ils vont bouter le feu, solennellement, à 500 m^3 de fagots, en un rite immuable et plein de la nostalgie du passé.

Dans la nuit froide de l'hiver moribond, les flammes crépitent et une épaisse fumée monte colorée par les salves d'un feu d'artifice très XXe siècle. On peut alors, nous dit-on, voir l'âme du Bonhomme Hiver s'élever dans le ciel. Il vous restera alors à manger des crêpes... ce qui vous préservera des mauvaises mouches pendant un an !

Venus du fond des âges et du fond des âmes, aujourd'hui réjouissance populaire, les grands feux appartiennent désormais à notre folklore. Un folklore bien vivant.

A Bouge, l'enterrement de l'hiver s'accompagne d'un certain faste. Les grands ordonnateurs en sont les membres de la Confrérie du Grand Feu que l'on voit s'avancer ici, en un inquiétant cortège, pour enflammer 500 m3 de fagots.

L'Histoire nous apprend que les grands feux se pratiquaient déjà en Belgique au XIVème siècle. Mais elle n'a pas retenu le nom des sportifs qui, pour échapper pendant un an aux maux de ventre, ont tenté de franchir le brasier d'un bond...

A Silly, le mai doit être planté sans aucune aide mécanique: seules les échelles sont autorisées! Cet exercice, on s'en doute, exige une force physique peu commune. Tous les hommes valides s'affairent donc joyeusement à soulever les échelles toujours plus haut, s'interrompant souvent, pour boire force pintes de bière.

ARBRES DE MAI

Un hymne au renouveau

« Fidèles au rendez-vous fixé depuis longtemps, nous planterons le mai à Silly, hameau de St-Marcoult » proclament, en cette fin d'avril, les affiches placardées çà et là dans le petit village hennuyer. Nous sommes ici entre Enghien et Ath. Un pays vert qui, loin des bruits du monde, déroule ses douces ondulations, ses bois et ses prairies piquetées de vaches laitières.

Depuis toujours, le dernier dimanche d'avril, St-Marcoult vit à l'heure de l'arbre de mai. Depuis toujours? C'est en tout cas ce que vous affirmera une des chevilles ouvrières de ce rituel: même pendant la dernière guerre, ajoute-t-il, l'occupant ne nous a jamais *« cherché misère »*. Mais René Meurant, qui n'est certes pas le dernier de nos folkloristes, nous assure qu'on a repris, en réalité, le 28 avril 1945, une tradition interrompue en 1922...

Ainsi donc, le samedi qui précède le dernier dimanche d'avril, les hommes du village gagnent le bois tout proche: 800 ha qui, en ce printemps naissant, sont pleins de chants d'oiseaux et de jacinthes sauvages. Un arbre est abattu (quelque 10 m de hauteur et plus de 2 t), ébranché et surmonté d'un arbuste verdissant. Le lendemain, *« après le dîner »*, un tracteur le remorquera à proximité de la chapelle St-Marcoult où il sera vendu aux enchères. Ensuite, pendant qu'une *« pluie d'or et de bonbons »* tombe sur la foule, il sera traîné jusqu'au bord de l'énorme trou où il doit être planté.

A côté de ce mai wallon des champs, voici un mai flamand des villes : celui de Tongres. Ici, pas de grande fosse creusée dans l'argile d'une prairie, mais un petit trou de quelques centimètres ménagé… dans l'asphalte de la place de l'Hôpital. Ici, pas de cérémonie « à la bonne franquette » mais une organisation minutée, aux mains du très officiel comité des Chevaliers de Morepoit tot Bukeberg : l'arbre est planté sur le coup de 16 h, et en quelques instants.

Car, à Tongres, on ne se contente pas de planter le mai. L'arbre de vie est en effet le personnage principal d'un chatoyant cortège qui a d'abord parcouru les rues de la ville et qui comprend majorettes et lanceurs de drapeaux, fanfares et groupes dansants, sans oublier, bien sûr, les géants de Tongres, Riekes et Bet, et les chevaliers de Morepoit tot Bukeberg.

Une cérémonie très ancienne, assurément : l'Antiquité, nous assure-t-on, la connaissait déjà. A Tongres, en tout cas, elle existe *« depuis des siècles »* et à Silly, *« on l'a toujours connue »*. Autrefois, fournir l'arbre de mai était d'ailleurs inscrit dans les servitudes du seigneur. Plus tard, le châtelain du lieu, propriétaire des bois, sacrifia à

Voici les géants de Tongres, Riekes et Bet, au pied de la basilique Notre-Dame. Un spectacle est ensuite offert aux habitants: jeux de drapeaux, rondes chantées autour du mai, exhibition du Corps royal de trompettes de Tongres, baptisé Ambiorix… comme il convient dans une ville vouée au tenace adversaire de César.

la coutume. Aujourd'hui, nous dit-on à Silly, l'Etat — qui a racheté une partie des bois de St-Marcoult — ne fait aucune difficulté à ce que, chaque année, presque rituellement, les gens de St-Marcoult viennent abattre un chêne ou un bouleau.

Le symbole est clair : en apportant aux habitants, au moment où le printemps s'éveille, un arbre au feuillage naissant, on leur apporte en même temps la promesse du renouveau. Il est pour eux le signe infaillible de la croissance végétale victorieuse, de la fécondité de l'année qui s'ouvre. L'arbre de mai est donc un symbole de joie. Ainsi s'expliquent les rondes et les danses, les jeux et les libations qui accompagnent cet hommage à la nature. Le folklore, on s'en doute, n'eut aucune peine à s'emparer d'une tradition qui, grâce à lui, survit aujourd'hui dans plusieurs villes et villages du pays.

PAYS DE GEANTS

On les retrouve à travers tout le pays — et aussi en Flandre française —, ces « grands formats » de notre folklore, imposants mannequins de bois et d'osier, protagonistes de tous les « ommegangen », du Moyen Age à la fin du XVIIIème siècle. Ils ont bien failli disparaître à l'époque des « Lumières » par la volonté de Joseph II ou des révolutionnaires français, mais sont ressuscités pour les besoins de la liesse populaire... ou de la promotion touristique de l'une ou l'autre de nos bonnes villes. On ne

Ath. Monsieur et Madame Gouyasse. Créé au XVIème siècle à l'initiative des confréries athoises, Gouyasse a 4 m 20 de hauteur et pèse 107 kg. Son épouse, inventée en 1715, l'égale à peu de chose près en taille et en poids. A l'origine du cortège, sans doute, une procession de nature exclusivement religieuse qui remonterait à l'an 1215 et n'aurait pris un caractère profane que vers 1462.

Le chaste baiser des époux Gouyasse. On ignore l'origine de l'étrange cérémonie de mariage qui doit obligatoirement précéder l'affrontement du géant Goliath et de son vieil ennemi biblique, le petit David.

sait trop quand ils sont nés, mais au XVème siècle on les tenait déjà pour fort anciens. Faut-il se référer à d'antiques croyances, nées de la découverte des mégalithes dont on n'imaginait pas qu'ils aient pu être érigés par de simples humains ? Ou, dans une optique plus strictement locale, doit-on supposer, comme certains indices le donnent à penser, que les géants représentent symboliquement l'envahisseur romain tenu en respect par quelque petit Gaulois teigneux, frondeur et malin qui se passait fort bien de la potion magique d'Astérix ?

On se perdrait à les dénombrer au fil des siècles et des lieux, ces grandes poupées féroces ou débonnaires qui défilent de Nieuport (le terrible Jan Turpijn) à Virton (les sympathiques Djean et Djeanne de Mady). Les géants de Namur — Goliath, sa femme et leurs trois enfants — sont peut-être les plus anciens... ce que ne manquent pas de contester les Malinois qui revendiquent ce privilège pour « De Reus », « De Reuzin », « Janneken » et « Mieke ». Ces derniers se doivent de figurer toujours dans la fameuse cavalcade de Notre-Dame d'Hanswijk, laquelle ne sort que tous les vingt-cinq ans. Le plus imposant des géants belges serait le Goliath d'Ypres, avec sa taille de 7,50 m et son poids de 150 kg... à moins qu'il ne s'agisse du « Langeman » de Hasselt, dit aussi « Don Christophe », qui ne participe pas à la procession septennale de la Virga Jessé, mais ne manque pas d'y assister, assis sur un trône et armé de pied en cap.

Parmi les plus célèbres des géants belges, on notera l'Argayon — lui aussi se prétend le plus ancien — l'Argayonne et leur fils Lolo (Nivelles) ; Druon Antigon (Anvers) auquel le courageux Silvius Brabo coupa la main, pour la jeter dans l'Escaut ; Goliath, sa femme et leur enfant Kinneken Baba (Grammont) ; Manten et Kalle (Courtrai) qui sont les cousins germains du Gayant de Douai, des Lyderic et Phinant de Lille ; Mars, Goliath et Indiaan qui accompagnent le « Ros Beiaard » (Termonde)...

Les géants d'Ath méritent une mention particulière. On célèbre toujours fin août, dans la petite cité hennuyère, le mariage de Mr et Mme Gouyasse (Goliath, en patois local) aux portes de l'église Saint-Julien, trop étroites pour permettre l'accès à l'autel d'aussi imposants paroissiens (dont on ne s'étonnera guère d'apprendre qu'ils revendiquent, eux aussi, la palme de l'ancienneté). Curieusement, ce n'est qu'après avoir très bourgeoisement

Mam'zelle Victoire, figure allégorique représentant la ville d'Ath, mesure 4 m 25 et pèse 118 kg. Coiffée d'une couronne évoquant un rempart crénelé, elle porte cuirasse et tient un sceptre à la main. Ambiorix — dont l'apparence, à part la grosse moustache, n'a rien de gaulois — se dresse, quant à lui, à 4 m 15 de hauteur et affiche le poids imposant de 129 kg. Dans le cortège des géants d'Ath, il a remplacé, au XIXème siècle, le vieux Tiran, héros des archers de la ville.

Samson, le plus original des géants d'Ath. Il est vêtu comme un « bleu » français de la Révolution, ceci en souvenir de Lamotz, commissaire du département de Jemappes, qui ordonna, en 1794, la destruction des géants.

convolé que Gouyasse s'en ira affronter le petit David de la Bible, lequel, comme il se doit, sortira vainqueur du combat. Le lendemain, un grand cortège folklorique rassemblera tous les Athois, costumés ou non, et, parmi eux, tout un peuple de géants : le couple Gouyasse, bien sûr, mais aussi Samson, Ambiorix (qui a pris la succession du vieux « Tiran »), Mam'zelle Victoire, l'Aigle-à-deux-têtes, sans oublier l'inévitable Cheval Bayard que chevauchent les fils Aymon.

Les vicissitudes de l'histoire ont fait disparaître bien des géants de chez nous. Certains sont heureusement revenus à la vie — par exemple Jean Prout et Sophie Patard, à Comines —, d'autres sont nés sans complexes, en notre temps, de l'imagination d'amateurs de folklore en mal de racines ou de la volonté de syndicats d'initiative en quête de bonnes aubaines. Voici Franco, Adèle et leurs enfants, les déjà vieux géants du Fiertel de Zulte (1857) ; et, plus jeunes d'un siècle environ, Rukes, Bert et Jeanghe (Tongres), Grand Wawa et Houbert (Waremme), Willem Bette, Anne-Marie et les « Wolala Indianen » (Lede). Voici surtout les étonnants géants de Tournai qui, curieusement, n'en posséda jamais mais sut s'en inventer en 1933, puis les intégrer en 1949 à un étonnant cortège, lequel mêle, le deuxième dimanche de juin, corso fleuri, pseudo-carnaval et caravane publicitaire : Childéric, souverain mérovingien ; Lethalde et Engelbert, héros de la première Croisade ; Christine de Lalaing, sorte de Jeanne d'Arc locale ; Louis XIV, le Roi-Soleil auquel les Tournaisiens gardent leur fidélité ; la Reine de Tournai, gardienne du patrimoine et des traditions ; Saragos, personnification des indigents pris en charge, au siècle dernier, par l'Assistance publique ; Châle Vert, symbole des « bons élèves », à charge eux aussi de la bienfaisance officielle ; Louis XVIII, enfin, qui est un grotesque nabot curieusement affublé d'un patronyme royal.

En 1785, Bruxelles connaissait encore onze géants, mais ils disparurent bientôt... pour renaître — certains d'entre eux, du moins — en 1930, à l'occasion des fêtes du Centenaire. Jan et Mieke, cependant, avaient été « récupérés » depuis 1839 par le cortège de la plantation du Meiboom. Leur vint ensuite une progéniture, Roske et Jefke, puis, après 1945, des petits-enfants anonymes, enfin Pitje, rejeton tardif des grands-parents.

Pas morte, la race des géants : n'a-t-on pas vu naître, au cours des dix dernières années, dans la capitale, la belle jardinière Dorotijke du quartier des Marolles, son mari Georges et leurs filles jumelles Isabelle et Marion, sans oublier leur fils Woltje, déjà bien connu comme marionnette ; le surprenant milicien du Crédit Communal ; Kwiebe Kwibus, inspiré d'un personnage de Ghelderode ; Rolle, seigneur de Steenpoort ; la Grande Catherine, patronne des modistes et du « Vismet » ; Jef-du-Tram ; le Capitaine Haddock ; Don Quisotte (sic) et Dona Brabantia, créés à l'occasion d'Europalia Espagne ; et enfin Poje, le plus jeune de tous, puisqu'il a vu le jour en 1986, à l'occasion de l'année de la bière. Issu de l'imagination du dessinateur Louis-Michel Carpentier, « le Poje » est un pittoresque patron de bistrot à la trogne enluminée. Une belle création de l'esprit populaire qui prouve qu'au royaume des géants, non plus, la valeur n'attend pas le nombre des années.

Dans la grande famille des géants belges, ceux de Bruxelles se distinguent par leur apparence affable, voire leur physionomie amusante. Dès le XVème siècle, la ville eut plusieurs grands mannequins de bois, de chiffons et d'osier qui, lorsqu'ils n'étaient pas exhibés dans l'une ou l'autre « cavalcade », habitaient une maison spéciale, « de Reuze Schure ».

Le souvenir des grenadiers de la Grande Armée reste vivace aux rives de la Sambre et de la Meuse. Les marcheurs sont issus de toutes les classes sociales. Beaucoup commencent à « marcher » dès l'enfance et continuent aussi longtemps que leur santé le leur permet.

Le rôle des officiers ne se limite pas à la parade à cheval. Au « corps d'office » sont dévolus l'organisation de la manifestation, le recrutement des marcheurs et la surveillance de leur tenue. Enfin, les officiers doivent veiller à désaltérer leurs hommes.

FEU A VOLONTE !

Entre Sambre et Meuse

La marche de saint Feuillen, à Fosses-la-Ville, ne sort que tous les sept ans (prochaine édition: 1991). Une dérogation a eu lieu en septembre 1986 pour commémorer le 900e anniversaire de la translation des reliques du saint.

Qu'est-ce qui les fait marcher, ces gars du pays wallon, grenadiers, zouaves, sapeurs, lanciers, voire mousquetaires, tous soldats d'occasion, mais si graves que le sort du pays semble dépendre de leur uniforme de parade? C'est principalement dans l'Entre-Sambre-et-Meuse et la région de Charleroi-Gosselies que survit — avec une étonnante vigueur — la tradition des « marches militaires » organisées d'avril à septembre avec pour argument le culte rendu à quelque saint patron.

On « marche » en l'honneur de saint Roch à Ham-sur-Heure, Châtelet et Thuin, de sainte Rolende à Gerpinnes, de Notre-Dame à Walcourt, de saint Feuillen à Fosses-la-Ville. Une fois tous les sept ans seulement dans ce dernier cas, mais avec une solennité exceptionnelle : la quasi-totalité des marcheurs de l'Entre-Sambre-et-Meuse se donne alors rendez-vous à Fosses le dernier dimanche de septembre.

Les membres des sociétés « militaires » sont sans doute les héritiers des milices rurales chargées — depuis le Moyen Age, peut-être, et à partir du XVIIème siècle, certainement — d'escorter les processions pour en rehausser l'éclat et assurer la protection des participants que pouvaient menacer des bandes de pillards, des soldats déserteurs, voire des voleurs de reliques, « denrée » fort prisée jadis. Les processions ayant été supprimées dans nos régions au temps de Joseph II, puis de la Révolution française, la tradition ne put reprendre qu'à la fin du règne de Napoléon, les uniformes étant alors tout naturellement ceux de l'Empire. D'autres compagnies viendront ultérieurement se joindre à la fête : on connaît d'énigmatiques « Canadiens » et « Congolais », des « Turcos » inspirés des tirailleurs algériens de la guerre de Crimée, des « Mexicains » qui rappellent le corps de volontaires fidèles à l'empereur Maximilien, époux d'une princesse belge...

Selon certains folkloristes, l'origine des marcheurs doit se situer dans un contexte moins prosaïque que celui de la simple protection : ils ne seraient rien d'autre que les héritiers des préposés à la délimitation solennelle d'un « espace sacré » sans lequel la fête, dans son sens originel, ne peut

L'exotisme est au rendez-vous du folklore wallon avec ces marcheurs qui entendent évoquer la campagne d'Egypte de Bonaparte ou la guerre de Crimée de Napoléon III.

Mousquetaires et soldats du Premier Empire ont fait fi des anachronismes et se sont groupés pour un tir de salve, épisode rituel des marches de l'Entre-Sambre-et-Meuse.

avoir lieu ; le pas des marcheurs créerait cet espace tout au long du chemin que doit emprunter la procession.

Qu'importe, après tout ! Nées de la « magie », du goût de l'ostentation ou de la peur, les marches militaires restent aujourd'hui l'un des éléments les plus authentiques et les plus vivants de notre folklore. Et cela même si, depuis 1986, les marcheurs ont leur monument à Fosses-la-Ville et leur musée à Gerpinnes. C'est sur le terrain même qu'il faut voir évoluer ces soldats d'opérette qui content une épopée avec un exemplaire respect de leur « mission ». Des rituels bien précis sont encore observés : le « cassage du verre », lors de la désignation des officiers qui commanderont les compagnies ; l'assistance obligatoire à l'office religieux précédant la procession ; la formation des carrés et le tir de salves d'honneur ; la retraite aux flambeaux...

Dans un registre moins officiel, on soulignera l'importance de la tradition de la « petite goutte », le verre de pèket dispensé par de très nombreuses vivandières. C'est qu'il faut du cœur au ventre pour défiler au pas durant tant de kilomètres et tirer tant de coups de feu en cadence tout au long de la journée !

Des images surgies du fond des temps... Et l'on se prend à oublier que les campagnes napoléoniennes furent une horrible boucherie pour ne rêver que de « chevauchées fantastiques ».

GM. 86

UNE CHASSE FANTASTIQUE

Le dernier marié de Polleur

Coincé dans la vallée de la Hoëgne, à huit kilomètres de Verviers, entre l'éperon boisé du Staneux et son vis-à-vis plus cultivé de Fays, Polleur est un de ces villages ardennais que le temps et le modernisme ont épargnés. Ses maisons de gros moëllons, ses placettes tranquilles et ses rues qui se heurtent aux collines composent un tableau paisible et ancien que même un hideux viaduc autoroutier, quelques centaines de mètres en aval, ne parvient pas à défigurer.

Au cœur du village, sur la rivière grondante venue des Fagnes, un vieux pont de pierre fait le gros dos, à la manière de ces ponts d'origine romaine qui enjambent encore certains torrents du Midi. Il n'a pas de nom : les étrangers au village en parlent comme du « pont de Polleur », les Pollinois se contentent de l'appeler le « vieux pont ». L'ouvrage n'est plus guère fréquenté que par les habitants du hameau de Sarpay, un cul-de-sac perché au sud, et par les promeneurs du week-end. Le dernier dimanche de juillet, pourtant...

Ce jour-là, le vieux pont et la rue qui longe la Hoëgne sont envahis par une foule où se mêlent les touristes curieux et les Pollinois, dans une atmosphère de fête qu'entretiennent les marchands de saucisses grillées, de tartes, de fricassées et de pekèt. Les hommes du village sont partis dans le Staneux traquer la « mâle bièsse », la vilaine bête du bois qui leur a causé tant de pertes et de frayeur. Dès le matin, ils ont établi un plan pour leur battue ; ils ont emmené dans les collines des charrettes attelées qui leur serviront éventuellement (!) à ramener les morts et les blessés. En réalité, ces attelages emmènent les victuailles destinés à « rehaper les binamés trakeûs » (réconforter les braves traqueurs) qui passent quelques heures joyeuses dans le secret du bois.

A Polleur, la foule confiante attend impatiemment leur retour pour célébrer leur victoire et ... plonger dans la Hoëgne, du haut du vénérable pont de pierre, le dernier marié de l'année, le poltron qui a refusé de se joindre à l'expédition de peur de perdre sa bien-aimée. Le couard ou le « coucou », qui donne son nom à la fête... Dans l'après-midi, sous les commentaires goguenards des milliers de spectateurs, le jeune homme sera descendu dans les eaux maigres et froides, soutenu par des cordes que manieront des bras vigoureux.

Cette version moderne, prétexte à des réjouissances populaires et à un renouveau touristique, met en scène avec verve et humour une très

Nul doute possible : la représentation folklorique et moderne de la bête de Staneux, ici exhibée à travers le village après sa capture, en fait bien un centaure, mi-femme, mi-cheval.

La « trake de la male biesse », la chasse à la méchante bête, dans les bois de Staneux: désormais un jeu pour les habitants de Polleur, auquel les enfants participent avec joie et fougue...

La jeune femme du « coucou » se précipite dans la Hoëgne pour tenter de sauver son mari, condamné par le tribunal populaire. En vain, les hommes et leurs seaux veillent!

ancienne légende, certainement médiévale, un des éléments les plus originaux du patrimoine fantastique de l'Ardenne. Elle fut exhumée de la mémoire collective du village, voici quelques années, par le très actif comité local d'animation.

Qu'était donc cet animal, accusé de tous les maux, qui décimait les troupeaux de moutons et s'en prenait de temps à autre aux paysans qui s'aventuraient sous les couverts du Staneux?

La version mythique fait de la « bête de Staneux » un centaure femelle, à l'image de ces êtres fabuleux qui figurent sur des vases grecs et étrusques, moitié-femme et moitié-cheval. Plusieurs érudits, notamment les régionaux Janne d'Othée et Albert Moxhet, expliquent la présence — unique — d'un tel mythe dans le patrimoine légendaire wallon en y voyant la traduction populaire et médiévale du mythe celte d'Arduina, un archer à corps de cheval, comparable au sagittaire. Comme pour bien d'autres légendes de nos contrées, les spécialistes estiment que l'histoire de la bête de Staneux survécut à l'évangélisation grâce à la bienveillance des gens d'Eglise, qui ne voulurent — ou ne purent — s'opposer aux croyances merveilleuses.

Aujourd'hui, plus nombreux sont ceux, parmi lesquels des conteurs de la région, qui préfèrent une thèse plus simple. Selon eux, la légende fait référence à un monstre, à un animal féroce, qui inspira aux braves gens de jadis une peur superstitieuse.

S'agissait-il d'un sanglier solitaire d'une taille sortant de l'ordinaire, s'agissait-il d'un loup? La présence importante de ce carnassier dans les forêts d'Ardenne, jusqu'au XVIIIème siècle, permet de pencher pour la seconde hypothèse.

Quelle que soit l'explication, la tradition rapporte heureusement que les Pollinois, poussés à bout par les exactions de la bête, trouvèrent un jour le courage de se mobiliser et d'organiser une traque qui devait leur apporter une quiétude définitive. Ils firent passer le mot d'ordre jusqu'aux maisons les plus isolées et se réunirent sur les bords de la Hoëgne. Ils proclamèrent haut et fort que « li cî qui n'vinrè nîn, c'è-st-on coucou! », ce qui, dans le wallon sonore et coloré de la région, signifie « ... celui qui refuserait de venir serait un couard ».

Pourtant, il se trouva un jeune homme, pas moins costaud que les autres, pour refuser de participer aux battues: il était le dernier marié de l'année et il préférait demeurer aux côtés de sa

tendre épouse, sans prendre le moindre risque de l'abandonner à tout jamais...

Les villageois revenus du Staneux, victorieux et excités, déjà un peu ivres, n'avaient pas oublié l'attitude lâche du « coucou ». Ils ne perdirent pas de temps : ils improvisèrent un tribunal populaire, qui siégea près du vieux pont et condamna le malheureux à être noyé dans la Hoëgne.

Voilà pourquoi, le dernier dimanche de juillet, l'ultime Pollinois à être passé devant M. le bourgmestre, aujourd'hui celui de Theux, et M. le curé subit un bain forcé dans la rivière, sous les rires et les applaudissements de milliers de témoins amusés par le simulacre de procès et enivrés par l'ambiance de la fête très traditionnelle. Les musiciens en sarrau, jouant de la viole, de l'épinette ou du pipeau, parcourent les rues et invitent à la danse. Ainsi le vieux pont en dos d'âne est-il, bien malgré lui, le centre de joyeuses « ripayes, ribotes et fièsses » — ce qu'il ne faut vraiment pas traduire. Beaucoup de visiteurs en profitent pour pousser davantage sur l'autre rive de la Hoëgne, pour grimper à travers prés vers les collines. C'est que plus personne ne craint d'entrer dans le Staneux : la « mâle biesse » est morte et le « coucou » a expié sa lâcheté.

Les acteurs de la traque matinale ne se privent pas pour improviser à leur manière, toute en longueur et humour, les conciliabules que doivent tenir, dans le bois de Staneux, les « courageux » villageois. Et cela donne de merveilleuses scènes de bonne humeur collective, sur la scène du grand théâtre de la nature...

ELLE APPARAIT TOUS LES 7 ANS

La Virga Jessé

Tous les sept ans se déroule à Hasselt la procession dite de la « Virga Jessé ». Cette curieuse manifestation de dévotion populaire, teintée de folklore, est caractéristique de nos régions. Elle naquit du sentiment religieux des générations passées et conjugua le culte marial aux mystères du chiffre sept.

A l'origine de la procession: une ancienne chapelle située dans le Bois des Noisetiers (Hazelaarsbos), ces arbustes prodigues de leurs fruits dont dérive précisément le toponyme de Hasselt.

Dans la ville même, au début du XIVème siècle, une congrégation religieuse, vouée à la Vierge, s'était créée pour venir en aide aux pauvres et avait coutume d'honorer Notre-Dame par une procession dont les sorties étaient strictement réglementées.

Les guerres de religion du XVIème siècle, si néfastes pour nos provinces, furent responsables d'une suspension momentanée de la procession, qui fut réorganisée en 1682 et prit alors le nom de « Virga Jessé », c'est-à-dire « la fleur issue de la lignée de Jessé ».

Vingt ans plus tôt, le cardinal Chigi, en visite à Hasselt, avait tenu à faire ses dévotions dans le sanctuaire de la Vierge, et lorsqu'il fut devenu pape sous le nom d'Alexandre VII, il fit don à la ville de plusieurs lettres d'indulgence, en souvenir de ces moments de ferveur.

A dater de 1682, la procession sortit donc tous les sept ans, sauf en août 1940, lorsque la Belgique occupée vécut le premier été de la Seconde Guerre mondiale. Trois miracles liés à des interventions de la Vierge sont bien connus des habitants de la ville de Hasselt, qui ont à cœur d'en perpétuer le souvenir dans le cortège folklorique accompagnant la procession. Tous trois remontent au XVIIème siècle.

Le premier raconte comment Notre-Dame ramena à la vie l'enfant de la « Maure »—vocable courant à l'époque pour désigner les Africains—, tombé du premier étage de sa maison, alors que sa mère vaquait à ses occupations ménagères. En signe de reconnaissance, la pauvre femme offrit à la statue de la Vierge une robe brodée d'argent qui existe toujours.

Un deuxième miracle s'accomplit sous les yeux ébahis des passants qui déambulaient sur la place du marché. Alors qu'il travaillait à réparer un toit, un vieux couvreur perdit soudain l'équilibre. Il parvint in extremis à agripper la gouttière et pria intensément la Vierge Marie. De nombreux témoins affirmèrent que cette dernière soutint les bras de l'ouvrier jusqu'à l'arrivée des secours.

Enfin, il y a le miracle plus traditionnel du voleur châtié par le Ciel. Un larron, attiré par l'or que la vénération des pèlerins déversait aux pieds de la « Virga Jessé », pénétra nuitamment dans l'église et y déroba parures et bijoux. Quelle ne fut pas sa stupeur lorsqu'une force surnaturelle le plaqua aux grilles du sanctuaire et l'y retint jusqu'au lendemain. Le curé, fort remué du spectacle peu ordinaire qu'offrait le voleur ainsi piégé, l'arracha néanmoins sans difficulté aux barreaux... pour le mettre entre les mains des gendarmes. La tradition affirme que la « Virga Jessé » protégea la cité de catastrophes diverses et d'épidémies de peste et de choléra. Couronnée solennellement en 1867, la statue miraculeuse a échappé par trois fois à la destruction : en 1567, lorsque les Iconoclastes mirent la ville à sac, également lors de la Révolution française et enfin, en septembre 1944, lorsque les bombardements de la Libération éventrèrent l'église.

Les hasseltois expriment leur reconnaissance à l'orfèvre parisien, Auguste Levesque, qui cisela ces deux belles couronnes en or pour l'image miraculeuse. Celle-ci fit l'objet d'une bénédiction particulière du Pape Pie IX, par le ministère de Mgr. de Mérode, Archevêque de Mylitène.

TANT PIS POUR LES INCAS

Les Gilles de Binche

A Binche, petite cité hennuyère, survit l'une des traditions carnavalesques comptant parmi les plus pures au monde. Le gille en est le personnage le plus important et le plus spectaculaire, avec sa haute coiffe de plumes d'autruche, son masque de toile recouvert de cire où sont figurées lunettes vertes, moustache et barbiche, son costume — blouse et pantalon — de toile de lin, frappé de lions héraldiques rouges et noirs, étoiles, couronnes, blasons (deux cents figures au total), sa collerette, ses manchettes et parements de pantalon en ruban plissé, sa ceinture de toile rembourrée couverte de laine jaune et rouge où sont attachés des grelots — dite « apertintaille » en dialecte local — ses deux bosses bourrées de paille,

Petit gille deviendra grand et portera alors, lui aussi, l'immense coiffure de plumes d'autruches, aujourd'hui ornement essentiel de la « mythologie » du carnaval en Hainaut.

C'est en famille, au domicile du gille, que doit s'accomplir le rituel immuable de l'habillage. Bourrage des bosses à grand renfort de paille, pose de la barrette, tant d'autres gestes encore, sont empreints de gravité, de dignité, voire d'émotion. Seuls quelques rares privilégiés sont admis, parfois, à assister à ce qui constitue une authentique cérémonie.

ses chaussons de laine blanche, ses sabots décorés, son « ramon » formé d'un faisceau de baguettes de saule séchées, son panier enfin, qui contient des oranges.

Tout un accoutrement hétéroclite, mais soigneusement codifié. Qui est-il, ce gille dont le nom évoque la *commedia dell'arte,* mais qui n'a rien d'un bouffon pour tréteaux populaires, qui garde au contraire une dignité, un sérieux bien éloignés de la truculence et de la verve du baladin ?

On l'a prétendu dérivé des « Incas » qui auraient été exhibés lors des fêtes du 22 août 1549 données par Marie de Hongrie, gouvernante des Pays-Bas, en l'honneur de son frère Charles Quint et de son neveu Philippe II. Tout bien considéré — et sans que l'on puisse pour autant répondre à toutes les questions qu'il pose — le gille n'est rien d'autre qu'une sorte de sorcier, un prêtre du renouveau, héritier des innombrables danseurs masqués et emplumés qui, à travers l'Europe des temps anciens, ont martelé le sol de leurs pieds afin d'y réveiller les forces de la nature endormies par l'hiver. Anticipant sur la fertilité et l'abondance qu'il allait susciter, le gille ou son ancêtre jetait des miches de pain dans la foule. Depuis moins d'un siècle, il lance des oranges, plus symboliques encore du soleil générateur de vie.

Sans doute relativement pauvre et rudimentaire à l'origine, le costume du gille s'est complété, enrichi... et compliqué jusqu'à devenir presque indéchiffrable. Ce n'est qu'au cours des dernières décennies que s'est démesurément agrandie la coiffure de plumes, cela au grand dam des puristes qui lui reprochent d'entraver les mouvements chorégraphiques du gille et d'empêcher le port conjoint du masque, instrument pourtant essentiel du rite de passage entre les mondes antagonistes des vivants et des morts.

La période du carnaval s'étend à Binche de l'Epiphanie au Mardi-Gras, mais les gilles n'apparaissent qu'en ce jour ultime, apothéose préparée pendant six longues semaines où le déroulement des rituels va crescendo. Tout commence par les « soumonces », terme dialectal qui recouvre une notion de convocation. Soumonces « en batterie » d'abord, « en musique » ensuite, les travestis devenant de plus en plus nombreux. Le masque, lui, ne

Apothéose sur la grand-place de Binche, lors du rondeau final, dans l'embrasement des feux de bengale, version moderne, sans doute, des brasiers que l'on allumait autrefois pour purifier la terre. Les gilles, aujourd'hui, ne portent plus à ce moment leur haute, encombrante et fort lourde coiffure de plumes. On ne peut que le déplorer.

peut être porté qu'à partir du 2 février, jour de la Chandeleur. En fait, il n'apparaît plus qu'occasionnellement dans les trois grands bals traditionnels et, en masse cette fois, lors de la nuit dite « des trouilles de Nouille », manifestation carnavalesque tout à fait originale et unique en Belgique.

Les trois jours gras constituent évidemment les moments privilégiés de la fête. Le dimanche voit défiler à travers la ville des dizaines de groupes travestis où l'on remarque tout particulièrement les « mamzelles », hommes qui se vêtent en femmes pour répondre à une tradition carnavalesque elle aussi de très ancienne origine. Le lundi est une journée plus intime, mais Binche n'en résonne pas moins des airs de musique traditionnels et des pas de danse.

Mardi-Gras, enfin. Dès quatre heures du matin, les « bourreurs » remplissent de paille les bosses des gilles dont l'habillage s'accomplit en famille dans une atmosphère de grand cérémonial. Puis, escorté de l'indispensable « tamboureur » ainsi que de parents et d'amis, le gille s'en va par les rues à la recherche de ses pairs. A sept heures, déjà, la ville est en effervescence, avec les différentes sociétés carnavalesques qui s'y pressent : marins, paysans, pierrots et, depuis 1976, princes d'Orient. Les gilles seront tous présents vers les neuf heures, sans leur grand chapeau, mais le visage masqué. Leur danse, monotone et hiératique, sera brève, mais essentielle dans l'esprit de la cérémonie. En fin de matinée, après le rondeau d'honneur face à l'hôtel de ville, les gilles s'en iront déjeuner pour revenir vers trois heures et demie, le visage découvert, mais le chef coiffé de l'immense et chatoyante cascade de plumes. Plus d'un millier de danseurs, tous Binchois, vont s'en aller en cortège jusqu'à la grand-place pour y former à deux reprises un fantastique rondeau qui déchaînera, sous une pluie d'oranges, l'enthousiasme de plusieurs dizaines de milliers de spectateurs. A la nuit tombée, dans le fracas des cuivres et des pétards, ce sera l'embrasement final, une sorte d'apocalypse de feux de bengale. Et jusqu'à l'aube du triste Mercredi des Cendres, les rues de la ville répercu-

Le gille de Binche affirme ne pouvoir danser que s'il tient quelque chose à la main, instrument d'exorcisme qui doit servir à chasser l'hiver. En l'occurrence, le « ramon », petit fagot de noisetier et de saule, version simplifiée du balai des ménagères... et des sorcières.

Il n'est vrai gille que de Binche, né à Binche, de parents binchois. Aujourd'hui, cependant, quelques années d'intégration dans la ville et la participation régulière aux carnavals peuvent justifier l'octroi d'une autorisation de « faire le gille ».

teront l'écho de musiques lancinantes venues d'un très lointain passé.

Hors de Binche, point de gille authentique, déclarent fièrement les Binchois... ce que ne manquent pas de contester les natifs d'autres localités hennuyères, La Louvière par exemple. Jamais, en tout cas, un gille de Binche n'acceptera de se produire hors de sa ville, ni de revêtir son fantastique costume un autre jour que le Mardi-Gras. Pour se démarquer définitivement de trop de manifestations pseudo-folkloriques, voire authentiquement burlesques, l'A.S.B.L. « Défense, maintien et mise en valeur des traditions binchoises » a, en 1985, procédé à un dépôt officiel de marque valable pour le Bénélux et étendu à la France. Une grande première dans le domaine du folklore. A la mesure de l'importance sociologique de ce personnage fabuleux qu'est le gille, l'un des derniers rescapés, peut-être, de la mascarade sacrée qui, depuis des siècles ou des millénaires, s'y entend à rendre force et vigueur à la nature assoupie.

Grand seigneur du folklore, aristocrate du carnaval, le gille de Binche ne se permet aucun excès, garde en toutes circonstances une exemplaire dignité. Ce qui peut paraître paradoxal en une occasion qui est aussi le prétexte à la fête des Fous.

Les classes sociales se côtoient et se mélangent dans les sociétés de gilles, chacun y étant accueilli sur un pied d'égalité. Une sorte de fraternité sacrée unit ces grands-prêtres du renouveau printanier, porte-parole de la communauté tout entière.

Tous les ans, le deuxième dimanche de mai, la ville d'Ypres vit à l'heure du chat. Chats de Nubie parés pour le culte qui leur était rendu dans l'antique Bubastis égyptienne. Un terrible matou celtique, surnommé « le roi des chats », dont la taille égale celle d'un bœuf. Les vedettes félines de la littérature fantastique, tel le Chat Botté de Perrault, et encore des dizaines d'autres chats.

Mais le « Kattestoet », le cortège des chats, qui défile pendant plus de deux heures à travers les rues de la cité de Jansénius, n'est que le prélude — folklorique et tout à fait récent — à une étrange manifestation, à un geste traditionnel venu de la nuit des temps.

Le cortège des chats de tous poils vient à peine de quitter le Markt qu'un bourreau bouffon grimpe les marches du beffroi. Du haut de la tour, rigoureusement reconstruite, comme les halles, après le désastre de la Première Guerre mondiale, il lance... de petits chats qui atterrissent au milieu de la foule en délire. Des petits chats en peluche, heureusement, dont les enfants se disputent les rubans en guise de souvenir.

Il n'en fut cependant pas toujours ainsi. Le premier lancer de chats en peluche coïncide avec la renaissance de la tradition, en 1938. Selon les chroniques locales, le dernier lancer remontait à 1817. Cette année-là, comme tout au long des siècles précédents, des animaux vivants furent jetés du beffroi. Mais, comme l'a noté l'archiviste yprois Lambin : « ... quelquefois, malgré la hauteur de la chute, le chat ne se faisait aucun mal et courait de manière à ne plus se laisser prendre pour semblable cérémonie. »

Pourquoi diable les Yprois jettent-ils des chats du haut de leurs tours, depuis des temps reculés ? Ils se refusent aujourd'hui à suivre la version « officielle » que tente d'accréditer une chronique de la Renaissance : « En l'an 962, il fut ordonné par notre comte Baudouin III que, chaque année, à l'Ascension, on jetât hors la tour du manoir de « Korte Meers » deux ou trois chats vivants... ».

Il est généralement admis que cette coutume est plutôt l'héritage d'une pratique destinée à exorciser le Mal et à éloigner des sorts funestes de la cité et de ses habitants. Le chat avait été associé, depuis l'Antiquité, à des cultes magiques. L'introduction du christianisme fit passer l'animal dans le camp du Malin et des sorcières, le divin matou égyptien devenant un symbole maléfique.

Comme souvent, la signification païenne subsiste sous l'attitude chrétienne. A Ypres comme à Amiens, l'immolation d'un chat constitua longtemps une manière d'implorer Dieu pour obtenir de bonnes récoltes, le chat étant considéré avec raison comme un animal des plus prolifiques.

Cette coutume ne plut pas toujours aux autorités de la Flandre, tant religieuses que séculières, si bien que le lancer des chats n'eut plus lieu qu'irrégulièrement à dater de 1578, au gré des changements de régime. Il est amusant de noter que l'importance du « sacrifice » était directement proportionnelle à la prospérité de la ville : en 1590 et 1593, années de misère, on ne jeta que deux chats ; en 1594, quand le commerce se porta mieux, un troisième subit le même sort.

La fête moderne est en fait devenue une manifestation colorée et bon enfant. Mais la fête des chats se termine encore par l'exécution d'une sorcière de paille, brûlée sur un bûcher : survivance d'un passé sulfureux ?

Aujourd'hui, le bourreau est bouffon et les chats qu'il lance sont en peluche. Mais du haut du beffroi des halles, d'où la vue embrasse Ypres, le geste séculaire fut longtemps un acte païen proche de la sorcellerie.

DES CHATS A LA VOLEE !

Dans le ciel d'Ypres

Une grimace pour l'objectif du photographe : la sorcière reste vilaine et arrogante, même quelques minutes avant son supplice. Car elle sera brûlée à l'heure où la fête s'achèvera...

Un chat porteur de la couronne royale et une reine tout aussi féline : le Kattestoet, ou cortège des chats, confère un rôle noble à l'animal que les Yprois sacrifiaient jadis.

Selon une tradition folklorique qui traduit bien l'origine sulfureuse de la coutume, les sorcières, intégrées au cortège des chats, défilent à travers Ypres, comme ici sur le Markt.

POUR UNE ANNEE FECONDE

Le Tonnekenbrand

« Et tout à coup, là-haut sur la cime du mont, des torches secouent au vent une crinière d'étincelles ; presque aussitôt après, une rouge réverbération d'incendie fulgure dans les ténèbres du ciel, allumant d'un phosphoreux éclair les maisons noires au ras de la plaine... » Ainsi Camille Lemonnier vit-il flamber le Tonnekenbrand, au faîte de ce Oudenberg qui, depuis tant de siècles, surveille la bonne ville de Grammont. C'était un soir de février, le dernier dimanche du mois...

Gravissons avec lui les pentes du vieux mont. Au sommet, à quelques pas de la chapelle Notre-Dame, un fût d'arbre mort a été planté. A hauteur d'homme, des poutrelles de bois s'écartent du tronc pour se perdre, jusqu'à quelque huit mètres de haut, dans une énorme meule de paille en forme de hutte très allongée. Tout autour, la foule patiente.

Quand l'obscurité s'est faite propice, une torche est approchée de cet arbre étrange et met le feu à la paille, tandis que l'assistance applaudit. En quelques instants, la meule s'embrase, éclaboussant l'horizon de longues gerbes de feu et découvrant,

Il y avait une fois trois frères dont les châteaux étaient bâtis sur des hauteurs. Dès qu'un danger les menaçait, ils allumaient des feux pour s'appeler mutuellement au secours. Ainsi serait né le Tonnekenbrand. Mais ce n'est qu'une légende...

entre les poutrelles de bois, un tonnelet bourré de poix et qui s'enflamme à son tour. Alors des étincelles crépitent et le Tonnekenbrand illumine la plaine, comme un signal.

Une fête célébrée depuis des temps immémoriaux! En 1483, les comptes de la ville de Grammont mentionnent déjà que le mât, la paille et la poix doivent être fournis par les religieux du couvent St-Adrien. En 1398, les mêmes comptes — les plus anciens connus — en parlent comme d'une vieille coutume, ce qui laisse supposer une origine bien plus ancienne et qui, sans doute, plonge ses racines très loin dans la mémoire des siècles.

Des légendes, bien sûr, se sont emparées de cette fête tant de fois séculaire. Elles sont jolies, assurément, mais elles ne disent pas, par exemple, pourquoi cette tradition prend place pendant le Carême...

Le Carême, c'est la fin de la longue nuit de l'hiver, la chaleur qui gonfle de sève les bourgeons, la lumière retrouvée. Et la lumière, autrefois, s'identifiait avec le feu, ces feux allumés par la joie populaire pour que le Soleil et plus tard Cérès, la déesse des moissons, apportent leur bénédiction aux travaux des champs. D'ailleurs, il n'y a pas si longtemps, les enfants dansaient encore autour du Tonnekenbrand en scandant

Halmke brandt
Zeven zakken op 't dagwand,

ce qui signifie *Chaume qui brûle,* (donne-nous) *sept sacs* (de blé) *par journal,* le journal étant une mesure valant 25 ares.

Un rite païen, donc, que le Tonnekenbrand, et qui remonterait à une époque où nos ancêtres pratiquaient la religion nordique. D'ailleurs, pour certains, le Oudenberg — le vieux mont — se serait appelé Odinberg, le mont d'Odin, ce dieu scandinave dont on célébrait le culte ici, il y a plus de 2 000 ans, pour faire mûrir les moissons et remplir les granges.

Quand les dernières lueurs s'échappent du tonnelet, les spectateurs, munis de torches, redescendent vers la ville, procession vacillante et comme ressuscitée de la mémoire du temps. Combien, parmi eux, savent qui est Odin? Peu leur importe, sans doute. Car en bas les attendent les flonflons de la kermesse et la fameuse tarte au maton! Et aussi, à même le pavé, en grandes lettres peintes à la chaux, le mot *muur.* Car le mont d'Odin est aussi le mur de Grammont, un mur dédié à d'autres dieux, ceux du cyclisme...

Le jour du Tonnekenbrand, d'autres vieilles coutumes (elles sont antérieures au XIVème siècle) ressuscitent au sommet du Oudenberg. Dans l'après-midi, les autorités de la ville se voient présenter une coupe en argent emplie de vin où frétillent de petits poissons. Chacun est tenu de boire à grands traits... et d'avaler au moins un des alevins! Cette cérémonie burlesque — dont l'origine reste mystérieuse — a trouvé sa place, on le voit, dans le cortège folklorique qui sort ce jour-là à Grammont.

CARNAVAL D'ANTAN

Autrefois, le mardi-gras était souvent jour chômé, et la «Jeunesse» faisait dans l'allégresse la tournée du village. Aux fins de rassembler œufs, lard et jambon ingrédients d'un joyeux repas.

Le mardi-gras ou le mercredi des Cendres, en de nombreuses bourgades du pays ardennais, de plaisantes réjouissances populaires, qu'on pourrait qualifier de «petits feux», annonçaient, à leur modeste manière, les célèbres «Grands Feux» du 1er dimanche de Carême.

Ce n'est guère chose aisée que de démêler le problème des origines historiques du carnaval. Certains érudits voient dans ce plaisant défoulement collectif un lointain souvenir, bien altéré au cours des siècles, des Bacchanales romaines. Ces fêtes orgiaques trouvaient leurs antécédents dans les cultes orientaux qui avaient progressivement infiltré et transformé la vieille et austère religion latine. Cependant, il faut rappeler qu'en 186 avant J.C. une féroce répression mit brusquement fin aux mystères de Bacchus Dyonisus, joyeuse divinité du vin, dont la vénération s'accompagnait de cérémonies licencieuses ne laissant pas de troubler l'ordre et d'offenser les bonnes mœurs.

Selon d'autres chercheurs, le carnaval serait de création beaucoup plus récente et ne signifierait qu'un au-revoir à demi christianisé aux joies de la chair, au seuil du Carême. Ce dernier est précisément précédé au calendrier d'une brève période de trois jours (dite parfois «Carême Prenant») qui va du dimanche au mardi-gras. Or, pendant ce court intervalle de temps, il est encore permis de consommer de la viande et de festoyer... En tout cas, l'étymologie même du vocable «carnaval», dont une graphie apparaît déjà dans un document bouillonais de la fin du XIIIème siècle («quarnivalle»), est bien «caro-vale», ce qui signifie en quelque sorte «adieu à la chair».

Quant à ce rude Carême, dont le nom a pour origine le latin «quadragesima dies» (la quarantième journée avant Pâques), il finit par désigner — en lieu et place de cette unique journée — toute la période de quarante jours qui va du mercredi des Cendres au glorieux jour de Pâques, celui de la triomphante résurrection du Christ.

Durant ce long temps pénitentiel, la vie quotidienne se trouvait jadis comme ralentie, du terme de l'hiver aux promesses du renouveau de la nature. Par exemple, les célébrations de noces qui n'avaient pas trouvé place pendant les quelques semaines allant du commencement de janvier (soit l'époque où s'était clos l'Avent, c'est-à-dire le temps sacré de Noël) au dernier jour des réjouissances, c'est-à-dire le mardi-gras, se trouvaient postposées jusqu'au-delà de Pâques... Car le Carême était évidemment période d'abstinence et il fallait donc se résoudre à jeûner, les dimanches exceptés.

Concrètement, nos aïeux limitaient les quantités de nourriture qu'ils absorbaient et s'abstenaient complètement de consommer de la viande, voire, plus anciennement encore, des œufs... ce qui explique la ruée vers cette précieuse denrée qui caractérise la fête de Pâques.

Cependant, pour une troisième catégorie de folkloristes et d'historiens, il n'est nul besoin de recourir à d'aussi savantes explications. A les en croire, Maître Carnaval ne devrait son origine qu'à ce puissant souffle de liberté qui poussait autrefois paysans et artisans des villes à délaisser leurs tâches journalières et à rompre les servitudes et les conventions qui, en temps ordinaire, bridaient toute initiative personnelle.

Surgissait alors, au niveau de l'inconscient collectif, une manière d'inversion débridée de la pyramide figée de la société. Pendant ce bref entracte, les rustres pouvaient enfin se moquer de leurs seigneurs, les apprentis brocarder leurs maîtres tâtillons, les petits bourgeois dauber les patriciens, les paroissiens dénigrer les prêtres doucereux, si prompts à brandir devant eux le spectre menaçant de la damnation. Néanmoins, cette bouffée de subversion demeurait contrôlée de loin par les représentants des autorités civiles et ecclésiastiques. Ces derniers semblaient par ailleurs trouver leur compte à laisser s'échapper fugitivement le trop-plein des ressentiments populaires si longtemps accumulés.

Après tout, les folies commises en l'honneur du carnaval trouvaient place dans des manifestations, certes débridées, mais cependant limitées dans le temps comme dans l'espace, et comme édulcorées par le port des masques et des déguisements.

Il y a environ un siècle, c'était la « Jeunesse » locale qui se chargeait d'ordonner, dans nos villages et bourgades, les festivités de carnaval. En effet, une association traditionnelle regroupait alors les jeunes gens non mariés du cru, dans le but principal de s'amuser selon des règles coutumières. A Couvin, au mardi-gras, on allait quérir le dernier marié pour lui mettre entre les mains un pieu garni de rubans et le cortège ainsi formé parcourait la localité... en faisant force haltes dans les cabarets. La victime désignée devait ensuite entrer dans l'eau glacée d'une mare et y enfoncer à coups de maillet le fameux piquet, tandis que ses compagnons feignaient de l'aider dans sa tâche. Mais l'ébriété aidant, il n'en résultait que confuses bousculades et chutes grotesques.

A Mozet, le soir du mardi-gras, les cultivateurs avaient coutume de brûler de la paille à l'entrée de leur cour. Le lendemain, soit le mercredi des Cendres, ils faisaient passer le bétail sur la couche poudreuse. Selon la croyance alors répandue, cette tradition préservait les bêtes des troubles intestinaux.

En Gaume, à la fin du siècle passé, on procédait, ce jour-là, à l'exécution symbolique de Monsieur Gargantua. Pitoyable victime d'un « tribunal populaire », ce mannequin devait ouïr le texte de sa condamnation avant d'être, selon l'humeur de ses juges improvisés, brûlé, fusillé ou noyé...

Mieux encore : à Thy-le-Bauduin, près de Philippeville, le jour des Cendres, on empoignait le moins dessoûlé des pochards du mardi-gras et on le roulait dans la paille... à laquelle on boutait le feu ! Mais, comme on le pense, l'ivrogne était aussitôt sauvé des flammes par le contenu cascadant d'un tonneau d'eau. Dans l'esprit des villageois, celui-ci avait symbolisé, le temps d'une cuite, messire Carnaval qu'il avait fallu ardre pour permettre l'entrée en scène du frugal Carême.

Brûle Carnaval, brûle, et avec toi, les jours bruineux et les nuits de gel de l'hiver ! Que vienne Carême qui refleurit les talus et ramène les premières hirondelles !

En maints terroirs, la coutume voulait que, le lundi-gras, on propose au public une revue bouffonne rappelant ce qui s'était produit de saillant au cours de l'année échue. Malheur alors au notable trop imbu de sa personne et au coq de village trop faraud...

Aux frontières du fantastique

Grand seigneur, le comte promène sa belle de manoirs en salons.
Il ne se passionne que pour l'occultisme et tourne radicalement le dos
à qui ose médire de la parapsychologie.
Mais la belle est incrédule...
Il ne désespère pourtant pas de la mettre en présence
d'un fantôme authentique et chasse l'insolite comme d'autres le canard.
A la nuit close — est-ce à Horst, à Laarne ou à Aartselaar ? —, il se glisse
dans les corridors feutrés d'ombres épaisses et désigne à la belle,
qui le suit en bâillant,
une forme diaphane, vaguement lumineuse, aussitôt disparue.
— C'est seulement le reflet de la lune sur le carrelage.
Encore un vilain tour
de votre imagination affirme la jeune fille en haussant les épaules.
Dans la maison des Baillis, à Nismes, au pays de Couvin, notre traqueur
de fantômes veille trois nuits de suite dans le froid humide du grenier.
En vain.
Rien ne paraît, rien n'impressionne la pellicule photographique,
ni les bandes enregistreuses.
En son absence, par contre, le fantôme de Nismes se manifeste
mais à d'autres que lui.
Pauvre comte !
Revenants et esprits ont l'humeur
pour le moins capricieuse et il lui tarde de fournir à la belle
une preuve éclatante de la survie.
Hélas, par un funeste hasard, lorsqu'il pleut rouge ou noir sur le pays,
que des blocs de glace ou des grenouilles tombent du ciel,
notre ami du fantastique est toujours en voyage.
Le comte a en effet un très vieil oncle à héritage en Roumanie.
Hier soir, au retour d'un de ses habituels périples dans les Carpates,
ce voyageur impénitent a fait cadeau d'une peau de loup-garou
à sa sceptique fiancée.
Comme il exigeait un baiser en remerciement et que, saisie de frayeur,
la belle se dérobait en l'interrogeant sur l'éclat soudain de ses yeux,
la pâleur de son teint et l'allongement brutal de ses canines,
le comte déploya son vaste manteau et ricana :
« Encore un vilain tour de votre imagination, ma chère ! »

Cordons ectoplasmiques reliant le médium aux formes matérialisées qu'il produit: être complet ou organes isolés. Bien extériorisée, cette substance amorphe et diaphane interrompt parfois un rayon infra-rouge.

L'AU-DELA

Les spirites en Belgique

Un guéridon à trois pieds au milieu d'un salon pelucheux. Deux vieilles filles, un barbon et une grosse dame à chignon faisant office de médium sont assis en rond, les mains posées à plat sur la table. L'atmosphère est tendue, lourde de présages, la lumière faible, si faible... Une voix profère d'un ton angoissé: « Esprit, es-tu là ? »... La scène vous semble caricaturale? C'est néanmoins ainsi que la plupart des gens imaginent une séance de spiritisme, faute d'avoir dépassé le stade des racontars et des romans à sensation.

Pourtant, le spiritisme fut et demeure tout autre chose qu'un jeu de société. Il présuppose l'immortalité de l'âme, son séjour dans l'un ou l'autre au-delà — le monde astral — et dans la hiérarchie des « esprits ». Il fonde sa raison d'être sur la possibilité de la communication dans les deux sens entre les vivants et les morts.

Cette croyance, déjà fort ancienne et ranimée au XVIIIème siècle par Swedenborg, explosa littéralement au siècle dernier pour se répandre dans le monde entier, érigée en doctrine, voire en véritable religion.

L'origine de ce fulgurant succès du spiritisme est à rechercher aux Etats-Unis, en 1848. Deux adolescentes d'Hydesville, les sœurs Fox, ayant perçu des coups émanant des murs de leur maison, reçurent des messages cohérents, après avoir mis au point un code de communication (un coup = A, deux coups = B,...). Leur dialogue avec les désincarnés bouleversa l'opinion publique et, bien que convaincues à plusieurs reprises de supercherie, ces femmes étonnantes contribuèrent à inverser le courant scientiste et positiviste du XIXème siècle au profit d'une métaphysique sensitive et irrationnelle. Allan Kardec se fit en France le théoricien et l'expérimentateur du spiritisme. La ferveur avec laquelle ses adeptes continuent de fleurir sa tombe quotidiennement en dit long sur la pérennité du mouvement qui compta parmi ses membres, médecins et écrivains, astronomes, physiciens et philosophes.

En Belgique, les débuts du spiritisme s'envasent dans le mystère. Il semble que ce fut la région de Charleroi qui déploya le plus grand zèle en la matière, vers 1860. Il faudra néanmoins attendre les premières années du XXème siècle pour voir naître des associations officiellement reconnues comme l'*Union Spirite Belge*, de Liège, dont le siège existe toujours au 46 de la rue Maghin. A Bruxelles, la *Société Métapsychique* fonctionna de 1905 à 1923, relayée ensuite par le *Cercle Métapsychique*, à Uccle, et le *Conseil de Recherches Métapsychiques* de Belgique, à Loupoigne. Après la dernière guerre, *Solidarité Spirituelle* abrita les études d'Auguste Pieret et d'Arille Eischenne, le fils de ce dernier animant aujourd'hui encore l'*Association Belge pour l'Etude de la Parapsychologie*, laquelle s'adonne à des investigations dans tous les domaines du paranormal.

Jusqu'à présent, la Belgique n'a apporté qu'une eau parcimonieuse au moulin du spiritisme, pratiqué comme religion par 5 % de la population du Brésil. Il faut bien admettre qu'en Europe l'aventure spirite atteignit un paroxysme avec les matérialisations — photographies et moulages d'ectoplasmes — obtenues par de célèbres médiums avant la guerre, dans le cadre des différentes sociétés métapsychiques. Mais l'intérêt pour les séances de tables tournantes s'est aujourd'hui considérablement érodé.

Les causes principales de cette désertion: les fraudes dont se rendirent coupables beaucoup de médiums et le caractère souvent décevant des messages. Si le guéridon de Victor Hugo ne lui tint jamais que des discours hugoliens et si celui de Monsieur-tout-le-monde ne frappe que des banalités, on ne peut pour autant mésestimer le rôle majeur du spiritisme, celui d'avoir forcé les portes de la mort et d'avoir proposé une réponse à l'universelle interrogation: « Et après... ? ».

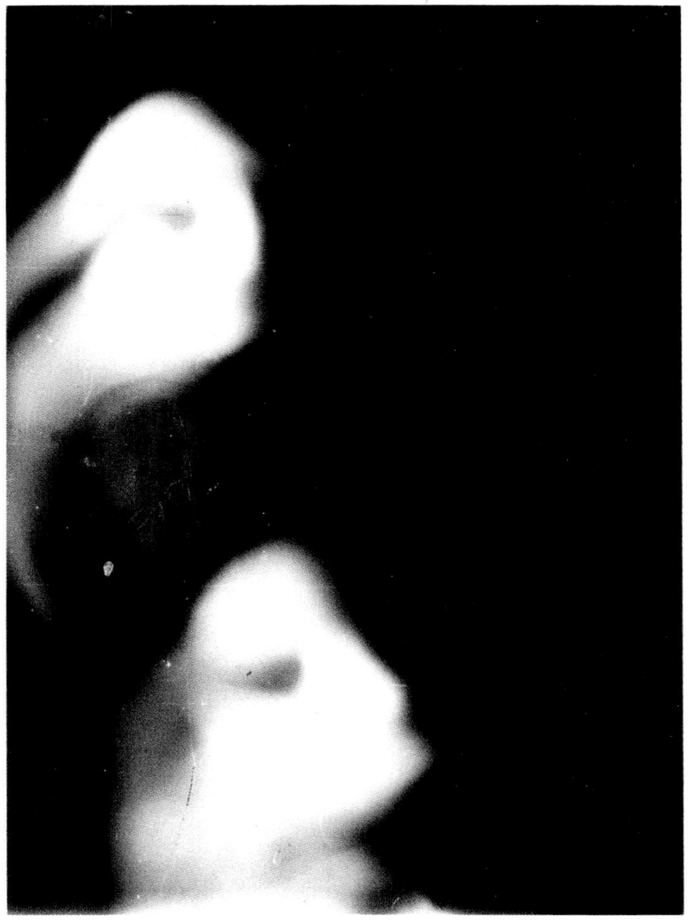

Visages parfaitement « formés ». Ces matérialisations s'élaborent durant la phase dite de translation. La science expliquera-t-elle un jour l'idéoplastie ?

Flux émis par les extrémités digitales d'un magnétiseur. On voit le mouvement des particules convergeant vers le centre. Modelage de la matière par la pensée ?

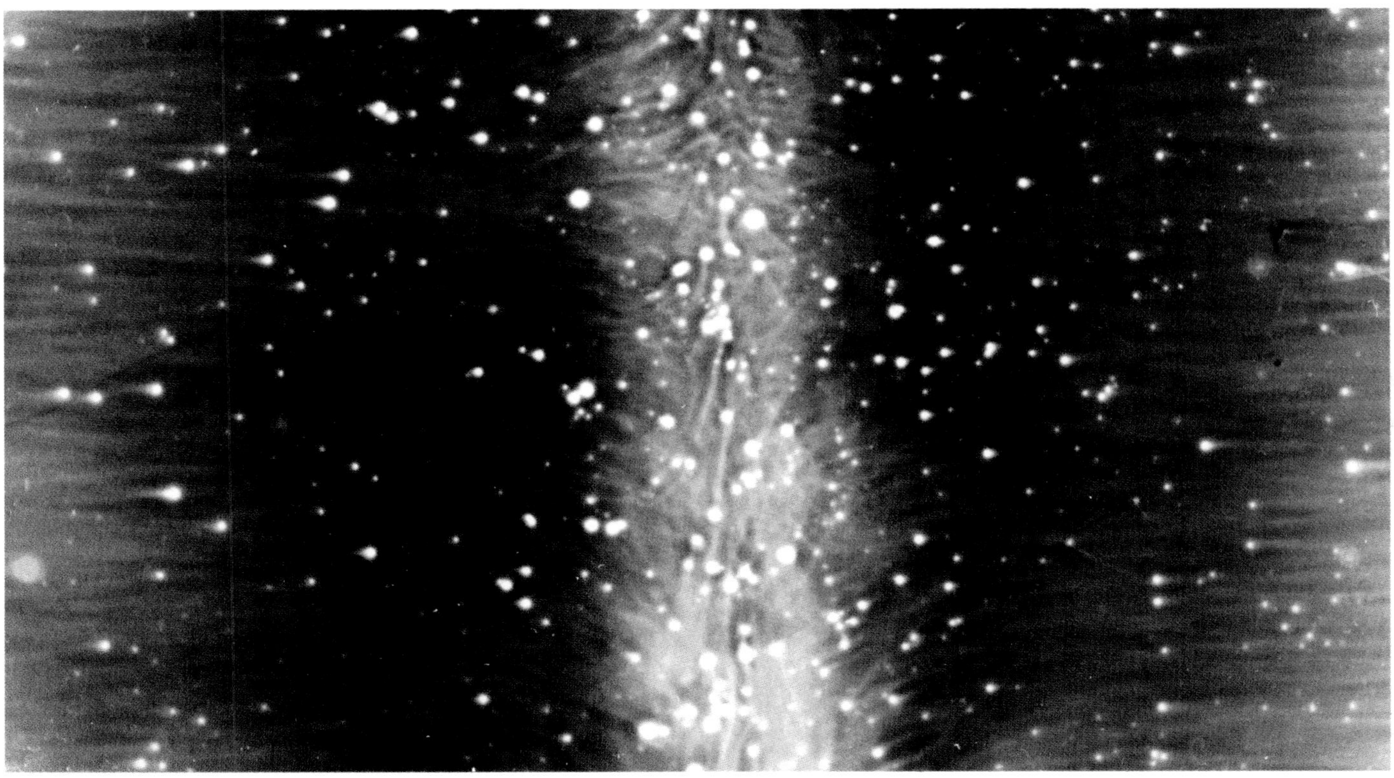

CARROSSE FANTOME

Au château de Horst

Les fastes militaires de Horst ne sont plus qu'un souvenir d'archives. Il ne faudrait pas dire pour autant qu'il ne se passe plus rien au château. Chaque année, juste avant le 15 Août, des fêtes agrémentées de joutes sportives et de divertissements divers, terminées par un merveilleux feu d'artifice, rappellent les manifestations d'antan.

Il eut été plaisant, dans le cadre de ce chapitre, de dresser la liste des châteaux hantés de Belgique. Hélas, les phénomènes de hantise font partie de ces tabous que l'on ne transgresse pas et qui, s'ils ne déclenchent pas la raillerie, génèrent encore fréquemment, dans les vieux pays de religion catholique, la peur ou l'aversion.

Il en va tout autrement au Royaume-Uni, où plusieurs dizaines de châteaux s'enorgueillissent de leur fantôme, l'érigeant même en attraction touristique avec la complicité bienveillante des propriétaires. Le « Prenez garde, la Dame Blanche vous regarde » chanté dans l'opéra de Boïeldieu n'aurait certes pas l'heur de plaire à un Anglais, qui, de reines décapitées en chevaliers sanglants, a pourtant tout loisir de s'épouvanter.

Bien qu'ils ne détiennent pas l'exclusivité des hantises, manoirs et donjons, à cause sans doute de leur grand âge, sont si imprégnés des temps révolus que ceux-ci semblent quelquefois se manifester encore, écho lointain, image évanescente... Dans tel château près d'Anvers, une mystérieuse tache rouge — du sang ? — réapparaît sur le mur, quel que soit le décapant employé pour en venir à bout. Dans tel autre de la province de Limbourg, un air de flûte du XVIIème siècle se fait entendre de temps à autre au premier étage de la demeure.

Au château de Horst, à Rhode-Saint-Pierre, près de Louvain, l'irruption du surnaturel sous la forme d'un attelage-fantôme appartient désormais à la légende, car, depuis belle lurette, aucun témoin de cet étrange spectacle ne s'est plus fait connaître.

Horst est un château de plaine. Le curieux donjon coiffé d'un toit en poivrière, datant de la première moitié du XIIIème siècle, se mire dans le ciel inversé de l'étang qui ceinture le manoir sur trois côtés.

Aucune « dynastie » seigneuriale n'a vraiment pris racine à Horst, puisque, depuis l'installation de son premier propriétaire, Arnould de Rhode, en 1227, pas moins de vingt familles s'y sont succédé, dont certaines éminemment riches et prestigieuses.

La juridiction de Horst s'étendait à Rhode-Saint-Pierre et à Cortelbeke formant ainsi un fief mouvant du duché de Brabant.

La tradition rapporte que, par certaines nuits particulièrement sombres, à minuit sonnant, une voiture tirée par six chevaux sortait du bois où se trouvent les ruines du pressoir, parcourait au grand galop l'avenue des tilleuls pour s'engouffrer dans le donjon, dont les fenêtres s'illuminaient alors. Le carrosse ensuite rebroussait chemin pour se fondre dans l'obscurité.

La hantise de Horst s'apparente vaguement au phénomène de «chasse fantastique» que l'on retrouve dans le légendaire européen, axé sur le personnage inquiétant du chasseur maudit, condamné à courir la campagne en compagnie d'une meute éternellement déchaînée.

Et plus nettement elle rappelle le chariot de la Mort, si redouté de la Bretagne à la Finlande qu'en certains terroirs on en menace encore les enfants récalcitrants. En Armorique, le cocher sans tête du « Karriguel at Ankou » cueille les âmes du bout de la lanière de son interminable fouet, tandis que dans les pays germaniques et nordiques, c'est au dernier trépassé de l'année qu'échoit la mission de conduire la lugubre charrette pendant les douze mois à venir.

Le château de Horst est devenu aujourd'hui un centre récréatif : on y canote, on se promène sur les sentiers du domaine, on y déguste même un âpre petit vin blanc local. Qui, dans d'aussi lumineuses circonstances, songerait à guetter l'apparition d'un carrosse d'outre-tombe au début du chemin ?

A partir de cette majestueuse allée qui conduit jusqu'au bois voisin, démarre un parcours sportif bien structuré, sous l'égide de l'administration des sports. On peut s'y exercer à différentes disciplines gymniques.

Les hantises des routes et des chemins sont parfois reliées à des malédictions. Dans les Ardennes, il existe un tronçon de route où se produisent de nombreux accidents inexplicables. Il s'agit de la R.N. 4, entre les bornes kilométriques 113 et 132, sur la ligne droite de Grune.

FANTOMES ET REVENANTS

Les meilleures histoires de revenants semblent intimement associées à des «lieux prédestinés». Ruines d'un vieux château, donjons branlants, moulins abandonnés, demeures isolées et lugubres, cimetières, carrefours ou champs maudits où se perpétra jadis quelque horrible forfait, voilà le terreau où généralement s'enracinent la peur, le surnaturel, le mystère.

Ces sites seraient, aux dires de certains, bel et bien hantés par des «esprits» qui se plaisent à y provoquer d'étranges phénomènes, lesquels déroutent la raison par leurs causes et leurs effets. Pour le pèlerin que ne rebutent pas les voies de l'au-delà, les «fantômes», qu'ils revêtent une forme animale ou humaine, apparaissent aux vivants pour poursuivre ici-bas une œuvre inachevée ou requérir pour eux-mêmes prières et actions de grâce.

La caractéristique majeure de ces âmes désincarnées réside dans leur attachement à la terre, à ce plan inférieur de leur éternité auquel les a voués une mort violente (meurtre ou suicide), sans le secours de la religion, ou une vengeance non accomplie. Très souvent craint pour ses desseins et son apparence horrifiante, le revenant n'est pas toujours redouté puisque, selon certaines traditions populaires, sa venue coïncide avec la découverte d'un trésor ou l'annonce d'un événement heureux.

Au siècle dernier, une croyance très répandue dans nos campagnes voulait que, le Jour des Morts, Dieu ouvrît toutes grandes les portes du Purgatoire. Tandis que la cloche paroissiale sonnait un glas qui portait loin dans l'air froid de novembre, les âmes des trépassés descendaient en lents cortèges vers la terre où elles se répandaient, si nombreuses que les branches des arbres ployaient sous elles. Chacune retrouvait le cadre familier de son existence terrestre: le champ où elle avait peiné jadis, le puits où s'était mirée sa jeunesse, la maison des dernières années. Les paysans retenaient alors leurs bêtes à l'étable, de peur que quelque vache vorace n'avalât par mégarde l'âme d'un parent, posée comme un invisible papillon sur une touffe d'herbe. Arrivait-il à un gamin de lancer une pierre dans les buissons pour en faire choir le givre qu'il se voyait aussitôt reprocher son inconscience et sa cruauté envers les pauvres morts que les branchages abritaient.

En Famenne, l'huis restait entrebâillé: aux défunts, le loisir d'entrer dans leur ancienne demeure et de s'asseoir un moment à la table familiale. Ce jour-là, le balai ne quittait pas le coin de l'âtre car un nettoyage intempestif aurait menacé de blesser ou de chasser un de ces hôtes du Purgatoire.

Quant aux feux follets, appelés «lumerettes» au sud de l'Ardenne, ils étaient tenus, en bien des terroirs, tantôt pour de mauvais esprits vomis par l'Enfer, tantôt pour les âmes errantes des petits enfants morts avant le baptême. Ces flammèches, que l'on sait aujourd'hui être produites par les gaz de la putréfaction, dansaient quelquefois au crépuscule entre les tombes des cimetières, mais également sur les eaux stagnantes, encore tièdes de la chaleur d'un jour d'été. Elles avaient la sinistre réputation d'attirer le passant attardé, qui, par les nuits sans lune, pouvait les confondre avec les lumières du hameau et entrait jusqu'à mi-corps dans des vases traîtresses, où il risquait de s'engloutir.

Feux follets ou pas, la noyade constituait jadis, en milieu rural, l'une des causes de mort les plus redoutées des paysans, gavés depuis l'enfance de contes à dormir

debout. Les rivières de l'Ardenne, aux berges cariées, aux eaux profondes et tumultueuses, ne rendaient pas toujours les corps qui, privés d'une inhumation en terre chrétienne, s'en allaient grossir la sinistre cohorte des revenants. Dans la vallée de la Semois, au début de ce siècle encore, les riverains confiaient au courant de la rivière une planche sur laquelle était fiché un cierge bénit, afin que le fragile esquif, ainsi sacralisé, désignât en accostant l'endroit où trouver le cadavre d'un noyé.

Il en est aujourd'hui des feux follets comme des lucioles. Les uns et les autres ont disparu, privant fossés et marécages de ces lueurs quasi surnaturelles, dont le « progrès » eut raison par le biais des pesticides et des drainages.

Et les fantômes? demanderont les enfants, toujours avides d'inquiétants récits. Ont-ils, eux aussi, déserté nos campagnes, débusqués par l'électricité, les machines et l'incrédulité de nos contemporains, qui, au nom d'un rationalisme obtus, nient sans remords le vieux substrat magique des croyances paysannes, condamnant irrémédiablement ce dont la science n'a pas encore dressé l'inventaire? Il faut espérer que, par égard pour le rêve, l'imagination et la poésie, il n'en sera pas ainsi et que telle tour ébréchée, telle ferme abandonnée, telle chapelle désaffectée conserveront leur hantise dans l'état même que décrivent la légende et les racontars.

Nous admettrons que beaucoup de revenants eurent la vie brève, suaire, chaînes et gémissements ayant fourni souvent les ingrédients éculés de mauvaises blagues, dont les auteurs envisagèrent parfois très lucidement les conséquences dommageables pour le physique et le mental de leurs victimes. À la base de ces fausses hantises toute la panoplie des défauts, voire des vices humains : la haine, l'envie, l'esprit de lucre..., très rarement, la facétie. Pour faire baisser le prix de vente d'une propriété convoitée, pourquoi ne pas en terroriser les habitants par des bruits nocturnes et des débuts d'incendie? Pourquoi ne pas hâter la fin de cette riche cousine, cardiaque et de surcroît superstitieuse, en postant un spectre à la fenêtre de sa cuisine?

En dépit des fraudeurs et des farceurs, en dépit aussi des incrédules, les fantômes n'ont pas dit leur dernier mot. Il arrive en effet que des demeures villageoises concentrent en leurs murs des forces aveugles et anarchiques qui animent les objets, repoussent des meubles pesants et mettent sens dessus dessous la maison et ses habitants. Ces « esprits frappeurs », dont les exploits laissent quelquefois pantois les gendarmes appelés à la rescousse, paraissent résulter de la manipulation psychique inconsciente, par l'un des hôtes de la maison, de certaines énergies à l'état brut. Les recherches dans ce domaine, par ailleurs très controversé, en sont encore au point alpha, mais tendent néanmoins à minimiser le rôle de l'au-delà dans les manifestations fantomatiques. Les spectres pourraient n'être en fait que la rémanence de pâles figures d'antan impressionnées comme par photographie dans tel ou tel lieu et, par là même, tout à fait inoffensives.

Si nous faisons la part de la farce, de l'hallucination, de la suggestion... et de l'inexpliqué, il reste les légendes et ces terrifiants récits de veillée qui font partie de notre patrimoine autant que les faits de l'histoire et les ruines du passé.

Ce château recèle-t-il encore en son sein des secrets, ou même un trésor? Les derniers propriétaires n'ont pas manqué de faire des recherches, et dans une cavité ignorée, on a découvert un coffre vide.

A EN PERDRE LA TETE

Le fantôme de Cleydael

La lande sous le ciel de décembre... Des écharpes de crachin et de brume... Le chicot noirâtre d'une vieille tour... Fantôme est-tu là? Il y est, naturellement. Qui en douterait? Mais à Cleydael, au cœur de la sereine campagne scaldéenne, à quelque distance du village d'Aartselaar, la question ne paraît pas de mise. Regardez le château. Construit au Moyen Âge, au milieu de l'étang alimenté par le Struisbeek, il a dépouillé ses allures rébarbatives de forteresse pour se muer en un logis Renaissance. Les meurtrières sont devenues fenêtres, et si tourelles et poivrières chargent encore sa silhouette, c'est uniquement par souci décoratif, car sous les hautes toitures, les oiseaux ont remplacé les archers. Pourtant, cette jolie demeure, qui semble n'avoir été construite que pour abriter fêtes et banquets, n'est pas exempte de sortilèges. Une légende affirme qu'une monstrueuse anguille dotée de neuf yeux quitte quelquefois son lit de vase et brouille à coups de queue le miroir tranquille des douves.

Qui échappe à l'anguille risque encore une non moins sinistre rencontre. Certains jours, certaines nuits, un pas spectral fait résonner les dalles des couloirs. Une ombre évanescente glisse sur les lambris. Ne relevez pas les yeux, ne contemplez pas qui s'avance vers vous, car une blême terreur vous gèlerait les sangs.

Sur les épaules vêtues d'un pourpoint à l'ancienne il n'y a que le vide. La tête est plus bas, posée sur un plateau comme offrande dans les mains du fantôme. Voici Corneille Sanders van Hemessen. Le château était sien en un temps où les princes ignoraient la clémence. Son crime: avoir contrecarré les desseins du duc de Bourgogne, Philippe le Bon, en prêtant aide et assistance à la turbulente Jacqueline de Bavière qui méditait un nouveau mariage. Son châtiment: avoir la tête tranchée, en 1459.

Rassurez-vous. Vos chances de rencontrer le spectre de Corneille Sanders sont minces, car le château n'est pas ouvert au public. De plus, à en croire les dires d'une habitante du manoir — la femme de chambre d'un précédent propriétaire — la hantise semblerait avoir perdu de sa virulence d'antan. Ce fut seulement par le biais de cauchemars qu'elle se manifesta à la dame en question, cauchemars qui associaient le fantôme sans tête à des instruments de torture que le châtelain accumulait dans ses greniers avec un plaisir de collectionneur. Le rêve revenait et à chaque fois la dormeuse subissait le supplice des brodequins ou du chevalet en sinistre compagnie. Se prenant à redouter l'instant du coucher, la femme de chambre persuada son employeur de se débarrasser de sa collection et, comme par enchantement, le fantôme rejoignit les limbes de l'inconscient, voire ceux de la légende.

Dernier jalon de l'insolite au château de Cleydael: un pilier de marbre, dans la salle de séjour, recrée dans les veines de la pierre les traits du peintre Rubens.

L'histoire ne dit pas si ce dernier passa par Cleydael. Le château, par contre, connut Olivier Cromwell, le lord-protecteur d'Angleterre, qui y séjourna chez son oncle et médita sur les théories de la Réforme. Auparavant, en 1577, la demeure avait été mise au pillage par les gueux, qui en voulaient à la personne et aux richesses du très impopulaire trésorier de la Caisse des Confiscations du duc d'Albe, pour lors propriétaire des lieux.

Depuis les gueux, depuis Cromwell, le temps a passé sur Cleydael et sur ses occupants successifs. Temps des beaux étés où la lumière de juillet se rit des mystères de l'au-delà, temps aussi des pluvieux hivers où la nuit gagne vite sur le jour. Si vite...

Les fantaisies de la nature sont innombrables, mais il faut le secours de l'imagination humaine pour leur donner une signification. Même la photo en couleurs ne donne qu'une idée imparfaite du sortilège minéral extraordinaire qui a constitué cet ensemble de taches simulant le visage de Rubens.

DES PIERRES VENUES DE NULLE PART

Marcinelle, 1913

«Il y a plus de choses dans le ciel et sur la terre, Horatio, que ne peut le concevoir toute ta philosophie». Cette phrase prononcée par Hamlet dans la tragédie de Shakespeare témoigne assez du sentiment d'impuissance qui saisit l'homme confronté à des phénomènes qui, pour naturels qu'ils soient, n'en demeurent pas moins inexpliqués. La science officielle les boude généralement parce que trop occasionnels, trop fugitifs et surtout trop rebelles à se laisser capter, mesurer et analyser en laboratoire. L'Eglise les tient pour des manifestations diaboliques et veille à maintenir dans chaque diocèse un prêtre exorciste. Seuls les parapsychologues s'y intéressent vraiment, mais, accablés de tant de railleries et de tant de scepticisme, il leur faut une bonne dose de courage pour persévérer dans cette voie sans garde-fou.

Dans le monde étrange de ce que l'on nomme encore, faute de mieux, le paranormal, les manifestations les plus spectaculaires de l'«inconnu» sont sans conteste les «poltergeists», appelés aussi «esprits frappeurs». Ils affectent en général une habitation, laquelle ne présente a priori aucune des caractéristiques que l'imagination populaire prête à une «maison hantée». Très vite, ils sont ressentis par les occupants des lieux comme une véritable nuisance, encore que ces agressions de l'invisible soient rarement dangereuses. Des coups — des «raps» — sont perçus dans les murs; des objets, voire des meubles pesants, se déplacent. Des incendies spontanés, des jets de pierres, d'épingles ont parfois été constatés, encore que les cas les plus sensationnels en apparence aient été par la suite imputés à l'ingéniosité d'un fraudeur. Il semble actuellement prouvé que le déclenchement du phénomène est lié à la présence dans la maison d'un jeune enfant, ou plus souvent d'un adolescent ayant refoulé les aspects conflictuels des rapports avec l'entourage. Que ce «vecteur vivant» s'éloigne, et les faits mystérieux cessent comme par magie.

Les pierres peuvent être lancées de très loin, mais elles peuvent aussi littéralement surgir à proximité d'un observateur, comme le spécialiste français Robert Tocquet en a fait l'expérience. Il s'est trouvé un jour dans une maison où des phénomènes avaient lieu, et il a soudainement vu se matérialiser, au sortir d'un mur, une pierre ronde qui était brûlante au toucher. Le mur en lui-même était parfaitement intact.

La Belgique n'est pas épargnée par de telles manifestations que relate épisodiquement la presse écrite. Récemment, à Dour, un bébé de 15 mois aurait été à l'origine de bruits suspects dans la maison familiale. Néanmoins, l'un des cas les plus troublants des annales parapsychologiques belges eut pour cadre une demeure bourgeoise de Marcinelle au début de ce siècle.

Au 28 de la rue César De Paepe résidaient la famille de l'ingénieur Vanzanten et Louise Volont, une petite bonne de 16 ans. Le 29 janvier 1913, alors que cette dernière s'affairait dans la cuisine, une pierre brisa le carreau de la fenêtre de l'entresol. Alors que Louise se penchait sur le projectile, une grêle de pierrailles s'abattit sur elle. Le propriétaire crut à la malveillance de quelque voyou et fit remplacer la vitre cassée. Le lendemain, au même endroit que la veille, la jeune fille fut violemment frappée par une pierre, suivie de son cortège de cailloux. À peine s'était-elle remise du choc qu'une troisième pluie de pierres criblait toute la façade arrière de l'immeuble, mitraillant ses habitants. Les forces de l'ordre, appelées à la rescousse, subirent, impuissantes, les mêmes assauts. Les maisons les plus proches, situées à environ 150 mètres, furent systématiquement fouillées. En vain.

Les jets de pierres continuaient, aussi violents, aussi nourris. Que faire, sinon quitter une maison que jonchaient plusieurs centaines de cailloux de toutes tailles ? Ce que firent Louise et ses maîtres. 73 ans plus tard, le mystère demeure entier.

Des phénomènes de ce genre peuvent survenir n'importe quand et n'importe où, dans une très vieille maison comme dans le plus moderne des immeubles à appartements.

Des recherches récentes ont démontré que les épisodes de poltergeist commençaient fréquemment le jour même (ou à un jour près) d'un accroissement à la fois intense et soudain de l'activité géomagnétique du Globe.

Les phénomènes répertoriés l'ont été dans le Monde entier et à toutes sortes d'époques. Les résultats sont significatifs sur le plan statistique et peuvent faire croire que ces manifestations peuvent être la concrétisation d'un processus naturel lié à des facteurs de nature géophysique. On ne peut pas en dire beaucoup plus à l'heure actuelle.

Les phénomènes de jets de pierres font inévitablement penser à un pouvoir de translation d'objets, ou de modification matérielle dont sont doués quelques rares individus. C'est ce qu'on appelle la psychokinésie. Certains arrivent ainsi, de leur propre volonté, non seulement à opérer des déplacements, mais aussi à tordre des barres de métal et à modifier l'orientation d'une boussole. À Bruxelles, le magnétiseur Morelli peut le faire. Mieux encore : quelqu'un qui lui donne la main est capable, avec son autre main, d'obtenir le même résultat, chaque fois.

VOUS AVEZ DIT, VAMPIRE ?

Le château de Tergnée

Le château de Tergnée-Farciennes, à quelques kilomètres de Charleroi... Il n'était déjà plus que ruines au début du siècle dernier et, sort commun à beaucoup de demeures féodales, un fermier engrangeait ses foins dans l'aile la moins abîmée.

En 1851, le propriétaire décida de jeter à bas les murs branlants de la chapelle castrale, entreprise qui entraînait la destruction du chœur et la violation de la sépulture des anciens châtelains. Cinq cercueils en bois, totalement vermoulus, furent remontés au jour. Il y avait là cinq adultes et trois enfants dont les pauvres restes étaient encloués sur le fond de la bière comme des papillons dans une boîte. Une énorme broche — 68 cm pour les adultes et 49 cm pour les enfants — traversait le grillage des côtes à hauteur de la poitrine et s'enfonçait profondément dans le sol sous-jacent.

Les châteaux en ruines sont souvent peuplés de chauves-souris. Si on assimile celles-ci aux vampires, ce n'est pas par hasard. Une chauve-souris d'Amérique du Sud porte le nom de vampire et peut mordre et absorber le sang de bêtes endormies.

Il est toujours bon d'avoir des gousses d'ail chez soi. Les qualités de cette plante sont évidentes : on a vanté son usage dans l'asthme, la coqueluche, le scorbut, la dyspnée ; elle facilite la digestion et augmente l'appétit.

Perplexes, les ouvriers récupérèrent ces clous de belle taille, l'un d'eux portant gravés dans le fer un oméga et le chiffre 3. Le musée archéologique de Charleroi en fit l'acquisition mais, vol ou négligence, les cinq broches disparurent de ses collections.

Il est probable que cette curieuse découverte de Farciennes n'aurait suscité qu'un émoi passager si l'imagination débridée, mise à l'honneur par le mouvement romantique, n'avait fourni à telle pratique macabre une explication précise. A savoir que la présence d'un pieu ou d'un clou enfoncé dans le cœur d'un trépassé pouvait signifier que ce dernier fût un vampire et revînt nourrir sa détestable éternité du sang des vivants. Que les châtelains de Farciennes eussent été des vampires parut sans doute d'autant plus évident aux gens de 1851 que des recherches généalogiques, menées après l'exhumation des cercueils, prouvèrent l'existence d'un lien familial entre les seigneurs de Farciennes et un obscur lignage valaque.

L'ancienne propriétaire du manoir, la princesse de Longueval, était en effet la belle-mère du comte Charles-Joseph de Bathyani, lequel compta au nombre de ses ancêtres Vlad Drakul, mieux connu sous le nom de Dracula.

Le vampire, qui ne cesse de fournir à la littérature et au cinéma fantastiques un des thèmes les plus féconds, n'appartient ni au folklore ni au légendaire de nos provinces. La tradition de cette créature de la nuit, baptisée également goule, lémure, nosferat ou stryge, s'est perpétuée dans le bassin oriental de la Méditerranée et surtout dans les pays danubiens — Hongrie, Roumanie, Bulgarie — qui connurent jadis la domination ottomane. Elle accrédite la croyance en des morts-vivants que leur incorruptibilité dans la tombe dénonce comme vampires et dont on ne peut avoir raison qu'en les brûlant ou... en les perçant d'un clou, après leur avoir tranché la tête.

Au XVIIIème siècle, une terreur superstitieuse liée au vampirisme déferla sur l'Europe des Lumières. Les théologiens, les médecins et les philosophes — dont Voltaire — dénoncèrent cette flambée d'obscurantisme. Vainement, car le mythe était séduisant. Tel le phénix, il renaquit de ses cendres sous la plume des Romantiques et, vivace, se perpétua jusqu'à nos jours. L'association violemment contrastée du sang, de la nuit, de l'amour et de la mort rassemble en une seule thématique les angoisses les plus sacrées et les plus primitives de l'homme. Les psychiatres ont d'ailleurs observé des comportements « vampiriques » chez certains criminels psychopathes. Laissons donc le dernier mot à Bram Stoker, le père en littérature de Dracula. Il écrit : « La puissance du vampire tient à ce que personne ne croit à son existence ». Qui sait ?

La notion de vampirisme ne s'allie pas nécessairement avec la consommation de sang. Tous les occultistes le savent : certaines personnes ont la possibilité d'absorber l'énergie vitale d'un être humain ou d'un animal. Il est vrai que de tels pouvoirs s'apparentent surtout à des procédés de sorcellerie encore en pratique dans des campagnes reculées, notamment en France.

LE DIABLE

Dans l'imagination populaire

On ne compte plus les proverbes, dictons et adages que la sagesse populaire a forgés autour de l'inquiétante figure du démon... Ils attestent à foison la place considérable que le Prince des Ténèbres a si longtemps tenue dans l'imaginaire ancestral. Cependant, nous admettrons volontiers que le rôle qui lui a été si généreusement alloué s'est fort amenuisé en notre siècle, sous la poussée du rationalisme et suite à la révision du dogme relatif au Malin, opérée par l'Eglise elle-même.

Il n'en reste pas moins édifiant de se remémorer ses hauts faits,... ses méfaits plutôt.

Et, pour ce faire, prêtons l'oreille aux récits de nos plus vieux campagnards. S'ils n'ont pas tous aperçu un jour le diable, du moins en ont-ils souvent entendu parler au cours d'interminables veillées, au temps où la télévision sommeillait encore dans les limbes de l'électronique.

L'aspect le plus coutumier que revêt le Malin reste celui d'une monstrueuse bête noire et griffue, mais il advient cependant que des témoins la décrivent verte, rouge ou rousse de poil... Mais quel que soit son pelage, ses cornes sont recourbées, ses pieds fourchus, et nul ne risque d'oublier l'éclat maléfique de ses prunelles ni sa gueule béante !

Cette étrange créature a, on s'en doute, le pouvoir de se métamorphoser à volonté. Elle prend alors l'apparence, tantôt d'un gentilhomme barbu et vêtu de noir, tantôt celle d'un inquiétant molosse au poil hirsute ou d'un bouc nimbé de feu et de flammes... Lorsqu'elle se dérobe à la vue, elle laisse traîner derrière elle une désagréable odeur de soufre, quand ce n'est pas quelque puanteur plus répugnante encore !

*
* *

Tout le malheur vient de ce que la vocation maléfique du démon le pousse inexorablement à quitter son domaine infernal dans le but de faire choir les âmes chrétiennes dans ses filets... Le voici toujours à l'affût, prêt à recourir aux artifices les plus répréhensibles pour entrer en contact avec les pauvres humains. Satan n'a pas son pareil, en effet, pour observer patiemment leurs faiblesses et mettre impitoyablement à profit leurs instants de désarroi ou leurs coupables ambitions.

Pareils travaux d'approche ne sont pour lui que jeux d'enfant puisque la force dont il dispose est illimitée, que ses ruses sont proverbiales et sa vivacité d'action, légendaire.

Aussi n'est-il pas rare de le voir pousser la porte d'un estaminet villageois et prendre benoîtement la place d'un joueur défaillant, au cours d'une partie de cartes dont les ultimes conséquences sont loin d'apparaître à ses partenaires occasionnels. Ne va-t-il pas jusqu'à proposer parfois un tour de valse à une jeune fille du terroir lors du bal de la ducasse? Inutile de préciser qu'il mettra scandaleusement à profit cette proximité physique — toute momentanée qu'elle est — pour ensorceler à jamais la naïve jouvencelle qui l'a pris pour quelque séduisant inconnu de passage...

Cependant, l'âme humaine a des tréfonds bien sombres ! D'aucuns vont au diable de leur propre chef, le requièrent, le prient, l'appellent pour conclure avec lui un abominable pacte qui les enchaîne corps et âme au Mal incarné. Le motif d'une démarche aussi périlleuse? L'amour, la puissance et aussi la jeunesse, s'il faut en croire l'histoire du Docteur Faust. Mais surtout, la soif inextinguible de l'or. L'or, qui cligne son œil jaune derrière la chance ou l'aisance subites dont est gratifié brusquement quelque voisin, bien banal jusque-là.

Il est vrai qu'une fois signé l'accord diabolique, la réussite, précisément sous sa forme financière, vient visiter l'humble demeure des suppôts de Satan. Sitôt l'âme vendue au Malin, survient pour les pauvres d'hier le miracle inouï, quotidien, de voir se remplir la bourse vidée la veille avec désinvolture.

Mais, quelle est donc la procédure à suivre pour entrer en rapport avec le diable et conclure avec lui le funeste pacte?

Il vous faut tout d'abord vous rendre en un endroit écarté, un carrefour ou un cimetière par exemple, et cela, à minuit sonnant, de préférence au cours de la nuit du vendredi au samedi...

*
**

N'oubliez surtout pas d'emporter sous votre bras une poule noire ou un chat de même couleur, malheureux animal qu'il vous faudra vous résoudre à sacrifier sur place! Quel que soit votre présent à Lucifer, ce dernier fera son apparition dès que vous vous écrierez d'une voix claire et assurée: «Au nom du diable, je viens pour lui parler».

Qu'il soit désormais évident que vous aurez préalablement renoncé à Dieu, à la Vierge et aux sacrements de la très Sainte Eglise! Mais ce faisant, vous ne rendriez encore à Lucifer qu'un insignifiant service. Vous vous serez donc de surcroît engagé à tourmenter vos semblables en prenant l'apparence d'un loup-garou ou de quelque autre créature maléfique et à fournir au maître infernal un quarteron d'âmes innocentes.

Et n'allez surtout pas imaginer que Lucifer puisse omettre d'exiger son dû, lorsque le temps sera révolu. En pareil domaine, il est vain de se fier à la «bonne foi» du Prince des Ténèbres. Il a de singulières façons de tenir le compte des années écoulées. Tout à son avantage, bien entendu! Que nul ne l'ignore, c'est de votre âme qu'il viendra s'emparer à l'improviste, comme un voleur, pendant la nuit, pour l'emporter aussitôt au plus noir de l'enfer.

Encore heureux que, dans sa grande mansuétude, Dieu ait donné aux humains certaines recettes pour échapper au Grand Tentateur lors de ses manœuvres d'approche. La plus simple consiste à faire rapidement le bon vieux signe de croix, qui a le don de révulser le démon. Mais on peut également invoquer Jésus, Marie, Joseph, jeter prestement quelques gouttes d'eau bénite dans sa direction, brandir un crucifix, ou agiter un brin de buis dûment consacré par le prêtre: l'emprise du Malin s'évanouit aussitôt...

A la rigueur, quelque vieille locution populaire, que les honnêtes paroissiens se transmettent de génération en génération, pourra faire l'affaire. Cependant, si vous y recourez, veillez bien à ne pas la débiter de travers, en proie à une précipitation bien compréhensible: elle perdrait sur-le-champ tout effet!

La trompeuse générosité de Lucifer accorde à ses suppôts la précieuse faculté de se rendre invisible à volonté, de même qu'une effigie de cire qui obéit à leurs injonctions les plus saugrenues. De quoi se livrer, en toute impunité, à de basses vengeances...

En d'autres terroirs, il est prescrit à celui qui aspire à prendre contact avec Satan de se munir d'os de grenouille — nettoyés par les soins de grosses fourmis noires — et de se placer au centre d'un cercle tracé sur le sol au moyen d'une baguette de coudrier.

ON MARCHE LA-HAUT

La maison des Baillis à Nismes

Nismes… Un village comme un autre, dans l'Entre-Sambre-et-Meuse, à 6 kilomètres de Couvin, au cœur d'un pays vert, accueillant au tourisme. Au mois de juin, le célèbre « Fondry des Chiens » retentit des cris des écoliers, qui, déjà au seuil des vacances, n'écoutent plus que d'une oreille les commentaires de leur instituteur et ne s'étonnent guère de ce que l'Eau Noire soit en fait si limpide. Retiendront-ils, ces petits enfants, que la Roche Trouée abrita des hommes préhistoriques, que les Romains établirent un camp sur les hauteurs de Nismes et qu'au Xème siècle un roi de France mit le village dans la corbeille de mariage de sa sœur ? Auront-ils seulement un regard pour les vestiges du château féodal ? Peut-être… Mais si par hasard, à l'heure où le soleil déclinant cuivre les visages, le maître annonce une histoire de fantômes, vous verrez se resserrer le cercle des bambins et une gravité toute nouvelle éclore dans leurs yeux.

Fantôme il y a vraiment, dans cette grosse demeure aux allures de forteresse que l'on nomme

« Maison des Baillis ». — « Peut-on la visiter ? » s'informe une petite fille aux nattes blondes. — « Bien sûr. La maison est classée depuis 1977 et a été transformée en musée où les collections généalogiques voisinent avec les objets d'artisanat, les silex taillés avec les ciboires » explique l'instituteur. — « Et le fantôme ? », s'impatiente un gamin. — « J'y viens », dit l'adulte.

Les revenants, c'est connu, affectionnent les vieilles demeures. Ici, à Nismes, notre maison hantée remonte à la fin du Moyen Age. Plusieurs familles seigneuriales s'y succédèrent depuis le XVIème siècle, sans qu'il soit jamais question d'une quelconque hantise. Au XVIIème siècle, une dame du Moustier y aurait perdu la vie dans des circonstances étranges... le fait est que l'apparition semble bien avoir tournure féminine et, selon le témoignage des personnes qui la virent, être vêtue à l'ancienne. Au début des années 50, la mère d'un employé communal, qui occupait le logement de l'immeuble, grimpa un soir au grenier pour y pendre du linge. Soudain, une silhouette sortit de l'obscurité des combles, traversa sans bruit l'espace du grenier et se perdit dans l'escalier.

En 1970, des pas ayant été perçus à plusieurs reprises dans le grenier désert, on tenta vainement de piéger le fantôme grâce à divers moyens de détection. Ce ne fut que l'année suivante qu'un appareil photographique muni d'un film infrarouge capta une vague ombre blanche. En mai 1978, les bruits déménagèrent des combles au premier étage et, au mois de mars 1980, les lampes s'allumèrent sans que quiconque ait actionné l'interrupteur. Plus extraordinaire encore fut l'examen du compteur électrique, qui s'avéra hors d'usage et alimenta néanmoins certains circuits en l'absence même de fusibles. Etrange, non ? Un phénomène identique d'illumination « surnaturelle » se produisit à la Noël de 1985, alors que le bâtiment était fermé pour l'hiver, faute de chauffage central. Le fantôme de la Maison des Baillis ne traîne ni chaînes, ni linceul et, d'après ce que l'on en sait, il ne paraît pas animé d'intentions criminelles. On raconte que des cambrioleurs, venus visiter le musée à leur manière, se seraient enfuis sans rien emporter. Le fantôme... ? Pourquoi pas ? C'est merveille après tout que l'âme du passé se laisse ainsi enclore entre des murs comme un message dans une bouteille !

Le maître d'école a terminé son récit et ramené au bercail tout son petit monde.

La Maison des Baillis peut être considérée comme une véritable anthologie de la vie de Nismes à travers les âges : il s'y trouve des caves aux murs fortifiés, une salle d'armes à meurtrières et coffre de justice, un four banal, une chapelle particulière avec décors muraux et une cuisine typique où l'on peut admirer un âtre de dimensions exceptionnelles.

Cette photo nous a été aimablement communiquée par Roland de Keijser, ex-administrateur du musée. Elle fut prise en juin 1978, dans le premier grenier (soleil au zénith. Nikon FTN sur pied. Film infra-rouge Kodak Diapo couleurs. Filtre wratten 85. Objectif 55 mm).
Toutes les sources de lumière-chaleur sont explicables, sauf une : caché partiellement par la table et les objets qui s'y trouvent, on aperçoit un cône de lumière d'une hauteur estimée à 1 m 60, dont l'origine est inconnue.
La caractère fantastique de Nismes ne se limite pas à la Maison des Baillis. Des légendes venues du fond des âges évoquent des chasseurs maudits, des affaires de sorcellerie, des nutons et des farfadets, des rochers qui prennent des formes humaines, qui vibrent, chantent, et parlent, ainsi que des sources miraculeuses.

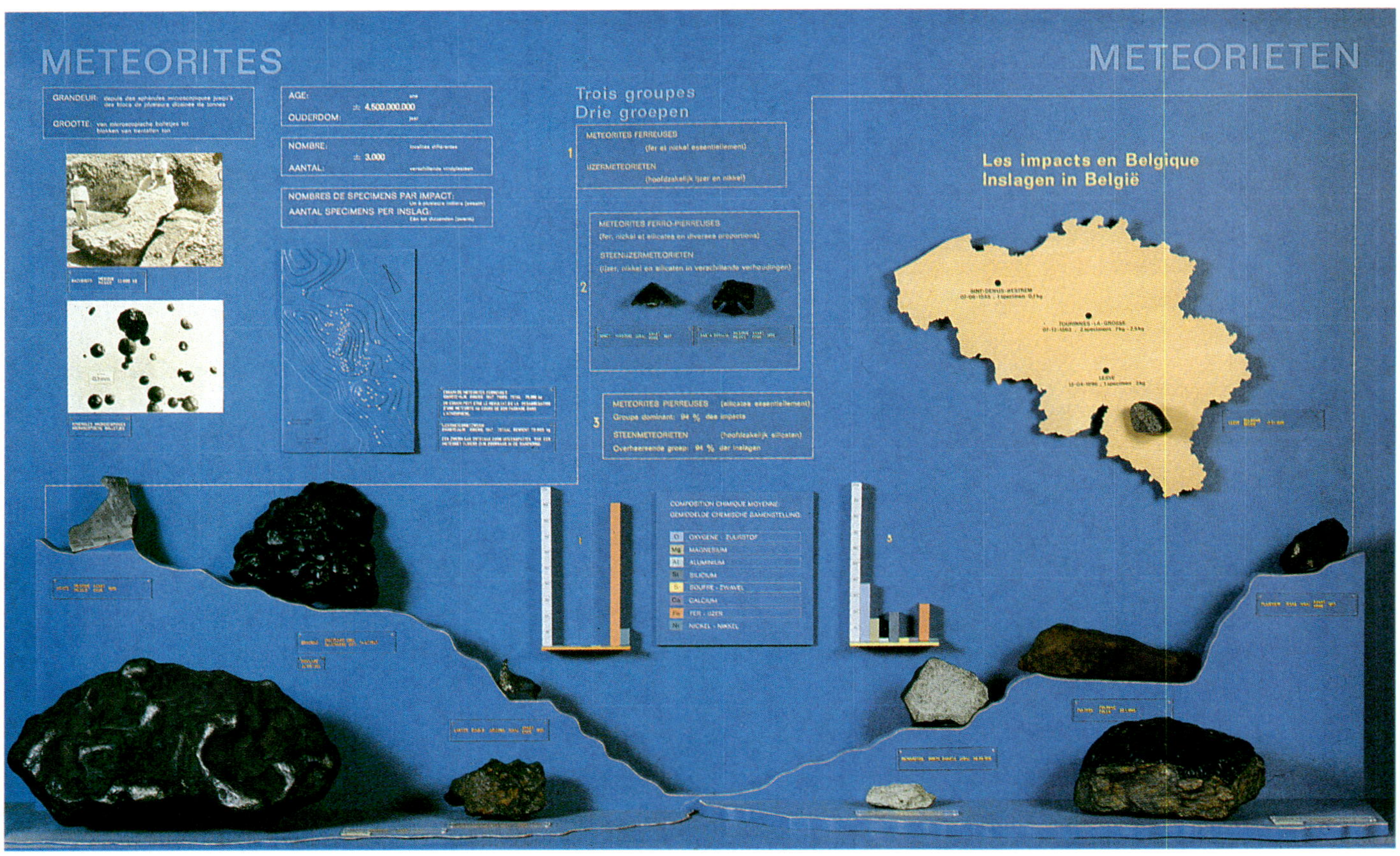
METEORITES
METEORIETEN
GRANDEUR: depuis des sphérules microscopiques jusqu'à des blocs de plusieurs dizaines de tonnes
GROOTTE: van microscopische bolletjes tot blokken van tientallen ton
AGE: ± 4.500.000.000 ans
OUDERDOM: jaar
NOMBRE: ± 3.000 localités différentes
AANTAL: verschillende vindplaatsen
NOMBRES DE SPECIMENS PAR IMPACT:
AANTAL SPECIMENS PER INSLAG:
Trois groupes
Drie groepen
1 METEORITES FERREUSES (fer et nickel essentiellement)
IJZERMETEORIETEN (hoofdzakelijk ijzer en nikkel)
2 METEORITES FERRO-PIERREUSES (fer, nickel et silicates en diverses proportions)
STEENIJZERMETEORIETEN (ijzer, nikkel en silicaten in verschillende verhoudingen)
3 METEORITES PIERREUSES (silicates essentiellement)
Groupe dominant: 94 % des impacts
STEENMETEORIETEN (hoofdzakelijk silicaten)
Overheersende groep: 94 % der inslagen
Les impacts en Belgique
Inslagen in België
COMPOSITION CHIMIQUE MOYENNE
GEMIDDELDE CHEMISCHE SAMENSTELLING
O OXYGENE - ZUURSTOF
Mg MAGNESIUM
Al ALUMINIUM
Si SILICIUM
S SOUFRE - ZWAVEL
Ca CALCIUM
Fe FER - IJZER
Ni NICKEL - NIKKEL

DES PLUIES BIZARRES

Tout être se trouvant en plein air est vulnérable. Doit-on craindre pour autant un de ces cailloux qui tombent du ciel? L'atmosphère est heureusement là pour nous protéger, et ce n'est que de loin en loin qu'une météorite vient se ficher dans le sol.

C'est au musée d'Histoire Naturelle, rue Vautier, à Bruxelles, que se trouve la plus nombreuse collection de météorites. Elles ont toutes les formes, et leurs dimensions sont très variées; elles sont surtout composées de fer, de silicium et de nickel.

En Belgique, on a recueilli des spécimens essentiellement à trois endroits, et cela au siècle dernier: à Saint-Denis-Westrem près de Gand, à Tourinnes-la-Grosse dans le Brabant Wallon, et à Gesves non loin de Namur. Personne n'a jamais vu tomber de météorites, et c'est par des recherches géologiques qu'on les a trouvées.

Pluies de fleurs, de sang, de brandons; pluies de poissons, d'insectes ou de grenouilles... Les chroniques médiévales font la part belle aux récits de prodiges en tout genre, mais ce sont des témoignages fragiles, issus de temps où le merveilleux ne prêtait pas à sourire. Est-ce à dire que depuis que la science a détrôné la féerie, le ciel a banalisé ses pluies? Nullement. Notre siècle connaît encore de ces livraisons célestes insolites qui nous intriguent, voire nous effraient dans un premier temps, mais qui font quasiment toutes aujourd'hui l'objet d'une explication rationnelle.

Le premier de nos contemporains à avoir mis l'accent sur la fréquence et la variété des pluies mystérieuses fut le journaliste américain Charles Fort, qui, sa vie durant, collectionna avec passion les échos de presse enregistrant dans le monde entier des phénomènes bizarres.

Il se demandait — un peu naïvement sans doute — s'il ne fallait pas croire à l'existence, au-dessus des couches atmosphériques, de sortes de poches ou filets impalpables qui s'ouvraient parfois pour délivrer sur terre les choses les plus invraisemblables.

La catastrophe nucléaire de Tchernobyl, au printemps 1986, a fait l'effrayante démonstration de la célérité avec laquelle les particules radioactives se propageaient et de quelles lointaines migrations elles étaient capables. Ce même phénomène de dispersion en haute atmosphère avait déjà été observé avec les poussières résultant d'éruptions volcaniques. En 1883, le volcan Krakatoa, à l'est de Java, s'auto-détruisit en une gigantesque explosion. Ses cendres firent plusieurs fois le tour du globe, obscurcissant le ciel par endroits.

Par rapport à l'immensité des océans et des continents de la planète, la Belgique n'occupe qu'un bien modeste territoire. Pourtant, elle connaît, elle aussi, son lot de pluies étranges. L'Institut Royal Météorologique considère que deux types en sont les plus habituels: les pluies de sable et les chutes de blocs de glace isolés. En moyenne deux ou trois fois tous les 10 ans, les conditions se trouvent réunies pour qu'un courant sud-nord de forte intensité emporte de vastes quantités de sable saharien et le fasse retomber sur une partie de l'Europe. Il y a dix ans, le fossoyeur de Braine-l'Alleud avait ainsi remarqué que beaucoup de tombes du cimetière étaient recouvertes de sable. Quant aux blocs de glace, on a beau jeu d'affirmer de nos jours qu'ils proviennent des toilettes d'un avion, alors que le phénomène est attesté depuis des siècles.

Le 2 novembre 1819, une semaine après qu'une pluie noire se fut abattue sur le Canada, il plut rouge à Blankenberge. Deux chimistes brugeois détectèrent la présence dans l'eau de chlorure de cobalt.
le 18 juin 1839, une obscurité anormale noya Bruxelles de ténèbres caractérisées par des chutes de morceaux de glace plats d'une trentaine de centimètres de long. Le 8 juin 1901, à Sart-lès-Spa, on signala des retombées d'une substance gluante et le 12 juillet 1975, des scories noires couvrirent le pavé de la rue des Tongres, à Etterbeek.

Par chance, les pluies mystérieuses sont rares et n'interpellent qu'occasionnellement les savants. Elles sont cependant moins rares que les chutes de météorites qui, elles, proviennent de l'espace infini, du sein même de l'Univers.

Une architecture à déchiffrer

Les pierres vivent, les pierres parlent,
lorsqu'au-delà de leur but fonctionnel,
elles ont aussi été agencées pour dispenser un message.
Celui-ci se lit en chacune des parties de l'édifice
et devient intelligible dans l'harmonie de l'ensemble.
A cet égard, des temples antiques aux cathédrales médiévales,
la démarche des maîtres d'œuvre demeura invariable.
Construire, pour ces architectes du Sacré,
équivalait à incarner dans la matière le mystère divin
et à donner à chaque pèlerin
la possibilité de le percevoir par la voie symbolique.
Qui a dit que la parole des pierres était désormais perdue ?
Un triste sire sans doute,
touriste amer et désenchanté qui parcourt le monde
en fixant la pointe de ses souliers.
Nous ne l'imiterons pas et porterons haut nos regards car,
Picardie contre Beauce, Tournai vaut bien Chartres ;
et Bruxelles, plus d'une messe pour les ors de sa Grand-Place
et le rébus de verdure de son Parc.
Les mystères inscrits dans la pierre ont la particularité de ne se dévoiler
qu'à celui qui fait effort pour les percer.
Avec le risque parfois d'aller trop avant dans la quête
de leur signification ésotérique...
et de se casser le nez sur l'innocence d'un fronton armorié
ou d'un chapiteau aux figures drolatiques.
La beauté ne cache quelque fois rien d'autre qu'elle-même.
Néanmoins, rien n'est anodin pour qui cherche des signes.
Il est un tombeau dont l'étrange décor proclame la victoire
de la vie sur la mort.
Il est une tour dont les monstres attendent l'avènement
du nouvel âge de l'humanité...
Les pierres vivent, les pierres parlent...
Elles nous parleront d'autant mieux que nous aurons ouvert notre esprit
à leur message formel et notre cœur, à leur sagesse sous-jacente.

Dans le palais de Charles de Lorraine, à Bruxelles, des reliefs représentent les quatre éléments constituant la pierre philosophale. Ci-dessus, les stucs consacrés à l'air et à l'eau.

DES SIGNES ETRANGES

Du Palais de Charles de Lorraine

En 1744, l'impératrice Marie-Thérèse confiait le gouvernement des Pays-Bas à Charles de Lorraine (1712-1780). Celui-ci, logé à Bruxelles dans l'Hôtel de Nassau, qui était une demeure gothique inconfortable, désigna Jean Faulte, architecte et poète, pour l'aménager selon les goûts de l'époque. Les travaux commencèrent en 1757.

Le duc dressa de sa main un plan qui montre ses bibliothèques, des cabinets rassemblant des collections archéologiques et scientifiques, et surtout un laboratoire. Ce personnage attachant, bon vivant, homme de guerre, grand chasseur, se passionnait en effet pour l'alchimie à tel point qu'il fit équiper un autre laboratoire à côté de sa chambre à coucher! Il en eut même un troisième, dans les jardins, qui avait été utilisé par l'apothicaire de l'ancienne cour.

Son intérêt pour l'alchimie est confirmé par l'inventaire de ses biens, établi à sa mort. Outre l'équipement nécessaire à ses recherches, il fournit la liste des nombreux traités qu'il consultait. Quant à son fameux journal secret, il relate aussi bien le gibier abattu, ses gains et pertes au jeu, les maîtresses des nobles en vue, que ses achats de produits chimiques ou de matériel de laboratoire. Le duc y transcrivit des expériences sur l'or et l'argent, des recettes d'élixirs, y nota des secrets révélés par d'autres, comme ceux d'un certain Manchini, médecin, ou de Frédéric de Harrsch.

Le siècle des Lumières, le XVIIIème, fut aussi celui des Illuminés. L'alchimie était devenue un divertissement de cour dans une société qui faisait bon accueil aux mages et théosophes. Le cas de Charles de Lorraine est, à cet égard, significatif, puisque cet habitué des cornues était aussi Grand-Maître de l'Ordre Teutonique et franc-maçon. Comme tel, en 1762, il avait installé dans la chapelle du palais (l'actuel temple protestant) la loge de Saint-Charles, travaillant selon le rite de la grande loge Saint-André-d'Ecosse. De ce fait, sa cour fut fréquentée par des personnages hautement initiés, peut-être par le célèbre comte de Saint-Germain.

A l'époque, celui-ci se faisait appeler sieur de Surmont d'après le lieu (Ubbergen en Hollande) où, discrédité par Choiseul, il avait dû se réfugier en 1762. Il y poursuivait de mystérieuses recherches sur les matières colorantes. C'est en mars 1763 que ce personnage, qui se prétendait éternel, rendit visite, à Bruxelles, au comte de Cobenzl, ministre plénipotentiaire de l'impératrice auprès de Charles de Lorraine. Subjugué par ses connaissances étonnantes, Cobenzl fut immédiatement attentif à leur intérêt économique. Il fut convenu de les tester à Tournai où Surmont réussit une transmutation et quelques expériences de teinture plus prosaïques. Convaincu, Cobenzl désigna la veuve du banquier de Nettine, trésorière de Charles de Lorraine, pour l'avance des fonds nécessaires à l'établissement d'une manufacture. Malheureusement, de Vienne, le chancelier Kaunitz fit suspendre l'opération. Dépité, Surmont partit pour d'autres cieux.

Les préoccupations du duc et celles de son entourage permettent de croire que certaines décorations du palais, dont il fut sans doute l'inspirateur, ont un sens caché: principalement celles de l'escalier d'honneur qui était emprunté tant par les maçons de Saint-Charles que les disciples d'Hermès. Au pied de cet escalier, se

Au-dessus d'un sphinx symbolisant l'énigme, un sein (pour l'alchimiste, un « seing » ou signe) annonce le caractère secret du lieu.

Rien ne permet de deviner que, derrière la façade austère du palais de Charles de Lorraine, se trouvaient un temple maçonnique, plusieurs laboratoires, une des plus riches bibliothèques alchimiques, mais aussi, décorant la cage de l'escalier d'honneur, des reliefs dont le sens énigmatique fut découvert récemment.

dresse un Hercule en marbre blanc, chef-d'œuvre signé par Laurent Delvaux en 1770. Comme l'indiquent sur sa massue les initiales C, les croix teutoniques et de Lorraine, il incarne le maître de céans, non seulement comme guerrier mais aussi comme alchimiste. En effet, le duc aimait comparer ses travaux à ceux d'Hercule, forgés d'ailleurs sur la rampe de l'escalier. En réalité, il était convaincu que les exploits du héros, comme toute la mythologie, n'étaient qu'allégories cachant les secrets de la pierre philosophale et de l'or qu'elle permettait d'obtenir. Un de ses contemporains, le bénédictin Antoine-Joseph Pernety, passa ainsi au peigne fin toutes les fables antiques. Comme d'autres alchimistes (Cesare della Riviera ou Pierre-Jean Fabre), il s'intéressa particulièrement aux travaux d'Hercule.

Montant l'escalier, l'initié pouvait admirer cinq reliefs exécutés en stuc vers 1764-65, sans doute par Cramillon. Pour les déchiffrer, il devait recourir à la « cabale linguistique », le langage secret des alchimistes. Fondée essentiellement sur des jeux de mots, elle ne s'embarrassait pas des règles actuelles de l'étymologie. Se voient successivement l'eau, la quintessence, l'air, puis, au palier supérieur, la terre et le feu. Etait ainsi exprimé le fondement de la théorie alchimique : pour obtenir la pierre philosophale, l'adepte devait réussir la synthèse des quatre éléments, la « quinte-essence ».

Le relief de l'eau est organisé autour de deux symboles désignant le Christ, que l'alchimiste associait à la pierre philosophale : le chrisme (un X barré d'un I) et le poisson (en grec IX-thus). Le X est, toujours en grec, l'initiale de Christ, de chimie, d'or et de creuset. Ce dernier, par son nom provenant de croix, rappelait que les métaux vils devaient y être torturés avant d'être transfigurés comme le Christ après sa passion. On retrouve une évocation de l'or dans le relief de l'air, par les fleurs solaires sur la queue d'un paon et la grande étoile régnant sur six petites (les métaux imparfaits). La pierre philosophale apparaît dans le relief du feu sous forme d'une sphère avec deux ailes représentant le soufre et le mercure dont elle-même et l'or étaient composés. Ces deux produits sont encore évoqués dans le relief de la quintessence par un coq, l'oiseau d'Hermès, dieu des alchimistes, et une branche de chêne. L'alchimiste établissait certainement un rapprochement entre la galle apparaissant sur les feuilles de cet arbre, le nom du coq en latin (gallus) et celui du lait en grec (gala). Ce lait, symbole du mercure, est encore suggéré par un sein au-dessus de la porte menant, par la salle des gardes, au temple maçonnique. Un angelot y chevauchant un sphinx porte un doigt à ses lèvres. Il invite l'initié à ne pas révéler le secret symbolisé traditionnellement par le sphinx.

Les Francs-Maçons ont coutume de se réunir dans l'enceinte sacrée d'un Temple conçu à l'instar de celui de Salomon.

Pierre-Théodore Verhaegen, l'un des fondateurs de l'Université Libre de Bruxelles, est ici représenté ceint du cordon de Vénérable Maître de sa Loge « Les Amis Philanthropes ».

LA FRANC-MAÇONNERIE

Reconnaissons d'emblée que l'opinion publique a longtemps tenu — et tient parfois encore — les Francs-Maçons pour les membres d'une mystérieuse société secrète, composée pour l'essentiel d'intrigants arrivistes, de redoutables « mangeurs de curés », voire de dépravés.

Cette attitude simpliste, tout injuste qu'elle soit, s'est évidemment toujours nourrie du soin jaloux que les initiés mettent à dissimuler leurs activités, de la vague connaissance aussi de quelques signes de ralliement ou de bribes d'un langage hermétique tenu par les profanes pour puéril, pour ne pas dire ridicule.

Mais après tout, qu'en est-il réellement des origines de la Franc-Maçonnerie? Le fait est qu'aucun document relatif aux confréries de maçons n'est antérieur au XIVème siècle. Et, à cette lointaine époque, ces derniers étaient bel et bien des constructeurs... au sens concret du terme.

Non pas de simples ouvriers, mais d'authentiques bâtisseurs à la haute qualification technique. Quant à l'épithète « francs », qui leur est déjà accolée dans certains statuts professionnels, elle désignait — en ce bas Moyen Age — les personnes qui échappaient, par la grâce de privilèges officiels, aux multiples servitudes de ces temps troublés, telles les charges seigneuriales par exemple.

Les habiles bâtisseurs des cathédrales gothiques, fort attachés à la sauvegarde de leurs secrets professionnels, se regroupaient volontiers en associations, dont les connaissances techniques étaient transmises dans une loge, sorte d'appentis provisoire où se réunissaient, sur le chantier même, les maîtres d'œuvre experts et leurs disciples. Lesquels, bien entendu, étaient tous d'excellents chrétiens qui mettaient leur précieux savoir-faire au service de la plus grande gloire de Dieu.

Peu à peu, cependant, allait s'opérer par cheminement direct (en Angleterre et en Ecosse) ou indirect (en Europe continentale) le passage de cette première Franc-Maçonnerie dite « opérative » à la Franc-Maçonnerie actuelle dite « spéculative », dont l'acte de naissance est la fondation de la Grande Loge de Londres, le 24 juin 1717. Dès 1723, cette dernière se donnait des « Constitutions », rédigées surtout par le pasteur écossais James Anderson et tenues depuis lors, par pratiquement tous les Maçons du monde, pour la charte fondamentale de la Franc-Maçonnerie.

Condamnant d'un même élan les « athées stupides » comme les « libertins irréligieux », la teneur de ce texte explique que, pendant plus d'un siècle, le « Grand Architecte de l'Univers » fut vénéré au sein des loges par les Frères Maçons déistes et même en majorité de confession catholique...

Il n'en demeure pas moins que les grands principes du siècle des Lumières, à savoir l'esprit de tolérance, l'égalité devant la loi, le pacifisme et l'ouverture aux hommes de tous pays resteront à la base de l'idéal maçonnique jusqu'à nos jours.

Très rapidement, les loges se multiplièrent en Europe continentale au XVIIIème siècle, en ces décennies optimistes où triomphaient l'anglomanie et la « Raison ». Toutefois, ce succès n'alla pas sans faire problème...

Le secret des mystérieuses cérémonies inquiétait fort le pouvoir civil et il fallut du temps et de la patience aux Francs-Maçons pour faire admettre que la nature clandestine de leurs activités ne présentait pas de danger pour l'Etat et, s'ils y réussirent, ce fut en s'abstenant précisément d'intervenir dans la mêlée politique.

Passées les bourrasques révolutionnaires de la fin du XVIIIème siècle, vint l'époque de l'industrie et du triomphe de la bourgeoisie. Une ère de combat débuta alors. On sait le rôle déterminant que joua par exemple, en 1834, la maçonnerie belge dans la fondation de l'université libre et laïque de Bruxelles, dont l'existence lui paraissait indispensable aux fins de contrebalancer la renaissance de l'Alma Mater louvaniste.

Le ton passa alors peu à peu à un anticléricalisme déclaré... Certes, le pape avait bel et bien condamné la maçonnerie dès le XVIIIème siècle, mais la rupture définitive ne survint, en Belgique du moins, qu'à la fin de l'année 1837, lorsque le cardinal-archevêque de Malines, Sterckx, proclama derechef l'incompatibilité entre catholicisme et maçonnerie et menaça du refus de l'absolution les fidèles qui persisteraient dans la « double appartenance ».

De nouveaux ateliers rassemblèrent désormais les vrais convaincus, ceux qui, dans tous les domaines, allaient s'affirmer les adversaires de la puissance d'une Eglise catholique qui, à leurs yeux, dominait la société du temps, le secteur politique y compris. Assez logiquement, le déisme des origines, symbolisé par la traditionnelle invocation au Dieu Géomètre, disparut des Statuts maçonniques belges.

Sur le plan financier, la réalité des obédiences maçonniques ne confirma jamais en rien l'image d'Epinal d'un « trésor » des loges. Les ateliers vivent des cotisations de leurs membres et des dons des Frères fortunés, et ces modestes sommes ne sont consacrées qu'à l'entretien des temples et à des œuvres de bienfaisance, puisque les dignités maçonniques demeurent bénévoles. Quant aux conditions d'admission, elles se bornent, en résumé, à exiger que l'impétrant soit « libre et de bonnes mœurs » et ait atteint l'âge de 21 ans.

En somme, la Franc-Maçonnerie est ouverte à tous les hommes de bonne volonté, à l'exclusion en règle générale des femmes, quoiqu'il existe à l'heure actuelle des loges mixtes, comme celles du « Droit Humain » et même une obédience strictement féminine.

Certains deviennent maçons par tradition familiale, par goût de la tolérance, par refus du dogmatisme. Les futurs initiés sont directement sondés par des Frères qui, les connaissant, les ont jugés dignes de recevoir la Lumière et procéderont à une enquête sérieuse en ce sens auprès de l'intéressé. Si les Maîtres de l'atelier tirent de ces renseignements une conclusion favorable, le postulant subira des épreuves initiatiques au rituel très rigoureux et très solennel, qui l'amèneront au premier grade de la hiérarchie, celui d'Apprenti.

De toute manière, une fois initié, aucun Maçon n'a le droit de révéler au-dehors ni l'identité de ses Frères, ni le contenu des séances (ou « tenues »), auxquelles il a participé et qui se composent généralement d'une conférence suivie de discussions. Quant aux fameux symboles maçonniques, il en est qui rappellent précisément l'art de bâtir (compas, équerre, règle...), d'autres se rattachent à la Tradition ésotérique, mais tous sont, pour le Franc-Maçon, les vecteurs de la connaissance de soi et du perfectionnement.

En 1982-1983, un timbre-poste commémora les 150 années d'existence du Grand Orient de Belgique.

Le tapis de loge du grade d'Apprenti rassemble les principaux symboles maçonniques : l'Equerre et le Compas, le Maillet et le Ciseau, la Perpendiculaire et le Niveau ; les deux luminaires ; les trois fenêtres, les deux colonnes, le pavé mosaïque et la porte du Temple, le tout cerné de la corde à nœuds.

Sous la curieuse flèche inclinée, la galerie extérieure en bois de chêne d'où l'on montrait autrefois aux pèlerins des reliques saintes dont faisaient partie des cheveux de la Vierge.

Les trois autels, Saint Pierre, Sainte Croix et Sainte Vierge, apparaissent bien disproportionnés en regard de la taille de l'édifice. Mais tous trois visent avant tout par leurs dimensions et leur ornementation luxuriante à la glorification de l'Eglise de Dieu.

Beho

UNE EGLISE SURPRENANTE

Il est un petit village battu par les vents, étalé sur un plateau culminant à 508 m, à une douzaine de kilomètres de Vielsalm. Son implantation au cœur de l'Ardenne l'écarte des grands chemins migratoires de l'été et si, d'aventure, un groupe de vacanciers y déambule, force est de croire au hasard d'une promenade. Car il faut bien avouer que rien ne semble se passer jamais à Beho.

Pourtant, la localité possède l'une des églises les plus insolites, les plus fantastiques des terroirs wallons. Curieuse, cette flèche ardoisée s'élançant à 26 mètres et comme déhanchée par une inclinaison vers le S-O. Un brin anachronique, la galerie couverte en bois de chêne, agrémentée d'une loggia et enserrant la tour sur trois côtés. Déroutante aussi, la chatoyante polychromie de la décoration intérieure, dont le luxe rococo, non exempt de naïveté, chargea autels et piliers lors de la restauration de l'édifice au début du XVIIIème siècle.

La dédicace à saint Pierre range l'église de Beho parmi les plus anciennes églises ardennaises, les-

Sous la nef, c'est une véritable débauche décorative d'un style apparenté au Rococo ou plutôt dans la ligne de la transition entre les styles Louis XIV et Louis XV. Les pièces principales sont toutes dues au talent de Jean Georges Scholtus, de Bastogne, qui travailla ici de 1713 à 1724.

Egalement née des œuvres de maître Scholtus, la chaire de Vérité est une remarquable composition d'où se détachent les figures sculptées des quatre Evangélistes et, sur l'abat-voix, la statue de saint Michel terrassant le dragon.

quelles ont fréquemment été élevées sur l'emplacement même d'un lieu cultuel païen. La tradition attribue la construction de la tour au comte de Salm, Herman, qui, à la charnière des XIème et XIIème siècles, souhaita offrir aux précieuses reliques qu'il ramenait de Terre Sainte un monumental écrin de pierre grise.

Ce fut vraisemblablement dans le but de livrer ces trésors à la vénération du public, lors des grandes fêtes religieuses, que fut conçue la galerie à loggia. La légende affirme que le comte n'ayant pas préalablement choisi l'endroit où entreposer les reliques — en l'occurrence des cheveux de la Vierge et un lambeau du Saint Suaire — fut conduit à choisir Beho par le providentiel refus de sa monture à franchir le gué de la Salm.

Séduisante anecdote qui fait la part belle à cette fatalité divine qui imprègne toute la tradition chrétienne médiévale.

Pendant des siècles, les châsses parurent au balcon de la tour lors de journées solennelles, annuellement fixées aux 1er, 2ème et 3ème jours de mai. Pendant des siècles, la foule des pèlerins se pressa dans l'église sanctifiée par les reliques, dont une bulle du pape Jean XXII, datée de 1326, célébrait l'inestimable valeur.

La luxuriante décoration des trois autels, les ciselures des reliquaires, la profusion des statues de saints et de saintes étaient évidemment destinées à faire impression sur les fidèles de jadis, qui, dans l'éblouissement des ors et la blancheur des stucs, décelaient des promesses de paradis.

Paradis d'autant plus désiré que partout dans l'ornementation foisonnante de l'église de Beho affleurent les symboles de la damnation éternelle. Ici et là, voici Satan et son mufle grimaçant, exécrable préfiguration des conséquences d'une existence mécréante ou pécheresse.

L'ésotérisme, dont certains ont voulu prouver la manifestation à Saint-Pierre de Beho, n'est que la traduction, par le biais d'une iconologie un peu simpliste, du combat victorieux des forces du Bien sur les cohortes infernales.

Mais, ésotérisme ou pas , l'église vaut le détour.

LA BARQUE D'ISIS

Au Sablon

A la poupe de la barque, l'homme tient la barre. A la proue, sa femme prie, tandis qu'au centre de l'esquif, la Vierge, l'Enfant sur le bras gauche et tenant à la dextre un rameau, sourit à l'aventure qui l'emporte, immobile au-dessus du porche du transept droit de l'église Notre-Dame-des-Victoires, au Grand Sablon.

Ce curieux groupe, offert au sanctuaire en 1600 par un haut personnage de la cour des archiducs Albert et Isabelle, immortalise la légende qui entoure l'acquisition par l'église d'une statuette de Notre-Dame-à-la-branche. En 1348, des voix célestes tinrent à la femme d'un modeste ouvrier drapier bruxellois un singulier langage. Elles enjoignirent à Béatrice Soetken de se rendre à Anvers pour y dérober la statuette en question, ordre auquel cette bonne chrétienne ne se déroba point. Nautonnier complice du forfait, le mari de Béatrice ramena à Bruxelles son précieux chargement, souquant ferme par Escaut et Senne. La statuette fut déposée dans la chapelle que le Serment des Arbalétriers avait érigée sur les hauteurs du Sablon ; laquelle, bientôt élevée au rang de paroisse, fut dotée d'une procession fameuse, un ommegang où paraissait l'élite de la société civile et religieuse de nos provinces.

Cependant, pour ceux qui cherchent en toutes choses des significations cachées, la nef de Soetken, bien loin de la naïve hagiographie populaire, évoquerait plutôt la barque sacrée des Egyptiens, véhicule des âmes défuntes. Dans cette optique,

L'église Notre-Dame du Sablon est-elle un sanctuaire « hermétique » ? Certains le pensent et tirent d'audacieuses conclusions du nombre de « vierges-à-la-barque » représentées dans l'édifice, de leurs positions respectives, voire de certaines sculptures du chœur.

Mais pourquoi le culte d'une Isis christianisée se serait-il implanté à Bruxelles au XIVème siècle ?

L'Ommegang de Bruxelles évoque aujourd'hui la fête donnée le 2 juin 1549 par le magistrat de la ville en l'honneur de Charles Quint, de son fils l'infant Philippe et de ses sœurs Eléonore et Marie. Mais il trouve son origine dans la procession organisée en l'honneur de Notre-Dame-à-la-branche, la statue ramenée d'Anvers par Béatrice Soetken.

Isis portant le dieu-Soleil, Rê, se substituerait à la Vierge, sa sœur Nephtys, à Béatrice et le batelier de l'au-delà, au brave Soetken.

La représentation de ce macabre avatar de la grande déesse égyptienne, dûment christianisée, pourrait justifier sa présence sous des voûtes gothiques par la vocation primordiale de l'église qui, au XIIIème siècle, servait de chapelle au cimetière de l'hôpital Saint-Jean. De même, l'ommegang rappellerait le périple d'Isis sur le fleuve des morts, dont elle fut, dans la tradition antique, la protectrice tutélaire.

L'hypothèse ésotérique, pour toute séduisante qu'elle soit, n'en demeure pas moins fragile. En effet, chez les Egyptiens, c'était à Anubis, le dieu à tête de chacal, qu'était dévolue la mission de conduire les trépassés devant Osiris, leur juge suprême. Isis, quant à elle, veillait surtout sur les vivants, qui la vénéraient comme la Grande Mère, déesse de la fécondité et des moissons, et en l'honneur de laquelle les prêtres d'Alexandrie confiaient annuellement aux eaux du Nil une barque en bois de citronnier chargée d'offrandes et de suppliques.

A Rome, le culte d'Isis, symbole touchant de l'épouse et de la mère, avait progressivement supplanté celui des autres divinités féminines.

On peut tenir pour assuré que de nombreuses effigies de la douce et tendre « Dame du Nil », le plus souvent figurée siégeant en majesté sur un trône, son fils sur les genoux, furent à l'origine des fameuses Vierges Noires dont le modèle oriental retouché par la croyance celtique en une « mère de Dieu » connut une immense faveur dans le monde monastique médiéval.

La Madone volée à Anvers par Béatrice Soetken était-elle l'une d'elles ? La statuette, brisée en 1580 par les calvinistes, ne saurait nous l'apprendre, et sa copie, hélas, est d'une uniforme et désespérante « pâleur ».

MERIDIENNES

Des fils dorés dans la chevelure du temps

Que vous soyez dans la cathédrale d'Anvers ou dans la cathédrale Saint-Michel à Bruxelles, une fugitive étincelle de lumière ne manquera pas d'accrocher votre regard. Le soleil vient d'illuminer le transept et, par un oculus percé dans un vitrail, il éveille l'éclat d'un long cheveu de cuivre qui court sur le sol. Inutile de regarder votre montre. Il est midi juste à l'heure du soleil.

Irez-vous à Chartres que vous y trouverez aussi ce léger fil de métal, et au mystère de la belle cathédrale beauceronne vous ajouterez celui de l'alliance du métal de feu et de l'astre du jour à son zénith.

Point de filet de cuivre cependant dans la crypte de l'église Saint-Pierre d'Anderlecht dont le soleil, pénétrant par une meurtrière, frappe à midi plein la table d'autel. Ni dans la basilique d'Avioth, haut vaisseau ocre de la terre gaumaise, que le soleil levant traverse de part en part. Ni dans la plupart des églises médiévales, parfaitement orientées vers le lieu de la Passion.

N'attribuez pas de message ésotérique aux fils de cuivre de Notre-Dame d'Anvers ou de Saint-Michel de Bruxelles. Leur incrustation dans le pavement date du siècle dernier. Il s'agit en fait de méridiennes, simples tracés géographiques délimitant l'intersection du plan méridien avec celui, horizontal, de la surface du sol.

Le Moniteur belge, numéro 57, sixième année, du 26 février 1836, précise : « Par arrêté royal du 22 février 1836, le ministre de l'Intérieur est autorisé à faire établir 1° dans chacune des villes d'Anvers, d'Ostende, de Bruges, de Gand et de Liège, une petite lunette méridienne ; 2° dans chacune des autres villes du royaume présentant de l'importance, soit sous le rapport de la population, soit sous celui de l'industrie, du commerce, des arts ou des sciences, de grandes méridiennes qui seront placées dans les murs des cathédrales, hôtels de ville ou autres édifices favorables à leur établissement ; cette disposition a pour objet de créer, dans chacune de ces villes, des moyens de déterminer, avec précision, l'heure et la marche du temps ».

C'est le savant Adolphe Quételet, le créateur de notre observatoire, qui fut chargé par le ministre de l'Intérieur d'établir ces méridiens. « De 1836 à 1838, rapporte un de ses biographes, Quételet entreprit des mesures en vue de la détermination plus exacte du temps et de l'uniformisation des heures dans les diverses localités du pays. En juin 1836, il fit le tracé de la méridienne de l'église de Sainte-Gudule à Bruxelles ». Etrange uniformisation de l'heure, en vérité. Le midi solaire indiqué par la méridienne de la cathédrale d'Anvers ne coïncide pas avec celui de la collégiale de Bruxelles. Il s'en faut de quelques minutes d'écart. Et il fallait employer des tables d'équation pour s'y retrouver. A Anvers, à Bruxelles, ces fines lignes de cuivre courent dans le sol sur toute la largeur du transept, parfois interrompues par un nouveau pavement, parfois abîmées. Elle sont éclairées à midi par le rayon qui traverse un minuscule œil-de-bœuf trouant le vitrail sud du transept ; à Anvers on l'aperçoit tout en haut de ce vitrail sud, à Bruxelles sous la jambe de Louis II de Hongrie.

Piètre horloge sous nos cieux pluvieux, la méridienne demeure l'une de ces menues curiosités scientifiques dont le XIXème siècle fut si friand et que les interminables travaux de réfection de nos églises dérobent souvent à l'attention des fidèles et des curieux.

DES JEUX VIEUX COMME LE TEMPS

Les damiers de l'Insolite

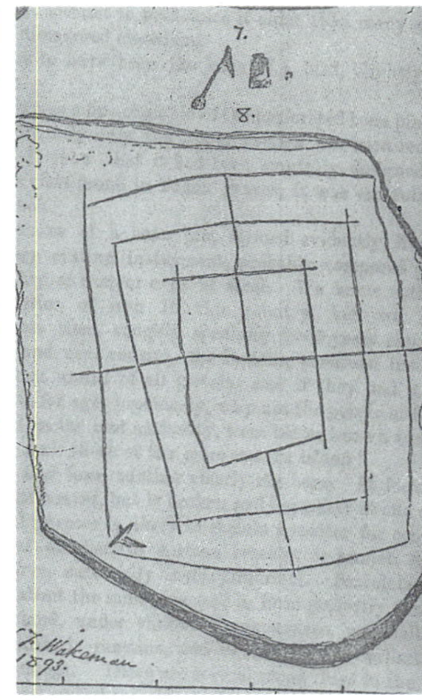

Le contraste entre la belle facture de la pièce de gauche et le tracé négligé de celle de droite montre combien il est parfois difficile de reconnaître exactement la nature de ces gribouillis.

Les fouineurs de l'insolite ou les promeneurs curieux conduits par le hasard tombent parfois en arrêt devant des inscriptions, des graffiti, des dessins plus ou moins mystérieux rencontrés dans les vieilles demeures, les anciennes caves, ou en toutes sortes d'endroits qui gardent les traces des temps anciens. Il faut alors qu'ils aient l'esprit bien indifférent pour ne pas s'interroger sur leur signification, et ce d'autant plus naturellement que celle-ci apparaît peu évidente.

Il faut souvent se faire une raison : beaucoup de ces inscriptions ne sont que des fantaisies ou des gribouillis dépourvus de sens, comme les enfants ou les oisifs se sont toujours amusés à en tracer. D'autres ne sont que des marques de tâcherons, d'un intérêt très technique. Quelques-unes (mais le tri reste toujours très difficile à faire) renferment certainement des messages ou une symbolique cachés.

Il en existe une catégorie assez répandue que beaucoup, même parmi les meilleurs professionnels, n'arrivent pas à identifier, et qu'ils rejettent dès lors souvent sans leur prêter attention, à moins qu'ils ne s'égarent en spéculations malheureuses sur leur nature ésotérique. Ce sont les dessins d'anciens damiers, qu'on ne reconnaît plus parce qu'ils ont servi à des jeux dont l'usage s'est perdu.

Un beau carré, aux cases bien régulières, évoquera sans doute les échecs ou les dames, universellement pratiqués de nos jours. Une spirale de cases fera peut-être penser au jeu de l'oie, mais il faut se rappeler que ce dernier n'est venu d'Angleterre qu'au dix-huitième siècle et que, si les deux premiers remontent au treizième siècle, ils ne se sont vraiment répandus dans l'usage populaire que bien plus tard. Pendant longtemps les favoris ont été des jeux dont les noms — les mérelles, le renard et les poules — sont aujourd'hui bien oubliés, et dont les damiers formaient des dessins aujourd'hui sortis des mémoires.

Non seulement ces dessins n'évoquent en général plus rien pour nous, mais en outre, alors que nous sommes accoutumés à des damiers artistiquement manufacturés, avec des cases précisément alignées, les temps anciens se sont souvent contentés de dessins grossiers, négligemment tracés pour une partie d'occasion où des cailloux, des brindilles ramassées çà et là servaient de pions de fortune. Il ne faut donc pas s'étonner que la reconnaissance en soit difficile, l'imagination s'enflammant à tort, ou encore restant à quia.

A Coxyde, le passionnant petit musée qui présente les trouvailles des fouilles effectuées depuis 1959 à l'Abbaye des Dunes a eu la bonne idée de prévoir une vitrine où étaient rassemblés tous les objets non identifiés mis au jour par les fouilles.

La sagacité des visiteurs était ainsi directement sollicitée, et, de fait, maintes choses bizarres ont trouvé, au fil des ans,

La version moderne du jeu du renard et des poules, connue sous le nom de jeu d'assaut. Ici les poules sont remplacées par des mutins qui assiègent leur officier dans sa forteresse (19e s.)

A gauche, merellier du XIIIe s. gravé sur une dalle de terre cuite découverte à Coxyde. A droite, merellier découvert à Bray en 1878.

leur explication. L'une des plus rebelles semblait être une curieuse dalle en terre cuite, gravée d'un motif géométrique sans aucun sens apparent. Elle était étiquetée, faute de mieux, *« het doolhof ? »* (le labyrinthe ?)... La pièce fut même photographiée et diffusée sous forme de diapositive, sans succès. Ce n'est que près de quinze ans plus tard qu'elle tomba par hasard sous les yeux de l'auteur de ces lignes, qui l'identifia sans hésiter comme un très beau damier de jeu.

Il s'agissait exactement d'un « mérellier », un damier pour les grandes mérelles, qui furent l'un des jeux les plus populaires jusqu'à la fin du Moyen Age, et que l'on retrouve parfois dans le commerce depuis quelques années.

Les deux adversaires disposent chacun de neuf pions qu'ils entrent à tour de rôle sur n'importe quel point libre du damier. Chacun s'efforce d'aligner trois de ses pions et d'empêcher l'autre d'y parvenir, car chaque alignement réussi autorise à éliminer l'un des pions adverses — celui qu'on veut — en le retirant du jeu. Lorsque les dix-huit pions ont été introduits, la partie continue : il faut alors avancer à tour de rôle un de ses pions jusqu'à un point voisin libre. Par ces mouvements on essaie à nouveau d'amener des alignements et d'éliminer des pions adverses. Lorsque l'un des joueurs est réduit à deux pions, et donc qu'il ne peut plus former d'alignement, il est battu.

Les mérelliers sont incontestablement les damiers que l'on rencontre le plus fréquemment. A Coxyde, le dessin est soigné et facilement reconnaissable, mais, comme il a été dit, c'est loin d'être toujours le cas et l'identification est encore plus aléatoire face aux dessins beaucoup plus simples qui servaient pour les différentes formes des petites mérelles, où chaque joueur ne disposait que de trois pions.

Moins fréquents, les damiers du jeu du renard et des poules sont eux aussi facilement mal interprétés. Leur dessin affecte en général la forme d'une croix, ce qui conduit le plus souvent à les ranger, sans plus chercher, dans la catégorie des marques religieuses.

Loin d'illustrer de pieuses dévotions, ils servaient en fait à un jeu qui est resté en usage jusqu'à la fin du siècle dernier : un renard peut dévorer les poules comme une dame prend les pions au jeu de dames ; les treize poules ne dévorent pas le renard mais elles essaient de le coincer en avançant d'une case à la fois sans se faire prendre.

Même les damiers les plus classiques peuvent être trompeurs. Une simple marque discrète distinguant le point central du dessin, à laquelle on ne prête le plus souvent pas attention, exclut le fait qu'il s'agisse de damiers ou d'échiquiers classiques. Elle renvoie plutôt aux temps très reculés qui ont précédé l'adoption des dames et des échecs en Europe. En réalité cette marque identifie le dessin comme le support d'un très vieux jeu d'origine celtique, dont le nom même est oublié et dont les règles n'ont pu être que récemment reconstituées.

Ce vieux jeu celte oppose un roi et ses gardes à quatre armées assiégeantes. Il doit les anéantir ou atteindre l'un des coins.

LA VIERGE NOIRE

Notre-Dame de Verviers

Il est un sujet d'étonnement pour les voyageurs qui séjournent quelque temps à Verviers : les habitants de l'ancienne cité lainière parlent volontiers d'une Vierge noire, sans que l'expression évoque une pratique religieuse africaine...

Qu'ils soient ou non catholiques, ils ne désignent pas nécessairement la madone couleur d'ébène qu'abrite depuis le XVIIème siècle l'église Notre-Dame, blottie dans un recoin du centre ancien. Ils font le plus souvent allusion à l'enseigne d'un grand magasin d'antan, situé place Verte. Le négoce a disparu depuis de longues années, et les gérants de son successeur ont ôté la copie de la Vierge noire qui était bien mise en valeur sur leur façade.

Cette modeste contrefaçon témoignait de la survivance du mythe religieux dans la mémoire collective des Verviétois. Mais ceux d'aujourd'hui connaissent-ils l'origine de cette représentation ? Savent-ils, de surcroît, que l'étrange couleur noire ne doit rien au miracle attribué à la Vierge ?

Il leur faut, pour percer le mystère, gagner la petite église Notre-Dame-des-Récollets, au fond de la place du Martyr, ainsi nommée en hommage au révolutionnaire Grégoire Chapuis, décapité en 1794 sur ordre du prince-évêque de Liège.

L'architecture du sanctuaire en traduit l'évolution. La façade de l'église originelle, bâtie en 1637 par les Récollets venus de Bolland, près de Herve, fut pourvue d'une niche qui reçut, en 1664, une statue en pierre de la Vierge à l'Enfant, haute de deux mètres. A la fin du XVIIIème siècle, la congrégation dota l'édifice d'une chapelle qui vint s'accoler à la façade primitive.

Que se passa-t-il, à la fin du XVIIème siècle, pour que la modeste église paroissiale devînt un lieu de pèlerinage pour plus de deux siècles ? Un

Sur la façade de l'église Notre-Dame, dans un coin de la place du Martyr, posée dans une niche de la tour ajoutée à l'édifice au XIXème siècle, une Vierge à l'enfant semble évoquer, pour le curieux, la position originelle de la statue miraculeuse. Et l'enfant Jésus salue la foule des pèlerins...

A l'intérieur de l'église, aucun visiteur ne manque la statue qui fait la réputation de Verviers, grâce à son étonnante couleur noire... qui ne doit rien à un miracle. Celui-ci a consisté dans le changement d'attitude de la Vierge et du Christ, qui se sont serrés l'un contre l'autre au plus fort d'un séisme.

tremblement de terre secoua la région le 18 septembre 1692, et poussa de nombreux Verviétois à se précipiter vers l'église des Récollets, afin de prier la Vierge d'épargner leur vie et leur cité. Alors que les derniers soubresauts du séisme agitaient encore le sol, les habitants terrorisés virent bouger l'imposante statue. L'enfant Jésus se tournait lentement vers sa mère, s'en rapprochait en quittant son socle, tandis que la Vierge avançait la main gauche vers son fils... Quelques instants plus tard, le tremblement de terre s'apaisait et les Verviétois, éberlués, tombaient à genoux, en prières.

Miracle véritable ou interprétation d'un mouvement imprimé à la statue par le cataclysme ? Il est, bien sûr, impossible de trancher. Un fait pourtant confère au récit une valeur de témoignage historique : 140 Verviétois, rescapés du séisme et dont l'église avait abrité la peur, se présentèrent spontanément au Magistrat de la commune et consignèrent dans un registre, toujours conservé à l'hôtel de ville, le récit de l'insolite vision.

Il n'a pas été question, jusqu'ici, de l'étrange couleur de la statue. Pour l'évoquer, le sacré le cède à la prosaïque anecdote. La Vierge ne doit son aspect et son qualificatif qu'à un brave curé du siècle dernier. Le prêtre, en effet, ayant constaté des dégradations irrémédiables dans la pierre, eut l'idée de la peindre. Il enduisit la statue miraculeuse d'une couche de noir anthracite, qui dissimula, bon gré mal gré, les outrages du temps. Initiative saugrenue qui eut le mérite inattendu de redonner vigueur à la vénération et au mythe. Et de nous les transmettre...

La châsse de Sainte-Gertrude, littéralement fondue dans le désastre de 1940, était en orfèvrerie mosane (1272-1298). Quelques morceaux récupérés se trouvent au trésor. C'est devant elle qu'on demandait l'intercession de la sainte. D'innombrables miracles lui sont attribués. Un jour, un aveugle y a retrouvé la vue.

UNE TOMBE IMPERIALE

Ste Gertrude à Nivelles

Il est dans le Roman Païs de Brabant une petite cité aux toits gris. En son cœur repose, les bras en croix, une imposante église romane, dont les pierres — neuves ou nettoyées — n'ont pas encore eu le temps de noircir. Voici donc Nivelles, voici Sainte-Gertrude qui fut abbaye bénédictine, puis chapitre de chanoinesses nobles avant de devenir une église de pèlerinage que les premières bombes de la dernière guerre, le 14 mai 1940, endommagèrent gravement.

Aujourd'hui, nous n'aurons qu'un regard rapide pour son architecture extérieure, pour son double transept et son chœur occidental renflé en forme de coffre — le *Westbau* — et surmonté du clocher octogonal flambant neuf, que plébiscitèrent les Nivellois soucieux de la physionomie de leur collégiale restaurée. C'est en effet dans les sous-sols que nous nous rendrons, comme les pèlerins de jadis allaient à l'essentiel, c'est-à-dire à la châsse, objet de leur vénération.

Là, sous la nef centrale, a reflué le lointain passé de ce grand vaisseau de pierre qui, consacré en 1046 par l'évêque de Liège Wazon, aurait par trop tendance à oublier ses modestes origines d'oratoire mérovingien.

Lorsque Gertrude, qui était la fille d'Itte d'Aquitaine et du maire du palais d'Austrasie Pépin l'Ancien, prit le voile et fonda un monastère sur un alleu familial, une petite église à plan rectangulaire existait déjà sur le site de la future collégiale. La sainte y fut inhumée en 659. L'afflux des pèlerins et le développement de l'abbaye, au sein d'une bourgade que les textes qualifient de *vicus* au IXème siècle et de *burgus* au XIème, justifièrent la construction d'une nouvelle église qui fut elle-même supplantée par un édifice plus vaste avec bas-côtés, au IXème siècle.

Trois églises donc, avant la monumentale collégiale romane que nous connaissons et dont les fondations sont nettement repérables dans le musée archéologique souterrain, accessible au public.

Le renom d'une sainte issue de la lignée des Pippinides attira sur le monastère qu'elle avait créé l'attention des puissants de ce monde. Des corps illustres allèrent rejoindre dans la mort celui de Gertrude. Deux tombes furent identifiées par les archéologues : celle d'Himeltrude, la première épouse de Charlemagne, morte en 771, ainsi que celle d'une enfant de 3 ans, Ermentrude, décédée au début du XIème siècle, qui était fille du comte de Hainaut Rainier IV et petite-fille par sa mère de Hugues Capet.

Des traces d'incendie relevées au niveau de l'église carolingienne prouvent que celle-ci s'abîma dans les flammes et dut rapidement être remplacée par un bâtiment plus grand encore — l'église actuelle — dont le chœur oriental, construit sur une crypte, fut spécifiquement conçu pour permettre les déambulations des fidèles. Des galeries couvertes, les « alloirs », qui canalisaient la foule de l'église supérieure à l'église souterraine de la crypte, constituent l'un des apports originaux de la conception architecturale de la collégiale du XIème siècle.

Tous les ans, le 29 septembre, le char de sainte Gertrude effectue un « tour » de 14 kilomètres, signe évident de la longévité d'un culte vieux de douze siècles, inscrit dans chaque pierre de la collégiale.

Les amateurs d'art qui visitent la collégiale de Nivelles sont gâtés : on y découvre une vierge du XVIème siècle, des statues d'apôtres du XVIIème, de nombreux monuments funéraires de style Renaissance et baroque, des grilles Louis XV, des autels des XVIIème et XVIIIème siècles, sans oublier la remarquable chaire de vérité, de P. Lelièvre, dont les médaillons en marbre sont de L. Delvaux (1772). Une Sainte-Gertrude lui est également attribuée. On voit encore un écrin en pierre du XVIème siècle, qui renfermait autrefois la châsse.

Jaillie du sol près d'Arlon, dans une sorte de cuve entourée d'un mur carré, la Semois va s'unir à la Meuse en France, près de Monthermé. De tous les cours d'eau belges, elle est le plus irrégulier et le plus sinueux. Le plus pittoresque aussi, sans doute, et sa descente ménage mille plaisirs et mille surprises au voyageur. L'une des plus étonnantes est peut-être celle cachée ici...

L'Apollon gallo-romain était le dieu du bien-être physique et matériel. En Irlande, il a pour correspondant Dían Céacht, le dieu médecin, et au Pays de Galles, Amaethon, dieu des récoltes. Désigné ici par la lyre du dieu gréco-romain, il connaissait, d'après la légende, trois grands airs : celui du sommeil irrésistible, celui de la folle joie, et celui de la tristesse mortelle.

La vallée de la Semois n'offre pas uniquement à ceux qui la parcourent la splendeur de ses paysages et le charme paisible de ses villages. Bien des choses insolites, bien des curiosités peuvent s'y découvrir au visiteur patient ou bien informé.

Le petit bourg pittoresque de Villers-sur-Semois, entre Florenville et Arlon, possède non seulement une superbe église — classée — du seizième siècle, mais il cache aussi une pierre d'aspect très peu catholique...

Dans le chœur, sous la dalle de l'autel, un gros bloc usé par les siècles laisse encore deviner les traits de quatre divinités païennes : Minerve, Diane, Apollon et Hercule. Ce n'est pas là un banal fragment de sculpture comme il s'en trouve par centaines dans les musées, mais un vestige, vraisemblablement en place, du plus important monument religieux de l'ancienne Gaule : la colonne du Cavalier à l'Anguipède.

Cette colonne fut de loin le monument le plus répandu dans le monde gaulois. Plus de mille deux cents exemplaires en ont été repérés, souvent réduits à d'infimes fragments, ce qui, compte tenu du pourcentage élevé de ceux qui durent disparaître sans laisser de trace, permet d'envisager l'existence de plusieurs milliers de ces colonnes. Mais leur importance réside aussi dans le symbolisme complexe de leurs divers éléments, révélant

DIEUX PAIENS AUTEL CHRETIEN

Villers-sur-Semois

les fondements mêmes de la vision du monde chez les Celtes.

Avec quelques variantes, dues ici ou là à la fantaisie des sculpteurs, cinq éléments canoniques s'étageaient normalement comme suit : une base carrée, comme celle qui subsiste à Villers-sur-Semois ; un socle intermédiaire octogonal portant la dédicace et les figures des sept planètes correspondant aux sept jours de la semaine ; un fût galbé et recouvert de feuilles ou d'écorce ; un chapiteau d'où émergent les bustes des quatre Saisons ; et au sommet un dieu cavalier, brandissant une roue et foulant aux pieds de son cheval un géant armé d'une massue, dont les jambes se terminent en serpents.

Les vestiges des traditions celtiques parvenus jusqu'à nous permettent d'y décrypter une fantastique cosmogonie, regroupant en toute cohérence l'ensemble des aspects et des composants de l'univers.

Comme chez tous les peuples qui ont basé leur calcul sur un système digital, le cinq était pour les Celtes un symbole de totalité : cinq doigts font une main. Tout en bas de la colonne, la base carrée représente la Terre des hommes, répartie en quatre points cardinaux autour du cinquième, le centre, qui est leur indispensable point de référence.

Le socle intermédiaire octogonal montre les figures des sept divinités correspondant aux planètes qui gouvernent les jours de la semaine : la Lune pour le lundi, Mars pour le mardi, Mercure pour le mercredi, Jupiter pour le jeudi, Vénus pour le vendredi, Saturne pour le samedi et le Soleil pour le dimanche. Ce socle intermédiaire représente évidemment le Temps, qui se combine avec l'Espace — c'est-à-dire les cinq points cardinaux de la base — pour former le monde des hommes sous le ciel des dieux.

Entre ces deux pôles se dresse l'axe du monde, l'arbre cosmique : ici, bien sûr, le fût de la colonne recouvert de feuilles ou d'écorce. Toutes les traditions celtiques connaissent cet arbre au pied duquel coule la source d'où naissent tous les fleuves du monde. C'est dans cette source que tombent les glands du chêne universel, issus de la cime de l'arbre et qui contiennent les parcelles de la sagesse et de la connaissance que les hommes peuvent recevoir des dieux. Et pour les Celtes, il est bien connu que la fin du monde surviendra lorsque, l'arbre cosmique brisé, le ciel s'effondrera et leur tombera sur la tête...

Reconstitution théorique d'une colonne du Jupiter à l'Anguipède et de l'autel qui la précédait presque toujours. On s'est basé ici sur les fragments d'un très bel exemplaire découvert près de Bad-Cannstadt, en Bade-Wurtemberg, qui est considéré comme l'un des exemples les plus typiques de ce genre de monument.

Après un premier groupe découvert en 1934, les fouilles gallo-romaines de Tongres ont livré, au mois d'octobre 1967, deux belles représentations du Jupiter-Taranis vainqueur du géant anguipède. Malgré quelques mutilations mineures, l'une d'elles a vivement intéressé les spécialistes: elle montre le dieu triomphant de deux anguipèdes couchés dos à dos et armés de massues. On n'en connaissait jusqu'alors que deux cas: à Kirkel et Mayence.

Du chapiteau à motifs végétaux émergent quatre bustes que l'on identifie le plus souvent aux saisons de l'année, mais que leur situation au sommet de la colonne inciterait plutôt à reconnaître comme les Ages du monde, comparables à ceux de la tradition gréco-romaine: l'Age d'Or, l'Age d'Argent, l'Age de Bronze et l'Age de Fer, avec le même symbolisme numérique de totalité que celui des points cardinaux.

Tout en haut, sa place et la roue qu'il brandit identifient le cavalier comme Taranis, ou plus exactement comme le Jupiter gaulois dont Taranis n'est qu'un surnom. La puissance des dieux gaulois était en effet telle que leur vrai nom devait rester secret, et qu'ils ne sont jamais désignés que par divers surnoms ou par une «traduction» latine. Ainsi Taranis «le Tonnant», Toutatis «le Père de Tous», Esus «le Bon», le Jupiter gaulois, désignent tous le même roi du Ciel, maître de la foudre, de la vie et de la mort.

La roue évoque deux choses pour les Celtes: le Soleil, par sa forme même et pour sa course apparente dans le ciel, et surtout la foudre, conçue comme une étincelle solaire et qu'accompagne le roulement du tonnerre. C'est l'arme de Taranis, comme la foudre est l'arme du Jupiter romain.

La victoire de Taranis sur le géant anguipède, magnifiée au sommet même de la colonne, rappelle le moment crucial du mythe cosmogonique des Celtes. Si les détails de la version gauloise sont perdus, de nombreux faits attestent que sa structure devait être analogue à celle de la version des Celtes du Moyen Age, Irlandais et Gallois.

Ils racontent en effet qu'à l'aube des temps les dieux livrèrent une grande bataille aux démons, symboles du chaos et des forces brutes de l'univers qu'il fallait asservir pour former le cosmos, monde ordonné et fonctionnel. Après de durs combats, le roi des dieux vainquit le roi des démons et ne lui accorda la vie sauve qu'en échange de la promesse d'assurer à jamais la fécondité de la terre.

Mais comme chaque pays est un microcosme à l'image de l'espace, chaque jour et chaque année sont un microcosme à l'image du temps.

Il faut la victoire du roi des dieux pour que la lumière resurgisse à l'aube, pour que la vie renaisse au printemps : les Celtes ont toujours placé la nuit avant le jour, l'hiver au début de l'année. C'est cette victoire, garantissant la vie même du monde, que magnifiaient les colonnes sacrées, et on comprend leur importance pour le culte et l'illustration de la tradition.

On peut croire en fait que les colonnes à Taranis jalonnaient le paysage gaulois comme plus tard les calvaires l'Europe chrétienne. A la fois pour hériter de leur prestige et pour manifester sa victoire sur le paganisme, le christianisme a souvent détruit les colonnes pour leur substituer, à leur emplacement même, ses propres oratoires. Parfois un fragment peu compromettant y a été intégré, comme à Villers-sur-Semois, où se retrouvent, étonnamment rejointes, l'ancienne et la nouvelle foi de nos terres.

La Belgique a livré quelques très beaux fragments de ces étonnants monuments. Comme ailleurs, on n'y a trouvé que très peu de colonnes complètes, soit que divers éléments en aient été récupérés pour d'autres usages au cours des siècles, soit — surtout — parce que la christianisation a poursuivi de sa haine ces images du paganisme, et en a brisé ou dispersé autant qu'elle le pouvait les éléments.

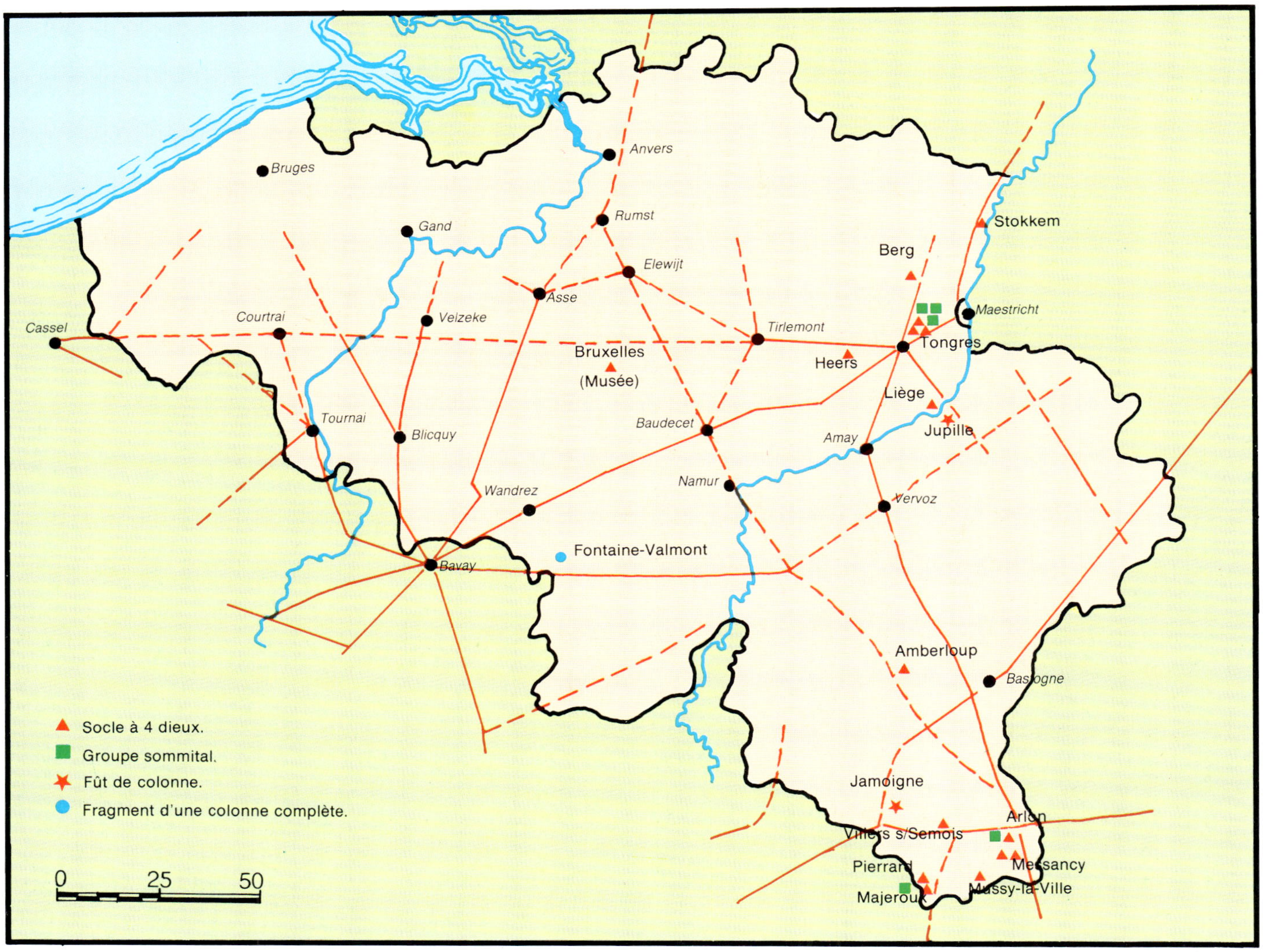

(D'après J. Mertens)

COLONNES ET STELES

En Fagne

Malgré son altitude peu élevée, le plateau des Hautes-Fagnes subit un climat d'une étonnante rigueur, comparable aux conditions préalpines ou subarctiques, comme en témoignent sa faune et sa flore. Cette rudesse n'est guère favorable aux vestiges du passé: l'humidité quasi constante pourrit le bois des croix, le gel des longs hivers fait éclater la pierre des monuments.

Pourtant la Fagne, selon le singulier affectueux de ses fervents, est riche de ces stèles, de ces témoins. Une terre dangereuse, semée de marais et de tourbières, livrée à la neige et à la boue, qui a exigé son tribut de morts violentes. Le plus souvent, des voyageurs égarés dans la tourmente ou pris au piège de la fange...

Certains de ces épisodes tragiques sont bien connus, comme celui qu'évoque la fameuse croix des Fiancés. Ce modeste monument se dresse au bord de la Vêquée, le chemin qui respecte le tracé

Isolée en bordure des tourbières et des marais, à quelques centaines de mètres pourtant de la grand-route, la colonne Panhaus dresse son fût brisé sur l'horizon fagnard. Comment imaginer qu'en 1566, année de son érection par le calviniste anversois Panhaus ou Panhuys, cette borne peu ordinaire marquait un des rares chemins du dangereux plateau ? La colonne témoigne aujourd'hui de la foi et de l'altruisme des protestants bannis.

d'une antique voie romaine, à une heure de marche à l'ouest de la Baraque-Michel. Il perpétue la mémoire de deux jeunes gens qui ont trouvé la mort en tentant de traverser la Fagne. L'hiver de 1871, François Reiff, originaire de Bastogne, avait rencontré à Jalhay Marie Solheid, de Xhoffraix, servante à Hèvremont.

Les jeunes gens avaient décidé de se marier et, le dimanche 22 janvier 1871, de se rendre à Xhoffraix pour se procurer les documents nécessaires à leur union. La neige et le brouillard transformèrent la longue marche des fiancés — quinze kilomètres — en une mortelle randonnée...

Les plus curieux monuments fagnards sont sans conteste les trois colonnes qui marquent l'ancien chemin de Limbourg à Sourbrodt. Toutes trois sont datées de 1566. La lecture de leurs inscriptions, dont certaines sont fort effacées, a permis d'établir que ces monuments avaient été commandés, sinon placés, par les membres de deux familles parentes et très unies, converties au protestantisme. La colonne Panhaus, près de la Baraque Michel, porte en effet le nom de Peter Panhaus ou, sans doute plus justement, Panhuys, né à Limbourg, mais commerçant installé à Anvers et bourgmestre de cette ville. La colonne Hauptmann, à côté de Botrange, doit quant à elle son existence à Bartholomeus Hauptmann, d'Eupen, échevin de la cité de Trèves. La croix d'Hèvremont, enfin, fut élevée à l'initiative d'Arnold Hauptmann, le père de Bartholomeus et le beau-père de Peter Panhuys.

Les deux familles avaient pris le parti du prince d'Orange dans le conflit politico-religieux entre Espagnols et protestants qui mit à feu et à sang les Pays-Bas. Ce qui, en ces temps troublés, leur valut beaucoup d'ennuis. Pierre Panhuys se réfugia d'ailleurs à Trèves où les Hauptmann le rejoignirent en 1569, après avoir été bannis du duché de Limbourg.

Pourquoi conçurent-ils le projet de baliser le chemin peu sûr qui traversait le plateau ? Nul ne le sait vraiment. Bartholomeus écrivit que Panhuys et lui « s'entendirent pour élever des repères dans la Grande Faigne sur le chemin royal tirant de Limbourg à Trèves ».

Plusieurs érudits estiment que ces tenants de la religion réformée, chassés des Pays-Bas, voulurent marquer la route de leur exil en faisant œuvre utile et en glorifiant le message biblique, car les trois colonnes portent les mêmes citations des Psaumes...

La tradition et la toponymie persistent à l'appeler colonne, mais il ne reste de la colonne Hauptmann, dans les sous-bois proches du signal de Botrange, que le socle. La pierre nous transmet heureusement encore le double message du marchand Bartholomeus Hauptmann: l'indication du chemin (SOURBROT, au-dessus) et une citation biblique, comme en témoignent les lettres PSAL IZ (Psaumes, Isaïe).

MESSAGES... SIBYLLINS

La grand-place de Bruxelles

Le Cornet dans sa forme actuelle remonte à 1697, mais son enseigne date de 1412. Sous une exubérance baroque, son architecture en proue de bateau dissimule-t-elle un message ou n'est-elle qu'un hymne aux propriétaires bateliers du XVème siècle?

La corporation des graissiers acheta en 1439 cette maison, connue aujourd'hui par son cadre accueillant. Sait-on que s'appelait «brouette» le châssis de fer au moyen duquel le creuset des alchimistes s'ôtait du feu?

Jean Cocteau disait de la Grand-Place de Bruxelles qu'elle était «un merveilleux théâtre». Ce site exceptionnel est également un univers étrange, peuplé de statues et d'enseignes et qui, au-delà de l'émotion esthétique, comblera l'amateur de symbolique par les énigmes qu'il pose.

Certes, ne nous laissons pas convaincre par ces thèses trop hardies qui, dans chaque façade, débusquent le mystère. Les explications sont souvent, en effet, d'une désarmante simplicité. Toutefois, outre un prodigieux exercice d'architecture, la Grand-Place de Bruxelles constitue, à travers ses édifices, un véritable rébus.

On le sait, la place actuelle ne remonte pas au-delà des XVIIème et XVIIIème siècles. Tout ce que les hommes avaient édifié avant cette époque a disparu. Les guerres et l'expansion urbaine ont eu raison du vieux beffroi qui occupait l'emplacement de l'actuelle tour Saint-Michel, comme de la halle aux draps, de celle au pain, du premier hôtel communal dit «De Meert» construit au XIVème siècle, ainsi que des maisons de bois dont le souvenir survit encore dans les noms de quelques-unes des opulentes demeures postérieures. Du Moyen Age communal, seul subsiste l'hôtel de ville dont la construction débuta en 1402.

Au XVIIème siècle, les corporations commencèrent à envahir la Grand-Place, chaque métier souhaitant siéger au centre administratif et politique de la ville. Partout, la pierre taillée remplaça le bois. Les ébénistes et les tonneliers érigèrent le Sac (n° 4) en style hispano-flamand. En 1644, les graissiers donnèrent à la Brouette (n° 3) une façade aux trois ordres classiques. Un an plus tard, la Louve (n° 5) est rebâtie par les archers et le Renard (n° 7), par les merciers.

En 1695, d'une rude bataille et des rêves de grandeur de Louis XIV allait surgir la plus harmonieuse, la plus éblouissante, la plus prestigieuse place au monde.

Cette année-là, l'artillerie du maréchal de Villeroy rasa consciencieusement le cœur de Bruxelles dont seul l'hôtel de ville échappa aux boulets rougis au feu. La reconstruction, commencée dès 1695 et achevée en 1702, fut singulièrement hâtée par le Magistrat qui ordonna la rectification du tracé des voies d'accès de la place — les rues des Chapeliers, de la Colline et au Beurre. Bien que sévèrement éprouvées par la crise économique, les corporations ambitionnaient d'avoir très vite pignon au forum, chacune d'elles voulant sa maison plus fastueuse que la voisine. Et de contruire, en baroque le plus souvent, mais aussi en Renaissance, en rococo ou en Louis XIV...

Devant une ornementation aussi riche, l'esprit trouve ample matière à réflexion. Que de symboles! Mais, en corollaire, que d'interprétations différentes! La plus séduisante paraît celle qui tend à présenter la symbolique de la Grand-Place comme le parcours initiatique des alchimistes, les façades rythmant les étapes de la quête de la pierre philosophale, les sept opérations nécessaires à la transmutation du métal vil en or.

De symbole en symbole et de façade en façade, de la maison de l'Ane (n° 39) à saint Michel, sur la flèche de l'hôtel de ville, on passerait de l'étape profane représentée par l'âne à la victoire de l'Archange-Mercure et à la multiplication de l'or. Ainsi la boucle serait-elle fermée et le secret révélé.

Adopter la thèse alchimique est assurément affaire de conviction, mais il faut savoir qu'elle écarte certaines évidences pour compliquer à plaisir le sens d'éléments architecturaux sans malice.

Ainsi y faire participer la maison du Roi (l'ancienne halle au pain) inaugurée à la fin du siècle

Fixant des yeux le flâneur, le Renard du numéro 7 n'est-il qu'un vague souvenir d'un passé forestier ou célèbre-t-il le fameux Roman de Renart? En tout cas, les Merciers qui acquirent la maison au milieu du XVème siècle lui conservèrent ce nom déjà cité au début du XIVème siècle.

Il faut s'aventurer dans la rue de la Colline pour découvrir sur une façade latérale cette curieuse représentation d'un cerf littéralement volant, d'où l'énigmatique nom ancien de Cerf Volant pour une maison qui n'est plus aujourd'hui que le Cerf.

dernier — soit quatre siècles après l'hôtel de ville — est pour le moins téméraire. De même, interpréter des enseignes en leur accordant une valeur ésotérique revient à gommer la part de l'histoire, de la toponymie et du folklore. N'est-il pas naturel, en effet, de retrouver des *moulins* sur la façade de la maison des Meuniers (nº 16) ? N'est-il pas légitime de penser que le Roi d'Espagne (nºs 1 et 2) porte ce nom en souvenir de la Chambre royale des Tonlieux qui y siégeait et des trophées de *Charles II* qui ornent son fronton ?

N'est-il pas normal aussi que la maison des Bateliers (Le Cornet, nº 6) épouse la forme d'une poupe de navire et que des édifices érigés primitivement au XIIIème ou au XIVème siècle portent comme enseigne une référence à un environnement encore rural : le *Renard* (nºs 7 et 36), le *Chêne* (nº 37), le *Cygne* (nº 9) ou le *Pigeon* (nºs 26 et 27) ?

Certaines maisons ont de surcroît connu des changements de nom au fil du temps. Ainsi le Mont Thabor (nº 12) fut appelé préalablement les Trois Couleurs. Sainte Barbe (nº 38) fut connue sous la dénomination première de Table Ronde ou Ronce Couronnée, et la Couronne (nº 28) porta plusieurs titres : la Chambre de l'Amman (l'officier ducal), le Marchant et même le Marchand d'or...

Et pourtant... Malgré ces restrictions, il est indéniable que bien des signes énigmatiques fleurissent aujourd'hui aux frontons de la Grand-Place.

Pourquoi ce constant rappel du métal précieux ? Voici en effet l'Arbre d'Or (Maison des Brasseurs, nº 10), la Bourse (nº 19), la Tête d'Or (Maison des Tailleurs, nºs 24 et 25), la Fortune (nº 15)...

Pourquoi aussi ce nom de la Brouette, sans connotation historique précise, mais tout à fait significatif dans un contexte alchimique, puisque la brouette désignait le châssis de fer duquel le creuset s'ôtait du feu ?

Pourquoi encore, au Heaume (nº 34), ces « putti » retirant une armure du feu et dressant le heaume sur un trophée, si ce n'est pour évoquer le refroidissement de la matière et l'obtention de l'acier des philosophes, lors de la première opération alchimique ?

Joseph et Anne (nºs 21 et 22), réunis sous un même toit, ne symboliseraient-ils pas l'union du principe mâle (le soufre) et du principe femelle (le mercure) ? Avec cette restriction — d'importance ! — qu'Anne ne fut pas l'épouse de Joseph, mais, selon les Ecritures, sa belle-mère. Amalgame de toute façon difficile à réaliser, nécessitant l'opération supplémentaire que l'Ange, contigu (nº 23), semble prescrire. Quant à la Chaloupe d'Or, avec sa statue de sainte Barbe, patronne des alchimistes, et la roue qui la nimbe, elle indiquerait qu'un feu violent est requis pour porter l'amalgame au volatil, la roue évoquant le feu alchimique.

Alors ? La Grand-Place de Bruxelles est-elle vraiment ce mystérieux grand livre de pierre que certains veulent y voir ?

Ou simplement le fabuleux ouvrage né de l'imagination des architectes, maçons et décorateurs, qui, jouant avec l'histoire, le folklore, les légendes et les secrets ésotériques, ont donné à la capitale de l'Europe ce « merveilleux théâtre » cher à Cocteau ?

Sainte Barbe, patronne des alchimistes, orne la façade de la maison des Tailleurs, ou Chaloupe d'Or, tandis qu'en son sommet saint Boniface tend le bras. Geste de bénédiction ou indication au passant que tout en haut de l'hôtel de ville règne l'Archange-Mercure, maître de la multiplication de l'or ?

L'actuel dragon doré du beffroi de Gand ne date que de 1980. Alors que le premier résista pendant 462 ans, le second dut être remplacé après seulement un siècle et demi. Combien de temps leur successeur bravera-t-il les gaz d'échappement et les pluies acides ?

Le site de Gand est gardé par un dragon d'or, monumentale girouette qui brille sur la pointe de la tour du beffroi.

En choisissant ce symbole au XIVème siècle, les Gantois s'étaient sans nul doute inspirés des fables et des légendes mythologiques dans lesquelles le dragon a toujours été présenté comme l'inlassable gardien de trésors prestigieux et inaccessibles. Les chartes et privilèges de la ville étaient conservés dans le *Secret*, endroit fortifié, en forme de dôme voûté, au plus profond des caves du beffroi. Le fier et dangereux dragon était donc le gardien des libertés communales et de la puissance de la cité.

Un récit populaire, qui remonte loin dans le temps, conte l'histoire de ce dragon. Pendant les Croisades, il aurait été offert en 1111 par le roi norvégien Sigurd Magnussen à l'empereur de Constantinople Alexis Comnène, afin de couronner *Aya-Sofia*. Mais un siècle plus tard, l'empereur de ce temps, Baudouin IX, l'envoya à Biervliet, où les Brugeois s'en emparèrent. Finalement, il aurait été emporté comme butin de guerre par les Gantois après la bataille de Beverhoutsveld en 1382.

La réalité est beaucoup moins glorieuse. Les comptes de la ville en 1377 font état en effet d'une dépense de 2.312 livres pour la fabrication d'un dragon, d'un cône et d'un globe « van den drake, van den appele, ende van der huese... 2.312 lb ».

Le dragon est donc originaire de Gand et veille depuis 1377 sur les habitants de la ville. De temps en temps, le monstre de cuivre rouge devait être descendu pour être restauré. C'est ainsi qu'il fut descendu en 1445, 1543 et 1689. En 1743, il fut redoré sur place, en haut de la tour. En 1771, il retrouva à nouveau la terre ferme pour des travaux de nettoyage. En 1839, le clocher du beffroi fut démoli et le dragon, âgé de plus de quatre siècles et demi, entreprit sa dernière descente. Il fut exposé pendant un certain temps dans le péristyle du hall de l'Université de Gand. Le vieux dragon avait bien servi, « cum laude ». Les anciennes plaques de cuivre et même quelques chevilles d'origine, faites de bandes de cuivre enroulées, devinrent la propriété du chaudronnier Jan Maerten van den Driessche, qui donna un successeur au dragon. Des restes de ce dernier naquit une création artistique qui se trouve actuellement au Musée du Beffroi. Durant 15 ans, le beffroi resta dénudé et Gand fut sans gardien.

En 1854, van den Driessche avait terminé le nouveau dragon, inspiré entièrement de l'ancien. En 1911, il dut être redoré. Il survécut aux deux guerres mondiales, mais en 1979 le verdict fut irrévocable : ce dragon-là aussi avait fait son temps. Un nouveau spécimen pour la collection du musée ! Une entreprise de chaudronnerie gantoise avait déjà en chantier un nouvel exemplaire qui se distinguait des deux autres par la taille et le poids : 3 m 55 de long du bout de la langue à la pointe de la queue, une envergure de 1 m 50, 1 m 80 de haut des pattes aux cornes, 2 m 10 des pattes à la pointe de la queue et un tour de torse de 80 cm. L'actuel dragon est fait de 260 kg de cuivre rouge et sa carcasse est en acier inoxydable. Il est recouvert d'une feuille d'or et pèse au total quelque 400 kg. En novembre 1980, il a été posé au haut du beffroi par hélicoptère. Lorsqu'on le voit briller au soleil, on a l'impression qu'il se dresse pour prendre son essor, selon les paroles de la vieille croyance populaire :

« One day the dragon — so't is said — will rise,
Spread his bright wings, and glitter in the skies,
And over desert lands and azure seas
Will seek his home mid'palm and cedar trees ».

POUR ACCROCHER LES NUAGES

Le dragon de Gand

La ville de Gand s'énorgueillit de ses trois tours. La tour centrale est celle du beffroi, dont le visiteur inattentif pourrait bien ne pas remarquer qu'elle est surmontée d'un dragon doré, gardien de la ville médiévale, symbole aussi de la liberté de tous les Gantois. Au-delà des légendes, ce dragon n'en reste pas moins une œuvre de maître, lourde de 400 kilos de cuivre rouge et d'acier, recouverte de feuilles d'or.

Dans la salle des échevins de la ville, au-dessus de la porte à tambour, on construisit contre le plafond une logette d'écoute. Les armes de Charles-Quint, flanquées de deux griffons, attirent l'attention, mais on est surtout fasciné par cette étrange ouverture de la partie supérieure de la logette. Au XVIème siècle durant les réunions du conseil, un mystérieux secrétaire s'y tenait. Ce curieux anonyme rendait ainsi publics les rapports du conseil.

LES MURS ONT DES OREILLES

Audenarde

On ne peut évoquer la Belgique mystérieuse sans penser aussitôt à la maison communale d'Audenarde dont les murs gardent encore des secrets pâlis, éventés par le temps qui fut si prompt à fermer les lèvres qui les chuchotèrent jadis.

Orgueil d'une cité enrichie par l'industrie drapière, ce bâtiment de style gothique flamboyant, ouvragé comme un coffret précieux, aurait été construit en l'honneur de Charles Quint, qui passa à Audenarde les heures ardentes de sa passion pour Jeanne van der Gheynst. De ces amours impériales mais néanmoins illégitimes devait naître une fille qui devint la gouvernante des Pays-Bas de 1559 à 1567, sous le nom de Marguerite de Parme.

Selon une tradition différente, ce serait Charles Quint lui-même qui aurait offert son hôtel de ville à Audenarde.

Il importe peu, en fait, puisque l'étrange nous requiert avec insistance pour nous y montrer l'envers caché d'une réalité citadine en apparence banale.

Après un regard au beffroi que couronne à quarante mètres de hauteur la statue de Hans le Guerrier, entrons dans la salle du Conseil et refermons-en la porte à tambour, merveilleusement décorée du côté intérieur.

Sous le plafond, les armes de Charles Quint, flanquées de deux griffons, sont cantonnées, à gauche, par deux lions portant le blason de la Flandre et, à droite, par deux ogres présentant les armoiries de la ville.

Sous cette lourde imposte en style flamand, vingt-huit panneaux de bois, sculptés de feuilles, d'arabesques et de « putti » jouant, dénoncent une inspiration florentine Renaissance qui ensoleille littéralement ce bel ouvrage conçu par Pierre de Merlier et exécuté par Pauwel vander Schelden.

A première vue, rien ici n'engendre le malaise, à l'exception peut-être de ce meuble massif du XVIIème siècle dont les multiples tiroirs secrets autorisent l'imagination à mettre en scène mille intrigues, plus compliquées et plus inquiétantes les unes que les autres.

Pourtant, s'il vous était donné une échelle et la permission d'y grimper, des coups frappés sur les panneaux supérieurs de la porte vous convaincraient aisément de l'existence d'une niche dérobée, invisible de l'extérieur comme de l'intérieur de la salle.

Cette logette, dans laquelle un secrétaire se hissait depuis les degrés d'une échelle dressée dans le couloir, permettait de suivre les débats du Conseil communal et du Collège des échevins et de les consigner sur papier, sans pour autant faire acte de présence à des réunions qui, en principe, excluaient toute personne étrangère aux discussions.

Ces précautions, en usage au XVIème siècle, sont depuis belle lurette devenues superflues.

La logette d'écoute de l'hôtel de ville est aujourd'hui condamnée et, hormis peut-être quelque facétieux fantôme paperassier, il n'est plus personne pour considérer de haut les édiles communaux au travail.

« Etait-ce là tout le mystère d'Audenarde ? », demanderez-vous sans doute avec un brin de dépit dans la voix. Que non !

D'anciens textes affirment que des souterrains courent sous les pavés et s'en vont déboucher bien loin dans la campagne. Quant aux caves à glace du « Dietspark », qui oserait affirmer qu'elles n'ont pas quelquefois recelé autre chose que des blocs de glace destinés à rafraîchir les étés des riches bourgeois d'antan ?

Ce meuble du XVIIème siècle est une des merveilles de l'hôtel de ville d'Audenarde. Dans ce secrétaire, les dames de la Renaissance dissimulaient leurs joyaux.

Elevée en 1198, la Fausse Porte de Tournai relie, à la manière d'un pont, la nef romane de la cathédrale au palais épiscopal voisin. Cette architecture raffinée est le résultat de l'entêtement d'Etienne d'Orléans, l'évêque de l'époque: une forte personnalité que sa ferveur religieuse n'empêcha pas de poursuivre de grands desseins. Mais quel fichu caractère!

Nous sommes à Tournai, en l'an de grâce 1198. Ce matin-là, l'évêque Etienne est de fort méchante humeur. Il pleut, et il songe, une moue de déplaisir au coin des lèvres, qu'il va devoir une nouvelle fois se crotter les souliers et le bas de la soutane pour franchir les quelques mètres qui séparent son palais de la cathédrale. Et si Etienne d'Orléans n'était évêque, sans doute vouerait-il au Saint-Père une haine tenace pour l'avoir mis sur le trône épiscopal, ici, à Tournai, dans ce pays de pluie, de vent et de froidure.

Un personnage attachant que l'évêque Etienne, énergique et plein de ferveur, nous assure-t-on, pour le culte de son saint patron. A son avènement, en 1192, les travaux de la cathédrale sont suspendus et c'est lui qui va donner un élan nouveau et vigoureux au chantier. C'est ainsi qu'en 1198 il rachète les revenus du *winage* de l'Escaut et en réserve le quart *«à l'œuvre de la cathédrale, pour y faire lancer convenablement les voûtes de couverture».*

Ce matin-là, donc, une idée profane germe dans le cerveau tout entier voué à Dieu de l'évêque

L'EVEQUE AIMAIT SON CONFORT

La fausse porte de Tournai

Etienne : c'est à pied sec, désormais, qu'il gagnera sa cathédrale ! Et il décide de faire construire une chapelle qui reliera son palais au sanctuaire. C'était évidemment sans compter avec les règlements qui, déjà à l'époque, interdisaient évidemment... de bâtir sur la voirie communale ! Le magistrat conseilla donc à l'évêque, avec toutes les précautions d'usage, d'abandonner son projet...

Mais notre homme avait été pourvu d'une fameuse dose d'obstination et il entreprit alors d'édifier sa chapelle... au-dessus de la rue ! Les édiles essayèrent bien de lui objecter que l'espace aérien, lui aussi, appartenait à la commune : rien n'y fit et Etienne d'Orléans bâtit son oratoire épiscopal par-dessus la voirie municipale, à la manière d'un pont. C'est la chapelle Saint-Vincent. Celle-ci surmonte aujourd'hui une arche en plein cintre qui relie le Vieux Marché-aux-Poteries à la place de l'Evêché : c'est ce passage voûté que, depuis bien longtemps, les Tournaisiens appellent la Fausse Porte.

Si vous passez sous la Fausse Porte, sans doute tomberez-vous en arrêt sur une inscription en latin gravée sur l'un des murs. En voici la traduction, toute de scatologique simplicité : *« Toi qui, trivialement, sens les vents enfler ton ventre, écarte-toi. Car ce lieu est sacré ! Celui dont l'estomac gonfle, celui que presse un vent puant, qu'il ne se soulage pas ici ! Car il ne se relèverait pas sans recevoir des coups... »*. On le voit, le bon évêque considérait la Fausse Porte comme une partie de la cathédrale, il avait tenu à le faire savoir et il n'avait pas peur des mots !

Ainsi l'entêtement d'un évêque un peu maniaque valut-il à Tournai cette Fausse Porte et cette chapelle St-Vincent où, sous l'Ancien Régime, les magistrats communaux venaient, chaque année, prêter le serment de respecter les privilèges de l'Eglise de Tournai. Les historiens de l'art se plaisent d'ailleurs à souligner l'intérêt de cet ensemble raffiné. Par sa forme directement inspirée du gothique soissonnais, il apparaît, nous disent-ils, comme le premier témoin de l'introduction du style gothique dans la vallée de l'Escaut. Nous sommes alors, rappelons-le, en 1198. Les siècles suivants allaient achever ce qu'on a appelé *« la vision la plus colossale du Moyen Age »*.

En ce temps-là, les appels au respect de l'environnement utilisaient parfois le latin. Ainsi fit l'évêque Etienne pour expliquer aux bonnes gens de Tournai que, ma foi, ils se trouvaient ici dans une église ! Cette inscription menaçait des pires représailles ceux qui prendraient la Fausse Porte pour des toilettes publiques. Mais qu'en termes crus ces choses-là étaient dites !

UNE CRYPTE EN HORS D'ŒUVRE

à Fosses-la-Ville

« Crypte: chapelle souterraine dans une église », nous apprend le dictionnaire avec son laconisme habituel. Et d'apporter cette preuve qui se veut définitive: *« du grec kruptos, caché »*. Mais la vérité se déguise parfois, et à Fosses-la-Ville la crypte manque à tous ses devoirs: elle surgit au bout du sanctuaire, au même niveau que celui-ci, adossée au chevet. C'est la crypte en hors-d'œuvre des historiens de l'art.

Celle de Fosses-la-Ville, ajoutent-ils, doit être considérée comme unique en Belgique car elle a sauvegardé, à travers les siècles, les traits essentiels de sa construction. Ce qui n'est pas le cas des autres cryptes hors-chœur — mais elles sont très rares — qui existent encore chez nous et parmi lesquelles les spécialistes citent le plus souvent Susteren, Stavelot ou St-Barthélemy à Liège.

L'existence de cette crypte se rattache étroitement au culte de saint Feuillen, ce moine irlandais arrivé ici vers 650 pour fonder un monastère et assassiné près du Roeulx quelques années plus tard. Un culte qui n'avait cessé de s'amplifier et qu'aviva encore, en 1086, la translation des pieuses reliques. On le sait, dans les mentalités de l'époque, la vue et le geste étaient essentiels et la vénération des restes saints drainait des foules énormes. Il fallut donc agrandir le sanctuaire.

Aussi construisit-on, vers la fin du XIème siècle sans doute, une crypte hors-chevet: l'aménagement d'une chapelle sous le chœur aurait, en effet, nécessité la reconstruction de celui-ci. Ainsi la crypte de Fosses-la-Ville est romane, mais elle a subi maintes restaurations, souvent trop radicales. Celle de 1902, par exemple, a fait disparaître les murs et les voûtes sous un crépissage de bien mauvais goût…

Les restes de saint Feuillen furent donc exposés dans l'église même, non pas sous le maître-autel — comme c'est souvent le cas — mais derrière celui-ci, sur un autre autel et à l'étage au-dessus de

Contrairement à nombre de ses sœurs, la crypte en hors-d'œuvre de Fosses-la-Ville est bien conservée. Ses maçonneries en moellons irréguliers sont romanes.

Le visiteur observera que la crypte comprend deux galeries de cinq travées terminées par des absidioles. Celle du centre a été remplacée, en 1655, par cette chapelle à trois pans et de tradition gothique.

la crypte : une disposition qui permettait aux pèlerins de passer sous le tombeau du saint martyr. D'ailleurs, d'après Robert de Fosse, curé de Gilly en 1606, un miracle eut lieu à cette date, *« dans la crypte de la Vierge Marie, alors que le miraculé se trouvait sous le corps du saint »*. D'autre part, grâce à deux volées d'escalier, les fidèles pouvaient défiler devant les reliques : une volée prenait son départ au côté nord de la crypte, gagnait l'étage, l'autre redescendait au côté sud.

La collégiale de Fosses-la-Ville n'a jamais cessé d'offrir à la dévotion des croyants les reliques du bienheureux saint Feuillen. Mais celles-ci se trouvent aujourd'hui de part et d'autre du chœur : en haut à gauche, le buste reliquaire renferme le crâne du saint, tandis qu'en haut à droite, la châsse en argent contient les os des bras et des jambes. On ne défile donc plus devant les restes sacrés : la volée sud de l'escalier a été supprimée et la volée nord mène désormais, derrière le chevet, à une petite sacristie. La crypte n'est plus utilisée, sauf lors des processions.

Que cela ne vous empêche pas, si vous passez par Fosses-la-Ville, d'aller jeter un coup d'œil sur cette salle étroite, voûtée, basse de plafond, comme il convient à une crypte. Elle comportait à l'origine trois absides semi-circulaires éclairées par de petites fenêtres. Il reste les deux chapelles nord et sud ; celle du milieu a été remplacée en 1655 par la chapelle gothique d'aujourd'hui. Les pèlerins ne s'y pressent plus, mais saint Feuillen veille toujours sur la vieille cité...

Fosses-la-Ville doit beaucoup à saint Feuillen. Voici, dans la collégiale, son buste reliquaire : du XVIème siècle, il est orné d'émaux du XIIIème. Feuillen était ce moine irlandais qui, vers 650, s'était vu offrir par sainte Itte, abbesse de Nivelles, une terre située sur la Biesme pour y construire un monastère.

UNE VISION D'APOCALYPSE

La tour d'Eben-Ezer

A un détour de la route qui conduit à Eben-Emael surgit soudain une haute tour grise. Voici Eben-Ezer, en l'occurrence la « pierre de secours » dressée par Samuel aux portes de Jérusalem, mystérieuse sentinelle qui paraît veiller sur la verdoyante vallée du Geer. Si le propriétaire vous autorise à en franchir le seuil, vous irez de surprise en surprise et, au terme de votre visite, il vous sera à coup sûr venu plus de réflexions que n'aurait pu en susciter un quelconque musée. Car il s'agit bien d'un musée, celui du silex, érigé pierre par pierre par Robert Garcet, paléontologue de l'insolite et, à ses heures, prophète inspiré.

Né à Ghlin en 1912, Garcet, tailleur de pierre de profession, se fixa à Eben-Emael en 1930. A force sans doute de fendre la pierre et d'en fouiller l'âme, il lui vint des idées, des spéculations surprenantes sur les origines de l'humanité, sur sa mission et son devenir. La lecture de l'Apocalypse de Jean, celle des écrits du Grec Hermas, un disciple de saint Paul, et les étranges fossiles trouvés au cœur de la terre furent les inducteurs qui amenèrent un modeste artisan à concrétiser son rêve par cette tour-musée, dont les proportions s'inspirent de celles de la Nouvelle Jérusalem, selon saint Jean. Aux dires de son architecte, chaque pierre comporte une révélation et les chiffres parlent d'eux-mêmes. Jugez-en plutôt. *Le bâtiment*, haut de 33 mètres, sur plan carré avec tourelle aux angles, est construit en gros moëllons de silex sur un puits profond également de 33 mètres.

Ses sept étages sont couronnés par les quatre *Chérubins* de l'Apocalypse, coulés dans le béton : le Taureau, au nord-ouest, l'Homme, au sud-ouest, le Lion, au sud-est, et l'Aigle, au nord-est. A la base de la tour, un *cromlech* dresse ses douze stèles entre les taillis ; chaque pierre dressée est distante de l'autre de 3,33 mètres. Quant au monumental *escalier* qui dévale le flanc de la colline, il a, lui aussi, les dimensions requises par un antique ésotérisme.

Dans les galeries souterraines, chichement éclairées, s'entassent pêle-mêle des outils préhistoriques, des ossements de grands reptiles de l'ère

secondaire, des échantillons géologiques, produits des inlassables fouilles d'un amateur passionné. Ici, point d'affichettes calligraphiées, point de panneaux didactiques, mais d'impressionnants hauts-reliefs polychromes dus au pinceau et à l'inspiration de Garcet. De quelle apocalypse est-il l'enfant, ce monstrueux tyrannosaure coiffé de la tiare pontificale hérissée de serpents et excrétant des missiles nucléaires ? Son élan se brise net devant un livre haut comme lui de 2,50 mètres. Le livre de la sagesse divine éloigne le Mal comme le maître de céans éloigne les importuns du porche de la tour où s'inscrit la devise : « Liberté, Égalité, Fraternité ».

Vous avez pénétré dans le domaine de l'étrange. Acceptez-en pour l'heure le sanctuaire, le prêtre et les arcanes, et souffrez que la science officielle y laisse quelques plumes. Pour Garcet, l'homme vivait déjà sur terre à la fin du Tertiaire, mais cet état primordial de la race humaine, dont toutes les mythologies conservent le souvenir, aurait été anéanti lors d'un cataclysme naturel, peut-être un déluge.

Au nombre des pouvoirs détenus par ce peuple mythique figurait celui qui consistait à ramollir la pierre pour ensuite la travailler. D'où ces surprenants rognons de silex exposés à Eben-Ezer, dans les protubérances desquels on aperçoit des visages humains et des profils animaliers, qui, selon l'ouvrage de Garcet — « Révélation du peuple ancien » (1970) — témoigneraient du savoir-faire de nos mystérieux prédécesseurs. A la thèse d'une civilisation disparue dont Garcet affirme avoir retrouvé les traces et l'un des lieux cultuels — mis en péril par la progression d'une carrière voisine — s'adjoint celle, tout aussi peu académique, de la formation du silex. Celui-ci procéderait de la digestion d'une espèce de vermidiens d'une micro-faune inconnue, à laquelle il donna des noms inspirés de l'esperanto. Le propriétaire du musée affirme avoir découvert, dans la seule région mosane, plus de deux cents espèces non répertoriées d'insectes et de crustacés minuscules.

Développées dans deux gros livres : « L'origine des cavernes » (1969) et le monumental « Heptameron » (1974-1982), ces théories n'ont rencontré que sourires ironiques et haussements d'épaules dans l'enceinte des universités. Le monde savant se gausse des prêches de cet autodidacte qui

Au centre d'une salle du Musée de Robert Garcet se dresse, tel un gardien, ce magnifique pilier formé de Chérubins aux ailes déployées. Garcet les explique ainsi : « La quadrature des Chérubins est un symbole aussi vieux que l'Humanité. Ensemble ils représentent le tronc des énergies vitales et les rythmes du Destin ».

annonce un prochain massacre à l'échelon planétaire. Et pourtant, comble des paradoxes, la bibliothèque de l'Université de Liège conserve un manuscrit enluminé de Robert Garcet, vaste fresque historique de 5 mètres de long sur 1,60 de large! Aux quolibets, le messager du peuple ancien répond par le mépris et hisse le drapeau noir de l'anarchie à l'angle du donjon. Sus aux gendarmes et aux barbons des grandes écoles! Seul dans sa tour, qui semble ne tenir que par miracle, Garcet contemple le squelette du *Mosasaure* que, patiemment, vertèbre par vertèbre, il a débarrassé de sa gangue minérale. La tête est impressionnante: elle ressemble à la gueule du Léviathan, qui, au tympan des cathédrales, engloutit la foule des damnés. Le monstre dut expirer au terme d'un terrible combat car les os de la mâchoire, brisés par endroits, portent l'empreinte de dents meurtrières.

La croisade extraordinaire de Garcet prend un nouvel élan en 1947, lorsque, s'inspirant des mesures fournies par l'ange de l'Apocalypse, il entreprend d'édifier une nouvelle Jérusalem terrestre. Aidé sporadiquement par l'un ou l'autre de ses camarades, il creuse d'abord le puits, engloutissant dans ces fondations gigantesques les deux tiers de son salaire et les pierres résiduelles de ses fouilles. Les murs sortent de terre en 1953. Dix ans plus tard, Garcet, après s'être tourné vers les quatre horizons, reprend son ciseau et s'attaque à l'ébauche des Chérubins sur la terrasse supérieure. L'œuvre s'achève. Construction délirante pour les uns, résultat d'un aimable dérivatif digne du facteur Cheval pour les autres, la tour d'Eben-Ezer est bien plus que cela. Elle concrétise un mythe et inscrit dans ses pierres les archétypes, les symboles universels de l'inconscient collectif. Thulé, Hyperborée, l'Atlantide appartiennent, comme le peuple de Garcet, aux songes de l'humanité. Peut-être vous-même avez-vous rêvé d'ancêtres aux pouvoirs perdus, au sein mystérieux de la terre-mère qui cache trésors et bêtes maléfiques, à la forteresse perchée, close sur ses secrets?

Sa vie durant, Garcet a vécu en illuminé, entièrement guidé par ses visions, celles d'Hermas, celles de Jean. Dans un tel contexte, il serait vain de vouloir débattre de la valeur intrinsèque de ses théories, car, élaborant sa propre science-fiction, cet homme a atteint les limites de l'imaginaire, le point où le réel sombre dans la fantasmagorie.

Dans la même salle, un gigantesque haut-relief en ciment polychrome résume la pensée de Garcet: le monde reste la proie d'une monstrueuse stupidité incarnée par un tyrannosaure antédiluvien tirant des missiles meurtriers. «Heureusement, selon Garcet, le Grand Livre est une porte ouverte dans le royaume des Justes».

UN TOMBEAU HINDOU

A Court St-Etienne

Les rives du Gange, celles du Nil, ou... celles de vos songes? Pas du tout. Vous êtes au centre du cimetière communal de Court-Saint-Etienne, vous vous dirigez vers le mausolée de la famille Goblet d'Alviella dont l'architecture insolite vous choque, vous séduit ou simplement vous intrigue.

Il était ministre d'Etat et sénateur, il avait été le premier titulaire de la chaire d'histoire des religions à l'Université Libre de Bruxelles, recteur de cette même université et l'un des hauts dignitaires de la franc-maçonnerie belge. Le comte Eugène Goblet d'Alviella allait avoir 80 ans quand, le 7 septembre 1925, une voiture le tua sur l'avenue Louise, à Bruxelles. Lui qui avait éprouvé la rondeur du monde au cours de nombreux voyages et dont l'esprit s'était pénétré de toutes les expressions du sacré, il entamait son ultime périple. En prévision de son passage dans l'au-delà, il avait fait construire, dès 1885, dans le petit cimetière de Court-Saint-Etienne, une étrange nef dont les abords étaient gardés par deux sphinx égyptiens et dont la silhouette, un brin exotique sous nos cieux maussades, affectait la forme d'un kiosque hindou à deux étages.

Connu pour être l'un des monuments funéraires les plus originaux d'Europe, le mausolée de la famille Goblet d'Alviella, dont une récente restauration a rafraîchi la pierre et les inscriptions, n'est pas, comme certains le pensent, l'énigme ésotérique dont seuls les francs-maçons détiendraient la clé. Les symboles gravés dans le corps des piliers et des bases appartiennent en fait aux principales religions présentes et passées et donc sont immédiatement identifiables. Ils résument la conviction du défunt qui voyait en ces religions les diverses tentatives de l'homme pour atteindre un idéal suprême, un principe divin, unitaire et premier. «*L'Etre unique a plus d'un nom*» affirme en français, en grec, en égyptien et en sanscrit la devise des entablements qui surmontent les colonnes: c'est là le message fondamental de cette curiosité architecturale dont le créateur, l'architecte Samyn, et l'exécutant, le sculpteur Houtstont, s'imprégnèrent au contact de l'auteur de «*La migration des Symboles*». Ces derniers, frappés dans la pierre bleue des colonnes intérieures et extérieures qui soutiennent le second étage et la coupole du monument, proposent au curieux plus qu'un simple décryptage, plutôt un petit parcours métaphysique. L'amateur de symbolisme aura vite

Aux portes de la mort, le sphinx d'Egypte, gardien des derniers mystères. Au bout de l'allée, un message, l'empreinte d'une âme, une pensée scellée dans la pierre du tombeau. Une formidable espérance aussi, ombres et soleil jouant entre les colonnes marquées des symboles essentiels du sacré.

identifié le chrisme chrétien, le tétragramme sacré des Juifs, les noms d'Allah et du dieu scandinave Odin. Ici, la foudre jupitérienne, là, celle jaillie du marteau du gaulois Taranis. Voici le *« Dharma chakra »*, la roue de la Loi chère aux bouddhistes, et le *Thian*, l'antique signe chinois qui désigne l'esprit du ciel. Enfin, sur le linteau de la porte qui ouvre sur le caveau, voilà le signe d'Horus, le rayonnant soleil d'Egypte, vainqueur des ténèbres et du mal.

Les symboles de la colonnade intérieure appellent tous l'espérance en la victoire de la vie éternelle sur la mort, l'idée du réveil de l'âme à la lumière divine. Soleil-oiseau, le phénix égyptien nimbé sur son bûcher s'abîme dans les flammes du couchant pour renaître au jour. Soleil, roue de feu, l'universelle svastika, croix gammée bénéfique, évoque le renouvellement des énergies vitales. L'âme du mort s'envole sur les ailes du papillon, tandis que la torche, un instant renversée, brûle d'une haute flamme claire et que l'épi de blé, moissonné par la faux, reverdira au printemps, au sortir de la terre. Dans la forêt de symboles ornant ce tombeau, on est en droit d'imaginer qu'il y en a un particulièrement cher au maître, à l'initié qui l'y fit graver: celui de la branche d'acacia sortant du sarcophage et ressuscitant la vie dans le terreau de la mort.

1. La croix ansée ou « clef de vie » des Egyptiens ouvrait aux défunts la porte de la vie future. 2. L'abréviation du tétragramme sacré des Juifs désignant l'Eternel, Jahveh. 3. L'image de l'âme chez les anciens Grecs: un papillon divin voletant dans la lumière. 4. Le monosyllabe mystique des Brahmanes Om *ou* Oum *signifiant littéralement:* Cela est. *5. Le Lotus.*

GAND : Hôtel de ville. Le labyrinthe se trouve dans la salle de la Keure. Cette salle servait de tribunal aux échevins. Ce labyrinthe est formé de 2401 dalles de marbre, les unes blanches et les autres noires ; le parcours fait plus de 600 m. Dimensions : 12 × 14 m.

LA SYMBOLIQUE DES LABYRINTHES

Les symboles : leur sens, leurs multiples interprétations, ... Nous voici au cœur d'un sujet brûlant, responsable d'une littérature surabondante, mais éminemment confuse par les divergences d'opinions et les controverses qu'elle provoque.

Le symbole, du grec «sumbolon», est un objet, un dessin, ... en tout cas une représentation concrète qui, par son aspect, ses composantes, sa structure, fait naître une idée ou un concept abstrait. Un exemple simple : une échelle est visualisée comme étant faite de deux montants verticaux dans lesquels s'enchâssent des barreaux horizontaux (sa structure), mais également perçue comme servant à monter et à descendre (sa fonction). Le symbole peut donc s'imposer à notre entendement par sa structure ou sa fonction ou encore par l'une et l'autre. Dans le dernier cas, la perception simultanée du symbole et du concept qu'il exprime fait émerger un élément commun. L'épée possède un tranchant (structure) et ce tranchant appelle la notion de coupure, de séparation, de détachement... Il y a analogie entre l'objet matériel (l'épée) et l'idée abstraite qu'elle éveille (la séparation, ...). Cette structure, cette fonction sont ressenties de la même façon dans l'espace et le temps par tous les hommes ; les symboles ont donc un caractère d'universalité qu'autorise un mécanisme commun de perception des concepts fondamentaux par tous les êtres humains.

Les expressions symboliques sont dès lors constitutives de véritables langages, moyens de déchiffrement, de communication et de connaissance, qui, comme les langages littéraires ou articulés, possèdent des règles et des conventions. La compréhension du langage symbolique par l'individu procède de l'enchaînement de deux étapes : la première appréhension du symbole se fait au niveau de l'inconscient. Il est perçu par le biais des émotions, des sensations et met l'être en prise avec cette part inconnue de lui-même qui s'exprime notamment dans les rêves. La seconde étape fait intervenir un processus intellectuel, conscient cette fois, qui établit une corrélation entre le symbole en tant que signe et le concept qu'il schématise ; cette étape débouche sur la compréhension.

Cependant, comme les autres langages, le langage symbolique présente des pièges, des ambiguités qu'il s'agit de contourner.

Il est impératif pour ce faire de ne pas séparer les symboles de leur contexte social, philosophique, ésotéri-

AMIENS : Cathédrale. Ce labyrinthe est particulièrement beau. Il est formé de carreaux de 27 × 27 cm. de marbre noir de Basècles et de carreaux blancs jaunâtres de Lunel. Il a été établi lors du pavage de la cathédrale vers l'an 1280.

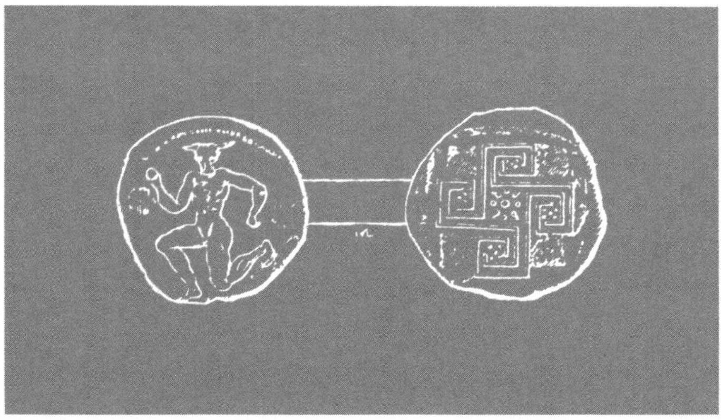

KNOSSOS (Crète): Monnaie. Avers: Minotaure lançant une pierre; revers: labyrinthe en croix.

que... En outre, comme des mots différents expriment parfois le même concept, des symboles différents peuvent représenter la même idée, et des structures dissemblables, recouvrir une fonction identique. Par exemple, la même notion d'élévation, de verticalité, de lien entre le haut et le bas, le ciel et la terre... est différemment exprimée par la montagne, l'arbre, l'échelle, le sceptre, l'homme debout...

La loi d'analogie permet de passer d'une famille, d'un groupe de symboles à un autre. Par contre, l'association de deux symboles tend à créer un concept binaire (le soleil et la lune, le noir et le blanc, le yin et le yang...) que l'adjonction d'un troisième symbole transformera en concept ternaire (le principe trinitaire dans de nombreuses religions, les devises des nations, ...), et ainsi de suite...

Le symbolisme fut et demeure la forme privilégiée de l'expression philosophique des sociétés initiatiques en général. Dans pareil contexte socio-culturel, les symboles, par la richesse de leur contenu potentiel, parlent à l'initié, mûrissent en lui, induisent des réflexions et des idées nouvelles. Ils servent également à véhiculer un message. Aussi est-ce le langage symbolique qui assure la diffusion et la pérennité des grands mythes de l'humanité.

La nature mythologique et initiatique du symbole du labyrinthe le désigne comme l'une des figures les plus anciennes, les plus universelles et les plus signifiantes qui soient.

Le labyrinthe, même sommairement dessiné par des assemblages de pierres ou tracé sur le sol, semble toujours avoir été conçu comme le lieu clos d'une errance solitaire, débouchant, pour qui parvient en son centre, sur une confrontation avec soi-même. C'est une rencontre décisive, fatale ou salvatrice selon que la peur métaphysique de la mort et les démons de l'inconnaissable inconscient ont été maîtrisés ou non. Le mythe crétois de Thésée combattant et tuant le Minotaure n'aurait pas d'autre signification.

Le labyrinthe, qu'il soit à voie unique ou au contraire doté de multiples chemins — dont certains constituent des impasses —, a indubitablement valeur d'épreuve initiatique depuis les temps les plus reculés. Dans l'architecture funéraire égyptienne, dans de nombreuses chambres mortuaires découvertes en Irlande et au Pays de Galles, il figure ce trajet plein d'embûches que l'âme du défunt aura à accomplir pour se débarrasser des entraves de la vie terrestre.

Etroitement lié à la conscience magique des anciens peuples païens — un dessin labyrinthique sur le seuil d'une habitation était censé dans différentes ethnies tenir à distance les mauvais esprits et les sorciers —, le labyrinthe fut cependant «récupéré» par le monde gréco-romain d'abord, par l'Occident chrétien ensuite et intégré dans leur symbolisme sacré respectif.

Au Moyen Age, les labyrinthes de gazon ou balisés de galets servaient de terrain à des danses de résurrection exécutées par le clergé à Pâques et au premier jour du mois de mai.

En France et en Italie, la géométrie labyrinthique pénétra dans l'église dont elle orna le pavement de la nef par le dessin contrasté des carreaux noirs et blancs. Dans l'interprétation chrétienne médiévale, le labyrinthe symbolisait l'enchevêtrement et les tentations des péchés qui freinent le cheminement de l'âme vers le ciel. Parfois nommé «Chemin de Jérusalem», il était parcouru à genoux par le pèlerin en remplacement du voyage expiatoire en Terre Sainte. Au XIIe siècle, l'Université de Paris condamna le labyrinthe pour sa connotation trop nettement profane, le jugeant également «étranger» à la conscience chrétienne. Lorsqu'on ne les a pas détruits dans les cathédrales gothiques françaises, on a négligé et ainsi progressivement oublié les labyrinthes, dont la signification profonde se perdit. A Chartres, Amiens, Saint-Omer, Cambrai... les chaises de la nef semblent perpétuer par leur encombrante présence l'interdit des docteurs de l'Eglise à l'endroit de cette esthétique abstraite, vidée de sens et par endroits incomplète, que piétinent sans un regard fidèles et touristes.

SOUSSE (Tunisie): Mosaïque découverte dans une tombe de famille de l'ancienne nécropole romaine. «Le Minotaure était enfermé dans le labyrinthe; celui qui y entrait ne pouvait plus en sortir» (Apollodore, Bibl., III, 15, 8, 6).

« SEPT »

Chiffre magique à Bruxelles

« Tout est nombre » affirmait il y a bien longtemps le sage de Samos, le mage de la géométrie, Pythagore. Pour lui, l'harmonie de l'univers était contenue dans les nombres qui en constituaient les forces vitales. Parmi eux, le nombre 7 était tenu pour celui de la perfection et de fait, il occupa une place de choix dans le message sacré de la plupart des religions indo-européennes.

Bruxelles, à l'instar de la cité biblique de Jéricho, entretint d'étranges rapports avec le chiffre 7. Pour plus d'un amateur de mystère, le plan et les édifices de la ville médiévale en témoignent délibérément. Jugez-en plutôt. Tout comme Rome, la cité étale ses quartiers sur 7 collines qui ont noms Mont-Saint-Michel, Coudenberg, Montagne-aux-herbes-potagères, Botanique, Mont des Arts, Sablon et Mont-Saint-Pierre. Egalement confondantes apparaissent les 7 routes et donc les 7 portes fortifiées par lesquelles la ville s'ouvrit au monde dès le XIIème siècle : portes Sainte-Catherine, Noire, Sainte-Gudule, Coudenberg, Saint-Jacques, Warmoespoort et Steenpoort. Pareillement, les 7 rues (Tête d'Or, Beurre, Etoile, Chair et pain, Harengs, Colline, Chapeliers) qui débouchent sur la Grand-Place la divisent en 7 blocs de bâtiments.

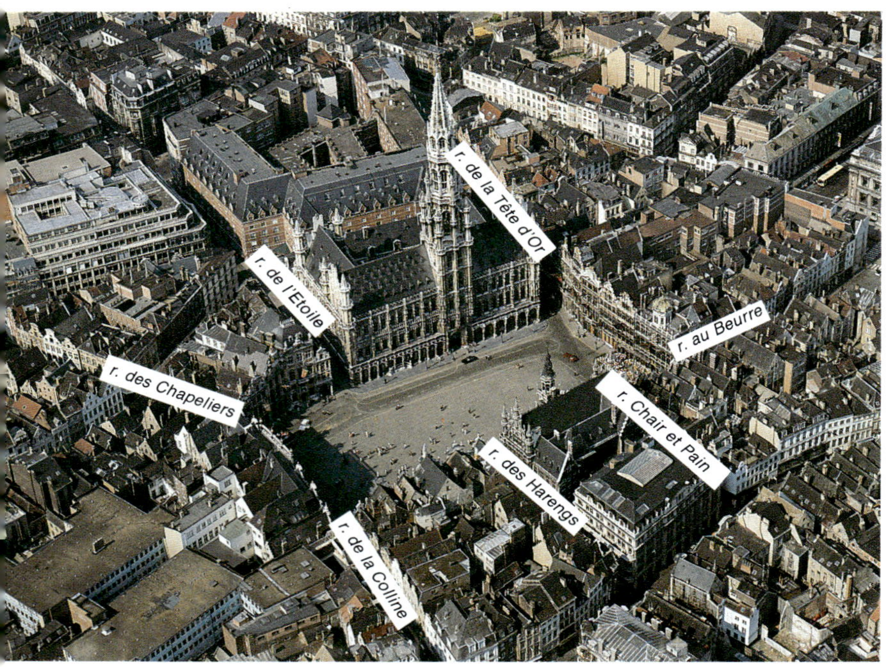

Au cours du Moyen Age, 7 lignages patriciens présidèrent aux destinées économiques et politiques de notre capitale, détenant à la fois les 7 sièges scabinaux et les 7 clés de la ville. Les Sleeuws, les Sweerts, les Steenweeghe, les 't Serroelofs, les 't Serhuyghs, les Coudenberg et les Rodenbeecke comptaient dans leurs rangs plusieurs dizaines de membres et, comme les *gentes* de la Rome antique, étaient unis par des liens endogamiques. La propriété du sol urbain et la richesse liée au commerce furent indubitablement les agents constitutifs de cette caste très fermée, aux privilèges exorbitants, qui fut en quelque sorte la noblesse de la bourgeoisie. D'autres corrélations avec 7 existent encore, si bien qu'on peut difficilement nier que ce chiffre soit de près ou de loin lié au passé de Bruxelles.

Hasard, coïncidence ou volonté délibérée, là réside toute la question. Si volonté il y eut, faut-il voir l'ombre portée de l'alchimie à qui 7 opérations sont nécessaires pour découvrir le secret de la pierre philosophale et de la transmutation du métal vil en or ? Ou, plus simplement, faut-il se souvenir que depuis les temps les plus anciens le chiffre 7 a tenu un rôle primordial dans la pensée magique ? Il y a des millénaires que les hommes, fascinés par leur place dans l'univers, observent le mouvement des planètes voisines de la Terre. Les astronomes de Mésopotamie semblent avoir été à la source du culte du nombre 7 en dénombrant 5 des 8 planètes connues (Mars, Mercure, Vénus, Jupiter et Saturne) auxquelles ils ajoutèrent le Soleil et la Lune. En fait, ce qui troubla profondément Chaldéens, Sumériens et Babyloniens, ce fut l'harmonie du mouvement de ces planètes par rapport aux étoiles fixes. De là à déifier ces astres il n'y eut qu'un pas que franchit toute la tradition religieuse de l'Antiquité jusque et y compris le christianisme et l'Islam. Nos jours de la semaine perpétuent le souvenir du plan divin de la Création : ils furent dédiés aux 7 divinités planétaires. Au dernier siècle de la splendeur médiévale de Bruxelles, Paracelse croyait que 7 était le nombre de la spiritualité agissante, la vibration harmonique du monde des anges et de celui des hommes. Tout comme le croyaient sans doute les architectes de Bruxelles qui placèrent leur ville sous l'égide de ce nombre bénéfique.

Les blasons des sept Lignages de Bruxelles qui pendant des siècles furent les maîtres de la vie économique et politique de la cité. On remarquera qu'à l'instar de la noblesse féodale, ses membres n'hésitaient pas à pourvoir leurs armoiries de heaumes et d'écus guerriers prenant ainsi fort au sérieux leur rôle de défenseurs de l'enceinte. Le désir de subjuguer le « commun » n'étant pas non plus absent de cette arrogance imagée.

Erigée au XIVe siècle, la seconde enceinte urbaine engloba dans son pentagone la quasi-totalité des sept collines primitives. Quant aux sept portes originelles des remparts du XIIe siècle, elles trouvèrent tout naturellement leur prolongement dans la nouvelle construction. Mais cette fois, il s'agissait de véritables bastilles, dont la Porte de Hal tend à rappeler le souvenir, qu'épaulaient 74 tours semi-circulaires.

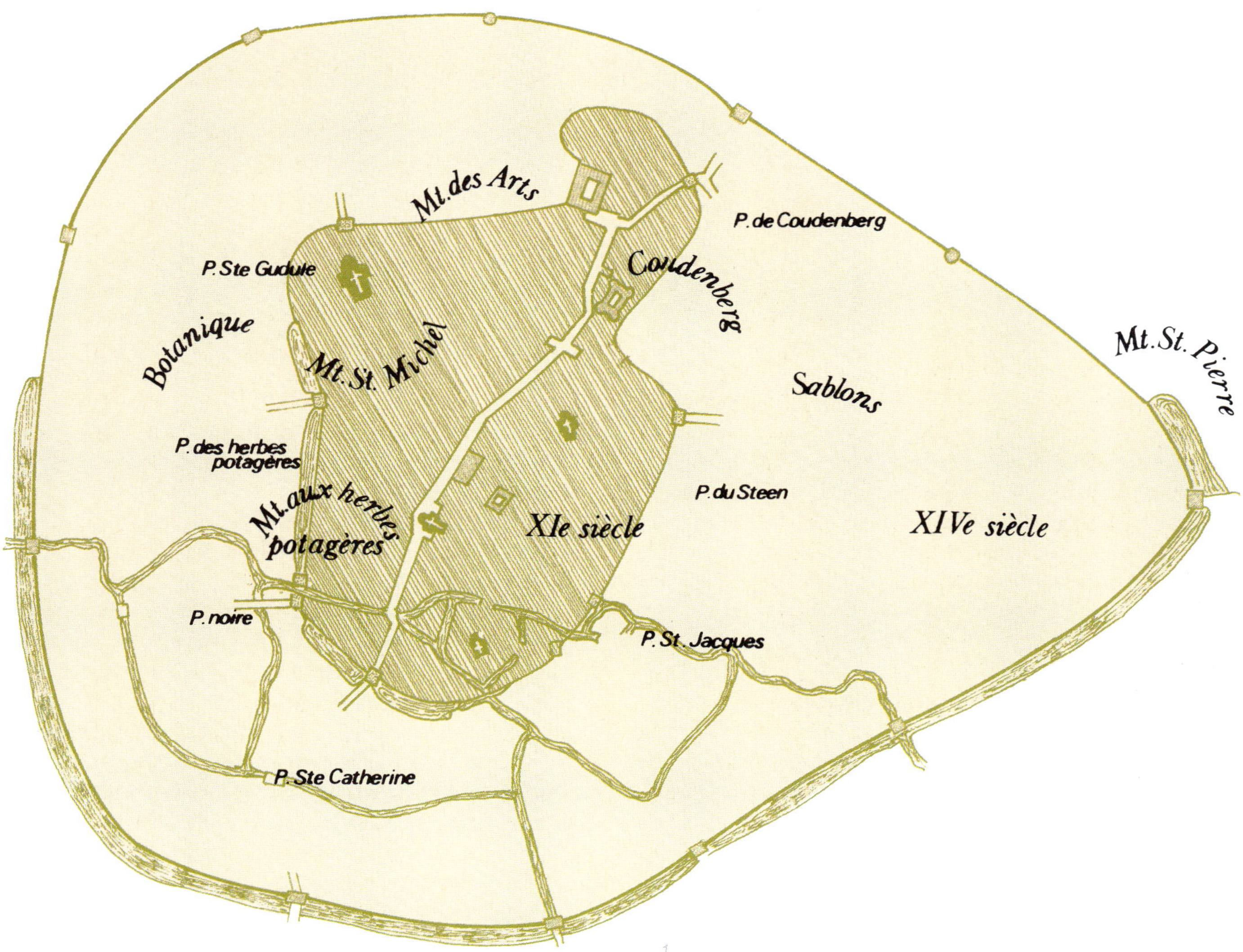

Sur le porche d'entrée sis au pied de la tour de l'Hôtel de ville, le visiteur est accueilli par saint Michel, patron de la ville et des escrimeurs, et par saint Georges, patron des arbalétriers. Tous deux reproduisent les gestes éternels de la lutte entre l'ange et la bête en foulant aux pieds diable et dragon.

UNE BD DU XVème SIECLE

On a souvent désigné les cathédrales gothiques comme de grands livres de pierre, tant il est vrai que portails et tympans, par le foisonnement de leurs sculptures, y dispensent un message riche et complexe.

A Bruxelles, la pierre historiée prend place dans l'architecture civile, principalement dans les deux galeries de façade de l'Hôtel de Ville. Chapiteaux, consoles et culs-de-lampe y abondent et invitent au décryptage de leurs symboles. Certaines scènes ne présentent aucune difficulté quant à l'interprétation. Ainsi, le cul-de-lampe de l'escalier des Lions évoque très clairement l'assassinat de l'échevin 't Serclaes par le seigneur de Gaasbeek en 1388. De même, à l'aile gauche, la blanchisseuse, le forgeron et le cordonnier que la pierre figea pour l'éternité dans l'exercice de leur métier constituent les expressions les plus spontanées de l'orgueil des corporations. Par contre, d'autres sculptures n'offrent pas une telle évidence de lecture. En effet, si l'on peut à la rigueur assimiler le singe, la chauve-souris et le dragon de l'une ou l'autre console au goût de l'époque pour les animaux fabuleux ou bizarres, plus étrange apparaît la signification d'un chapiteau de l'aile droite où se distinguent des personnages entassant des chaises à l'aide d'une pelle.

Ce grand branle-bas symbolisa-t-il l'expulsion des patriciens en tant que maîtres uniques de la cité, survenue trente ans avant la construction de l'aile en question ? Ou simplement la bévue — ou la facétie — du sculpteur qui décomposa le terme « scupstoel », signifiant en thiois escarpolette ou estrapade, en « scup » (pelle) et « stoel » (chaise), d'où la figuration de ces chaises empilées à la pelle ? Qui le dira ? Le nom de « Scupstoel » était par ailleurs celui d'une cave qui disparut en 1444 avec d'autres bâtiments qu'avaient condamnés les travaux de construction de l'hôtel de ville, mais dont le souvenir demeura inscrit sur les chapiteaux. Ainsi de Moer (le Marais), immortalisé par le chapiteau de Moor (le Maure) en dépit de

Sièges, escabelles, pelles, moines buveurs, paillards ou vertueux, femmes du peuple... les chapiteaux de l'aile droite de l'Hôtel de ville de Bruxelles constituent, suivant le regard que l'on y pose, soit un rébus alchimique, soit une simple revue des mœurs populaires d'une époque.

Il faut avouer que si le but des maîtres-sculpteurs fut de plonger le badaud dans la perplexité, ils y ont sans conteste réussi au-delà de toute espérance. En cette fin du XXème siècle, l'énigme de cette bande dessinée du XVème siècle reste entière. Rêveurs et scientifiques sourcilleux n'ont, semble-t-il, pas fini d'en découdre.

l'erreur de traduction de l'artiste, et cette cave dite Papenkelder (Cave aux clercs) représentée dans la pierre par un charivari de moines ou de clercs peu respectueux de leur tonsure.

Le personnage tombé dans une cuve, la fileuse et le guerrier assoupi appartiennent, quant à eux, au mystère et autorisent dès lors toutes les suppositions, dont celles des fervents de l'ésotérisme alchimique.

Pour ces derniers, les deux portiques qui comptent respectivement 12 et 7 arcades — à condition d'y inclure le porche central commun — représentent les deux voies qui conduisent au Grand Œuvre, la longue ou humide comportant 12 opérations, la courte ou sèche, seulement 7. Les sculptures ornementales constituent dans cette perspective l'expression allégorique de cette double démarche.

L'explication alchimique a le mérite de justifier la dissymétrie des deux ailes, mais relègue un peu vite les impératifs liés au site de l'Hôtel de Ville qui, au XVème siècle, conditionnèrent précisément cette disparité. Pour l'alchimie toujours, la tête de Méduse de l'aile gauche devrait pétrifier le curieux cherchant le chemin réservé aux initiés, alors qu'Ariane ou Thésée indiquerait aux adeptes la route du Grand Secret. Quant à l'aile droite, on y retrouve la femme filant ou Ariane, et comme la voie sèche exige un feu intense, le thème du chapiteau du Scupstoel ne serait-il pas alors la représentation de l'alchimiste sacrifiant son mobilier dans les flammes pour atteindre son but ? Est-ce là le secret des chapiteaux ? Peut-être. Cette théorie a du moins le mérite d'autoriser le rêve devant ces merveilleuses sculptures de l'époque bourguignonne.

LE SINGE DE LA GRAND-GARDE

Fétiche des Montois

Une petite figurine de fer battu, un malicieux petit singe dit « du grand-garde » se rencogne contre la façade de l'hôtel de ville de Mons et dédie sa grimace chafouine à qui l'approche pour lui caresser la tête, ce que tout Montois bon teint ne manque pas de faire au passage, soit par automatisme, soit pour se concilier le sort, et qui vaut au gentil fétiche d'arborer un crâne tout luisant d'usure. Le temps passe, le petit singe demeure et bien malin qui se prononcera sur ses origines.

Fut-il enseigne de cabaret ou de boutique ? Peut-être. La tradition des plaques historiées ou des statuettes apposées sur les maisons demeura vivace chez nous jusqu'au XVIIIème siècle, jusqu'au moment où une numérotation rendit vains ces symboles d'un art, d'une pratique, d'une spécialité. « Au singe d'or »... Beaucoup de tavernes médiévales déclinèrent cette dénomination qui évoquait la gouaille populaire, les tours pendables des jongleurs et ces « singeries » tant prisées par nos ancêtres au cours des fêtes des Fous ou des Innocents. Dès lors, le petit animal n'aurait pas déparé la façade de l'un de ces estaminets fleurant bon la bière. A moins que sa grimace n'eût évoqué quelque diablerie : à l'enseigne du Malin... ?

Certains historiens et folkloristes lui attribuent cependant un rôle moins truculent dans les annales montoises. Le singe du grand-garde aurait orné un pilori réservé aux enfants. Au Moyen Age, le supplice du pilori, destiné à humilier le criminel en l'exposant à la dérision du public, faisait partie de l'arsenal coercitif des seigneurs haut-justiciers. Au pilori, pilier de bois ou de pierre dressé sur la place du marché, étaient enchaînés voyous, escrocs de tout poil, faussaires, concussionnaires, tricheurs aux cartes ou aux dés, colporteurs de livres défendus et valets insoumis. N'importe qui, truand ou illuminé, délinquant ou vagabond, y recevait son lot d'injures, de crachats, de quolibets et de trognons de chou de la part d'une populace trop heureuse de l'aubaine. Pendant des siècles, les peines infamantes furent tenues en telle estime qu'on les appliqua également aux enfants menteurs, voleurs de pommes ou tout simplement rebelles à l'autorité paternelle.

Figure de pilori ? Beaucoup pensent qu'une effigie aussi insolite que le petit singe de Mons ne saurait se contenter d'origines trop prosaïques. Et de rappeler que l'hôtel de ville, édifié de 1458 à 1467, « absorba », lors d'une transformation au XVIème siècle, l'ancienne chapelle Saint-Georges, de réputation ésotérique. Cet oratoire fut desservi

Le respect de la tradition s'impose : même s'il faut pour cela se hisser sur la pointe des pieds, un bon Montois se doit de gratifier d'une caresse le chef du petit singe qui monte une garde énigmatique à la porte de l'hôtel de ville. En échange, il aura du bonheur pour toute la journée.. dit-on.

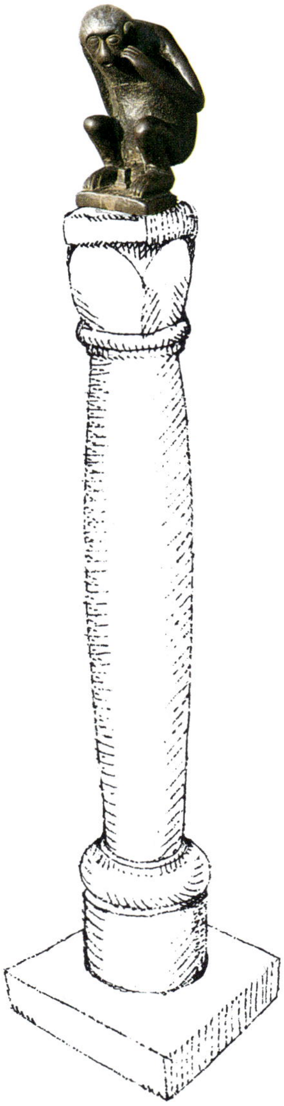

Symbole de dérision, jadis placé au faîte d'un pilori pour enfants? ce n'est pas impossible. Peut-être le sympathique petit singe de Mons a-t-il présidé, en un obscur Moyen Age, à la honteuse exposition sur la place publique de quelque adolescent fautif. En ce temps-là, certes, il ne portait pas bonheur...

Ah! c'est qu'il en aurait des choses à raconter, le petit animal! Réjouissances et tragédies, il a tout vu. Mais ces dernières, hélas! les plus nombreuses. En aucun autre lieu de Belgique, peut-être, on n'a supplicié tant de gens. Aujourd'hui, heureusement, on n'occit plus que le doudou sur la grand-place de Mons.

par les religieux de l'ordre de Saint-Antoine-en-Barbefosse, ordre militaire et hospitalier fondé par les Templiers rescapés des prisons et des bûchers français. Le Hainaut, sous le comte Guillaume, avait constitué une terre d'accueil pour les chevaliers du Temple en rupture de ban, lesquels, semble-t-il, y entretinrent à loisir le mystère qui entourait leur ordre disparu.

Aussi le petit singe, chargé d'une symbolique méconnue, aurait-il été placé à l'entrée de la chapelle, le dos tourné à celle-ci, tel un sésame destiné à décourager le commun des mortels, la foule des non-initiés.

Enigmatique et familier, le singe du grand-garde n'interpelle plus aujourd'hui que le touriste en quête de pittoresque. Les bistrots allument leurs néons multicolores, les enfants mal élevés vous tirent la langue sans vergogne et la grande ombre blanche des Templiers a cessé de hanter les imaginations.

Au pied d'un pilier de la cathédrale de Tournai, ce curieux bénitier n'est certes pas contemporain de « la vision la plus colossale du Moyen Age » ! C'est un énorme coquillage originaire du Pacifique...

LE TRIDACNE EST PARMI NOUS

Les bénitiers de Tournai

La conchyliomanie, rassurez-vous, n'est pas une maladie nouvelle de notre XXème siècle finissant. C'est ce que nous appellerions aujourd'hui un hobby. Ou une passion : celle des coquillages. Peut-être ne voyez-vous pas, de prime abord, la relation entre cet amour pour les mollusques et la cathédrale de Tournai ? Il y a pourtant un point commun : deux grands bénitiers ! Vous les découvrirez, l'un en entrant dans le sanctuaire par le grand portail qui s'ouvre sur la place de l'Evêché, l'autre si vous poussez la porte du Capitole qui donne sur le Vieux Marché-aux-Poteries.

Le conchyliomane, en l'occurence, était le prince de Ligne. C'est lui qui rapporta des mers du Sud ce curieux coquillage à bords très dentelés. Le naturaliste, dans son langage un peu hermétique, vous apprendra même qu'il s'agit d'un genre de mollusques pélécypodes de la famille des tridacnidés, des bivalves à coquille côtelée et à écailles foliacées. Des bivalves géants, en tout cas: les bénitiers de Tournai sont larges de près d'un mètre! Ceux de St-Sulspice, à Paris — offerts à François 1er par les Vénitiens — ne déméritent certes pas: chaque valve pèserait plus de 100 kg. De tels monstres, cela va de soi, peuvent mettre en danger le malheureux plongeur qui, par distraction, abandonnerait trop longtemps une main ou un pied dans ce piège animal!

Cette mésaventure, plus d'un indigène, sans doute, a dû la connaître: les très vieux tridacnes, avec leurs valves incrustées de coraux, sont en effet bien difficiles à repérer. Au contraire des sujets jeunes, parfaitement visibles, heureusement, avec leurs lèvres entrouvertes, violemment fardées de vert, de bleu ou de mauve, presque sensuelles, et comme prêtes à mordre. Dans certaines atolls du Pacifique, cette nourriture marine presque inépuisable fait, depuis bien longtemps, les délices des indigènes : en témoignent d'ailleurs, hérissant le bord des lagons, les nombreux tertres formés par les coquilles vides qu'ils ont accumulées ici.

Ce coquillage que le spécialiste classe parmi les tridacnes, connaissez-vous son nom vulgaire? Bénitier! Notre mollusque servait en effet à cet usage dans les églises des missions catholiques qui s'efforçaient, tant bien que mal, de répandre la parole de Dieu parmi les vahinés des îles Touamoutou et d'ailleurs. Il n'est donc guère étonnant que le prince de Ligne, il y a 150 ans, ait songé à ramener son tridacne en Europe et à l'offrir au chapitre de Tournai. Au retour de son lointain voyage, il prit-même la peine, nous dit-on, de dessiner lui-même la colonnette qui supporte aujourd'hui chacune des deux valves de ce monstrueux bénitier tout festonné de dentelle bleue.

Ainsi une coquille Saint-Jacques géante trône-t-elle désormais dans une des plus belles cathédrales d'Europe, loin des mers tropicales qui l'ont vue naître. Paul Valéry, sans doute, aurait aimé ce curieux destin, lui qui avait été frappé par la beauté des coquillages. *« Comme on dit un sonnet, une onde, une sonate ou une fugue pour désigner des formes bien définies »*, écrivait-il *« ainsi dit-on une conque, un casque, un rocher... qui sont des noms de coquilles »*. Et il aurait pu ajouter: *« Ainsi dit-on bénitier »*, en pensant à l'incomparable perfection de ce coquillage dont les décorations pleines de fantasie semblent sortir tout droit de l'imagination d'un artiste de génie.

L'artiste, ici, fut la nature et, assurément, son chef-d'œuvre peut rivaliser avec celui des hommes qui, patiemment, édifièrent cette cathédrale...

Voici Tridacna gigas, *le tridacne géant, dit aussi bénitier: sans doute le plus grand coquillage bivalve connu. Il peut atteindre 1,20 m de long et peser 250 kg! Cet énorme mollusque repose sur le fond de l'océan, aux trois quarts enfoncé dans le sable, la « gueule » vers le haut.*

UN TEMPLE DE VERDURE

Le Parc de Bruxelles

D'abord, il y eut la Warande, la « garenne », célèbre dans toute l'Europe pour ses jeux d'eau dont la savante machinerie inspira les architectes du parc du château de Versailles. Daims, chèvres et bouquetins s'ébattaient en liberté dans des vallons où bruissaient fontaines et cascatelles ; et venait-on y chercher un brin de mystère que le labyrinthe refermait ses hautes haies sur le promeneur solitaire.

En 1731, le feu ravagea le vieux palais des ducs de Brabant et ne laissa que ruines aux abords de la Warande, bientôt rendue au chiendent et à l'ortie. Plus de quarante ans s'écoulèrent. Alors que Paris s'enorgueillissait des Tuileries et du Luxembourg, que Londres avait Hyde Park, Vienne, le Prater et Rome, son Corso, Bruxelles attendait toujours ses jardins publics. Les élégantes de l'époque déploraient de n'avoir aucune allée convenable où étrenner leurs robes neuves et vouaient aux gémonies les ronciers de l'Allée Verte, qui débouchait alors en rase campagne. Pourquoi dès lors ne pas faire coup double et ouvrir la Place Royale, dont la construction avait été décidée en 1774 sur l'emplacement du palais ducal, par une perspective sur un parc à la française ? On prit conseil à Paris, on y requit des architectes. Une tradition plus qu'une certitude historique attribue la conception de la Place à Barnabé Guimard avec Barré, et celle du Parc au même Guimard avec Zinner. Il semble cependant que l'ensemble architectural et paysager procéda de la collaboration de plusieurs architectes qui en élaborèrent les plans tant à Paris qu'à Bruxelles.

Depuis 1778, année où l'on sabla les allées et où l'eau jaillit dans les bassins fraîchement cimentés, le Parc de Bruxelles n'a guère changé. Légèrement abîmé par les combats de 1830, il présente aujourd'hui encore sa physionomie de naguère. Son plan ? Vous le trouverez au bout de l'allée centrale, au dernier carrefour avant le grand bassin : il y figure gravé sur un médaillon que tient l'enfant de pierre du piédestal de droite. Curieux tracé ! Très différent de celui des parcs traditionnels, et néanmoins simple et harmonieux. Pour

certains, le symbolisme maçonnique en est flagrant. Voici le compas, l'équerre, le ciseau, le maillet, la perpendiculaire, le niveau, la règle et même la truelle dont le manche s'emboîte entre les façades blanches de la Place Royale.

Les outils du maçon figurés là, dans le dessin des bassins et des allées ? Pourquoi pas ? Charles de Lorraine, qui gouvernait les Pays-Bas en 1776 n'était-il pas membre de la Loge Saint-Charles et le siècle n'était-il pas celui de Voltaire et de Mozart, eux aussi fils de la lumière ?

En partant du carré de la Place Royale et en joignant la pointe de la truelle, via le bassin octogonal et le grand bassin circulaire, le passant réalise le vieux rêve de la quadrature du cercle.

Pour qu'il ne s'y trompe pas, Charles de Lorraine, statufié au centre de la Place Royale — dont il fut détrôné par Godefroid de Bouillon — indiquait le chemin à emprunter de son bâton de commandement. Et puis, il y avait l'angelot et son plan. Fascinante symbolique. Réelle ? L'histoire ne corrobore pas toujours les plaisirs du mystère. Elle demeure résolument muette en ce qui concerne la pertinence de la lecture maçonnique du tracé du Parc, dont les architectes auraient dû, de propos délibéré, décider d'élever en commun un temple de plein air au Grand Architecte de l'Univers.

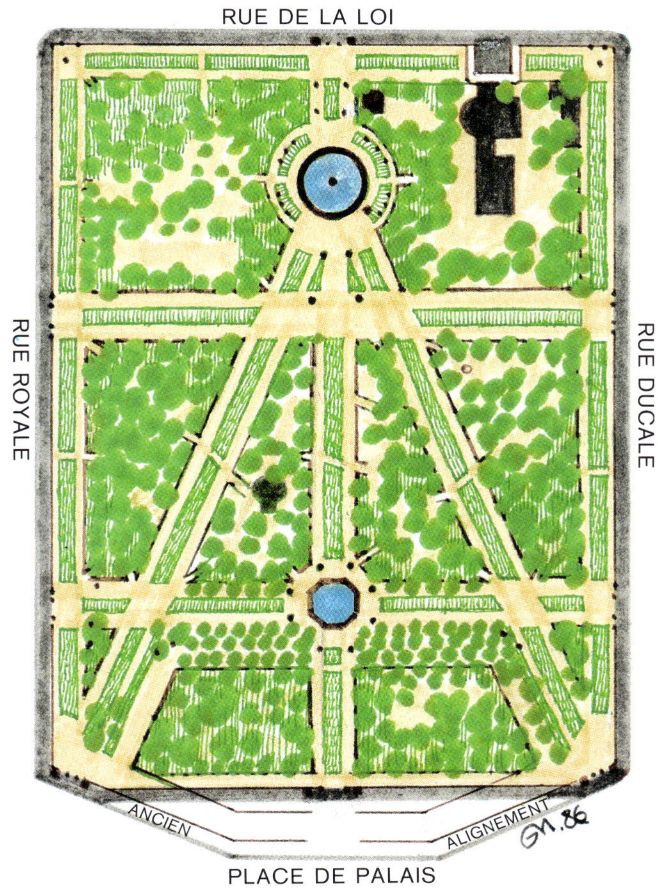

◀ *C'était au temps de la Warande, de la « garenne ». Elle était célèbre dans toute l'Europe. Les princes y avaient fait créer un vaste jardin qui mimait la nature, avec des vallons, des cascades, des taillis et de petites forêts. Des daims, des chèvres, des bouquetins s'y ébattaient. Il y avait même un verger, un labyrinthe où les amoureux se retrouvaient, et des jeux d'eau alimentés par une machinerie hydraulique que Versailles copia.*

Voici les instruments maçonniques que le parc de Bruxelles dessinerait. De gauche à droite et de haut en bas : le compas, l'équerre, le ciseau, le maillet, le marteau, la perpendiculaire renversée, le niveau, la règle et la truelle au manche enfoncé dans la place Royale. Réalité ou invention a posteriori *? L'équerre, en tous cas, n'est dessinée que par la césure de l'ouverture du Théâtre du Parc. Et celui-ci n'était pas prévu dans le plan initial...*

Des rêves d'or

Aux temps mythiques où la Lorelei chantait sur son rocher,
les flots du Rhin roulaient de l'or.
Métal parfait, lumière minérale, chair du Soleil tombée sur la Terre,
l'or, il est vrai, n'a pas toujours bonne réputation.
On affirme qu'il perd fréquemment celui qui le possède avec cupidité
et ne procure le bonheur
qu'à la condition d'en user dans un but charitable
ou pour la recherche du Savoir.
C'est là un des enseignements de l'alchimie,
qui, au gré de longues et délicates opérations,
transforme l'homme autant que le plomb qu'il manipule.
A chaque donjon écroulé, ses spectres et son pot d'or
signalé par l'apparition d'une chèvre mystérieuse ;
à toute abbaye disparue, la tradition de grandes richesses
scellées dans d'improbables souterrains.
L'imagination s'exalte au sourire de l'or
et, pour quelques piécettes trouvées dans le sol d'un jardin,
pour une légère parure gallo-romaine qui prend le chemin du musée,
voilà l'homme qui délire et prend le mors aux dents.
Nos ruisseaux et rivières d'Ardenne, on l'oublie trop souvent,
eurent leurs pionniers, ces fiévreux du métal jaune
qui tamisèrent des tonnes de sable et de gravier
avec l'acharnement que confère la pauvreté.
L'Eldorado, hélas, ne se situait pas dans les méandres de l'Amblève
ni au fond d'un puits de mine.
L'or, dans nos belles provinces comme partout,
fait la nique à qui le traque.
Inconstant par nature, il aime changer de mains
et se perdre ensuite dans un secret recoin
pour y dormir tout son saoul.
Par contre, il nous est toujours loisible d'en chercher la couleur
dans l'océan des blés, les cheveux d'un enfant
ou sur la pierre des vieux édifices,
quand il fait très beau et que sonne midi.

Malgré les déprédations des hommes et des intempéries, la forteresse de Logne a encore fière allure et ne peut qu'exciter l'imagination des chercheurs... qui risquent fort de rester sur leur faim.

GARDIENNE DES TRESORS

La gatte d'or

Cette représentation de chèvre est authentiquement Romaine. Il s'agit d'un bijou trouvé lors de fouilles à Bavai, important nœud de communications de l'Antiquité.

Il est rare, de nos jours, de rencontrer un troupeau de chèvres broutant l'herbe des fossés sous la conduite d'un enfant ou d'une vieille femme. Jadis pourtant, cet animal au poil rêche, mais au lait généreux, tenait son rang dans l'économie rurale et il n'était pas de masure qui ne possédât sa chèvre, sa « gatte » comme disent couramment les Wallons.

L'Ardenne est terre de légendes. Celle de la « gatte d'or » s'y perpétue en plusieurs endroits, là où un donjon rompu couronne une colline, cachant l'amorce de mystérieux souterrains. Le mythe de la chèvre rattachée à l'or trouva peut-être son origine dans l'habitude qu'avaient les paysans de dissimuler leur avoir dans une peau de chèvre, dûment enterrée, dès qu'une horde de soudards apparaissait au coin du bois. L'or ne devait pas constituer souvent l'essentiel de ces magots cachés, mais par métonymie la chèvre vint à se confondre avec le concept même de trésor, d'or enfoui.

Une autre interprétation relie la chèvre au bestiaire fantastique des animaux gardiens de

C'est dans ce souterrain que serait cachée la bête fabuleuse. Mais le sortilège n'a plus l'air d'agir. Tant de pas y ont résonné, tant de feux y ont brûlé, qu'il n'est peut-être plus permis de rien trouver.

Quand on parle de « gardien », en rapport avec un trésor, il s'agit d'une opération magique destinée à susciter la présence d'une créature surgissant en face des chercheurs pour empêcher sa découverte.

richesses secrètes. Chèvre diabolique, comme au château de Samson, près de Namur, qui veille sur l'or dissimulé dans le tréfonds du bâtiment par un cupide seigneur et dont Satan se réserve la propriété. Gare au présomptueux qui l'exhumera ! Il risque d'entrer en damnation à coups de cornes !

Ce fut vraisemblablement dans la vallée de l'Ourthe, à Vieuxville, non loin de Hamoir, que prit corps la légende de la « gatte d'or ». Sur un rocher escarpé, dominant les alentours, se dressent les impressionnantes ruines du château de Logne, qui appartint à l'abbé de la grande abbaye de Stavelot avant de devenir, par usurpation, bastion ducal luxembourgeois. Pour les habitants de la région, le XVème siècle fut bien ce siècle de cendre et de sang que dénoncent les chroniques. Brigandages, pillages, meurtres et viols se succédèrent sans trêve jusqu'à ce qu'en 1521 Charles Quint fît bombarder le château et pendre aux créneaux ses sanguinaires occupants. Au cours de la Révolution française, les salles éventrées abritèrent encore des prêtres réfractaires, puis la forteresse demeura vide, ouverte aux murmures du vent et aux vols de corneilles. Le lierre et les herbes folles avaient bien vite conquis les murs foudroyés par la canonnade de 1521, et la légende emboîta le pas à la sinistre réputation du manoir, écrin rêvé pour un trésor mythique.

L'or de Logne serait celui de Marthe de Bierloz, dont le décès précéda les apparitions d'une chèvre fabuleuse, parée des bijoux et des joyaux de la jeune morte. Fiancée à l'écuyer Alard, Marthe avait préféré les honneurs et la fortune à l'amour. Brisant le cœur de son bien-aimé, elle s'était donnée au duc de Luxembourg qui la couvrit de présents. Mais soit qu'il eût l'âme versatile ou que le caractère de sa compagne se fût aigri, le prince se lassa de la belle qui mourut mystérieusement dans les souterrains du château, désormais dénommés « dell'gatte d'or ».

Une légende semblable court également au pays de Couvin, au château de Fagnolle qui, patiemment restauré, a retrouvé au fil des ans le profil altier de ses tours. Une gatte d'or aurait sommeillé en ses caves, mais là pas plus qu'ailleurs la quête fébrile des chasseurs de trésors n'a abouti.

Luc Lowagie, l'actuel propriétaire du château, a sur la question des idées assez originales.

Le site de Fagnolle, déjà habité à l'époque néolithique, connut une remarquable continuité d'occupation humaine. Il n'y eut, semble-t-il, aucune césure entre le Bas-Empire et le Moyen Age, le domaine *d'Eucharlia* — Fagnolle — étant cité très tôt, au IXème siècle, dans l'inventaire des biens de la puissante abbaye de Lobbes. Ceci justifierait assez la familiarité des gens du lieu avec les ruines de villas romaines et des trésors qu'elles pouvaient contenir. Parmi ceux-ci, de petites chèvres en bronze doré, métal qui, pour des esprits simples, s'assimilait d'autant plus aisément à l'or que de vieilles légendes celtiques mettaient en scène une mystérieuse chèvre d'or.

Comment, dans la tradition populaire, vint-on à assigner à ces ex-votos gallo-romains la responsabilité de garder de fabuleuses richesses ? Nul ne le sait. Pourtant comme fortune et pouvoir sont généralement appariés, il dut paraître assez évident aux manants que c'était désormais au château de leur seigneur que dormaient l'or... et sa gardienne.

En 1554, la forteresse de Fagnolle, qui faisait partie du système défensif de Mariembourg, tomba aux mains des Français, puis en celles des Impériaux qui la démantelèrent partiellement. Aux ruines toujours plus dégradées par le temps vint s'attacher la légende d'une gatte d'or, bien vivante cette fois. Les paysans de la fin du siècle dernier croyaient dur comme fer à sa présence dans les caves du château, qui, depuis 1659, date du départ de la dernière garnison, n'accueillait plus que ronces et corneilles.

En 1928, sa restauration fut envisagée. En 1932, le mythe de la gatte d'or enregistrait une amplification quant aux conditions d'apparition de l'animal. On affirmait alors qu'il ne se montrait qu'à Noël, lorsque retentissaient au clocher du village les douze coups de minuit.

Une légende, on le voit, n'est pas un matériau figé, immuable ; elle vit, se transforme et nous arrive amputée, déformée, mais avec le charme des mystères ternis. A Fagnolle, depuis que le château retrouve progressivement sa fière prestance de jadis, la gatte d'or semble avoir fui. Elle se cache ailleurs, et s'il vous arrive de creuser la terre dans la région, on vous demandera à coup sûr si vous cherchez la chèvre, qui, depuis toujours, a partie liée avec l'or caché.

A l'instar de la vouivre, serpent mythique qui garde les secrets de Mélusine, la chèvre du conte s'ébat sur d'éclatants ducats, scellés dans les entrailles d'une ruine. Quant à sa parente qui paît au débouché d'un pré, elle partage avec sa légendaire cousine ce regard d'or jaune, reflet de toutes les richesses de la terre.

La première impression qui vient à l'esprit quand on est à Fagnolle, c'est de rendre hommage à Luc Lowagie, dont les efforts réitérés et l'aide de nombreux volontaires permettent une restauration progressive du château en ruines.

Quelle ne devrait pas être la stupéfaction de tout-un-chacun de découvrir, au détour d'un sombre couloir, une gatte d'or couverte de rubis, d'émeraudes et de diamants. En tout cas, il existe bel et bien une chèvre qui vaut de l'or: celle de Picasso.

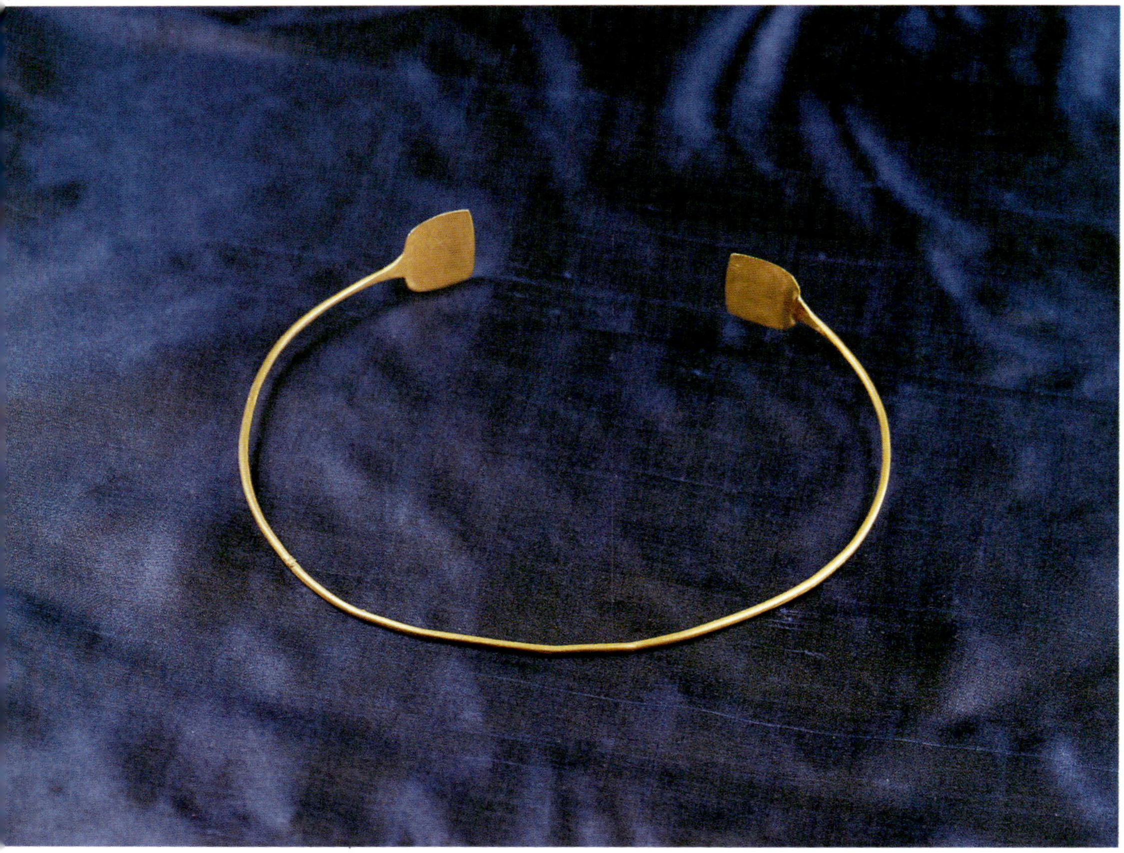

Le jardinage réserve parfois des surprises, comme en témoigne ce petit bijou exhumé à Arlon. Comment cette parure d'or, datée de l'âge du bronze ou du fer, aboutit-elle là ? Mystère !

Ce bel exemplaire, extrait d'un fabuleux trésor découvert dans les environs d'Arlon et composé de diverses pièces d'origine romaine, prouve à l'envi que la région fut jadis un important carrefour économique et culturel. ▼

OR MYTHIQUE

Au pays d'Arlon

Pendant des siècles la région d'Arlon, constitua un terrain d'investigations idéal pour les chercheurs d'or. Des traces de l'exploitation minière subsistent encore, de même que, dans les collections des musées, des objets d'or, exhumés par hasard au cours de fouilles archéologiques, et dont certains remontent à l'âge du bronze (− 3000 ans).

A la fin du siècle dernier, une curieuse découverte mit en émoi le village de Fauvillers, situé entre Bastogne et Arlon. A flanc de colline, une grotte, qui semble avoir été excavée par l'homme voici de nombreux siècles, porte le vocable de « grotte aux chèvres » (« stalle de gattes »). Selon une très ancienne tradition populaire, des chèvres couvertes d'or y auraient été vues depuis les temps les plus reculés. Le poil rèche de ces animaux disparaissait littéralement sous les bijoux d'or que les villageois contemplaient avec avidité, au moment de certaines fêtes rituelles, lorsqu'il advenait aux « gattes » légendaires de se montrer. Peut-être est-ce cependant un hasard si l'on trouva, en 1878, près de la grotte, à un mètre de profondeur environ, un diadème en or. De tels bijoux sont

rares dans nos contrées, mais non en Irlande, d'où leur surnom de «demi-lune irlandaise». Le bijou de Fauvillers, datant de l'âge du bronze, était destiné à être porté droit sur la tête, parure légère dont la forme cannelée procède d'une volonté de l'artiste ou — on ne sait — résulte de l'érosion du temps.

Pesant à peine 10 grammes, il est formé d'une seule feuille d'or pur d'un demi-millimètre d'épaisseur et, par sa légèreté et sa facture, appelle la comparaison avec un bijou du même type découvert cette fois à Arlon, en 1905. Cette année-là, un homme qui bêchait son jardin amena au jour un petit objet qui lui sembla être en or. La journée durant, en compagnie de son beau-frère, il dévasta le jardin dans l'espoir de déterrer d'autres trésors, mais en vain. Le bijou trouvé était probablement aussi un diadème, fait d'un mince fil d'or sur lequel l'orfèvre avait fixé, aux deux extrémités, de petites paillettes d'or martelé. Comme celui de Fauvillers, il pèse un souffle (20 grammes à peine pour 38 cm de long) et date de la fin de l'âge du bronze, voire du début de l'âge du fer. A l'époque de cette double découverte, le musée archéologique d'Arlon n'avait pas les moyens financiers de s'offrir d'aussi précieux objets, ce qui justifie la présence de ces derniers au Musée d'Art et d'Histoire de Bruxelles. Mais le fait que les bijoux ont quitté Arlon n'enlève rien à la renommée de la ville et de ses alentours, réputés pour l'or de leur sous-sol.

*
* *

Lors de la construction du chemin de fer, les travaux éventrèrent des nécropoles mérovingiennes dont les tombes contenaient quelques bijoux d'or.

A Toernich, une commune proche d'Arlon, un riche trésor de pièces de monnaies fut exhumé. Certaines monnaies d'or remontaient à l'époque romaine. A Arlon même, on découvrit un moule gallo-romain destiné à fabriquer de la fausse monnaie, preuve étant ainsi faite de l'ancienneté des pratiques de fraude fiscale.

Il semblerait bien, que l'étymologie toponymique d'Arlon ait été fonction des richesses cachées en son sol, puisque le latin «Auro lanum» ou «Orolaunum vicus» désigne «celui que réjouit l'or».

L'or et l'argent ont toujours fasciné fraudeurs et faux-monnayeurs. Témoin cette matrice de l'époque gallo-romaine, outil d'un faussaire qui pouvait ainsi contrefaire plusieurs monnaies différentes.

Un pot rempli à ras bord de monnaies d'or romaines. Qui n'a rêvé trouver pareil trésor? En matière d'or, Arlon semble en tout cas mériter son nom.

UN TRESOR MONETAIRE

L'or de la Gaume

Notre sol recèle aujourd'hui encore de nombreux trésors que des fouilles systématiques ou de heureux hasards rendront peut-être au jour. A cet égard, la région de Virton a déjà récompensé au centuple ceux qui éventrèrent la terre gaumaise à la recherche des traces de son passé, et sans doute n'a-t-elle pas fini d'entretenir chez les archéologues un intérêt passionné.

C'est à Saint-Mard surtout qu'il convient de fouiller, l'actuelle agglomération recouvrant le *vicus* gallo-romain de *Vertunum*, au confluent de la Vire et du Ton.

Au premier siècle de notre ère s'était développé sur le plateau de Majerou un petit centre commer-

Une partie d'un énorme trésor de pièces de monnaie, trouvé dans les environs de Virton. Toutes les nations existant à l'époque utilisaient la même monnaie: la première unité monétaire européenne était née!

Le musée Gaumais..., un merveilleux musée régional à Virton. On y pénètre par une grille en fer forgé et par un chemin bordé d'anciennes plaques de fond de cheminée. Une pièce de monnaie dans le tronc, et l'horloge se met en mouvement...

cial, situé sur l'un des diverticules de la chaussée reliant Reims à Trèves. A la suite des invasions germaniques du IIIème siècle, la prospérité bouda la localité, bientôt ruinée et désertée.

Si l'on s'en tient aux seules trouvailles monétaires, Saint-Mard n'est pas loin de battre un record absolu en la matière.

Le premier trésor fut découvert dans la première moitié du siècle dernier, dans des circonstances peu claires. Au total, 13 kg de métal pour 5 574 pièces de monnaie datant des derniers empereurs romains et des souverains fixés à Trèves. Une inestimable découverte, actuellement conservée au Musée Gaumais, à Virton.

En 1878-1879, la construction de la voie de chemin de fer sur le site même du *vicus* sonna le rappel des historiens et des archéologues qui, avides de découvertes exceptionnelles, achevèrent de bouleverser le terrain, compromettant irrévocablement les fouilles à venir. Côté monnaies, un bilan somptueux : 12 452 pièces de la même époque que les précédentes. Plus près de nous, en 1963, d'autres pièces furent exhumées, en moins grande quantité, mais tout aussi dignes d'intérêt.

La première découverte, baptisée le trésor de Saint-Mard I, fit l'objet d'un long rapport de la part du Cabinet des Médailles de la Bibliothèque Royale à Bruxelles. Ce trésor contient 3 675 pièces datant des empereurs romains de la dynastie des Antonins, subdivisées en deux groupes : 1 129 pièces des empereurs légitimes et 2 546 des souverains gaulois. 277 pièces étaient tellement en mauvais état qu'il fut impossible de les analyser. L'examen a révélé que les pièces n'étaient pas seulement frappées à Rome, mais aussi dans les ateliers locaux de Milan, Trèves, Cologne et que l'alliage en était très inégal. On trouve aussi de fausses pièces, qui s'expliquent sans doute par la situation de crise économique du Bas Empire.

L'empereur Aurélien imposa une réforme monétaire en 274 de notre ère. L'usage des pièces de monnaie frappées par ses prédécesseurs, lesquelles étaient soit d'un alliage douteux, soit mises en circulation de manière plus ou moins frauduleuse par des ateliers romains, fut interdit. Les instructions impériales ne furent cependant pas toujours suivies scrupuleusement dans la Gaule lointaine. L'ancienne monnaie continua à y circuler et sa valeur marchande fut maintenue, ce qui expliquerait que tant de pièces de cette époque furent retrouvées. On ne peut nier non plus que la reconquête de la Gaule par Aurélien, l'invasion des Francs et des Alamans en 276, les diverses révoltes, ne constituaient pas des moments propices à des réformes économiques et que par conséquent l'enfouissement de « trésors » monétaires entrait tout naturellement dans le cadre des mesures de protection des biens.

Plusieurs kilos de pièces de monnaie, découvertes par hasard à Saint-Mard, près de Virton ; des milliers de pièces de monnaie, mises à jour lors d'importants travaux de terrassement. Qui ne rêve d'une telle trouvaille ? Non seulement la quantité impressionne, mais l'excellent état des pièces est surprenant. Une explication à pareille abondance réside peut-être dans le fait que les Gaulois, comme leurs descendants, n'avaient guère envie d'échanger leur « bonne » monnaie contre une autre de moindre valeur. Jadis comme maintenant, les réformes monétaires profitaient toujours au gouvernement.

UN ALCHIMISTE EXTRAVAGANT

Van Helmont

Le plus célèbre, le plus connu des alchimistes de nos provinces fut sans conteste Jean-Baptiste Van Helmont, qui mourut à Vilvorde en 1644. Il émerge de la cohorte de ses contemporains qui ne sont plus que des noms sur les tablettes des siècles enfuis: Tassin de Bruxelles, Gilbert de Landen, Ewald Vogel, Guillaume Mennens...

Si René de Cerclaires échappa à l'oubli, ce fut grâce à la place que son protecteur, le comte de Hornes, se ménagea dans l'histoire. Celui qui, aux côtés du comte d'Egmont, paya de sa vie l'orgueilleux défi qu'il lança à l'occupant espagnol, avait installé un laboratoire dans son château de Weert et avait confié à Cerclaires cornues et alambics. Hornes fut si enthousiasmé par le savoir-faire de son alchimiste qu'il lui offrit son comté. Après sa décapitation, son héritière contesta cette donation. Cerclaires devança d'éventuelles poursuites judiciaires et prit la clé des champs. Quelques années plus tard, en 1618, on le retrouve au service de l'archiduc Albert. Etonnant? Que non! Les transmutations intéressaient les princes pour des raisons évidentes. Le très catholique et très sceptique roi Philippe II n'avait-il pas financé les recherches de Tiberio Delle Rocca, qui obtint à Malines 6 onces d'un bel argent? Van Helmont, lui, fit mieux: 9 onces et 6 gros de mercure se changèrent en or en présence de témoins!

Qui fut au juste cet homme que ne bridèrent ni les remontrances de la raison ni le dogmatisme scientifique? Un savant génial? Un illuminé? Un naïf pris au piège de ses propres miracles? Tout cela sans doute.

Issu de la noblesse, Jean-Baptiste Van Helmont termina brillamment des études de philosophie à l'université de Louvain, alors qu'il avait à peine 17 ans. Les conférences que Martin Del Rio fit sur la magie, au collège des Jésuites de Louvain, captivèrent ce jeune homme qu'une foi ardente vouait déjà au mysticisme. Son esprit, jamais rassasié, engrangea si bien les connaissances médicales du temps qu'à peine avait-il été proclamé médecin, à 22 ans, que s'ouvrait à lui la carrière professorale.

L'apparition d'un ange l'éloigna de Louvain! Considérant l'acte médical comme une œuvre charitable, Van Helmont pérégrina pendant une dizaine d'années. Il perfectionna son art en France, auprès de Paré et de Palissy. En Bavière, il fut admis dans les rangs des Frères de la Rose-Croix qui peut-être éveillèrent son goût pour l'alchimie.

Son long voyage s'acheva à Vilvorde; il s'y installa, équipa un laboratoire et s'attela à la rédaction d'ouvrages. Son livre le plus fameux l'*Ortus medicinae*, ne fut achevé qu'à la veille de sa mort. Un Irlandais nommé Butler, libéré de prison grâce à son intervention, lui offrit en remerciement une pierre étrange que le savant baptisa *Drif*. Non content d'opérer des guérisons miraculeuses, il utilisa la pierre pour transmuter du

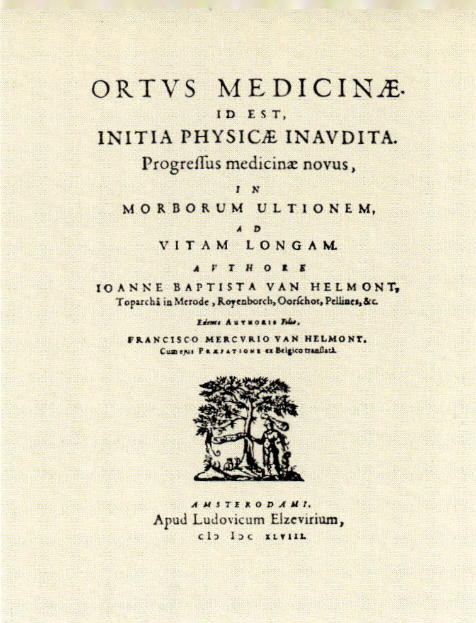
ORTVS MEDICINÆ.
ID EST,
INITIA PHYSICÆ INAVDITA.
Progressus medicinæ novus,
IN
MORBORUM ULTIONEM,
AD
VITAM LONGAM.
AVTHORE
IOANNE BAPTISTA VAN HELMONT,
Toparchâ in Merode, Royenborch, Oorschot, Pellines, &c.
Editore AUTHORIS Filio,
FRANCISCO MERCVRIO VAN HELMONT,
Cum ejus PRÆFATIONE ex Belgico translatâ.

AMSTERODAMI,
Apud Ludovicum Elzevirium,
CIↃ IↃC XLVIII.

Jean-Baptiste Van Helmont, alchimiste et médecin bruxellois du XVIIe siècle, rédigea un traité qui révolutionna l'histoire de la médecine.

mercure en or. Ses succès furent si retentissants que le prince-évêque de Liège, Ernest de Bavière, et l'empereur Rodolphe II voulurent s'attacher ses services d'alchimiste. En vain. Van Helmont demeura à Vilvorde et conjugua l'étude et l'expérimentation en laboratoire. Deux de ses fils furent emportés par une épidémie de peste. Cette fois, la pierre n'avait pas rempli son rôle ! Surmontant sa douleur, le médecin que les drogues du temps réduisaient à l'impuissance observa le fléau, fabriqua les potions qu'il jugeait adéquates et réunit la somme de ses analyses dans un *Traité des Fièvres*.

Les avis de Van Helmont sur telle ou telle question différaient souvent de ceux qu'émettaient les facultés de Louvain. D'une manière générale, il tenait la médecine de son siècle pour une charlatanerie, contestant notamment la sacro-sainte théorie des humeurs, refusant la saignée, prescrivant des médications chimiques en lieu et place des drogues d'origine végétale qui prévalaient depuis l'Antiquité.

Face à la redoutable Inquisition, il fallait du courage pour faire œuvre originale. Van Helmont n'en manquait pas. Il endura la prison en 1621 pour avoir rédigé une série de propositions sur le magnétisme animal, d'ailleurs publiées à son insu. Son fils François-Mercure, qui édita les œuvres paternelles, connut des affres identiques. Egalement médecin, également tenté par le mysticisme, il dut blanchir devant l'inquisition romaine, en 1662, des propos tenus pour hérétiques. Un curieux homme, lui aussi, que la lecture de la Kabbale inspira dans la mise au point d'une méthode d'éducation pour les sourds-muets.

Il ne convient pas ici de s'étendre sur la carrière scientifique de Jean-Baptiste Van Helmont, mais il importe d'en souligner l'aspect encyclopédique, universel, qui caractérise d'ailleurs les préoccupations des savants de la Renaissance. On doit à Van Helmont d'avoir découvert et mis en évidence le suc gastrique. C'est également lui qui, dans le domaine de la chimie, cerna la notion capitale d'état gazeux, le terme même de « gaz » étant de son invention. L'occultisme fut curieusement à la base de cette découverte, puisque celle-ci combine la théorie de Paracelse sur l'*archè* (l'esprit vital) à celle du *blas* (la force impulsive).

Tout l'attrait qu'exerça l'alchimie sur Van Helmont s'explique par la fascination profonde dont le surnaturel entachait cet esprit par ailleurs critique et éminemment logique. Son adhésion à la philosophie hermétique, très répandue parmi les humanistes, se renforçait d'un mysticisme pour le moins extravagant. Ne prétendait-il pas avoir vu son âme lui apparaître sous la forme d'un cristal resplendissant ?

La croyance en la réalité de la transmutation alchimique s'ensemençait donc dans un terrain idéal, et les alliages obtenus en laboratoire, considérés par des yeux pleins de ferveur, brillaient comme de l'or pur. Pénétré de l'excellence des pratiques magiques et de l'*alkaest*, le remède universel, Van Helmont poursuivit son « œuvre de Sagesse » auprès de l'athanor, le fourneau des alchimistes.

Il conserva jusqu'à son dernier souffle la certitude d'avoir trouvé la pierre philosophale, se gardant bien d'en révéler la recette et la nature, car, disait-il en se recommandant à Dieu, il ne fallait pas jeter des roses aux pourceaux.

Tel père, tel fils ! Jean-Baptiste Van Helmont et son fils François firent preuve d'un mysticisme déconcertant...

Vision symbolique d'un laboratoire où l'adepte, à l'aide du soufre et du mercure (les deux fleurs) tente de fabriquer l'argent (la lune) et l'or (le soleil).

Trois alchimistes célèbres, Basile Valentin, Thomas Norton et l'abbé Cremer échangent leurs secrets près d'un fourneau alimenté par le dieu Vulcain.

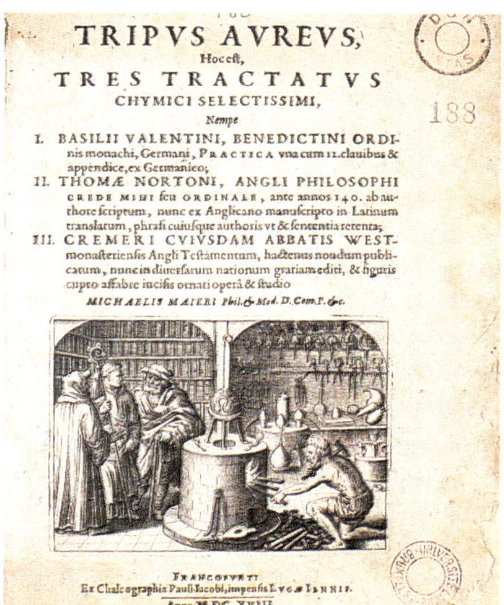

TRIPVS AVREVS,
Hoc est,
TRES TRACTATVS
CHYMICI SELECTISSIMI,
Nempe
I. BASILII VALENTINI, BENEDICTINI ORDInis monachi, Germani, PRACTICA vna cum 12. clauibus & appendice, ex Germanico;
II. THOMÆ NORTONI, ANGLI PHILOSOPHI CREDE MIHI seu ORDINALE, ante annos 140. ab authore scriptum, nunc ex Anglicano manuscripto in Latinum translatum, phrasi cuiusque authoris vt & sententia retenta;
III. CREMERI CVIVSDAM ABBATIS WESTmonasteriensis Angli Testamentum, hactenus nondum publicatum, nunc in diuersarum nationum gratiam editi, & figuris cupro affabre incisis ornati operâ & studio
MICHAELIS MAIERI Phil. & Med. D. Com. P. &c.

FRANCOFVRTI
Ex Chalcographia Pauli Iacobi, impensis LVCÆ IENNIS.
Anno M. DC. XVIII.

TROUBLANTE ALCHIMIE

L'alchimie peut se définir comme un système complexe comprenant des manipulations artisanales aussi bien que des spéculations d'ordre philosophique. Les premières relèvent de la chimie primitive et les secondes, de la quête spirituelle.

Son but essentiel : découvrir la pierre philosophale qui, sous forme d'une poudre de projection, serait capable de transmuter en or un métal vil.

Grâce à une série d'opérations — le grand œuvre — , l'alchimiste escomptait accélérer en laboratoire le processus naturel qui, au terme d'une longue maturation dans les entrailles de la terre, convertissait le plomb en or. Le grand œuvre comportait trois phases successives : l'œuvre au noir (la calcination), au blanc et au rouge (la production de

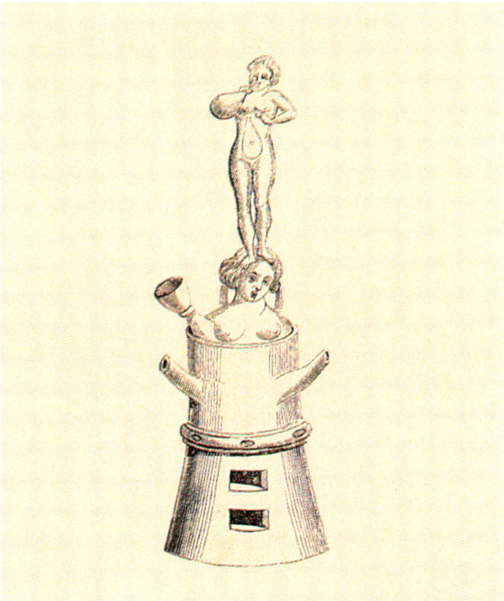

Les alchimistes disposaient d'un matériel de laboratoire très complexe : cornues, matras, aludels, creusets, alambics, fourneaux, etc. Ce matériel est encore fabriqué actuellement pour les alchimistes contemporains, plus nombreux qu'on ne le croit.

AZOTH,
OV LE MOYEN DE FAIRE
l'Or caché des Philosophes.
De Frere Basile Valentin.
Reueu, corrigé & augmenté par Mr. L'agneau Medecin.

A PARIS,
Chez PIERRE MOET, Libraire Iuré, proche le Pont S. Michel à l'Image S. Alexis.
M. DC. LIX.

Ce dialogue sur la transmutation entre Senior et Adolphus est un faux attribué à Basile Valentin, un alchimiste aussi prestigieux que légendaire.

métal fin — argent ou or). Il résultait de l'union de deux principes : l'un mâle, actif, sec, igné, concrétisé par le soufre ; l'autre, femelle, passif, humide, aqueux, concrétisé par le mercure.

L'alchimiste, manipulant les métaux, agissait aussi sur lui-même et briguait l'immortalité, recherchant la recette de l'or potable, l'élixir de vie.

L'art alchimique naquit, voici de nombreux siècles, en Chine et dans le bassin méditerranéen.

D'après « Le Livre d'Enoch », des anges déchus ayant apprécié la beauté des filles de la Terre leur en auraient transmis la connaissance, consignée dans un ouvrage légendaire que les Egyptiens nommèrent « Chêma ». Les premiers textes gréco-égyptiens connus relatifs à l'Art Royal remontent aux IIème et IVème siècles de notre ère. La plupart proviennent d'Alexandrie et sont cités par Zosime de Panapolis. La découverte de l'alchimie est attribuée à Hermès Trismégiste, figure grécisée du dieu égyptien Thot. D'où ce qualificatif d'hermétique, si souvent appliqué à l'alchimie en tant que science mystérieuse, obscure aux profanes.

Des Grecs, l'alchimie passa aux Byzantins et aux Arabes qui, tels Geber, Rhasès et Avicenne, la firent progresser parallèlement aux disciplines apparentées, à savoir la médecine et l'astrologie. Traduits en latin au XIIème siècle, les écrits arabes, et parmi eux la célèbre Table d'Emeraude d'Hermès, touchèrent enfin l'Occident chrétien. Albert le Grand, Thomas d'Aquin, Roger Bacon, Arnaud de Villeneuve s'y référèrent abondamment au siècle suivant et donnèrent à l'alchimie ses lettres de noblesse. Cependant, malgré le vif intérêt que lui prodiguèrent princes et docteurs, l'art alchimique, soupçonné par Rome de répandre des doctrines philosophiques par trop hétérodoxes, fut dénoncé par l'Eglise comme pouvant présenter un danger pour la foi.

La figure semi-légendaire de Nicolas Flamel et les transmutations réputées fabuleuses de Raymond Lulle achevèrent de nimber l'alchimie d'une aura énigmatique.

Au XVIème siècle, grâce à l'imprimerie, les recueils alchimiques connurent une grande diffusion, à laquelle la séduction des illustrations si riches en leur message allégorique et symbolique, ne fut sans doute pas étrangère.

Hélas, la Renaissance annonce également le déclin de cet art vraiment royal, désormais écartelé entre la recherche opérative et ses aspects spéculatifs. Les théosophes, les mystiques, tels les Rose-Croix, voulurent se démarquer de la masse des chercheurs d'or et poussèrent progressivement l'alchimie dans le cortège des sciences occultes. Aux antipodes de ces spiritualistes œuvraient les premiers praticiens de la chimie moderne ; ils dénonçèrent les utopies d'une doctrine dont pourtant des hommes de science comme Van Helmont et Newton ne se détournèrent jamais complètement.

Aujourd'hui encore, deux siècles après Lavoisier, l'alchimie compte des adeptes. D'aucuns prétendent détenir le Grand Secret. Peut-être. Dans ce cas-là cependant, le mystère demeure entier, car ni les traités, ni l'alliage baptisé « or alchimique » n'en contiennent les encourageantes prémisses.

Orval fut jadis une abbaye puissante et réputée très riche. Son nom parle de lui-même. Dès lors, il n'est pas étonnant qu'au cours des années certains risquèrent leur fortune et même leur vie dans l'espoir de trouver un fabuleux trésor. Vainement pourtant. Le trésor a-t-il jamais existé ou bien ce tombeau isolé symbolise-t-il le secret des moines emporté dans la mort?

LEGENDE OU REALITE

Les trésors d'Orval

L'histoire du trésor caché d'Orval appartient à l'une de ces légendes qui, bien que mises à mal par l'Histoire, demeurent intactes dans la mémoire populaire. Lorsqu'à la fin du XVIIIème siècle le péril de la Révolution française menaça nos régions, les religieux de l'abbaye d'Orval quittèrent ses bâtiments séculaires pour se réfugier, certains dans une contrée voisine, d'autres plus loin, jusqu'en Russie. Les villageois racontèrent, non sans émotion, qu'ils avaient vu les moines enfouir des objets dans le sol avant de quitter les lieux, de nuit, en rangs silencieux, à la lueur des cierges.

Ces paysans de Gaume avaient toujours éprouvé un respect mêlé de timidité devant les hautes bâtisses de l'abbaye et le seul or qu'ils eussent jamais vu luire ici-bas appartenait aux moines. Selon un raisonnement simpliste, mais logique, ce ne pouvait donc être que leur bien le plus précieux

Des aventuriers, au début du XIXème siècle, crurent que le trésor dormait sous les étangs de l'abbaye. A la faveur de l'obscurité, les « Chevaliers de la Nuit » travaillaient de toutes leurs forces au déblaiement des tunnels. Des dizaines de mètre cubes de terre furent enlevés, mais sans résultat. Bien pis: un tunnel s'effondra, ensevelissant un grand nombre d'ouvriers.

que les Cisterciens avaient enterré avant de prendre le chemin de l'exil. Il y en avait même pour prétendre que les joyaux de la couronne de France y étaient joints. Louis XVI n'était-il pas près de rallier Orval quand il avait été intercepté à Varennes ? Et les troupes du général Loison n'avaient-elles pas ensuite incendié l'abbaye aux seules fins de récupérer le trésor royal ? Mais où donc se cachait-il, ce diable de trésor ? Les plus superstitieux des paysans du lieu n'hésitaient pas à affirmer que les richesses des moines ayant été indûment acquises au cours des siècles, le Malin en avait pris possession et n'était pas décidé à les rendre de sitôt. Il laissait pourtant tout loisir aux noctambules courageux de fouiller les ruines du monastère, mais si l'un d'eux entendait un grand vacarme infernal, cris de chauve-souris, miaulements terrifiants ou pleurs de chien, ce serait la preuve que l'Enfer avait englouti le trésor.

Les rumeurs concernant les richesses cachées ont toujours attiré une pléiade d'aventuriers. En 1814, une bande de rêveurs, les Chevaliers de la Nuit, remuèrent vainement pendant deux années les ruines de l'abbaye. Persuadés, en désespoir de cause, que le trésor gisait sous l'eau calme des étangs, ils creusèrent en secret quelques galeries. L'un des tunnels s'effondra, ensevelissant 22 de ces fiévreux de l'or. L'écrivain Paul Féval fit revivre la légende et leur misérable épopée dans son roman *Les Errants de la Nuit*, dont l'action se déroule précisément dans le site romantique de l'abbaye dévastée.

Le comte de Geloes, chambellan du roi des Pays-Bas Guillaume Ier, fut, lui aussi, obsédé par le trésor des Cisterciens. Il acheta les ruines en 1829 et, en 1840, une société anonyme se constitua pour « exploiter » le domaine. L'article 11 de l'acte de fondation de cette société stipulait que toute trouvaille de valeur revenait de droit au comte, les recherches étant spécifiquement payées par sa cassette.

Malgré les efforts consentis et le temps gaspillé, le trésor demeura introuvable.

D'aucuns prétendent, selon les termes d'une vieille légende, qu'il ne sera retrouvé que lorsque l'abbaye, sur laquelle veille saint Bernard — saint patron de l'ordre de Cîteaux — aura retrouvé son lustre d'antan. Orval fut reconstruit en 1926 et des moines revinrent en peupler l'ancien domaine. Le trésor néanmoins ne reparut pas pour autant. Une légende sans fondements, vraiment ? Ou... un mystère de plus ?

Par tous les temps, un nommé Geloes chercha le trésor légendaire entre les voûtes, toujours majestueuses, de l'abbaye. Il y perdit toute sa fortune. La question reste pendante : le trésor existe-t-il vraiment ou n'est-il pas plutôt l'expression symbolique de la foi et de la dévotion de ceux qui reconstruisirent l'abbaye après sa destruction par la folie révolutionnaire ?

LE SECRET DE ST-HUBERT

Reinhardstein ?

Il faut marcher en plein bois pour atteindre le burg de Reinhardstein, car sa découverte se mérite. On l'aborde généralement par le versant nord où ne subsistent de l'ancienne zone extérieure de défense qu'une demi-tour et une vieille grange reliées jadis par un porche d'entrée abritant les hommes de garde.

Dans l'hagiographie médiévale, saint Hubert occupe une place tout à fait exceptionnelle que justifièrent sans doute la notoriété de ses pouvoirs miraculeux posthumes et la diffusion de son culte, mais que sa vie de prélat, à la charnière du VIIème et du VIIIème siècle, pour édifiante qu'elle fût, ne laissait pas présager. Hubert, évêque de Tongres-Maastricht, déplaça le siège de son diocèse à Liège vers 725 et décéda peu après. Son corps fut, un siècle plus tard, déposé à l'abbaye d'Andage, au cœur de l'Ardenne, afin d'encourager dans ce monastère isolé l'espoir d'un pèlerinage lucratif. En somme une opération promotionnelle dont le succès fut si patent qu'Andage, devenu Saint-Hubert, grandit en même temps que la réputation de son saint protecteur. La «légende dorée» d'Hubert suivit tout naturellement, s'étoffant au fil du temps de nouveaux épisodes dont celui, fort célèbre, de la confrontation du chasseur avec le cerf portant entre ses cornes le signe de la Sainte Croix, et de la conversion qui s'ensuivit. Selon ses biographes, Hubert n'aurait jamais éprouvé qu'un goût très modéré pour la chasse, mais l'hagiographie se devait de lier sa destinée à celle de cette prestigieuse forêt d'Ardenne, où les rois carolingiens traquaient le gibier et où naquit précisément son culte.

Au XVème siècle, le patron de l'Ardenne était devenu l'un des saints les plus célèbres d'Occident et, bien que sa châsse ait disparu à la fin du XVIIIème siècle, le pèlerinage à Saint-Hubert mobilise toujours les foules à l'heure présente.

L'énigme de la disparition du reliquaire demeure entière. On sait avec certitude que le dernier abbé prit le chemin de l'exil en emportant le précieux objet, afin de le préserver de la tourmente révolutionnaire. Le religieux n'atteignit jamais son but, l'abbaye de Prüm ; il mourut en cours de route et le reliquaire disparut avec lui, comme volatilisé. Peu à peu cependant, des bruits se firent jour et désignèrent le château de Reinhardstein, sur le territoire de Waimes, comme la destination de l'ultime translation des reliques d'Hubert. A priori, rien d'impossible, le château pouvant avoir constitué une étape dans le voyage de l'abbé, déjà atteint par le mal qui devait l'emporter.

Reinhardstein... superbe écrin pour un trésor, qui, dès lors, entrerait en concurrence avec celui de la fée Mélusine. Situé sur l'éperon rocheux au confluent du ru d'Ovifat et de la Warche, le burg, avant sa reconstruction en 1973, paraissait sorti tout droit des sagas germaniques. De sombres ruines serrées de près par les bois et dans lesquelles le brouillard levait des armées de fantômes. De surcroît, une réputation vénéneuse entretenue par des légendes et l'appel de l'or enfoui, qui attira tant de monde que les ravages du temps furent bientôt jugés mineurs au vu des déprédations causées par les chasseurs de trésors. Aussi, en 1973, l'équipe du professeur Overloop entreprit-elle de ressusciter le château au prix de travaux titanesques qui amenèrent sur le site 60 tonnes de pierres et près de 20.000 ardoises. Le chantier de reconstruction n'enregistra aucune découverte notoire, faute peut-être d'avoir sondé mètre par mètre les fondations et les structures subsistant depuis le XVIIIème siècle, qui furent conservées. Point donc de reliquaire. Est-ce à dire qu'il faille écarter l'hypothèse de sa présence à Reinhardstein? Pas nécessairement. Saint Hubert y dort peut-être bien de son dernier sommeil, au creux des murs séculaires, bercé par le murmure de la forêt voisine.

Le souvenir de la « clef de saint Hubert » est intimement lié à la lutte séculaire contre la rage. Son pouvoir venait, selon la tradition, de ce qu'elle n'était rien moins qu'un fragment de la chaîne de saint Pierre.

A Reinhardstein, le professeur Overloop, rénovateur des lieux, a mis son point d'honneur à les décorer d'un mobilier remarquable que rehaussent nombre d'œuvres d'art de la meilleure époque.

Le chœur de la chapelle avec, à gauche, un saint Jean-Baptiste en bois du XIVème siècle, et à droite, une sainte Catherine de la même veine. Ces figures du passé veillent-elles sur le Reliquaire de saint Hubert?

Un chercheur d'or sous les frondaisons de l'Ardenne? Cliché d'aujourd'hui, bien surprenant, ou fiction? Reconstitution, plutôt, pour le film « Eldorado », tourné, précisément à Sougné-Remouchamps.

LA HEID DE LA MINE D'OR

Sougné-Remouchamps

Les rivières et le sous-sol de l'Ardenne recèlent-ils de l'or? Les habitants de ces contrées forestières l'ont toujours affirmé et ont cru à l'existence de fabuleuses richesses souterraines, bien avant que la fièvre de l'or ne s'empare de la haute Amblève au tournant du XXème siècle. Les légendes médiévales — surtout le mythe, omniprésent, de la chèvre d'or — et la toponymie témoignent d'ailleurs à l'envi de cette conviction profonde. On sait, grâce à l'archéologie, que les populations celtes se livrèrent à l'orpaillage avant et pendant l'occupation romaine. En revanche, on ignore si leurs efforts furent couronnés de succès. Des récits sans réel fondement historique parlent bien de la Gaule comme d'un royaume de Crésus, certains étant d'ailleurs colportés par des écrivains latins, tel Strabon.

Au Moyen Age, la recherche de l'or s'effectua surtout par le biais de l'alchimie, et l'obsession de

Les paysans de Remouchamps eurent l'intuition, comme le montre ce dessin en coupe, d'utiliser le relief pour faciliter le creusement de leurs puits.

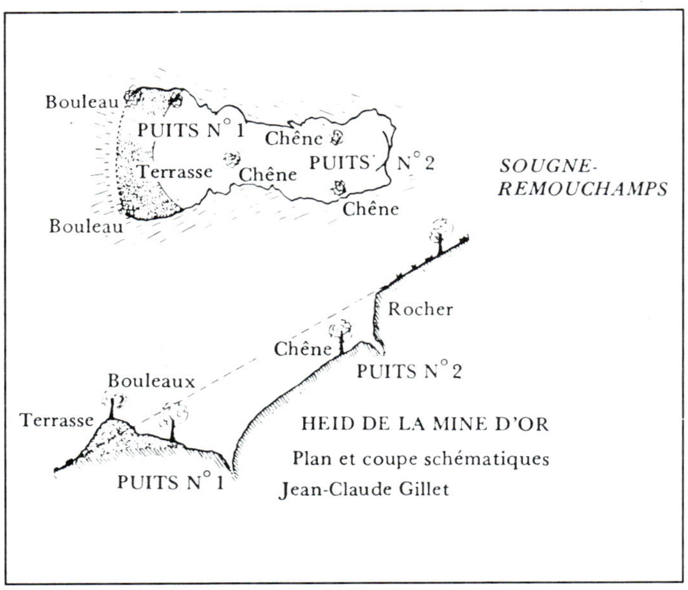

Deux filons majeurs semblent avoir existé — ou existent encore — dans le sous-sol de l'Ardenne: l'un en basse-Amblève, l'autre entre l'Ourthe (La Roche) et l'Amblève supérieure.

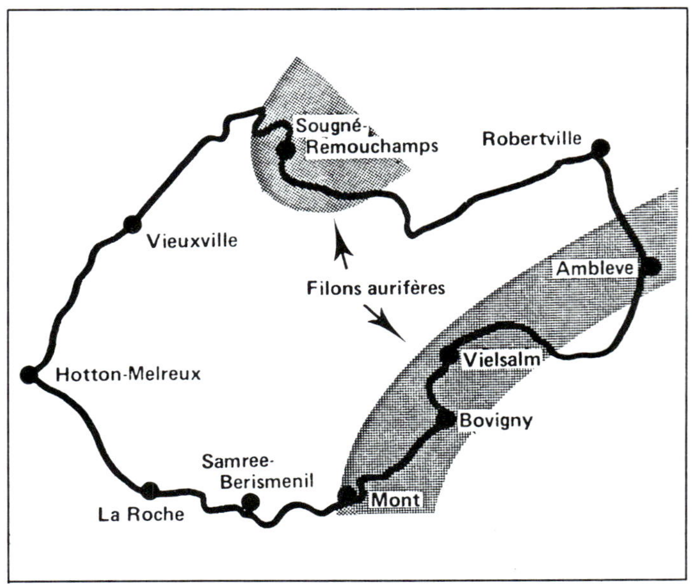

la découverte de la pierre philosophale, destinée à transformer les métaux vils en métaux précieux, oblitéra les activités d'orpaillage. Celles-ci étaient laissées à la discrétion du seigneur, propriétaire des espaces ruraux et de leur sous-sol. Gare au manant qui se fût avisé d'en distraire quelque menue pépite !

Il fallut attendre la fin de l'Ancien Régime pour voir les petites gens d'Ardenne s'enhardir et se mettre à creuser, plus ou moins clandestinement. Le premier succès moderne, en définitive, fut celui de la Heid de la Mine d'or, à Quarreux, non loin de Remouchamps. Dominant la Chefna, affluent de l'Amblève, le sous-bois cache aujourd'hui encore une excavation artificielle que trouent deux puits de mine.

A l'aube du XIXème siècle, trois paysans de Remouchamps décidèrent d'abandonner la charrue pour fouiller la terre dans un endroit déjà prospecté quelques dizaines d'années plus tôt. Un beau jour de 1802, leur rude labeur trouva salaire : les puits qu'ils avaient ouverts dans le bois Babette leur livrèrent quelques beaux échantillons sertis dans le quartz ardennais. Soucieux d'officialiser la découverte et, bien sûr, de la rentabiliser, le trio se rendit à Liège et demanda audience au préfet du département de l'Ourthe. A leur grande surprise, ils furent éconduits par ce haut fonctionnaire du Consulat, qui, raillant cette histoire de mine d'or, les renvoya à leurs maigres labours. Les trois hommes ne furent pas découragés pour autant. Ils continuèrent l'exploitation de la Heid, creusant en solitaires, avec la discrétion que leur commandait la prudence de paysans madrés.

Leurs puits rendaient régulièrement de l'or qu'ils marchandaient chez les joailliers contre francs et florins. Cependant, malgré la circonspection dont avaient fait preuve les trois chercheurs d'or, la nouvelle de leur éclatante réussite transpira, colportée par un érudit liégeois qui, en 1833, signalait dans un article qu'un des paysans était devenu millionnaire (en francs-or de l'époque !). Dès lors, l'intérêt du grand public se porta sur le vallon ardennais et sa mine providentielle. Trop tard, hélas ! Le filon était épuisé et les puits furent vite abandonnés. Pendant près de 30 ans, la mine de Quarreux avait produit un or parcimonieux, en quantité suffisante néanmoins pour assurer une vieillesse dorée à ses exploitants, qui vécurent là une aventure hors du commun.

Une belle victoire de la persévérance sur le scepticisme !

Les Fonds de Quarreux, lieu de légende en amont de Remouchamps. Sans se soucier des « makralles », les chercheurs d'or établirent leur campement sur la rive droite de la rivière.

Labeur patient, acharné, têtu : les paysans transformés en « fous de l'or » eurent la sagesse de travailler en silence pendant de longues années.

Une vie souterraine

Des quatre éléments, la terre est sans conteste le plus mystérieux, car
elle scelle en son sein
trésors et pourritures, sources et cavernes, démons et merveilles.
Qui s'enfonce dans ce giron primordial s'expose à y rencontrer
la Mort et ses livides cohortes,
le vieux Saturne et son sablier d'Eternité, mais surtout la déesse sans nom,
matrice de toute vie, que tous les peuples du monde reconnurent
comme la Grande Mère.
Le voyage sous terre constitue une terrible épreuve. Les Anciens, qui
se gardaient de pénétrer dans grottes et abîmes, ne l'ignoraient pas et
vouaient d'ailleurs aux divinités chtoniennes un culte craintif.
Que son périple souterrain ait été vécu par le corps
ou seulement par l'esprit, par le rêve ou par l'initiation, celui qui
retrouve la luminosité du ciel après l'obscurité oppressante des profondeurs
ne sera plus tout à fait le même homme. Il aura mûri
dans ce vaste sépulcre où la putréfaction prépare l'éclosion de la vie,
il se sera transformé
comme les métaux des alchimistes et aura peut-être fait or
ce qui, dans ses pensées et dans ses actes, était au préalable en plomb.
L'Enfer, n'en parlons pas !
Il n'est pas certain du tout — n'en déplaise à Dante —
qu'il existe ailleurs que dans les souffrances humaines,
la torture et la cruauté,
et si les volcans vomissent parfois
l'âme brûlante de la planète, il serait vain d'y voir l'ire de Satan.
Mais trêve de philosophie !
Cet été, nous irons à Pétigny, à Remouchamps et dans le vallon des
chantoirs. Nos torches allumeront des diamants au bout des stalactites
et nous souhaiterons peindre les murs de notre chambre à coucher
avec ces bleus, ces ocres, ces roses du calcaire
réveillé par la lumière.
Par comparaison, les tunnels, excavations et passages creusés par l'homme
nous paraîtront bien laids. Egoûts, cloaques, rues
et fortifications enterrées sous la grande ville… Pourquoi pas, après tout ?
L'insolite, comme l'esprit, souffle où il veut !

VAUBAN : UN FADA !

Philippeville

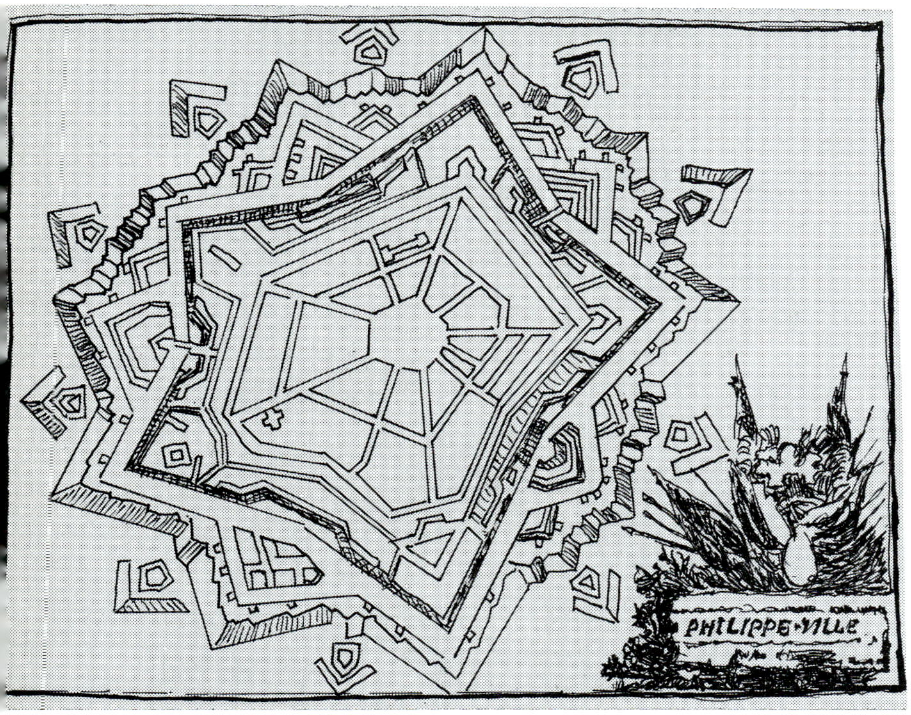

La place forte de Philippeville épousait la forme d'un pentagone et se composait de cinq bastions. Rayonnantes et rectilignes, toutes les rues aboutissaient, comme aujourd'hui, à une place centrale.

Philippeville doit tout à Charles Quint. C'est lui qui, en 1555, ordonna ici l'édification d'une forteresse destinée à répondre à celle de Mariembourg, alors aux mains de la France. Il la baptisa, on le sait, du nom de son fils, le futur Philippe II. Mais, même pour un empereur, les voies de l'Histoire sont impénétrables et, un siècle plus tard, le traité des Pyrénées faisait des Philippevillains des sujets de Louis XIV. On vit alors arriver l'inévitable Vauban qui renforça les fortifications et creusa des souterrains : 10 km, aujourd'hui vieux de 300 ans et orgueil de la petite cité.

A une dizaine de mètres de profondeur, chaque après-midi de juillet et d'août, les visiteurs peuvent ainsi parcourir les 370 m qui vont du bastion de saint Louis à celui de la Reine. Fait remarquable, le temps, *« ce froid passant des siècles »*, n'en a guère altéré les maçonneries : les pierres donnent l'impression d'avoir été taillées, et avec quelle netteté, à l'instant même. Ici plane encore l'ombre dansante de ceux qui, à la lueur des torches et pour la gloire du Roi-Soleil, transportèrent dans de lourdes hottes des terres qu'ils n'en finissaient pas d'évacuer. Leurs coups de pioche sont toujours visibles et aussi les traces de leurs doigts dans le mortier.

Les souterrains de Philippeville donnent une certaine idée de la stratégie militaire du XVIIème siècle. Ils reliaient, en un véritable labyrinthe, les postes extérieurs de la forteresse à l'enceinte principale. En cas d'incendie ou de siège de la place forte, ils permettaient d'évacuer les hommes. Enfin, construites en « sapin de Noël », des cham-

Rien, apparemment, ne subsiste de la redoutable forteresse de jadis. Tout semble avoir été rasé, tout a disparu, jusqu'à la dernière pierre des fortifications. Tout, sauf des souterrains...

bres d'écoute ou contre-mines partaient des galeries principales. Elles étaient destinées, vous l'avez deviné, à éventer les mines de l'ennemi et à prévenir les travaux d'approche ou de sape qu'il pouvait entreprendre.

Un peu plus loin, ces réduits de 2 m sur 2 servaient de corps de garde et d'entrepôts pour le matériel. Ces entailles ménagées dans les murs? On pouvait, en cas de nécessité, y glisser des planches et freiner ainsi une attaque ennemie. Ces petites niches creusées dans les parois? Elles recevaient les lampes à huile nécessaires à l'éclairage: il y en a 32 pour les 370 m visitables. Les architectes militaires n'avaient pas oublié l'aération: elle se faisait par des cheminées qui débouchaient au niveau du sol. Quelques-unes subsistent, beaucoup ont été obturées. Certains Philippevillains, paraît-il, n'apprécient pas de voir leur jardin transformé en gruyère!

Vauban rôde-t-il encore parfois dans ses souterrains? Peut-être. En tout cas, à Philippeville, un peu irrespectueusement, on le traite volontiers de fana ou de fada, car pour l'historien local, ce travail de taupe n'a jamais été d'une grande utilité. Mais Vauban a eu sa revanche trois siècles plus tard: pendant la Deuxième Guerre mondiale, ses souterrains ont servi d'abri contre les bombardements.

Récemment, les travaux de contournement de la ville ont permis la découverte de galeries inconnues jusqu'ici, où un XVIIème siècle prévoyant avait aménagé, pour ces soldats des ténèbres, un lavoir avec pavés et pierres de taille. Estimable confort, il comportait deux rigoles d'écoulement dont l'une, plus élevée que l'autre, permettait l'écoulement du savon. On espère bien sauver ce témoin d'un curieux passé, aujourd'hui rempli de boue et de vase. Puissent les dieux qui protègent les souterrains se pencher sur le vieux lavoir de Philippeville: il en aura peut-être bien besoin!

Creusés dans le schiste à l'initiative de Vauban, le fameux architecte militaire de Louis XIV, les souterrains de Philippeville serpentent sous la petite cité depuis le XVIIème siècle. Des souterrains remarquablement conservés: les coups de pioche sont encore visibles et la taille de la pierre, d'une grande netteté, apparaît à la lumière artificielle d'une réelle beauté. Sait-on que le mortier qui cimentait les blocs était préparé à base de farine de seigle? Des visites sont organisées, en saison, sous la conduite de guides locaux. Elles sont précédées d'un montage audio-visuel assurément digne d'intérêt.

REMPARTS ENTERRES

St-Trond

L'imposante porte de Brustem (Saint-Trond, XVIème siècle). Elle fut, à plusieurs reprises, reconstruite et fortifiée suivant l'évolution des techniques de guerre. Mais en 1675, Louis XIV mina les fortifications de la ville et la porte s'écroula.

A la fin du XVIIIème siècle, de nombreuses villes de grande et moyenne importance jetèrent à bas leurs remparts, considérés comme le reliquat d'un âge révolu, et par ailleurs souvent largement débordés par l'extension des quartiers périphériques. Saint-Trond ne fit pas exception et combla ses fortifications en 1770.

C'est donc sous terre qu'il faut actuellement rechercher les vestiges des anciennes défenses de la cité et notamment de la porte de Brustem, dont beaucoup de Trudonaires ignorent jusqu'à l'existence, à vrai dire pour le moins confidentielle. L'accès à cette bâtisse enterrée se fait par un escalier dérobé qui plonge sous la place de l'Europe et au pied duquel un guide vous attendra pour vous entraîner dans les corridors exigus du passé. Les gargouilles n'égouttent plus que le vide, les meurtrières sont bouchées et les canons se sont tus pour toujours, mais un peu d'imagination suffit pour habiter à nouveau les voûtes du fracas de la bataille et saturer les poudrières de la fumée âcre des explosions.

La ville tire son origine de la puissante abbaye bénédictine fondée par saint Trudon vers 650-660 et dont la tour fut au haut Moyen Age la première fortification. En 1806, des remparts de bois enserraient le monastère et un petit noyau urbain, dont la défense fut complétée, sous l'abbé Abélard II, par des douves et de solides portes avec ponts-levis.

Murs de bois d'abord, qui devinrent de pierre en 1129, sous l'abbatiat de Rodolphe. En 1133, la cité s'ouvrait au monde par 5 portes : la Klockempoort, la Stapelpoort, la Gangelofpoort, la Nieuwe Poort et la porte de Brustem. Un ruisseau, le Cicindria, traversait la ville et alimentait les dou-

Certaines parties de la porte de Brustem sont d'époque. Sous les voûtes de la salle d'armes avec ses couloirs, ses escaliers, ses cheminées, puits, canons et meurtrières, on peut imaginer l'atmosphère de la défense d'une ville, avec ses soldats nettoyant leurs armes et leurs officiers criant leurs ordres. Le puits, entouré d'une barrière métallique, indique le niveau du fossé qui au XVIème siècle était de 8 m de profondeur. La porte de Brustem a été sauvée de la destruction totale, grâce à sa position dans la partie haute de la ville.

ves, qui atteignaient 8 m de profondeur à la porte de Brustem, surélevée par rapport au niveau des constructions urbaines. La gargouille inférieure, toujours visible de nos jours, constitue le seul rappel du plan d'eau des fossés disparus.

Saint-Trond ne fut pas fortifié en vain, car la convoitise et la vindicte des princes territoriaux du Moyen Age vinrent souvent battre ses remparts, tel un océan déchaîné. Au début du XIIème siècle, la ville capitula une première fois devant l'armée du duc de Brabant, mais lorsque, plus tard, Robert de la Marck s'empara de la porte de Brustem après trois jours de combat, il fut repoussé par le peuple déchaîné. Soutenu par trente mille Liégeois accourus à son aide, Charles le Téméraire assiégea Saint-Trond le 28 octobre 1467. La bataille de Brustem fit neuf mille morts et la cité, une fois investie, vit ses défenses démantelées. Reconstruites dix ans plus tard et mieux adaptées au progrès de l'artillerie, les fortifications furent à nouveaux rasées en 1675 par les troupes de Louis XIV, qui minèrent également les portes. Avant cela, en 1568, la ville, rendue aux armées de Guillaume le Taciturne, avait été pillée et incendiée.

Ruinée, puis enterrée, la porte de Brustem fut «redécouverte» en 1897, lors des travaux de construction des égouts de la ville.

En 1939, la chute de la voûte commanda sa restauration, au cours de laquelle l'étage supérieur, datant des environs de 1510, fut dégagé, de même qu'une seconde entrée, située dans la rue de Liège.

Avec la Moerenpoort de Tongres, qui fait également l'objet de visites guidées, les vestiges cachés des remparts de Saint-Trond posent incontestablement un jalon intéressant dans une quête touristique de l'insolite.

RUE ISABELLE

Sous la Place Royale

Sur le site de la place Royale, s'élevait jadis ce magnifique palais ducal et royal. Son puissant quadrilatère couvrait tout le Coudenberg et jouxtait l'abbaye du même nom située dans l'actuelle rue de Namur. Il ne fallut que six heures pour qu'en 1731 un incendie le détruise complètement.

Bruxelles, ville réputée millénaire, se montra relativement avare de surprises archéologiques lors de l'éventration de son centre en vue de l'installation du métro. Cependant, les entreprises de travaux publics savent pertinemment devoir compter avec un sous-sol qui, par endroits, tient du labyrinthe. A cet égard, la Place Royale offre un exemple tout à fait extraordinaire de l'ancien réseau souterrain subsistant sous la cité moderne. Une fraction importante de ces passages enfouis, qui couraient de la Place des Palais à la rue de la Régence et de la rue de la Montagne de la Cour à la rue de Namur, fut malheureusement comblée à la suite des travaux de consolidation de la voirie de surface.

Sous l'ex « Lloyd Bank » — aujourd'hui siège de l'Administration de la Région Bruxelloise —, à douze mètres de profondeur, demeure néanmoins

A douze mètres sous le sol de la place Royale, le visiteur peut découvrir les vestiges de la « Cour brûlée ». Lorsqu'en 1772 Charles de Lorraine chargea l'architecte Guimard d'aménager le site, ce dernier s'efforça d'utiliser les salles basses et les caves sauvées du désastre comme fondations.

un prodigieux décor directement sorti du XVème siècle, que des amateurs de mystère désignèrent, un peu hâtivement, comme le temple secret de quelque incertaine secte. Des recherches menées avec plus de sérieux conclurent en fait aux derniers vestiges d'une demeure ducale, puis royale. Pas de mystère donc, mais l'insolite est pourtant au rendez-vous. On ne s'attend guère en effet à rejoindre l'époque bourguignonne en empruntant... l'ascenseur qui plonge dans les caves des bâtiments anciennement occupés par la « Lloyd Bank ». C'est là cependant la machine à remonter le temps que vous emprunterez si vous obtenez l'autorisation d'aller jeter un coup d'œil dans le passé de Bruxelles.

Vers 1200, le duc de Brabant, Henri Ier, abandonna l'insalubre île Saint-Géry au profit de son nouveau château des hauteurs du Coudenberg. Au cours des siècles, ses successeurs en aménagèrent les bâtiments, auxquels, vers 1360, la duchesse Jeanne fit accoler une chapelle. Sous Philippe le Bon, s'éleva un prestigieux palais à trois étages qui fut doté d'une « Magna Aula », immense salle de réunion qui vit l'abdication de Charles Quint. Ce souverain avait procédé, vers 1525, à l'édification d'une chapelle impériale dont les murs débordaient des fondations de la première chapelle castrale du XIVème siècle. Enfin, ce fut l'archiduchesse Isabelle qui, par le tracé de la rue qui porte son nom, joignit le palais à la collégiale Saint-Michel. En 1731, un terrible incendie ravagea de fond en comble le palais du Coudenberg. Il fallut attendre 1772 pour que l'architecte Guimard, sur ordre de Charles de Lorraine, entreprenne le remaniement du site de la « Cour Brûlée ». Pour des raisons d'économie, les caves et salles du rez-de-chaussée des ruines servirent de fondations, mais la petite rue Isabelle fut en partie voûtée, en partie comblée, afin de mettre à niveau la future Place Royale. C'est ainsi qu'au sortir de l'ascenseur, le visiteur se trouve sous la nef centrale de la chapelle de Jeanne de Brabant, dont subsistent deux massives colonnes de soutien, deux arceaux de voûte gothique et un encadrement de porte en pierre avec ses gonds. Une haute porte percée dans un mur épais de 2,25 m donne accès à l'ancienne rue Isabelle, large de 10 m et descendant vers la rue Terarken. Dans cette rue sous la ville, on notera les gros pavés, le mur extérieur de la chapelle, celui de l'ancien hôtel d'Hoogstraeten et une maison avec une cheminée de 3 m de haut et poutre de soutien. L'excursion n'est pas bien longue, mais propose la vision d'un fragment intact et tout à fait authentique du passé architectural de notre capitale.

Un site à préserver absolument, à promouvoir aussi sur le plan touristique, à étendre peut-être...

Ces deux arceaux de voûte gothique faisaient partie d'une chapelle construite par la duchesse Jeanne de Brabant en 1363. Leur bonne conservation contraste avec des plafonds plats à poutrelles d'acier.

On pourra également emprunter une rue pavée d'une quinzaine de mètres de long; il s'agit de l'ancienne rue Isabelle, tracée par l'archiduchesse du même nom en vue d'accéder plus facilement à Sainte-Gudule.

VILLE SOUS LA VILLE

Les égouts à Bruxelles

« L'égout est le rendez-vous de tous les épuisements et de tous les essais. L'égout, c'est la conscience de la ville. C'est le vice que la ville a dans le sang ». Victor Hugo résidait à Bruxelles, quand il mit la dernière main à « *L'intestin du Léviathan* », le deuxième livre des *Misérables*, dans lequel Jean Valjean, Marius blessé sur les épaules, s'enfuit par les égouts de Paris. Les égouts de Bruxelles ne diffèrent guère de ceux-là. Ils sont le rendez-vous des mythes, des légendes, de l'épopée, du grandiose et du sordide. La dernière ressource de l'aventure sous le coin de la rue. La face cachée de la ville, les boyaux qui digèrent ce que l'on rejette, le labyrinthe qui dégoûte et fascine à la fois.

Dans les entrailles de la ville de Bruxelles serpentent 26 kilomètres de collecteurs et 350 d'égouts. En dessous de l'agglomération bruxelloise tout entière, le réseau atteint 1500 kilomètres. Monstrueux ténia dont les plus vieux anneaux sont centenaires — ils datent de 1871 — et dans l'appareil digestif duquel transite la Senne. Toutes les eaux usées de l'agglomération bruxelloise aboutissent dans la Senne, ensuite dans l'Escaut, pour se perdre enfin dans la mer du Nord.

Une porte sur le côté de la Bourse. Un escalier, des salles, une ouverture. L'entrée du cloaque, la

Pour s'y retrouver dans ce labyrinthe souterrain, des plaques de rue émaillent le réseau d'égouts de Bruxelles. De vieilles plaques souvent: certaines datent du siècle passé et portent encore, en français uniquement, d'anciennes appellations. Mais la rue du Jardin des Olives existe toujours.

Il faut curer les collecteurs de temps à autre. Cela se fait avec le wagon-vanne. Les roues prennent appui sur les trottoirs. Le wagon est poussé, lentement, par le courant et la pente naturelle. Et sa vanne, tel un chalut, cure le fond du canal. Au bout du collecteur, l'engin est sorti et ramené en amont sur la surface.

porte du Styx. Dans le fond du canal du collecteur, le courant brasse une eau épaisse aux reflets de mica sous la lumière des lampes-torches. Le vacarme est assourdissant. L'humidité colle le tissu au corps, fait sourdre la sueur sous le casque.

De part et d'autre du canal, des quais. Gras et glissants. Attention à la chute dans le liquide opaque et nauséabond !

Soudain, à droite, l'échappée d'un conduit. Pas de trottoir, là. Les bottes dans l'eau, les gants sur la maçonnerie suintante, à la recherche de l'équilibre. Des moisissures recouvrent la voûte. Des araignées s'y sentent bien.

A droite, à gauche, des bouches déversent un ru fétide. Au-dessus des têtes, parfois, une plaque de fonte tranche sur la brique. L'issue de secours vers l'air, la lumière, la vie, la ville à qui l'on cache, aseptiquement, souterrainement, hors la vue, hors le nez, toute cette pourriture, ces miasmes de mort.

Signe des changements, signe des temps. En 1988, la ville de Bruxelles organisera des visites guidées, au départ d'un des anciens pavillons d'octroi de la porte d'Anderlecht transformé en musée des égouts. Le Styx en groupe, avec un des

Sous le boulevard Jacqmain à Bruxelles, une clef de voûte enchâssée dans le collecteur portait les armes de Léopold II. En octobre 1983, des travaux entraînèrent la démolition de ce collecteur. On cassa la clef de voûte : elle cachait un tube de plomb, qui contenait des pièces d'or et d'argent remontant à Léopold Ier et Léopold II.

Bottes, salopette, casque, gants. La peau est entièrement recouverte. Pas de contact avec l'eau, la sueur des murs et la saleté du sol. Sous la salopette, un léger maillot de corps. Il fait chaud sous Bruxelles : 15°, été comme hiver. Avec l'humidité en prime.

120 membres du service des égouts de la ville en guise de Charon. Pourquoi pas ?

Le Charon bruxellois va à pied sur les quais des collecteurs. Celui d'Anvers, lui, ne quitte pas sa barque, une grande partie du système d'égouts de la métropole étant navigable. Ces canaux souterrains ont pris la place des séculaires *vestinggrachten*, les fossés d'enceinte de la ville. Ils sont voûtés depuis le XVIème siècle et forment aujourd'hui un réseau de *ruien* de 8 kilomètres de long, sous la vieille ville, assurant l'évacuation des eaux usées de 100.000 habitants.

La barque manœuvre sans peine. Les *ruien* ont 3 m 50 de large et autant de haut. Le plus large circule sous *le Lombaardvest* : il fait 10 m 50. Le plus haut s'enterre sous le *Sint-Pietersvliet* : il fait 5 m 25.

A Anvers, le Styx prend des allures de fleuve majestueux qui s'ouvre sur des cathédrales souterraines...

UN DEDALE

Sous la montagne St-Pierre

Les géologues, les botanistes et les préhistoriens connaissent l'endroit sous le nom de Montagne-Saint-Pierre. Les amateurs de génie civil en retiennent la tranchée de Caster où roulent les eaux grises du canal Albert. Les historiens et les anciens combattants associent ce lieu à l'héroïque résistance du fort d'Eben-Emael, caché dans ses flancs. Dans la Basse-Meuse visétoise, on parle encore du labyrinthe de Kanne; dans le Limbourg, on parle de celui de Riemst.

On préférera l'appellation de Montagne-Saint-Pierre pour départager ses riverains autant que pour en respecter la réalité géographique. Car c'est avant tout d'une vaste colline qu'il s'agit, d'un massif de tuffeau, sorte d'échine faisant le gros dos sur la rive gauche de la Meuse et s'étirant aujourd'hui sur une dizaine de kilomètres entre Haccourt et les faubourgs de Maastricht.

Autrefois, la Montagne-Saint-Pierre atteignait 18 kilomètres de long. Mais, dès l'époque gallo-romaine, les occupants de ses versants l'ébréchèrent pour en extraire le tuffeau, ce matériau calcaire tendre et poreux dont ils usaient pour la construction de leurs maisons. L'exploitation dura jusqu'au siècle dernier, la Montagne s'évidant peu à peu en un réseau quasi inextricable de galeries.

Le XIXème siècle et surtout le XXème la virent ainsi se réduire considérablement, car, à l'extraction artisanale du tuffeau succéda l'activité industrielle des carrières, cette qualité de calcaire se prêtant également à la fabrication du ciment. Lixhe et Haccourt accueillirent d'ailleurs d'impressionnantes cimenteries qui poudrent à frimas la rive gauche de la Meuse.

Le phénomène de peau de chagrin se poursuivit dans l'entre-deux-guerres lorsque fut percée la vertigineuse tranchée du canal Albert, à Caster.

Refuge des hommes de la préhistoire, les galeries de la Montagne servirent également d'abri à tous ceux qui, au cours des siècles, fuyaient la loi, l'intolérance ou la guerre. Pendant la dernière, elles cachèrent des résistants hollandais. Des générations d'hôtes y exorcisèrent leur inquiétude ou leur ennui en gravant les parois ou en les décorant de scènes exécutées au charbon de bois. Témoignages intemporels que l'humidité se plaît à défaire.

Avec leur température constante de 10 à 11 degrés et leur taux d'hygrométrie particulièrement élevé (95 %), ces labyrinthes fournirent aux cultivateurs de champignons de couche de belles récoltes de bolets blancs. A l'heure actuelle, des serres ont pris le relais, mais la Montagne n'en a cure: les champignons continuent d'y croître naturellement, nombreux par millions comme les chauves-souris qui viennent hiberner dans ses profondeurs. Celles-ci ont offert aux paléontologues un véritable trésor. Des milliers de fossiles et d'ossements d'animaux antédiluviens ont été mis au jour. Remarquables parfois, comme la carapace d'une tortue géante et la tête d'un reptile inconnu jusqu'à sa découverte ici et baptisé, en toute logique, mosasaure. Pour les naturalistes, l'intérêt de la Montagne-Saint-Pierre réside moins dans ses souterrains qu'en surface. Les falaises de calcaire ocre entretiennent un micro-climat chaud et sec, favorable à la floraison d'orchidées naines.

Du côté belge, la zone la mieux conservée de la colline a été érigée en réserve naturelle. Sous les pas du promeneur, une partie de son mystère a l'assurance d'être sauvegardée.

◀ *Au fil des siècles, les galeries sont devenues le refuge naturel des exilés, des résistants, des habitants qui fuyaient les envahisseurs. Souvent, ces gens simples ont tenté de tuer le temps en se livrant, sur les parois, au dessin ou à la gravure. Leurs motifs ont la spontanéité et la naïveté de l'art populaire.*

Peu à peu, depuis cent ans, les carrières de calcaire grignotent la Montagne Saint-Pierre, surtout à Lixhe et à Haccourt, du côté belge, y créant des dépressions impressionnantes et des falaises assurant un micro-climat plus chaud et plus sec qu'aux alentours. Des sites où le promeneur doit faire preuve de la plus grande prudence... ▶

DES RUES SOUS LE THEATRE

La Monnaie

La tour d'angle de la première enceinte a été improprement baptisée tour Anneessens, puisque le Bruxellois n'y fut jamais emprisonné. Sous la tour et sous les remparts couraient des souterrains de communication où se précipitaient les défenseurs en cas d'alerte.

Dans son roman « Le Métro de Charles Quint » paru en 1929, René Jaumot relate l'histoire rocambolesque d'une jeune femme enlevée par des bandits et séquestrée dans les souterrains de Bruxelles. Le sous-sol de la capitale avalait littéralement les malfrats qui, leurs forfaits accomplis, y dissimulaient le produit de leurs vols. Grâce à un message dissimulé sous l'aile d'un pigeon voyageur, celle-ci put être délivrée et la bande de brigands démantelée.

Des souterrains sous les rues de Bruxelles? Fiction de romancier, me direz-vous. Pas du tout. La ville dissimule bien sous ses immeubles, ses places et ses monuments un véritable dédale de galeries, de caves sous les caves, d'escaliers et de tunnels. Sans doute ne connaîtrons-nous jamais l'ampleur exacte ni le tracé de cet écheveau de

Sous la Monnaie, une pierre tombale. Le théâtre est bâti sur les ruines d'un couvent dominicain. On dit que, quand on a construit le métro, on a découvert de nombreux ossements qu'on a vite évacués pour ne pas arrêter les travaux. Ceux des Dominicains?

A l'aventure dans l'eau encore limpide. Après le passage des plongeurs, l'argile fixée aux parois se répandra en nuages bruns clair, transformant les explorateurs en poissons aveugles. ▶

couloirs et d'espaces excavés. Car les souterrains de Bruxelles ne se limitent pas au site de la rue Isabelle, toujours visible sous la place Royale. L'un d'eux s'ouvre sous la place de la Justice ; on y découvrit 40 tombes au siècle dernier. Un autre unit l'Hôtel de Ville à la Maison du Roi sous les pavés vénérables de la Grand-Place. Un passage court sous le Parc de Bruxelles, reliant le Palais de la Nation à celui du Roi, alors qu'un souterrain de fonction dessert les bâtiments de la Banque Nationale situés de part et d'autre du boulevard de Berlaimont. Souterrains encore sous le Grand Sablon, rues du Chêne, de Namur et de Rollebeek, au Steenpoort, sous l'église du Bon Secours, sous celle des Riches-Claires, rue de la Gouttière, à Saint-Gilles aussi, ailleurs, bien sûr...

Au temps jadis, ces voies enterrées permettaient une communication sûre et rapide entre les propriétés des patriciens ou celles de l'Eglise. En période de guerre, lorsque l'ennemi menaçait la ville, les tunnels du sous-sol conduisaient les défenseurs jusqu'au pied du rempart. Des souterrains étaient même ménagés sous les murs de la seconde enceinte de Bruxelles. En 1961, le spéléologue Marc Jasinski descendit dans les tréfonds de l'École de Médecine, boulevard de Waterloo, et y découvrit, par-delà une petite porte, l'amorce d'une galerie en briques rouges anciennes, haute de 2 m et large de 1 m, orientée selon l'axe du boulevard (porte de Namur - porte de Hal). Jasinksy ne put explorer que 150 m de ce boyau, éboulé d'un côté et noyé de l'autre. Il y découvrit un crâne et des ossements humains, témoins d'un crime parfait ou pitoyables restes d'un combattant du XIVème siècle.

Le théâtre de la Monnaie, restauré jusqu'en ses fondations en 1985-86, fut, lui aussi, construit sur un réseau de souterrains. Ceux-ci reliaient autrefois le couvent des Dominicains, auquel le théâtre succéda, aux domaines qu'ils possédaient au-delà du Fossé aux Loups.

En 1796, les moines blancs avaient été expulsés ; leurs biens, devenus nationaux, furent vendus et leurs église et couvent, démolis. Sous les dalles du chœur reposaient des Dominicains qu'un destin étrange assigna au repos éternel dans la maison de Dieu d'abord, dans celle de l'art lyrique ensuite.

Une pierre bleue de 80 cm sur 30, aux inscriptions à demi effacées, fut retrouvée dans le troisième sous-scène de l'opéra. Aujourd'hui, elle occupe une section du pavement de l'entrée des artistes. Qui, des musiciens et des chanteurs qui la foulent chaque jour, aura une pensée pour le gisant d'antan que cette pierre protégeait ?

Préparatifs de plongée à l'entrée de la partie noyée des souterrains. Les précautions prises par les plongeurs s'apparentent aux mesures de sécurité observées dans les cavernes. En particulier, un fil d'Ariane est indispensable pour assurer le retour dans l'eau boueuse et totalement opaque. ▶

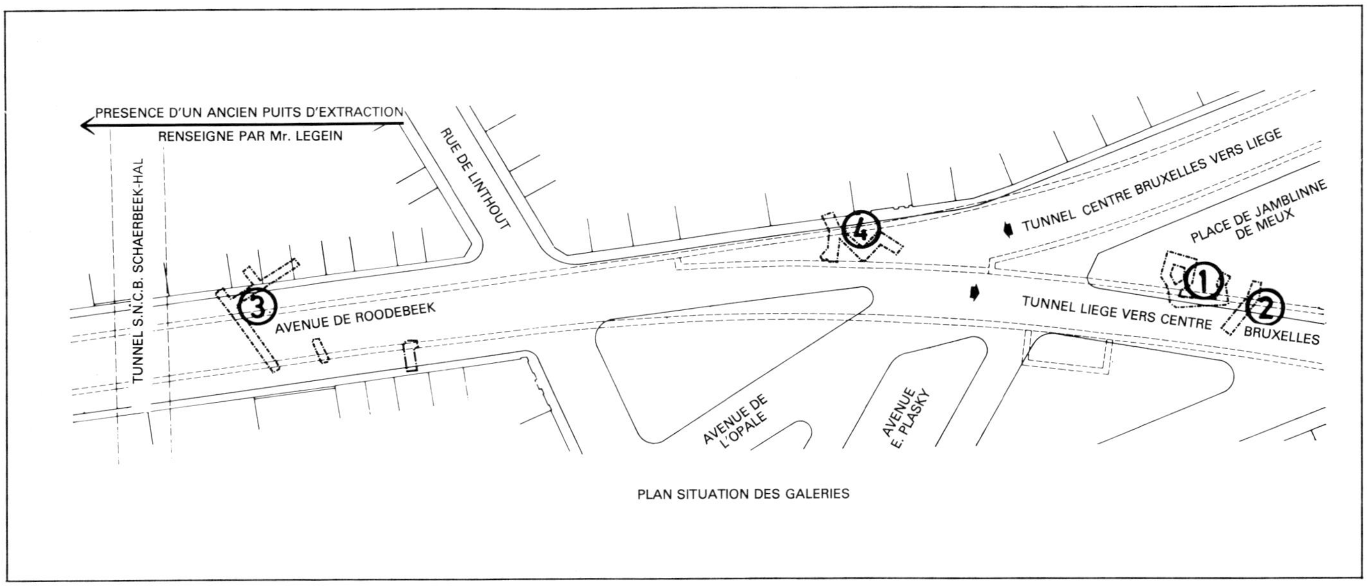

En tout, quatre grandes galeries furent rencontrées. Elles sont numérotées de 1 à 4. Deux petites, non numérotées, apparaissent à droite de la 3.

La galerie n° 3 et les deux petites numérotées 5 et 6. Le dessin montre les fronts de taille des anciennes carrières et les extrémités bloquées par les éboulis.

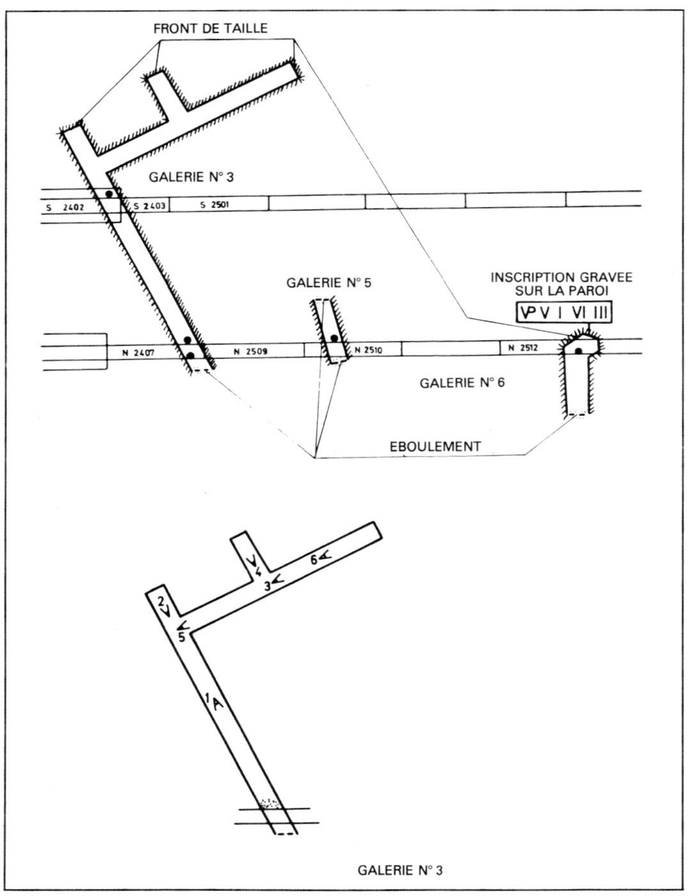

CARRIERES DE JADIS

Souterrains d'aujourd'hui

Le 5 mars 1971, le sous-sol de la place de Jamblinne de Meux, à Schaerbeek, vibrait comme à l'accoutumée sous les attaques des marteaux-piqueurs et des pioches. Depuis des semaines, on travaillait ferme au tunnel routier destiné à relier la ville à l'amorce de l'autoroute de Liège. L'échangeur Reyers étant terminé, il s'agissait de finir vite et bien les travaux de l'autoroute souterraine sous les avenues de Roodebeek et de Cortenberg.

Soudain, ce fut l'accident, heureusement sans gravité ; la victime en était quitte pour la peur. En effet, un manœuvre qui travaillait à la démolition des roches enterrées, à 10 m de profondeur, s'était retrouvé précipité 1 m 50 plus bas. On crut d'abord à un éboulement causé par une cavité souterraine naturelle, mais des recherches ultérieures infirmèrent cette opinion. Il s'agissait en fait d'une ancienne galerie de carrière dont la voûte s'était effondrée sous le poids de l'ouvrier.

Cette galerie fut explorée par des volontaires. Parmi eux, l'ingénieur Philippe Rombouts, qui œuvre toujours au service des routes de Bruxelles Capitale.

Grâce à des forages et à des expéditions d'exploration, plusieurs galeries furent ainsi découvertes.

En tout, quatre grandes, obstruées par des bouchons rocheux résultant d'éboulements, et deux plus petites, qui présentent encore dans les parois et dans leur voûte sableuse la marque des fronts de taille et des coups de bêche. De même que cette inscription pour le moins étrange : VP V I VI III. Le directeur des travaux de la commune de Schaerbeek, mis au courant des trouvailles, ne fut que médiocrement étonné. Il connaissait en effet la présence de vieux puits d'extraction lapidaire dans la rue Victor Hugo voisine. Et il savait que les environs de la place de Jamblinne de Meux étaient jadis désignés sous le nom de « steenputten », soit « trous à pierre ».

Les carrières schaerbeekoises ne sont pas uniques en leur genre dans l'agglomération bruxelloise. L'actuel campus universitaire de la plaine des Manœuvres d'Etterbeek repose sur un véritable gruyère que des sondages effectués vers 1902 avaient déjà mis en évidence. Des puits d'extraction — pas toujours convenablement bouchés — existent également au Solbosch sur le site même des bâtiments principaux de l'ULB. Même chose rue Meyerbeer, à Forest.

D'après l'ouvrage de M. Camerman « Le sous-sol de Bruxelles et ses anciennes carrières souterraines », on procédait à l'extraction un peu partout, à l'est et au sud de la capitale. De l'argile à briques en surface à Evere, Woluwe-Saint-Lambert et Anderlecht ; de la tourbe à Schaerbeek dans la vallée du Maelbeek et à Kraainem, dans celle de la Woluwe ; du sable, des calcaires sableux à Jette, à l'emplacement de l'ancienne abbaye de Dieleghem ; des calcaires lédiens à Neder-Over-Heembeek. Des carrières souterraines s'ouvraient à la limite d'Auderghem et d'Etterbeek, à Ixelles, au Langeveld à Uccle, à l'Altitude Cent à Forest, dans la plaine de Lindhoudt à Schaerbeek, au Ketelberg, à l'emplacement de l'actuel collège Saint-Michel d'Etterbeek, ainsi qu'à Laeken et à Jette. A l'endroit jugé propice, on creusait une bure verticale, descendant jusque sous la couche pierreuse et on consolidait le puits avec des boisages. On descendait ainsi entre 10 et 25 mètres, au contact du banc d'exploitation où étaient ouvertes les galeries. Rien de bien mystérieux dans tout ceci, sinon quelques surprises destinées à rappeler à ceux qui labourent les entrailles de la capitale que le passé y laissa pour le moins autant de traces qu'en surface, dans l'architecture et le tracé des rues.

C'est sous la place de Jamblinne de Meux, entre Bruxelles et Schaerbeek, que deux galeries souterraines de carrière ont été découvertes le 5 mars 1971.

Dix mètres sous terre, quelque deux mètres de large, environ un mètre trente de haut. Une des galeries qui court sous la place de Jamblinne de Meux.

Magie de l'eau déferlante, sortilège du son et de la lumière, voici l'instant du suprême émerveillement. Cascade nacrée, ivoirine, effilochée sur dix mètres de haut par la roche sous-jacente : c'est bien là le « clou » d'une visite à la grotte de Neptune. Comptez quelques secondes, les myriades de perles deviendront gouttes de sang. Un coup de rame encore, et l'écarlate se faisant gel, vous pénétrerez dans l'âme bleue d'un glacier.

ROYAUME DE NEPTUNE

Pétigny

Comme Orphée, vous avez tourné le dos à la lumière du jour pour vous enfoncer dans la bouche d'ombre qui bâille sur les ténèbres. Comme Orphée, vous frissonnez et vous vous effrayez de l'envol soyeux d'une chauve-souris. N'ayez point de crainte. La galerie taillée dans une roche bleu de nuit ne vous mènera pas aux Enfers, mais dans le royaume d'une divinité débonnaire, celui de Neptune, au pays de Couvin.

Suivez le guide et ouvrez grands les yeux, car, au sein de la terre, la plus infime goutte d'eau se mue en pierre précieuse et le poli de la roche humide accroche l'arc-en-ciel.

Jadis appelées grottes de l'Adugeoir, les grottes de Neptune furent creusées, voici environ 60 millions d'années, par les torrents de l'ère tertiaire, puis, à une époque plus récente, par l'Eau Noire qui y perd une partie de son flot torrentueux.

S'engouffrant dans le massif du Mousty par les innombrables failles de calcaire, la rivière renaît au jour après un parcours souterrain, encore inexploré, de 3 km.

Découvertes en 1880, les grottes furent malencontreusement abîmées par les premiers touristes qui décapitèrent les plus belles stalactites. Heureusement, avec une infinie patience, la nature reprend peu à peu ses droits et reforme les fragiles dentelles de calcaire.

A l'heure actuelle, les spéléologues n'ont pu parcourir qu'une portion négligeable du trajet souterrain de l'Eau Noire qui, de siphon en goulotte, se plaît à semer ses amoureux.

Mais au diable les ruses de Neptune puisque voici les antichambres de sa demeure, toutes calfeutrées de raides draperies ocres. Grâce aux sources de lumière judicieusement dissimulées, la calcite s'allume de rose fané, de bleu profond et de jaune cuivré. Tout au long de ses couloirs, ce palais baroque aux colonnes inachevées ménage d'étonnantes perspectives à ses visiteurs: les regards se perdent au fond des puits et des corridors où s'égoutte un temps de cristal.

A l'approche du lac souterrain, les bruits et la lumière changent de qualité. Votre bouche souffle une haleine polaire et vous tremblez un peu, tandis que la barque vous emporte. Vous glissez sur une eau couleur d'émeraude au son d'une musique qui paraît avoir été composée tout exprès pour les buissons de stalagmites qui jaillissent du roc de cette vaste caverne inondée.

Tout à coup, un sourd grondement réveille l'écho et d'un orifice trouant le plafond tombe la mousseuse chevelure d'une cascade.

La magie du son s'unit à celle de la couleur, qui transforme le flot en une coulée d'azur, de sang, puis de métal en fusion. L'eau bondit, noue d'épais et mouvants torons, crépite sur la surface étale du lac, se tarit, puis... disparaît.

Eh oui! Elle était provoquée, la belle chute haute de dix mètres, comme sont partiellement artificiels la longue galerie de jonction des étages supérieur et inférieur, ainsi que le miroir vert du lac. De temps à autre, l'homme tend ainsi à se substituer à la nature. Pour le meilleur ou pour le pire.

Ici, à Pétigny, pour la plus grande joie des enfants — et des adultes — qui viennent nombreux à la belle saison, le meilleur a triomphé du pire. S'il s'est quelque peu laissé tirer la barbe, le dieu des mers et des eaux n'a pas pour autant déserté son aimable séjour couvinois.

Témoins de l'infinie patience du temps écoulé en larmes lentes sur la joue du calcaire, les concrétions ont le cœur tendre. N'y touchez pas!

Draperies, tentures, dentelles safranées, balustres, escaliers, torchères et candélabres, point n'est besoin de meubler cet étonnant palais du cœur de la terre.

LE PASSAGE DU RUBICON

La grotte de Remouchamps

Univers des Fées, des Titans, des monstres marins qui y ont leurs salles admirablement sculptées par la lente érosion, les grottes de Remouchamps sont peut-être uniques par leur densité de merveilles. Et elles le sont certainement par l'attrait de la navigation souterraine, hors du temps, qu'elles imposent...

Les mots manquent pour décrire la féerie des lieux, que la photographie recrée à chaque cliché. Mais comment ne pas souligner l'intelligence des jeux lumineux sans lesquels cette splendeur ne nous serait pas accessible ?

Embarquer sur le Rubicon ? Et six pieds sous terre encore ? Non, l'absurde n'est pas cette fois au rendez-vous de l'insolite. Il ne faut pas gagner l'Emilie-Romagne pour rencontrer le célèbre ruisseau. Et Jules César n'est pas davantage descendu sous terre pour le franchir. Le Rubicon, c'est le nom amusant que les facétieux découvreurs des grottes de Remouchamps ont donné au cours d'eau, affluent de l'Amblève, qui fait l'originalité de ces cavités... et le charme de leur visite.

L'aller se fait à pied, sur 1500 mètres, le temps de s'habituer au monde obscur, de se familiariser avec des splendeurs que certains jugent oppressantes. Le retour en barque offre des sensations fortes dépourvues de danger. Un kilomètre (1168 mètres...) de navigation paisible, au rythme de la gaffe qu'enfonce le guide, au ras de la voûte quand les pluies ont grossi les eaux collectées par les chantoirs... Remouchamps n'attirerait pas de telles foules sans la magie de cette progression hors du temps.

Il fallut attendre pourtant le XIXème siècle pour voir des explorateurs s'aventurer au-delà de la salle d'entrée et découvrir les merveilles dont les touristes se réjouissent. La caverne était certes connue depuis le paléolithique supérieur — comme en témoignent deux foyers riches de 5000 silex taillés —, mais les superstitions ont arrêté les plus courageux pendant des dizaines de siècles, quatre-vingts mètres à peine au-delà de l'orifice.

La première exploration sérieuse fut, en 1828, l'œuvre d'un Anglais. La curiosité avait enfin piqué les hommes au point d'éveiller l'esprit d'initiative de quelques autochtones, qui décidèrent, en 1829, de faire visiter les premières galeries... moyennant paiement d'une taxe.

Une étape décisive pour la connaissance du réseau souterrain fut l'exploration de 1834, qui permit d'établir le cours du ruisseau et de révéler les galeries de l'étage inférieur. Depuis lors, les amoureux des grottes ne cessèrent d'améliorer l'itinéraire de la visite. Deux explorateurs ingénieux eurent l'idée, en 1898, d'introduire dans la caverne un canot de toile : le Rubicon était définitivement vaincu !

Il n'y eut plus, depuis la fin du siècle dernier, qu'une seule découverte de taille. Ce fut la plus grandiose, le couronnement des audaces successives : la salle de la Cathédrale, dont les énormes concrétions sculptées par l'eau coupent le souffle, surtout depuis qu'un éclairage subtil les met magnifiquement en valeur.

Le tourisme de masse s'est emparé des grottes de Remouchamps après la Première Guerre mondiale, même si, aux temps héroïques, il fallait une condition physique irréprochable et des nerfs d'acier pour endurer le côté aventureux de la visite.

A l'exception des noms qui évoquent des anecdotes — la salle du Lit de l'Anglais, parce qu'un... Ecossais y dormit en 1834 ! — les noms des salles et des galeries traduisent à merveille la beauté, la fantaisie de cette création naturelle, en même temps que l'humour et l'imagination des découvreurs. La salle des Otaries, la Fabrique de Chocolat, le Pont des Titans, la salle des Fées... autant de lieux qui marquent pour le visiteur les étapes d'une fantastique progression.

Plus de 600 espèces animales différentes peuplent les cavernes de Belgique. La plupart sont de petite taille et n'attirent guère l'attention. Elles sont cependant intéressantes à étudier car leur comportement présente souvent des aspects étonnants.

LES CREATURES DES TENEBRES

Les premiers explorateurs des grottes ont ramené de leurs expéditions téméraires des récits hallucinants. Ils prétendaient avoir vu d'étranges statues fantomatiques et des êtres diaboliques. Ces histoires étranges possèdent, curieusement, un fond de réalité.

Durant des siècles, le domaine souterrain est apparu comme un redoutable repaire de créatures malfaisantes. Des légendes sinistres, en Belgique et ailleurs, ont souvent eu pour décor des cavernes ou des antres obscurs. Les grottes étaient alors tenues pour les portes de l'enfer...

On raconte qu'en 1780 un prêtre hardi voulut descendre dans le gouffre de Cruis, dans le département du Vaucluse, en France. Il s'agissait d'une entreprise hasardeuse car l'endroit était réputé comme hanté. Mais l'explorateur avait la foi pour lui, il entama donc sa périlleuse descente.

Malheureusement, dans la pénombre, l'imagination du prêtre s'emballa. Une chouette s'envola devant lui, suivie d'une nuée de chauves-souris. Le hululement lugubre, les vols silencieux, le murmure étrange qui s'échappait du gouffre en auraient effrayé de plus braves. Le prêtre se crut entouré de spectres et de créatures infernales et s'enfuit à toutes jambes.

Tous les hommes téméraires qui se risquèrent dans les cavernes ne connurent pas des frayeurs aussi extrêmes. Tous parlent cependant de curieuses statues aux formes grimaçantes, d'escaliers de marbre disparaissant dans les ténèbres et même de bêtes velues et grognantes qui les mirent en fuite.

Souvent, d'ailleurs, les observations sont concordantes et répétées, ce qui indique un fond de réalité que l'on peut analyser. Il en est ainsi, par exemple, pour la légende des statues souterraines. Ces statues mystérieuses existent *réellement* dans beaucoup de cavernes. Il ne s'agit pas de créations démoniaques, mais tout simplement de concrétions ou de coulées stalagmiques, dont les formes tourmentées évoquent une quelconque figure plus ou moins nette. Dans la clarté fumeuse des chandelles de l'époque, l'illusion était parfaite.

De nos jours encore, les grottes touristiques abondent en « boudoir de Proserpine », « Vierge à l'Enfant » ou « Orgue Géant ». La vision de mystérieux escaliers peut s'expliquer de la même façon. En effet, certaines cavernes richement concrétionnées, possèdent des « gour », c'est-à-dire de petites vasques dont les parois sont constituées de calcaire déposé par l'eau. Ces cuvettes donnent l'illusion d'un escalier montant jusqu'au plafond.

Quant aux bêtes velues et grognantes, dans nos régions, il ne faut pas chercher bien loin pour trouver les « coupables ». Il s'agit soit de renards, soit de blaireaux. Ces animaux creusent en effet des terriers pour y cacher leur nichée ou pour passer l'hiver. Il leur arrive également de profiter d'un terrier « tout fait » en s'installant dans une caverne. Un renard aux oreilles baissées et aux yeux brillants, ou un blaireau toutes griffes dehors, rencontré au détour d'une galerie, revêt à coup sûr un aspect assez diabolique !

Même les animaux cavernicoles de petite taille avaient une réputation suspecte. Ainsi, dans la région de Merano (Italie), les habitants croyaient fermement à la présence d'une araignée « tête de mort ». Un paysan, qui était entré dans une caverne occupée par cette créature maléfique, raconta comment il avait été enserré par un écheveau de fils très solides. Il ne devait son salut qu'à trois signes de croix qu'il avait faits en tremblant et qui l'avaient délivré du monstre.

En Carniole (Yougoslavie), la tradition affirme que de gigantesques dragons infestent les cavernes de la région.

Ils sont si imposants que leur action se manifeste jusqu'à l'extérieur. Ainsi, à Ober-Leilach, le ruisseau qui sort de la montagne présente un comportement anormal : il ne jaillit que par intermittence. On explique ces crues subites par les soubresauts d'un dragon vivant dans un lac souterrain.

Les savants, évidemment, doutent de l'existence de tels monstres. Mais un jour, pourtant, ils rencontrèrent un étrange déni à leurs assertions : le baron Johann Weichard Valvassor découvrit un « jeune dragon » rejeté par un ruisseau souterrain et affirma que si les jeunes existaient, les adultes devaient exister aussi ! Il n'en est rien, bien sûr, mais ce petit monstre fut le premier animal cavernicole reconnu comme tel par la science. Il fut décrit et baptisé *« Proteus anguinus »*, ou Protée anguillard, par le naturaliste Laurenti. C'est un batracien de 30 cm de long, de couleur blanche ou rosée. Son œil est fortement régressé et il possède des branchies apparentes pendant toute la durée de sa vie. Son habitat naturel est limité à certaines grottes d'Autriche et de Yougoslavie, mais il a été introduit dans des laboratoires souterrains de Belgique et de France pour diverses études.

Pour les biologistes du XVIIIème siècle, le Protée était un animal isolé et ambigu, une exception en quelque sorte, car aucune vie, d'après eux, n'était susceptible de se développer dans un monde de ténèbres absolues.

Erreur criante, qu'au siècle suivant dénoncèrent les entomologistes, spécialistes de l'infiniment petit.

Ainsi, le comte Franz von Hohenwart récolta en 1831, en Yougoslavie, un insecte extraordinaire qui ne vit que dans les grottes. Il s'agit d'un coléoptère aveugle, aux pattes graciles et à l'abdomen curieusement distendu. Il sera décrit en détail un an plus tard par Fernand Schmidt sous le nom de *Leptodirus hohenwarti.*

Les grottes possèdent un climat extrêmement stable. Ainsi, à quelques mètres de profondeur, la température ne varie pratiquement pas durant toute l'année. Elle oscille autour de 10°C et est associée à une humidité élevée. Certains animaux profitent de cette particularité et se réfugient temporairement dans le milieu souterrain.

*La vie dans l'obscurité perpétuelle des cavernes engendre des comportements exceptionnels. Ici un escargot troglophyle (*Oxychilus cellarius*) dévore un papillon trogloxène en hibernation (*Scoliopteryx libatrix*). Celui-ci est tellement engourdi qu'il ne réagit pas.*

Quelques années plus tard, le zoologiste danois J.C. Schiödte explora à son tour les grottes dalmates. Son œil attentif et son expérience des insectes lui firent découvrir un nombre considérable d'animaux : des araignées, des crustacés et des insectes. Il publia ses observations dans un ouvrage qui fut le premier texte important consacré aux animaux cavernicoles : *« Specimen faunae subterraneae ».*

En Belgique, il faudra attendre 1939 pour qu'un volume de synthèse fasse un bilan approfondi de la faune cavernicole. Son auteur, Robert Leruth, recense ainsi plus de 600 espèces différentes. Parmi celles-ci, il distingue, comme les autres spécialistes, trois groupes principaux, très différents par leur origine et leur comportement. En effet, les animaux des cavernes peuvent être classés en trois catégories :

- les troglobies sont des animaux vivant exclusivement sous terre où ils se reproduisent. Ils sont généralement aveugles et dépigmentés. Parmi ceux-ci, les plus communs sont les *Niphargus,* de petits crustacés aquatiques.
- les troglophiles, dont le cycle complet de vie se déroule dans les grottes, possèdent des représentants identiques à l'extérieur. Ils fréquentent les cavernes parce qu'ils y trouvent un milieu auquel ils sont « pré-adaptés ». Ainsi, l'escargot terrestre, *Oxychilus cellarius* a un régime alimentaire constitué de détritus végétaux et animaux. Sous terre, il va pouvoir se nourrir d'animaux en léthargie appelés *trogloxènes.*
- les trogloxènes vivent dans les cavernes pendant un temps limité, ne s'y reproduisent pas et ne s'y alimentent même pas. Ils tombent dans une sorte de léthargie pendant plusieurs mois. Quelques espèces viennent sous terre pour échapper aux trop basses températures de l'hiver, certains papillons par exemple. D'autres y passent les mois d'été pour y trouver un milieu frais et humide.

Le comportement de ces animaux n'est encore que partiellement étudié. Beaucoup d'énigmes restent à résoudre. Aussi les cavernes de Belgique renferment-elles encore bien des mystères.. !

IVRE DE RUISSEAUX

Le Vallon des chantoirs

Le mot ne figure pas au dictionnaire : les géologues lui préfèrent celui de doline. Il n'est même pas français, car les dialectes de France ont créé chacun leur appellation dans les régions où le phénomène est présent. En Wallonie, l'invention populaire a fait merveille : ces entonnoirs naturels percés dans le calcaire, où s'engouffrent les ruisseaux, y sont nommés « chantoirs ». Il suffit, un jour de forte pluie, d'assister à la disparition sonore des eaux, quelque part entre Louveigné et Remouchamps, pour apprécier la poésie évocatrice de nos ancêtres.

Si le phénomène géologique est connu bien au-delà de ce coin d'Ardenne liégeoise, la concentration des gouffres et leur ampleur font du « vallon des chantoirs » un lieu privilégié et insolite. Nulle part ailleurs, les chantoirs ne s'ouvrent aussi brusquement au milieu des prairies, nulle part ailleurs, ils n'ont contribué à former cette merveille du monde souterrain qu'est la grotte de Remouchamps.

Car les eaux qui disparaissent ainsi se rejoignent, au prix de courses insensées, pour former le Rubicon, le célèbre affluent de l'Amblève que les visiteurs des grottes découvrent en barque. Les chantoirs se succèdent en surface entre le hameau d'Adseux, à cinq kilomètres au nord-est, et le lieu-dit Sècheval, à un kilomètre à peine des grottes.

Ce dernier hameau mérite bien son nom. Au sud et en contrebas, la vallée est absolument dépourvue de cours d'eau. Le dernier ruisseau, le ri des Minières, a disparu précisément dans le chantoir de Sècheval. Le parcours souterrain du ru est à ce point irrégulier que l'on a établi, en déversant un colorant dans ses eaux, qu'il lui fallait neuf heures pour atteindre le Rubicon dans la grotte !

Il ne faut pourtant pas trop se fier à la toponymie. En cas d'orage ou de pluies torrentielles, les chantoirs ne parviennent pas à absorber les masses d'eau déversées. Souvent, le dommage se limite à un petit lac qui se forme au-dessus de l'entonnoir naturel. Parfois, les dépressions ne suffisent pas et l'inondation parcourt... le Sècheval. Elle fut catastrophique le 17 mai 1859, quand le torrent noya des habitants dont les corps furent retrouvés bien plus tard, dans l'Amblève.

Pour le géologue comme pour le curieux — qui doit faire preuve d'une extrême prudence —, les chantoirs du vallon ont leurs vedettes, leurs « trois étoiles » : Grandchamps et Adseux, tous deux blottis au fond de dépressions impressionnantes.

Le chantoir de Grandchamps, face au village de Deigné, est le type même de ces entonnoirs.

Boisé, profond, aux pentes raides, il offre l'image d'une oasis en creux au milieu des prairies. Le gouffre est à peine accessible sur quelques mètres, mais on a pu déterminer que le ruisseau, dès qu'il pénètre dans le sol... coule en sens inverse par rapport à son cours de surface.

Le chantoir d'Adseux, un hameau de Deigné, n'est pas moins étonnant, avec son ravin profond d'une vingtaine de mètres. Ici, les spéléologues ont pu vaincre le gouffre sur plus de cinquante mètres. Mais ils n'étaient pas les premiers : des faux-monnayeurs y avaient installé leurs ateliers au XIXème siècle ! C'est à Adseux, sans doute, que le nom de « chantoir » trouve la plus belle illustration. Quand le temps est sec, le ruisseau se résume à un filet d'eau, mais que la pluie se déchaîne et les eaux se précipitent alors sous terre dans un étrange grondement, un « chant » âpre, plus wagnérien que bucolique.

UN CANAL S'EST PERDU

à Buret

Le promeneur qui arpente le rude plateau ardennais du côté de Buret — un hameau de Tavigny entre Houffalize et la frontière grand-ducale — et qui emprunte un sentier plongeant dans un vallon inattendu, n'en croit pas ses yeux. Au-delà d'un rideau de taillis, au bout d'une tranchée rectiligne partiellement remplie d'une eau glauque s'ouvre... un petit tunnel percé dans la colline.

Sous la voûte de briques, l'eau poursuit une stagnation souterraine tandis que les abords de l'ouvrage laissent apparaître ce qui fut un quai...

Surpris, le visiteur devine, sans trop y croire, qu'il découvre là l'ébauche ancienne d'un canal. Mais il ignore, généralement, de quelle entreprise témoignent ces vestiges. Il ne sait pas que Guillaume Ier de Hollande conçut le projet, trente ans avant le percement de l'isthme de Suez et cinquante ans avant celui de Panama, de relier par voie fluviale la Meuse à la Moselle en franchissant la barrière ardennaise haute, sur le tracé, de près de cinq cents mètres.

Le souverain des Pays-Bas, qui, outre la Belgique, administrait le Grand-Duché de Luxembourg, voulait sortir de son isolement ce territoire privé de communications, à l'économie sous-développée. Le canal aurait suivi le cours de l'Ourthe jusqu'à Tavigny. Sur le versant luxembourgeois, il aurait emprunté les vallées de la Clerve et de la Wiltz avant de rejoindre la Sûre.

Le projet était plus qu'audacieux: outre le tunnel de Buret, l'ouvrage devait comporter 218 écluses! Certaines dénivellations à racheter étaient tout bonnement impressionnantes, comme les 270 mètres entre La Roche et Tavigny, qui, à eux seuls, auraient requis... une cinquantaine d'écluses. Le roi, il est vrai, avait exigé que le canal fût capable d'accueillir des péniches de 25 mètres de long et 2,50 mètres de large, avec un tirant d'eau proche d'un mètre.

L'exécution du projet fut confiée, le 1er juillet 1827, à la Société Générale du Luxembourg, qui établit son quartier général au château de Tavigny, aujourd'hui transformé en ferme. La direction des

travaux incomba à l'ingénieur De Puydt, expert en canalisation. Le premier coup de pioche fut donné le 13 janvier 1829, au lieu-dit Bernistap, près de Buret. Quelques jours plus tard, on entreprit également une tranchée sur l'autre versant, près de Hoffelt, à trois kilomètres de là.

En fait, l'ingénieur avait choisi de commencer par le plus difficile, le franchissement de la crête marquant la séparation des eaux entre les bassins de la Meuse et de la Moselle, à 490 mètres d'altitude. Très vite, il avait abandonné la solution d'une percée à ciel ouvert, véritable ouvrage de titan.

L'excavation de la tranchée d'accès et les premières centaines de mètres du tunnel coûtèrent des efforts terribles aux terrassiers et aux mineurs, ainsi qu'aux... femmes des villages environnants, dont la Société louait les services pour évacuer les déblais, dans des hottes.

Malgré les difficultés rencontrées, le tunnel atteignait 440 mètres en juillet 1830, quand éclata la révolution qui devrait mener la Belgique à l'indépendance. Devant l'insistance du roi, les travaux continuèrent comme si de rien n'était. En 1832, la galerie était longue de 1150 mètres et 7 puits d'aération avaient été forés.

Il fallut pourtant se rendre à l'évidence: la frontière entre la jeune nation et le Grand-Duché passait par la ligne de crête. Guillaume abandonna son rêve, et les ouvriers, leurs pics.

Une voûte de briques sales, un peu d'eau stagnante au fond d'un vallon: si les vestiges du tunnel de Buret ne sont guère impressionnants, ils évoquent une entreprise ancienne particulièrement passionnante et audacieuse. Et puis, quelle n'est pas la surprise du promeneur quand il découvre, au fond d'un vallon, au cœur de l'Ardenne, l'embryon d'une voie fluviale!

Pendant cinq ans, de 1827 à 1832, la Société Générale du Luxembourg fut sur le terrain, dans les villages ardennais de Buret et de Tavigny, avec une petite armée d'ingénieurs, d'ouvriers, de contremaîtres. Elle avait très tôt établi son quartier-général au château de Tavigny, qui présente aujourd'hui encore le visage d'une agréable demeure au séjour paisible.

Surgi des sédiments de la Lesse, le col d'une cruche en grès brun clair d'époque Renaissance, peut-être perdue par un habitant de Han refugié dans la grotte lors d'une incursion des troupes françaises en campagne contre les Espagnols.

ARCHEOLOGIE

A l'heure actuelle, spéléologie, archéologie et plongée subaquatique peuvent se compléter pour combler chez certains la passion des eaux souterraines, le goût du passé et l'amour d'une discipline très exigeante. Marc J. Jasinski témoigne ici d'expériences personnelles, menées, bouteilles au dos, dans les grottes de Han: une extraordinaire incursion dans l'insolite!

«Une nuit de février 1964, je grelottais sous 5 mètres d'eau glacée et obscure, dans les grottes de Han-sur-Lesse. Les dents crispées sur l'embout respiratoire de mon scaphandre autonome, je maudissais la passion funeste qui s'était emparée de moi, cinq ans plus tôt, pour cette rude et merveilleuse rivière et pour les trésors qu'elle cachait dans les sédiments de son lit. Lors de mes premières plongées à Han, en 1959, j'y avais trouvé, posés sur le fond de la rivière, des poteries d'époque Renaissance, des ossements et des armes de bronze vieilles de plus de deux millénaires.

«La trouvaille avait dormi jusqu'en 1963. La générosité de deux mécènes m'avait alors permis d'inaugurer une énorme pompe qui avait aussitôt craché un flot ininterrompu de céramique, de bronze, de silex.

«A cette époque, les vêtements des plongeurs étaient bien peu efficaces; ils n'étaient pas étanches et après quelques minutes seulement d'immersion hivernale, mes camarades et moi étions réduits à l'état de paralytiques transis.

«Pourtant, nous nous acharnions, fascinés par le spectacle du fond rocheux de la rivière littéralement tapissé de céramique, d'ossements et par endroits d'objets de bronze couverts d'une somptueuse patine verte. Nous récoltions ainsi des armes — haches, couteaux, pointes de flèches et de lances; des outils — gouge, ciseau et scie à bois,

Les voûtes de la Lesse souterraine, en amont du Trou de Han, et la station de surface de notre chantier: bateaux, tamis flottant où se déverse le jet d'eau entraînant les sédiments, personnel attentif, tout est au service de l'unique plongeur pilotant le bec de la pompe, sous six mètres d'eau.

tranchets, alènes et perçoirs pour le travail du cuir, hameçons et plombs de pêche; des objets de toilette, d'habillement et de parure — rasoirs et pinces à épiler, grandes épingles par centaines, bracelets, boucles de ceinturon, des milliers d'anneaux et de pendentifs géométriques composant autrefois des ceintures et d'énormes parures pectorales, aujourd'hui dispersées par les tumultes de la rivière.

« Nous trouvions même quelques objets d'or, métal pourtant si rare avant la découverte du Nouveau Monde, des boucles d'oreille en forme de minuscules corbeilles, et une série de disques décorés, composant ce qui est aujourd'hui connu comme « le fameux collier de Han-sur-Lesse ». Et encore une foule d'ustensiles d'os et de corne, et des montagnes de céramique, dont plus d'une tonne est aujourd'hui conservée au Musée du Monde Souterrain, à Han-sur-Lesse. Tout cela pour la seule période dite du Bronze Final, vers 1000 avant J-C, bien avant l'arrivée du fer dans nos régions.

« Ce fut pendant cette nuit d'hiver de 1964 qu'apparut un personnage venu de Rome, dix-huit siècles plus tôt.

« Entre mes doigts engourdis par le froid, la pompe dégagea une plaque de bronze rectangulaire, gravée de signes tracés au burin, d'une belle écriture ferme.

« Sur une des faces, un texte de quelques lignes faisait surgir la grandeur de l'époque impériale, malgré la sèche concision des abréviations traditionnelles.

« HONESTAM MISSIONEM DEDIMUS »

« CLAUDIUS LIVIANUS PRAEF. PRAETORI SUBSCRIPSIT »

« XIIII K FEBR »

« GALLO ET BRADUA COS ».

« Il s'agissait en fait d'un de ces diplômes délivrés aux prétoriens à la fin de leurs 25 années de service dans la garde personnelle de l'empereur.

« Quelques jours plus tard, le professeur Marien traduisait comme suit:

« NOUS AVONS ACCORDE DEMISSION HONORABLE »

« CLAUDIUS LIVIANUS PREFET DU PRETOIRE A SIGNE »

« LE XIIII DES KALENDES DE FEVRIER »

« SOUS LE CONSULAT DE GALLUS ET BRADUA ».

« Au verso, sept signatures de citoyens romains attestent l'authenticité du document, copie de l'original délivré à Rome en 108 après J-C, à un prétorien de l'empereur Trajan.

« Quel mystérieux chemin a conduit ce diplôme sous les eaux de la Lesse, avec plus de dix mille objets de métal, d'os, de silex, de céramique et de verre datant de toutes les époques de l'histoire?

« La première hypothèse émise fut celle d'un habitat de refuge utilisé par les habitants de la région chaque fois qu'une vague d'insécurité menaçait leur vie quotidienne.

« Mais alors, pourquoi avoir abandonné là tous ces trésors lorsque reprenait la vie normale? Autre objection:

Splendide série d'épingles de bronze ciselé, servant d'attache et d'ornement vestimentaire vers 1000 à 750 avant J.C., choisies parmi les centaines découvertes dans la Lesse.

Le diplôme militaire : à gauche le texte principal, à droite les noms des sept témoins qui ont authentifié le document, copie de l'acte original gravé sur un monument du Forum romain. Ces personnages devaient faire partie d'une sorte de bureau officiel, car on retrouve leurs noms sur d'autres diplômes contemporains, découverts en Gaule.

beaucoup d'objets ne portent pas de traces d'usage. N'auraient-ils pas servi d'offrande lors de cérémonies dédiées aux divinités de la rivière et de la caverne ?

« La majesté du site, son mystère, l'inquiétude qu'il a longtemps provoquée, voilà de bons arguments en faveur de cette thèse, et nous savons qu'en Gaule chaque rivière était une déesse.

« Ceci n'explique pas la présence sur les berges de la Lesse de sept mâchoires humaines enfouies dans une couche de foyer contemporaine de la conquête de César, tandis que dans un puits voisin nous récoltions une calotte crânienne. S'agit-il d'un rite de sacrifice, ou de l'épilogue d'une lutte tribale ? Les historiens antiques rapportent tous quel prix les guerriers gaulois attachaient au trophée constitué par la tête de l'ennemi abattu, exposée au seuil de la demeure, ou servant de vase à libation.

« Pour comprendre les étrangetés du site de Han, nous avons développé des méthodes de fouilles et de topographie nouvelles, fines, précises.

« Les premières fouilles importantes de l'immédiat après-guerre, en Méditerranée et dans les lacs suisses, furent surtout des récoltes d'objets opérées au moyen de pompes surpuissantes.

Le trésor de Han. De l'Age du Bronze final, cinq disques provenant d'une parure pectorale et des fragments de boucles d'oreilles. Une pièce gauloise, imitée d'une pièce orientale à l'effigie de Philippe de Macédoine, est un des rares objets du Musée de Han ne provenant pas des eaux de la rivière.

Fragments de mortiers d'époque gallo-romaine. Le fond de ces plats à bord relevé cylindrique était incrusté de particules minérales dures et abrasives. On pouvait y broyer des plantes aromatiques ou des graines oléagineuses ou encore y laisser décanter le lait. La gueule stylisée de lion entoure un orifice permettant de verser la crème ou le liquide surnageant.

«Aujourd'hui, on attend bien plus des plongeurs. Les pompes ne servent plus qu'à ôter délicatement les sédiments stériles pour observer les objets dans leur contexte avant de les remonter en surface. On peut alors déceler des associations significatives entre les objets non périssables, bien connus des archéologues, et les matières organiques, essentiellement périssables, mais bien conservées dans l'eau.

«Les fouilles subaquatiques nous révèlent toute une culture matérielle fondée sur une maîtrise totale du travail du bois, des textiles, de l'os.

«L'étude des pollens contenus dans les sédiments permet de préciser l'environnement végétal, et par là le climat. L'abattage des bois conservés sous l'eau peut parfois être daté à une année près par l'observation des cercles de croissance des arbres. Cette méthode, la dendrochronologie, a permis de définir les vagues successives de construction et d'habitation de villages protohistoriques aujourd'hui immergés.

«Toutes ces méthodes ne valent que si la topographie des sites peut être restituée avec précision après la fouille. Les plongeurs du Centre de Recherches Archéologiques Fluviales opérant à Han-sur-Lesse ont développé une méthode de mesures subaquatiques très originale, utilisable même dans les eaux fort troubles de nos régions, multipliant par dix l'efficacité et la précision par comparaison avec les méthodes traditionnelles, si pénibles pour les plongeurs. Nous avons cherché une procédure allégeant le labeur subaquatique, toujours lent, difficile et coûteux. En contrepartie, nous ne pouvons reporter sur plan, telles quelles, les données recueillies.

«L'ordinateur se charge du laborieux traitement mathématique nécessaire pour transformer nos mesures en résultats géométriques lisibles.

«En conclusion, je vous invite à visiter notre trésor exposé au cœur du village de Han-sur-Lesse. Vingt-sept années de passion pour les eaux souterraines nous ont permis de rassembler ces merveilles offertes à la curiosité de nos visiteurs par les plongeurs bénévoles et les animateurs du musée.

Celui-ci est ouvert de Pâques à la mi-novembre, tous les jours de 10 à 12 h 30 et de 13 à 18 heures ou sur rendez-vous avec des visites guidées pour les groupes. Renseignements au 084/377007 ou au Musée du Monde Souterrain, place Théo Lannoy, 5432 Han-sur-Lesse.

Pointes de flèches de l'Age du Bronze final, vers 1000 à 750 avant J.-C. Les pointes triangulaires percées, dites pointes du Bourget, sont bien connues dans le sud-est de la France. Leur présence à Han prouve l'existence de relations commerciales lointaines dès cette époque.

Le secret des pierres

De grandes pierres sur la lande, dans les champs, à l'orée d'un bois.
Dressées, couchées, entières ou éclatées, elles font partie du paysage,
plaquées de mousses et de lichens,
rendues douces comme une joue d'enfant par le soleil et les intempéries.
On peut s'étonner de les trouver là, mais en aurons-nous fait
dix fois le tour
qu'elles seront demeurées muettes sur elles-même, sur leur origine
et leur destination.
Les archéologues les ont répertoriées, analysées, classées,
mais, pour l'essentiel, le secret ne sera pas levé de sitôt.
Moins nombreux et spectaculaires que leurs cousins
de Bretagne et d'Irlande,
nos dolmens et menhirs témoignent d'une très vieille culture néolithique,
dans laquelle la parole et la pensée ne s'écrivaient pas et où
le divin était dans tout ; les eaux, les arbres, le feu et... les pierres.
Lorsque la religion chrétienne entreprit de chasser les anciens dieux,
paysans et pasteurs s'accrochèrent pendant des siècles,
aux pratiques magiques ancestrales
et le fait qu'une église s'érigeât sur un site cultuel païen,
n'empêcha pas les croquants de continuer à surveiller la lune
ni les croquantes de se frotter au menhir pour avoir nombreuse progéniture.
Mais les prêches de générations de curés et l'imagination populaire aidant,
les pierres échappèrent à l'Histoire pour gagner le territoire de la légende
et, faute d'une récupération possible, furent abandonnées à Satan,
à ses pompes et à ses œuvres.
En Angleterre, des ésotéristes affirment que les mégalithes ont été
érigés sur des points d'émergence de puissants
courants d'énergie tellurique. Thèse jusqu'ici sans fondements.
Par contre, il semble indéniable que les pierres levées, en cercle, isolées ou
en alignement,
ont servi de repère à des observations astronomiques élémentaires.
N'en concluez pas trop vite que, comme à Stonehenge, il faut
absolument voir se lever le soleil du solstice de juin derrière le menhir
de Gozée. Les risques d'aube bruineuse et de lumbago sont, hélas, le
lot habituel de ce genre d'expériences transcendantes !

LE SECRET DES PIERRES

Ce n'est qu'à la fin du dix-huitième siècle que les « scientifiques » ont daigné porter leur attention sur les formidables monuments de pierre qui parsèment nos campagnes. L'un des premiers parmi ceux-là fut le célèbre Théophile-Malo Corret de la Tour-d'Auvergne, le « Premier Grenadier de France » mort en héros à Oberhausen en 1806.

La Tour-d'Auvergne était Breton. Comme par ailleurs son époque ne connaissait rien de plus ancien que les tribus gauloises amenées à l'Histoire par la conquête romaine, il était naturel que lui et ses émules vissent dans ces monuments de pierre les temples et les autels des anciens Celtes et de leurs druides. Naturellement aussi, ils empruntèrent à l'idiome bas-breton, héritier du gaulois comme le français l'est du latin, les noms qu'ils attribuèrent aux différents types de monuments rencontrés, et les sonorités barbares de ces noms ajoutèrent encore au prestige romantique de ces étranges ensembles.

La Pierre-qui-Tourne, à Belleux, est l'un des plus beaux menhirs de Belgique. Comme beaucoup d'autres pierres, elle est réputée cacher un trésor fabuleux qu'elle découvrirait une fois l'an, juste le temps des douze coups de minuit de Noël... Mais nombreux seraient aussi les chercheurs de fortune sur lesquels elle se serait refermée à jamais.

La durée d'utilisation de ces gigantesques monuments funéraires s'étend sur près de cent générations. Seule une élite — sociale ou religieuse — y était inhumée, et le dolmen devait surtout servir de centre religieux, de sanctuaire, pour un clan ou une petite tribu établie à l'entour.

Les illusions celtomanes des pionniers se sont depuis lors totalement dissipées. On s'aperçut d'abord que l'on trouvait des mégalithes ailleurs qu'en Gaule, et notamment dans des régions où jamais aucun Celte n'avait mis les pieds. Puis, petit à petit, l'horizon de la Préhistoire a été reculé jusqu'à placer l'origine des hommes à des centaines de milliers d'années avant nos jours. Le contexte des mégalithes les a situés finalement plus de trois mille ans avant l'arrivée des premières avant-gardes celtiques en Occident. Mais le vocabulaire est resté, et les principaux types de mégalithes portent encore des noms en breton approximatif.

Sans cacher que cela est certainement loin d'épuiser toute la signification des mégalithes, il est possible de dresser un bilan de ce que l'on sait d'eux par l'archéologie, par des calculs astronomiques sérieux, par la comparaison ethnologique. Le phénomène mégalithique n'est pas confiné à l'Europe préhistorique, mais se rencontre en Inde, en Corée, à Madagascar, etc... jusqu'en des temps bien plus récents.

Les menhirs ont sans doute quelquefois une signification funéraire : on a régulièrement découvert des restes humains à leur pied, et les peuples barbares — Germains ou Celtes — ont gardé très longtemps l'usage de commémorer leurs morts en dressant des piliers de pierre, parfois inscrits de runes ou d'oghams magiques.

On peut aussi leur supposer un rôle de fertilisation magique du monde : ils auraient alors été conçus comme les sexes de pierre du Ciel-Père fécondant la Terre-Mère. Diverses observations ethnologiques semblent le démontrer.

Enfin et très souvent, les menhirs et leurs alignements servaient de repères astronomiques pour calculer la précession des équinoxes ou les levers solsticiaux qui annonçaient les saisons de l'année. Cette destination astronomique est également assurée pour un grand nombre de cromlec'hs, et tout particulièrement pour le grand ensemble de Stonehenge.

Les dolmens enfin étaient incontestablement des sépultures monumentales réservées à une partie de la population, mais sans qu'on puisse déterminer laquelle. Toujours enterrés sous de grands tumulus et fréquemment ornés de symboles féminins et maternels, il est assez vraisemblable qu'ils étaient conçus comme les utérus de la Terre-Mère, où les défunts renaissaient à une autre vie.

Les fouilles récentes du site de Bougon, dans les Deux-Sèvres, ont revélé un fantastique sanctuaire de gazon et de pierres sèches, établi et fréquenté tout au long des quatrième et troisième millénaires avant notre ère. Pour quels rites ou quels mystères a-t-il été conçu et si longtemps entretenu ?

Les allées couvertes étaient des sépultures collectives, utilisées parfois pendant plus de mille ans. Certaines rassemblent les ossements de plus de trois cent cinquante individus, soigneusement regroupés et classés selon des critères inconnus.

La censure des anciennes superstitions semble avoir fait disparaître toutes les traditions sur le cromlec'h d'Inzomet. Seules se racontent encore des légendes populaires sur un trésor qui y serait caché ou sur le diable qui y aurait versé ses cuvelées.

TOURNEES VERS LES ETOILES

Les pierres de Forrières

L'un des recoins les plus méconnus du paysage belge est sans doute celui de la transition entre la Famenne et l'Ardenne, marquée par les bois qui surmontent et accompagnent la somptueuse vallée de la Lomme. Les villages y recèlent, sous des dehors simples et riants, des trésors que rencontrent trop peu de visiteurs. Ainsi, sous les bois de Nassogne où Léopold Ier chassait, vers 1850, les derniers loups de Belgique, Masbourg garde encore quelques superbes maisons à colombages comme il en subsiste, hélas, de moins en moins.

Non loin de là, les deux bourgs jumeaux de Forrières sont par contre l'un des hauts lieux du monde des pierres. Non qu'ils manquent de charme en eux-mêmes. Les promenades y sont nombreuses qui conduisent à des lieux enchanteurs — on peut recommander celle de Coray, d'où se découvre un adorable vieux moulin précédant la rivière où se mirent aulnes moussus, grands peupliers et saules chenus — ou des lieux saisissants : il ne faut pas manquer de suivre la route de Wavreille et le sentier qui mène au gouffre de Belvaux... Mais surtout Forrières est lié depuis la nuit des temps à la pierre. La nature et l'homme ont creusé son sol à l'envi. L'une a découpé le Trou de la Fosse aux superbes stalactites et le gouffre qui chante au fond des vieilles galeries où l'on traquait la galène. L'autre en a tiré, voici plus de cinq mille ans, les éléments de l'un des plus fantastiques monuments de notre Préhistoire. Cherchez, pour le trouver, sur le plateau d'Inzomet, entre la route de Wavreille et le chemin de terre qui va de Jemelle à Naufontaine, le lieu-dit Nioly : un mamelon herbeux où subsistent les restes d'un étonnant cromlec'h, peut-être l'équivalent belge du fameux « temple » de Stonehenge.

Comme de nombreux sites mégalithiques, le plateau d'Inzomet est censé contenir un trésor fabuleux. Enfoui sous la plus grosse des Pierres du Diable, il appartiendra à qui pourra la soulever.

Aujourd'hui, s'il impressionne encore, le site n'est plus guère facile à reconstituer. Il faut dire que le vandalisme et la sottise l'ont largement amputé. Quelques malins ont ainsi, vers la fin du siècle dernier, brisé menu onze des blocs pour empierrer à bon compte la route voisine. Plus près de nous, un digne secrétaire-général du Ministère de l'Instruction Publique a fait main basse sur le plus beau des blocs qui restaient afin d'orner son jardin d'un « menhir authentique » ! Il paraît qu'il y trône toujours… Le site, tel qu'il fut découvert en 1847, présentait six grands trilithes, disposés en rond parfait, quoique les linteaux fussent déjà renversés et appuyés contre l'un ou l'autre de leurs montants.

L'endroit avait été sans aucun doute très soigneusement sélectionné. La preuve en est que les constructeurs s'étaient donné le mal de monter ces énormes blocs de grès depuis Naufontaine, à plus de deux kilomètres, et d'aplanir et d'épierrer soigneusement le mamelon.

On ne peut s'empêcher de songer ici au « temple » de Stonehenge. Là ce sont trente trilithes, eux aussi en cercle, qui se dressent au cœur d'un fantastique complexe de pierres fixes ou mobiles, dont on a pu dire qu'il formait un véritable « ordinateur astronomique » aux buts encore énigmatiques.

Ici à Forrières, les destructions, peut-être pas toujours innocentes, empêchent aujourd'hui toute reconstitution des orientations de l'ensemble, et donc aussi des objectifs des mystérieux constructeurs…

Une précieuse clef peut-être à jamais perdue…

Le « temple » de Stonehenge, dans le sud de l'Angleterre : le plus célèbre et le plus complexe des monuments de la Préhistoire. Son enceinte extérieure est un remblai circulaire assez bas, à trente mètres environ du cercle des pierres. Une avenue venant de la rivière Avon, à 3000 mètres de là, mène à une grande entrée creusée dans l'enceinte, et passe à côté de la Pierre-Talon qui indique la direction du soleil levant au matin du solstice d'été. A l'intérieur de l'enceinte, un cercle de 56 trous, aujourd'hui comblés, permettait sans doute, en y déplaçant des marques selon un certain rythme, de calculer la précession des équinoxes. Le cercle de grands trilithes, appelé Cercle de Sarsen, se composait à l'origine de trente montants et linteaux, de 25 tonnes chacun.

Le Diable a toujours tenu une grande place dans les fantasmes du monde occidental. Rien que dans nos régions wallones, le corpus des contes et légendes colportés à son propos pourrait remplir un rayon de bibliothèque... L'aspect qu'on lui prête dans ces récits ou dans l'art populaire du Moyen Age à nos jours mériterait aussi d'être scruté par la psychanalyse du subconscient. Le génie de Gustave Doré illustrant l'Enfer de Dante en donne sans doute ici la quintessence.

On se dispute entre spécialistes sur la nature de cet étonnant Lé dé Diâle (Lit du Diable): n'est-ce qu'un jeu de la nature ou bien un véritable dolmen dont seuls les montants sont des affleurements naturels ?

PIERRES SATANIQUES

A Forrières, les paysans ont baptisé les restes du grand cromlec'h qui se voyaient sur l'Inzomet du nom de Cuvelées du Diable : c'est-à-dire qu'ils imaginaient ces blocs fantastiques comme les restes d'un transport que Satan, en route pour quelque grand ouvrage, avait dû laisser choir à cet endroit.

C'est là une attitude commune, que l'on retrouve un petit peu partout. Le vandalisme a sans doute fait disparaître aujourd'hui la plupart des grands mégalithes belges, mais tout laisse croire qu'ils devaient être dix fois plus nombreux jadis. Les enquêtes dans les archives et dans les traditions populaires assurent qu'à la fin du Moyen Age rares devaient être les villages qui, dans le sud du pays, ne conservaient pas l'un ou l'autre de ces gigantesques legs de la Préhistoire, ou encore de ces grandes pierres naturelles au caractère exceptionnel : roches isolées, blocs erratiques ou autres dont la présence paraissait heurter le bon sens.

En somme, il était difficile de ne pas se poser la question : si de telles masses ne devaient normalement pas se trouver là, si elles semblaient trop énormes pour qu'on pût vraisemblablement en attribuer l'apport à des forces humaines, si leur présence ou leur amoncellement ne paraissaient avoir ni logique ni finalité raisonnable, à quelle puissance devait-on les attribuer ?

Celle de Satan est incontestablement l'une de celles qui ont été les plus invoquées, et de cent façons différentes.

Le plus souvent, comme à Forrières, on a imaginé que le Diable, attelé à quelque œuvre à sa mesure, avait dû s'interrompre et délaisser les derniers matériaux qu'il transportait. A Clermont, non loin de Gozée et de ses célèbres Zeupîres, on se souvient encore bien de la Pierre du Diable qui fut débitée en pavés — trois mille ! — vers 1860. On raconte que Dieu avait passé contrat avec le Diable. Celui-ci s'était engagé à construire en une nuit, en échange de l'âme de tous les voyageurs qui passeraient par là, la grande chaussée toute proche (en fait la voie romaine Bavay-Trèves) : étonnant marché dont Satan aurait dû se méfier... Au dernier moment, alors qu'il apportait la dernière pierre de l'ouvrage, Dieu avait miraculeusement avancé le lever du soleil et Satan, floué et furieux, s'était enfui en abandonnant la pierre, encore marquée de ses griffes et de l'empreinte de sa tête, sur laquelle il la transportait.

Quelquefois Satan, bon diable, se contente de jouer. A Anhée, entre Dinant et Namur, il avait défié Dieu aux palets, pour savoir qui des deux était le plus fort à ce jeu d'adresse. Dieu prit une pierre qu'il lança jusque sur les hauteurs de Poilvache ; le Diable, à sa grande honte, ne put dépasser les bords de Meuse, près desquels on montre encore sa pierre aujourd'hui.

Mais sa nature n'est pas souvent débonnaire. Non loin d'Anhée, à Sovet, on raconte qu'il tenta par tous les moyens d'empêcher saint Martin de bâtir une église. Le saint avait malgré tout trompé sa surveillance en menant à bien son travail en l'espace d'une seule nuit, et Satan, furieux, aurait alors lancé depuis Poilvache, pour l'écraser, la Pierre du Diable que l'on montre encore à Senenne. A Wanne, non loin de Stavelot, le Faix du Diable est une grosse roche isolée que Satan aurait transportée sur sa tête pour bombarder l'abbaye de saint Remacle. Mais le bon saint veillait et il avait forcé le Diable à lâcher son roc une lieue avant d'atteindre son objectif. Sacré Diable !

LES ZEUPIRES

Gozée

Le Caillou-qui-Pousse est le dernier survivant d'un groupe de trois grands menhirs: les Zeupîres de Gozée, entre Charleroi et Beaumont. Celui-ci mesure 4 m 90 et pèse près de vingt-cinq tonnes. Les deux autres, dont un atteignait six mètres, ont été débités en pavés vers le milieu du XIXème siècle.

Les légendes qui attribuent au pouvoir de Satan la présence extraordinaire de certaines roches ou des grands mégalithes remontent apparemment au Moyen Age et semblent n'être le plus souvent que des tentatives d'explication « rationnelle », selon les croyances du temps.

Parfois cependant, certaines traditions peuvent être plus révélatrices. A Suxy, non loin de Neufchâteau, on prétend encore que les Pierres du Diable servaient jadis de cadre aux sabbats des sorcières. A Bouni, près de Romsée, les anciens se souviennent encore d'une Pierre du Diable — peut-être la table d'un ancien dolmen — dont un morceau servait de passerelle au-dessus du ruisseau local. Ils racontent qu'autrefois cette pierre avait servi d'autel pour un culte diabolique, et qu'elle s'était brisée d'elle-même au temps où les premiers apôtres étaient venus évangéliser la région...

Cette brisure était plus probablement l'œuvre du clergé en lutte contre les vieilles superstitions. Un peu partout l'Eglise a ordonné la destruction, l'abattage, la mutilation ou l'enfouissement des pierres sacrées, à moins qu'elle ne les ait christianisées en les chargeant d'une croix ou d'une statue pieuse.

Dans ce cas, les légendes conservent le souvenir des cultes pré-chrétiens auxquels les grandes pierres servirent souvent de support.

Or ces cultes restent encore bien mystérieux.

L'idée d'une tradition directe depuis les temps mégalithiques jusqu'à l'aube de notre Moyen Age heurte sans doute la plupart des gens « sérieux »... Encore que le conservatisme des milieux ruraux et la capacité de leur tradition orale de transcender les siècles apparaissent aujourd'hui beaucoup plus grands qu'on ne l'a longtemps cru...

Il est aussi possible que ces cultes n'aient été que de très vieilles superstitions paysannes nées, aux temps celtiques, de la même incompréhension devant les monuments fantastiques des âges les plus lointains, que celle qui amena les paysans chrétiens à évoquer Satan ou les saints...

Mais ne peut-on plutôt avancer une troublante hypothèse ? Les contes d'une rivalité entre Satan et Dieu, ou l'un de ses saints, sont généralement traduits comme des échos de la lutte de l'Eglise contre le paganisme. N'y a-t-il pas là autre chose ? La religion celtique était centrée sur un mythe de victoire du Bien sur le Mal, ou plus exactement de l'Etre sur le Non-Etre, dont la représentation symbolique était la fameuse colonne surmontée de la statue d'un Jupiter Taranis foulant aux pieds de son cheval un géant anguipède.

On a souvent noté la parenté entre l'attitude du Jupiter de ces colonnes et celle des grands saints vainqueurs du Démon, Georges ou Michel, entre autres, dont l'image est d'ailleurs un symbole reconnu du triomphe du christianisme sur le paganisme et du Bien sur le Mal.

Certains spécialistes ont par ailleurs bien défendu l'hypothèse d'une filiation directe, sinon matérielle, du moins spirituelle, entre les colonnes du Jupiter gaulois et les lointains menhirs de la Préhistoire.

Est-ce dès lors vraiment un hasard si l'un des plus célèbres menhirs de Belgique est le Caillou-qui-Pousse, le dernier des trois Zeupîres de Gozée, dont le nom, connu sans doute depuis les temps carolingiens, signifie « les Pierres de Zeus » ou « les Pierres de Jupiter » ?

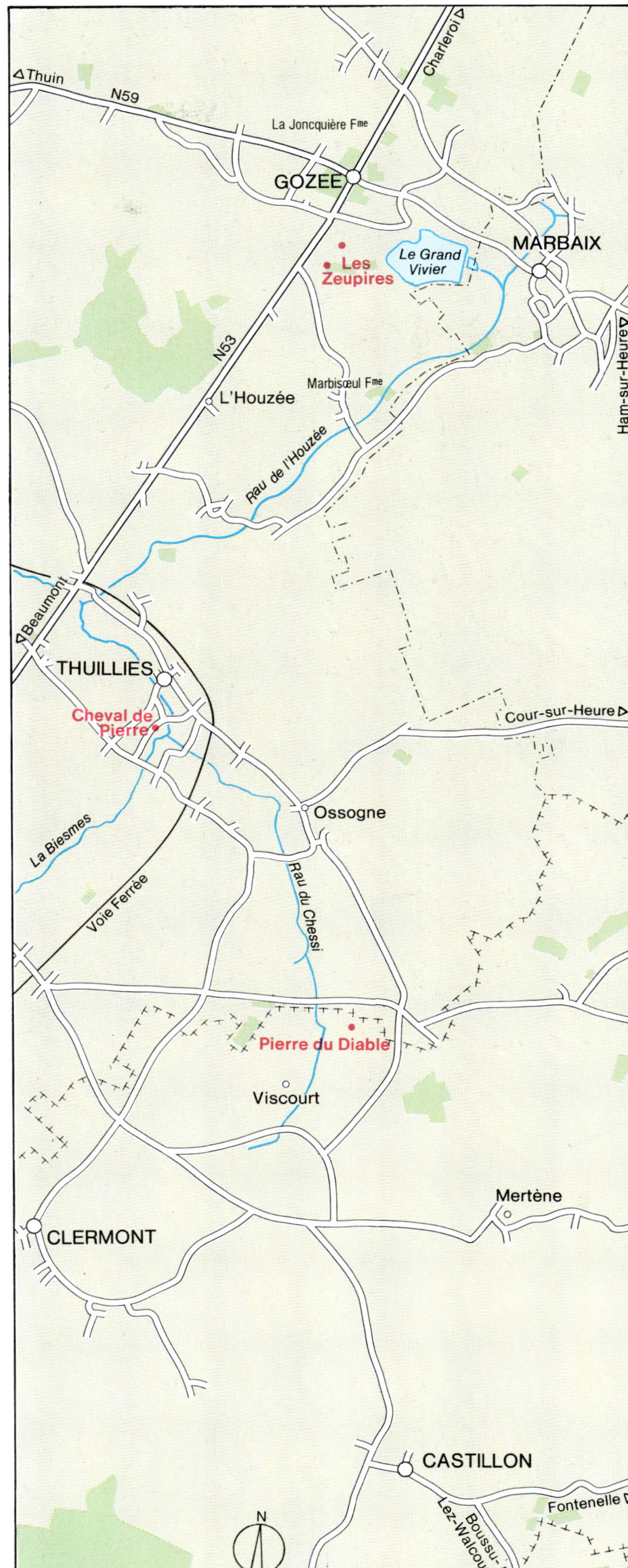

Diverses légendes entourent la Pierre Brunehault. Les paysans racontent que c'est à cet endroit que le cheval sauvage vint s'abattre avec les restes informes de la reine, et que la pierre en commémore le souvenir. Ils croient aussi que c'est une pierre sacrée, et qu'y aiguiser son couteau porte malheur...

UNE ROUTE UN MEGALITHE

La pierre Brunehault

Très tôt, dès l'époque celte, les grands mégalithes furent de véritables enigmes pour les hommes d'alors qui, ne pouvant imaginer que les bras de leurs devanciers eussent été à l'origine du déplacement et de l'érection de ces pierres gigantesques, voyaient là un ouvrage surnaturel. De même, l'oubli de l'efficacité des conquérants de la Gaule détermina, au Moyen Age, l'attribution du réseau des chaussées romaines à un plan et une réalisation diaboliques. Pierres et routes pavées furent en effet, dans tous les anciens pays celtes, dévolues fréquemment à Satan, dont les desseins se seraient accomplis sous l'égide et l'autorité d'une femme.

Les quatre coins de l'ancienne Gaule évoquent ainsi tantôt les reines Marguerite ou Jeanne — parfois même Jeanne d'Arc — , Blanche ou Houdiatte... La Basse-Bretagne invoque Ahès ; la Grande-Bretagne, l'impératrice Hélène... La Wallonie, pour sa part, la reine Brunehault.

Les deux Bretagnes, où l'on sait bien que la vieille tradition celtique s'est particulièrement maintenue, mettent déjà la puce à l'oreille. La Bretonne Ahès, dont le nom est tiré de celui du nœud central du réseau routier romain en Armorique — *Ker Ahès* « la Ville d'Ahès » pour Carhaix — , est en fait la même que Dahud dont l'attachement aux cultes « diaboliques » d'avant le christianisme a entraîné la submersion de la ville d'Ys : incontestablement un fantôme du panthéon préchrétien. Quant à l'« Impératrice Hélène » de Grande-Bretagne, il est bien reconnu aujourd'hui qu'elle cache en fait une déesse celte Ellen Llwyddog, tardivement travestie et christianisée en sainte Hélène, la mère de Constantin le Grand et « l'inventrice » de la Vraie Croix.

Là où les Bretagnes invoquent clairement deux anciennes déesses celtes, la Wallonie a élu Brunehault, la vieille reine franque, rivale de Frédégonde. Non seulement elle lui attribue l'ordonnance du fantastique réseau de voies que les Romains ont fait rayonner à partir de Bavai et que le XVIème siècle encore pensait n'avoir pas pu être réalisé par les seules forces humaines, mais également bon nombre de ses mégalithes...

Beaucoup de ces derniers ont disparu : par exemple le menhir Brunehault de Bray, près d'Estinnes-au-Val, concassé en 1753, ou le dolmen Brunehault de Velaine, détruit en 1820. Il reste cependant l'énigmatique Pierre Brunehault de Hollain, un gigantesque menhir isolé, à trente mètres de l'actuelle N71, qui est l'ancienne chaussée romaine de Bavai à Tournai.

Mais quel peut être le rapport entre des déesses comme Dahud ou Ellen Llwyddog et cette reine dont l'existence historique est assurée ? Ne serait-ce pas l'épisode final de la carrière de Brunehault qui a assuré la survie de sa mémoire dans la tradition populaire par sa mort atroce : attachée nue à la queue d'un étalon sauvage qui la traîna jusqu'à ce que son corps ne fût plus que lambeaux ?

Dahud a aussi sa mort liée à un cheval. Alors que la mer noyait Ys, son père Grallon réussit à s'enfuir en l'emmenant en croupe... Mais les vagues les rejoignirent et menacèrent de les engloutir : Grallon ne se sauva qu'en sacrifiant sa fille qu'il jeta à bas dans le flot.

Ellen, Blanche, Jeanne ou Houdiatte — son nom le dit lui-même — sont aussi des cavalières, et l'image canonique de la Grande Déesse gauloise n'était-elle pas celle d'Epona, la Cavalière tuée et désarçonnée par la christianisation ?

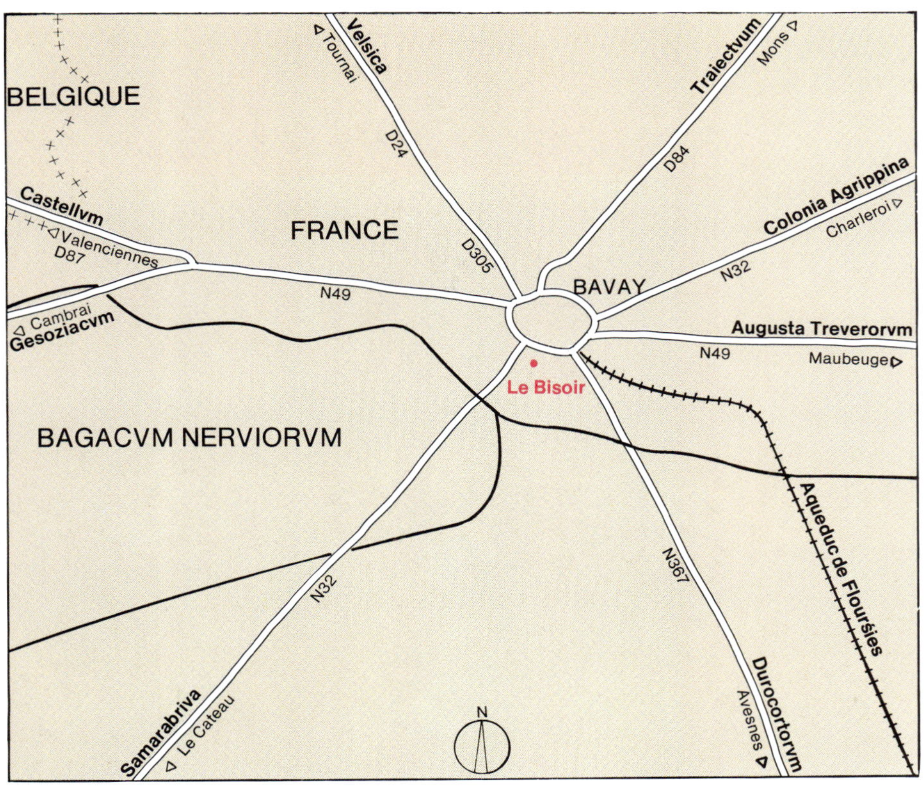

La situation géographique de Bagacum *(Bavai) en fit le nœud routier idéal de la Gaule du Nord. Huit voies romaines y convergeaient, dont plusieurs reçurent localement le surnom de « chaussée de la reine Brunehault ».*

En 1615, Philippe de Hurges écrit « avoir souvent veu une pierre posée sur le haut chemin de Tournay à Valenciennes... que les bones gens des environs causent avoir été portée en ce lieu par le diable ».

Sur le plateau d'Hive et d'Ortho, les Blantch' Cayors d'Mouchny gardent jalousement leurs secrets... Certains affirment qu'une fente verticale au milieu du « berger de pierre » permet, par temps clair, de voir se lever le soleil à l'aube du solstice d'hiver.

LES BLANCS CAILLOUX

Mousny

L'une des plus étonnantes promenades des Ardennes est peut-être celle du confluent des deux Ourthes, dans les écarts de Mousny, à environ trois kilomètres d'Ortho. Un peu en dehors des sentiers battus, on peut suggérer de suivre la rivière jusqu'au hameau abandonné de la Baraque Champré, jadis centre d'une petite industrie de pressage de l'huile de faîne, et dont il reste d'intéressants vestiges, puis on remontera par le Ru de Cens vers le nord-ouest, en direction de la ligne de crête, de façon à déboucher sur le site fantastique des Blancs Cailloux, à plus ou moins deux kilomètres du village.

Au bout d'un minuscule sentier sur le flanc du coteau, trois énormes blocs de quartzite blanc, dont deux superposés en un impérieux pilier, semblent surveiller une multitude de petits blocs qui se perdent dans l'obscurité d'un bois de pins en contrebas. Leur éclatante blancheur paraît presque lumineuse à l'orée de cette opacité, que le silence ambiant rend presque oppressante. Sans la présence de quelques compagnons rassurants, beaucoup ne peuvent s'empêcher d'éprouver peu à peu un vague sentiment de malaise...

La légende du site n'est pourtant pas bien méchante. Les paysans de Mousny racontent que ces pierres sont en fait un berger et ses moutons, miraculeusement pétrifiés. Un jour que ce berger paissait ses moutons dans les bruyères de l'endroit, vint à passer un pèlerin qui allait faire ses

Le culte des pierres blanches semble avoir été si important qu'à défaut de blancs cailloux, on n'hésitait pas à en fabriquer. A Wéris la coutume de blanchir à la chaux la Pierre Haina à chaque équinoxe de printemps s'est perpétuée jusque vers 1900.

dévotions à saint Thibault, l'ermite de Marcourt. Le pèlerin était harassé de fatigue, il avait soif, et le berger avait auprès de lui une grande cruche d'eau. L'étranger s'approcha donc du berger et lui demanda à boire, mais ce dernier refusa grossièrement. En lui reprochant son manque de cœur, le pèlerin s'assit pour se reposer, mais le berger se fâcha, l'empoigna et le força à se lever et à reprendre sa route, et comme l'étranger ne s'éloignait pas assez vite à son gré, il ramassa un caillou et le lui lança violemment à la tête ! Mais alors le pèlerin se retourna, ramassa le projectile et le renvoya sur la brute qui, à l'instant même, se trouva changée en pierre avec tout son troupeau, y compris son chien, dont certains prétendent encore reconnaître le museau camard au pied du bloc principal qui fut son maître. Le pèlerin n'était autre que le Christ...

Cette histoire n'est évidemment qu'une jolie fable inspirée par le site, avec son « troupeau » de petits cailloux blancs comme des moutons. Rien toutefois n'y correspond à la réputation peu avenante des lieux, ni à l'étrange disposition de l'ensemble. Certains ont affirmé que les petits blocs dessinaient jadis un cercle autour des trois pierres centrales et qu'ils formaient donc une sorte d'étrange cromlec'h, comme on n'en connaît guère ailleurs...

L'une des seules certitudes accessibles est l'importance particulière de la blancheur des cailloux. Le monde mégalithique semble avoir voué un culte particulier aux pierres blanches. C'est par dizaines que la tradition populaire les vénère encore fidèlement : on peut citer par exemple *al Blantch'Pîres* de Lescheret, les restes de ce qui fut peut-être un cromlec'h à *Pîr-tchamps*, aux sources de la Sûre, ou les Blancs Cailloux d'Hayon, but naguère de la procession paroissiale.

Reste à savoir pourquoi. Qui retrouvera le secret de ces blancs fantômes ?

L'actuelle légende attachée aux Blantch' Cayors d'Mouchny *n'est qu'un conte populaire, basé sur un thème extrêmement répandu à travers toute l'Europe chrétienne.*

COUCHEES OU LEVEES

Pierres à Wéris et Oppagne

Nous voici entre Ourthe et Aisne. Des paysages harmonieux, des villages qui sont des promesses de vacances. En outre un passionnant retour aux sources de l'Histoire : la région, en effet, renferme quelques-uns des principaux sites préhistoriques recensés en Belgique.

Certes, Spiennes, Spy ou Goyet sont des noms familiers aux amateurs de civilisation pré-celtique ou pré-romaine. Mais peu d'endroits apparaissent aussi intéressants à cet égard — et aussi emplis de mystère — que le territoire de la nouvelle entité de Durbuy. Les villages de Wéris, d'Oppagne et de Morville se partagent quelques énigmatiques vestiges venus du fond du temps.

Ainsi, à Wéris, le long de la route de Barvaux à Erezée, se dresse une pierre levée, menhir en poudingue local haut de 3m60 et lourd de près de sept tonnes. A Wéris également, à gauche de la même route, le dolmen nord est une tombe mégalithique, allée couverte composée, sur dix mètres de long, de six blocs dressés supportant deux dalles de couverture épaisses de quatre-vingts centimètres.

A Morville, au lieu-dit Aux Ecoulées, la Pîre Haina ou menhir blanc est un bloc de plus de trois mètres, en partie taillé, et incliné vers l'est. Non loin de là encore, le Lè dè Diâle, une pierre polie de 2m40 de long, repose sur deux chevets mais n'a, semble-t-il, jamais fait partie d'un dolmen.

En 1947, ce superbe menhir fut mis à jour par un cultivateur qui labourait le « Champ de la Longue-Pierre ». Comme il gênait les travaux agricoles, il fut déplacé et redressé l'année suivante par Melle Danthinne, professeur à l'Université de Liège, le long de la route de Barvaux à Erezée, à trois cents mètres à l'ouest de son implantation originelle.

De l'ensemble sacré de Wéris, le dolmen dit Nord est certes le plus suggestif avec ses dix mètres de long et sa couverture de gigantesques dalles reposant sur des blocs de poudingue. ▶

A Oppagne enfin, au lieu-dit Bouchaimont, trois menhirs montent la garde à l'ombre d'un arbre. Leur taille oscille entre 2m et 2m50. Au lieu-dit Thier-à-Sel, à quatre cents mètres au sud/sud-ouest du menhir de Wéris, le dolmen sud est lui aussi une allée couverte, mais en partie enterrée, qui a six mètres de long et est pourvue de trois dalles de couverture.

On le voit, les souvenirs préhistoriques ne manquent pas entre Ourthe et Aisne ! Ce qui fait défaut, ce sont des renseignements précis sur les hommes qui, il y a six millénaires, levèrent et taillèrent ces pierres. Car les légendes, elles, foisonnent ! Ainsi à Wéris, au hameau du Pas-Bayard, on n'hésite pas à montrer, dans la rue Aux-Trois-Fontaines, une marque imprimée sur un bloc de pierre de 2m40 sur 1m60, large et profonde rainure qui serait la trace laissée par le sabot du cheval Bayard prenant son élan pour emmener d'un seul bond les quatre fils Aymon jusqu'à Durbuy, à plus de dix kilomètres de là.

La légende du Lè dè Diâle à Morville est encore plus fantastique. On y raconte que cette dalle

épaisse de soixante centimètres était jadis dressée comme un menhir et servait en fait à boucher un pertuis maléfique descendant jusqu'aux Enfers, au centre même de la Terre. Le diable lui-même en sortait parfois pour parcourir le pays, y répandre ses maléfices et présider le sabbat des sorcières. Mais un jour, trop pressé, il renversa la pierre et fut incapable de la redresser. La terre combla alors le passage vers les Enfers et le Diable, impuissant, erre depuis à travers le pays, venant parfois se reposer sur la pierre que son corps brûlant a peu à peu façonnée en un lit.

Un autre version conte qu'un meunier manquait d'eau pour alimenter son moulin. Satan proposa de construire une digue en une seule nuit s'il lui livrait son âme. Mais, au matin, le Diable ne vit arriver que le chien du madré compère. Furieux d'avoir été berné, Satan détruisit immédiatement tout son travail, puis se reposa sur la pierre qu'on appelle depuis lors son lit. Les vestiges de la digue infernale se voient encore au hameau de Roche-à-Frêne.

On se dispute entre spécialistes sur la nature de cet étonnant Lè dè Diâle : n'est-ce qu'un jeu de la nature ou bien un véritable dolmen dont seuls les montants sont des affleurements naturels ? ▼

UN DOLMEN VEILLE

Sur les « Pépères » de Boezinge

L'immense dalle de cette allée couverte, scrupuleusement remontée au centre du secteur breton de 1915, servit longtemps de lieu de rassemblement pour les habitants de la Ville-Bellanger. En 1929, il ne fallut pas moins de quinze chevaux pour amener les trois pierres du monument jusqu'à la gare de Lamballe, d'où un train spécial les transporta jusqu'à Boezinge.

Même les doctes archéologues qui se sont spécialisés dans l'étude des mégalithes de Belgique ignorent sans doute que le plus grand dolmen du pays se trouve à quatre kilomètres au nord d'Ypres. Dites-leur qu'une superbe allée couverte, dont la dalle faîtière dépasse les huit tonnes, se dresse en pleine Flandre limoneuse, loin de toute carrière de granit, et ils auront de bonnes raisons d'être sceptiques !

C'est pourtant la pure vérité. Les éléments de ce dolmen sont en fait venus de la lointaine Bretagne, exactement de la Ville-Bellanger-en-Hénansal, dans les Côtes-du-Nord... mais ils ont été amenés par chemin de fer en 1929. Et, s'il s'agit bien, comme dans la Préhistoire, d'un monument aux morts, il ne commémore pas de mystérieux ancêtres, mais le souvenir des Pépères, victimes de l'un des plus terribles épisodes de la « Grande Guerre ».

Les Pépères étaient des réservistes des Divisions Territoriales françaises, hommes de plus de quarante ans ainsi gentiment surnommés. Ils servaient surtout de troupes de soutien dans des secteurs réputés calmes, et on leur épargnait Verdun, l'Aisne ou la Somme. A Boezinge, c'était des Bretons des 173e et 174e Brigades qui devaient épauler les troupes belges de l'Yser.

Hélas pour eux, le Haut Commandement allemand rêvait d'opérer une grande percée, et un chimiste, le Professeur Haber, avait eu la détestable idée de proposer l'emploi des gaz asphyxiants pour la faciliter. Une fois la suggestion retenue, il avait soigneusement étudié le problème, sélectionnant le gaz de chlore parce qu'il se dissipait vite et

A Maissin, à vingt-cinq kilomètres au nord de Bouillon, ce sont les anciens du 19e Régiment d'Infanterie de Brest qui ont amené depuis Tréhou, dans le Finistère, un superbe calvaire du seizième siècle pour veiller sur leurs quatre mille frères tombés dans la bataille des 22 et 23 août 1914.

ne gênerait donc pas les troupes d'assaut lorsqu'elles passeraient à l'attaque ; également parce qu'il « n'occasionnerait pas de souffrances inutiles à l'ennemi si celui-ci ne bougeait pas ».

Le secteur de Boezinge fut tout simplement choisi parce qu'il était l'un des seuls où les statistiques météorologiques permettaient de ne pas craindre un changement de direction des vents qui repousseraient le chlore vers les lignes allemandes. Le 22 avril 1915, à cinq heures du matin, la première attaque au gaz moutarde se déclencha.

Les grenadiers belges, au nord de Boezinge, virent une fumée blanche qui virait ensuite au vert puis au brun. Ils constatèrent bientôt que les Bretons à leur droite étaient saisis d'une folle panique. Les soldats reculaient, criaient, pleuraient, jetaient leurs armes, déchiraient leurs vêtements, puis tombaient morts, affreusement brûlés.

Six ans après ce drame, une centaine de survivants, regroupés autour des aumôniers de la division, organisèrent une amicale « les Pépères de Boezinge ». Ils demandèrent au curé du village l'autorisation d'apposer une plaque commémorative. L'évêque de Bruges marqua son accord, et c'est ainsi que le 9 mai 1922, une soixantaine de Pépères vinrent inaugurer une plaque de marbre blanc sur le mur de l'église provisoire, en attendant qu'elle puisse être fixée sur la nouvelle église, où elle se voit encore aujourd'hui.

En 1929, ils en vinrent à recréer pour leurs morts un véritable coin de la Bretagne natale.

Ce splendide calvaire de granit, du seizième siècle, était en fait la croix du pardon de la paroisse de Louargat, autre haut lieu du mégalithisme breton. Il veille aujourd'hui dans la plaine de l'Yser, là où se trouvait le fameux Artillery Wood, non loin du célèbre estaminet « Het Verzet », dont le nom avait un double sens : « La Résistance » et « L'Amusement ».

Parmi les pins, les bruyères et les ajoncs apportés de leurs landes, ils installèrent l'un des plus beaux mégalithes du Penthièvre, l'allée couverte de Hénansal, et en outre sept menhirs rappelant les villes de garnison des morts et le plan des positions au jour de la bataille. Un authentique calvaire, joyau de l'art breton, offert par le village de Louargat, complète même l'ensemble.

Deux cimetières militaires ont reçu des Bretons, en souvenir de leurs morts, l'hommage d'un calvaire authentique. A Maissin, il est flanqué d'un menhir portant, dans la vieille langue celtique, les vers du poète Joseph-Pierre Le Bras, lui aussi victime de la Grande Guerre. Dans l'église du village, une autre inscription dit simplement Evurus ar re a ouel *« bienheureux ceux qui pleurent ».*

Eurus Ar Re A Ouel
LES FAMILLES DES COMBATTANTS BRETONS ET VENDEENS RECONNAISSANTES

LE MONDE MEGALITHIQUE

A l'initiative de l'archéologue Jean-Pierre Mohen, deux cents volontaires ont entrepris de relever en juillet 1979 la dalle de couverture d'un dolmen. Trente-deux tonnes déplacées avec les seuls moyens de la préhistoire : cordages et rondins !

Pour exorciser les anciens dieux que les croyances populaires associaient aux mégalithes, l'Eglise a souvent détruit ceux-ci. Parfois elle a voulu détourner à son profit la foi naïve que les paysans avaient en la vertu de ces pierres : généralement en vain !

La tradition populaire a toujours accordé beaucoup d'importance aux mégalithes, au point de leur assimiler souvent les grandes pierres naturelles que leur taille ou leur forme rendaient aussi remarquables. Certainement dès l'époque gauloise, que des millénaires séparaient déjà des temps mégalithiques, l'incompréhension et l'étonnement devant les exploits techniques requis par la construction des grands dolmens ou l'érection des lourds menhirs ont donné naissance à des explications fantastiques. Les Celtes les ont attribués à des dieux, que plus tard, au Moyen Age, l'Eglise transforma évidemment en démons.

A côté de cette attribution à des puissances surnaturelles, il n'est pas impossible que se soient maintenus des souvenirs plus ou moins conscients du sens de ces étranges monuments. Il existe en effet de bonnes raisons de croire que l'un des sens de leur érection — mais c'est sans doute loin d'être là *toute* leur signification — était attaché à des rites de fécondation magique du monde et de la nature. Les menhirs auraient été les phallus de pierre du Ciel-Père fécondant la Terre-Mère, et les dolmens auraient été les utérus de pierre de la Terre-Mère où mûrissait la vie nouvelle, soit des âmes, soit de la nature annuellement renaissante.

Il est en effet remarquable que, jusqu'à l'aube de notre vingtième siècle — c'est-à-dire tant que la difficulté des communications a conservé aux traditions régionales leur particularisme — la plupart des superstitions attachées aux grandes pierres aient été des rites de fécondité.

Fondamentalement leur contact assurait aux femmes de concevoir des enfants. Les rites étaient d'ailleurs extrêmement suggestifs : les postulantes devaient généralement se frotter la vulve sur l'arête d'un menhir, ou encore se laisser glisser, jupe et jupons relevés, sur la dalle de pierre : nul doute qu'elles espéraient ainsi récupérer à leur profit une partie de la puissance fécondante que la pierre, en tant qu'organe du Dieu-Père, était censée transmettre à la nature entière.

Bien sûr, le rite était souvent déformé. Parfois le mari ou le fiancé devait s'y associer. Parfois on demandait plus qu'une naissance : une grossesse et un accouchement heureux. Parfois le rite était édulcoré et les filles demandaient, avant des enfants, un époux pour les engendrer...

Nos provinces ont connu jadis un bon nombre de ces rites. A Thuillies les anciens se souviennent encore du

Tchèvau d'cayau: ce Cheval-de-Pierre, aujourd'hui disparu, était un grand menhir que les femmes stériles devaient chevaucher, fesses nues, une nuit de pleine lune. Elles étaient sûres dès lors d'enfanter dans l'année. A Landelies, les deux menhirs — aujourd'hui également disparus — de la Jambe-de-Bois attiraient à chaque printemps toute la jeunesse du voisinage: c'était, le 25 mars, le pèlerinage de Notre-Dame-du-Ride-Cul. Au son du violon, les couples se rendaient près d'une dalle de pierre voisine et s'y laissaient glisser, main dans la main, chacun assis sur un petit fagot. Le déroulement de la glissade prophétisait le sort du couple: la *retournade* ordonnait de différer le mariage, la *cognade* impliquait un amour non partagé, l'*embrassade* était signe d'affection, et l'*embrassade* suivie de *roulade* ôtait tout doute sur l'appariement des amoureux et annonçait qu'il fallait hâter les noces! Les mêmes rites étaient pratiqués sur le Pierre-à-Marier de Bohan et sur la Pierre-Gayet de Sorendal, mais, sans soute par concession aux bonnes mœurs, ils n'y étaient célébrés que le jour du mariage et après les cérémonies officielles.

Le fait que ces rites avaient un côté obscène, ou à tout le moins licencieux, ne pouvait qu'exacerber la haine de l'Eglise à l'encontre de ces relents de paganisme. Les condamnations et les interdits se sont ainsi multipliés et ont sans doute, le plus souvent, rejeté bon nombre d'entre eux dans la clandestinité. C'est évidemment ce que marquent les fréquentes associations des mégalithes aux sabbats des sorcières, dont la réputation s'inscrit bien dans la ligne des rites de fécondité qu'ils cachaient vraisemblablement: cérémonies secrètes, généralement obscènes et licencieuses, pratiquées essentiellement par des femmes en l'honneur de «démons lubriques»...

Le Grand Sabbat d'Ardenne se tient toujours, paraît-il, près d'un dolmen secret, dans un écart de Grand-Halleux. D'autres sabbats sont signalés un peu partout: à la Pierre-qui-Tourne de Vossem, à celle de Braine-l'Alleud où tout passant que surprend la ronde des sorcières est entraîné dans la danse jusqu'à mourir d'épuisement, à la Grosse-Pierre de Thorembais, à la Table-des-Sorcières de Virginal, à la Pierre-des-Sorcières de Ronquières, aux Pierres-du-Diable de Suxy, au Zeupîre de Gozée, à la Pierre-de-Nierbronchera d'Aywaille... Qui surprend la sorcière assise sur la Pîre-Makrale d'Antheit subit sa malédiction et est promis au sort le plus affreux...

Il y a certainement plus de vérité dans ces rites et ces superstitions ancestrales que dans les divagations de certaines sectes de pseudo-druides qui hantent encore aujourd'hui bon nombre de sites mégalithiques. La plupart d'entre elles s'inspirent en fait des écrits de Iolo Morgannwg, un antiquaire du dix-huitième siècle qui fut sans doute l'un des meilleurs connaisseurs des manuscrits gallois du Moyen Age et de leur langue. Il se servit malheureusement de sa science non seulement pour publier un grand nombre de textes de première valeur, mais aussi des dizaines de faux, dont un grand nombre destinés à faire accroire qu'il était le dernier dépositaire des doctrines druidiques de l'antiquité celtique. Leur fausseté est depuis longtemps hors de doute: ils fourmillent d'anachronismes matériels et, s'ils sont en contradiction complète avec tout ce que l'on peut savoir des anciens druides, ils véhiculent évidemment toute l'idéologie pseudo-ésotérique de son époque.

A Bucy, chaque épousée devait se laisser glisser sur un sabot au bas de la Pierre-de-la-Mariée. S'il cassait (et on aidait parfois le hasard), c'était signe qu'elle n'arrivait pas intacte aux noces.

Il y aurait encore en Belgique un Ordre Vert de la Fraternité du Soleil Celtique, établi à Liège en 1962, et un Ordre Universel des Druides, fondé à Bruxelles en 1921 par un certain Dufour.

Un passé de légendes

Ne demandez pas au vent d'ouest qui, souffle sur Bruges et crève en
averses sur Gand, de vous conter les légendes du pays de Flandre.
Il a la mémoire courte, l'humeur souvent chagrine
et charrie trop de nuages dans ses robes de grisaille pour musarder
et causer en chemin.
Par contre, si vous en avez le temps, interrogez donc cette vieille
bavarde de cloche qui bat les heures dans la tour de l'église de Gistel.
Elle vous parlera de Godelieve, la petite sainte flamande, noyée
comme un chaton dans une mare de ferme sur ordre de son cruel mari.
De même que de ces folles pucelles qui cherchaient l'aventure
et la trouvèrent sur le dos d'un cheval volant.
Ne demandez pas à la bise, qui poudre de gelles sapins et prairies et rôde
dans les combes de l'Ardenne, de vous raconter les exploits
des quatre fils Aymon et de Bayard, leur superbe coursier.
Elle a perdu la tête entre Namur et Dinant
et hurle sa détresse de n'avoir point épousé une brise française
née au pays des cigales, là où l'été ne meurt jamais tout à fait.
Par contre, si vous n'êtes pas pressé, interrogez donc les pierres sans âge
qui pavent le fond d'un ruisseau.
Elles vous diront comment reconnaître une fée d'une simple mortelle
et par quelle magie singulière
Mélusine dissimula longtemps sa queue de serpent aux yeux de son mari.
Ne demandez pas à l'orage, qui vient de l'est et plombe le ciel hennuyer,
d'évoquer pour vous Beaumont et les trois Auvergnats
ou Crèvecœur et ses gentes dames.
A part la foudre qui partout l'accompagne,
il n'aime rien ni personne
et pour vous signifier son ignorance des choses du passé,
il vous arrosera et disparaîtra dans un arc-en-ciel.
Par contre, si vous le voulez, vous pouvez questionner votre mémoire.
Le petit garçon, la petite fille que vous fûtes, se souvient certainement
de Brabo et de l'affreux géant, des cygnes du
Minnewater et de la légende de Manneken-Pis. Rappelez-vous...
Non ? Alors, tournez la page.

FEE
OU
SERPENT ?

Mélusine

Au milieu du Xème siècle, dans la brumeuse Ecosse, trois filles étaient nées du mariage du roi Elinas avec la fée Pressine. Elles avaient pour noms Mélias, Palatine et Mélusine. Lorsque la discorde s'installa dans le couple royal, les jeunes princesses prirent le parti maternel et résolurent d'emprisonner leur père. Ce manquement au respect filial entraîna une terrible malédiction, qui condamna les trois fées à subir, chaque samedi de leur vie, la métamorphose de la partie inférieure de leur corps en une queue de serpent. En outre, si d'aventure l'une d'elles venait à être surprise ainsi appareillée, il en serait aussitôt fait de ses pouvoirs surnaturels. Affreuse perspective pour nos magiciennes qui s'empressèrent de quitter leur île natale pour émigrer sur le continent, peu au fait de leurs malheurs.

Mélusine, s'étant séparée de ses sœurs, gagna l'Ardenne. Alors que par un bel après-midi de l'an 963 elle se mirait dans les eaux de l'Alzette, parut Sigefroid, le prince de ces contrées inhospitalières, dont le modeste manoir s'élevait sur les hauteurs voisines. Une passion réciproque enflamma le cœur des deux jeunes gens qui s'épousèrent dans l'année. De pauvre gentilhomme, Sigefroid devint bientôt puissant seigneur grâce aux pratiques magiques de Mélusine qui, tous les samedis, s'isolait mystérieusement dans ses appartements.

Vingt ans s'écoulèrent ainsi. Vingt ans de félicité conjugale, au terme desquels une jalousie d'autant plus pernicieuse qu'elle était tardive vint tourmenter Sigefroid. Mélusine, que le respect de la parole donnée avait rendue confiante à l'extrême, n'avait pas fermé au verrou la porte de sa chambre et baignait sans pressentiment son corps monstrueux. Quel spectacle ! Mais l'incrédulité n'avait pas achevé d'arrondir les yeux du mari trop curieux que déjà la malédiction s'accomplissait : un terrible séisme abattait le château, tuant son propriétaire, alors que Mélusine, muée en dragon ailé, ralliait le monde du rêve et de l'imaginaire.

La légende de la fée anguipède séduisit tant les dynastes princiers de l'ère post-carolingienne que les comtes de Boulogne, de Rethel, de Luxembourg, de Toulouse, de Lusignan, d'Anjou... en quête de prestigieux ancêtres, se prévalurent du sang de Mélusine et la rangèrent chacun en tête de leur lignée. Sang illustre par excellence, dont une tradition exigeait qu'il coulât dans les veines des souverains du royaume chrétien de Jérusalem.

Couronnant le destrier du sceau des comtes de Luxembourg, l'énigmatique femme-serpent, Mélusine. Combien de familles nobles ne tentèrent-elles pas de s'approprier son image en l'intégrant à leur ascendance par de savants arbres généalogiques ? Femme et mère exemplaire, poursuivie par la malédiction tout en symbolisant la puissance du surnaturel, Mélusine, héroïne d'un roman de Jean d'Arras au XIVème siècle, ne fut-elle qu'un rêve ou est-elle dotée d'une véritable personnalité historique ?

Le charme de Mélusine et la pérennité de sa légende tiennent à sa personnalité ambiguë qui conjugue les qualités humaines de mère et d'épouse à d'étonnantes potentialités surnaturelles. En elle se réconcilient les forces hostiles et les forces bénéfiques de la nature, équilibre fragile que détruit la curiosité de l'homme, avide de connaître et par là de transgresser les interdits divins. Etrange mythe que celui de Mélusine, appelée aussi Mélisande ou Luscente, et dont la trame se confond avec celle de l'Histoire.

Si vous passez un jour par Koerig, entre Luxembourg et Arlon, on vous montrera les ruines du château de Sigefroid ; et si vous poussez jusqu'à Luxembourg, on vous assurera que le nom même de la cité ne signifie rien d'autre que bourg de Luscente, donc de Mélusine, et que les pierres subsistantes du château comtal se souviennent d'un samedi funeste entre tous.

Voici les arts anciens et nouveaux réunis en une image. La vénérable et imposante abbaye d'Orval fut détruite par la fureur anticléricale des Révolutionnaires. La ferveur des moines ressuscita l'offrande de la duchesse Mathilde.

Toutes les marques de reconnaissance, qu'elles soient religieuses ou profanes, comme par exemple les étiquettes de la célèbre bière d'abbaye, portent traditionnellement l'image du poisson qui, d'une façon miraculeuse, rendit son alliance à Mathilde.

UN AMOUR ETERNEL

La fontaine Mathilde à Orval

Il existe plusieurs justifications étymologiques du nom d'Orval. La plus ancienne et la plus répandue se rattache à la légende de Mathilde de Toscane, duchesse de Basse-Lotharingie. En voici succinctement la substance : Au milieu du XIème siècle, les comtes de Chiny, vassaux du duc de Basse-Lotharingie, régnaient sur une région centrée sur notre Gaume actuelle.

En 1070, des moines calabrais, chassés par la guerre civile italienne, se rendirent chez l'archevêque de Trèves, qui les recommanda au comte Arnoul II de Chiny. Celui-ci leur céda un domaine forestier, relié aux villages voisins par de mauvais chemins.

En 1076, la duchesse Mathilde, veuve du duc de Basse-Lotharingie, Godefroid le Bossu, se rendit à Chiny et confirma, en sa qualité de suzeraine, la donation d'Arnoul.

Le malheur, qui l'avait déjà frappée en la personne de son mari, lui ravit encore son fils de 8 ans qui périt noyé dans les eaux glacées de la Semois. Mathilde chercha alors un réconfort moral chez les bons moines.

Un jour qu'elle se promenait dans la forêt, elle remarqua une petite source et s'en vint s'asseoir au bord de la fontaine. Distraite, elle agita la main dans l'eau limpide, ... tant et si bien que son alliance d'or quitta son doigt et disparut.

Affolée, la jeune femme sonda les profondeurs de la source. En vain. Le dernier souvenir tangible

La source séculaire de Mathilde. C'est ici que la duchesse tourmentée trouva le repos après les épreuves de la vie. Maintenant encore, cet endroit est un havre de paix. Le miracle qui donna naissance à l'abbaye est censé avoir eu lieu ici.

de son défunt époux venait de lui être ôté. Pauvre duchesse ! Mathilde alors pria la Vierge et fit vœu d'ériger un monastère pour les pauvres religieux italiens si sa bague lui était rendue.

A peine avait-elle achevé sa prière qu'un poisson jaillit de la source et dégorgea le trésor.

Mathilde s'écria : « Oh, toi, vallée heureuse, qui me rendit l'or que je cherchais avec tant d'ardeur ! En souvenir de cet incident, tu porteras désormais le nom de « Val d'Or ».

La duchesse ne fut pas parjure et offrit aux religieux l'abbaye d'Orval, qui fut longtemps prospère et prestigieuse. Les bâtiments claustraux furent ravagés et détruits par les Révolutionnaires, mais la fontaine Mathilde existe toujours, ainsi que le symbole de l'abbaye : un poisson tenant un anneau d'or dans la gueule.

L'histoire est beaucoup moins prodigue de merveilleux que la légende. En réalité Orval ne doit rien à Mathilde de Toscane, sinon peut-être un vague lien de vassalité. Cette princesse, veuve d'un époux contrefait et détesté, fut réputée pour son attachement au Saint-Siège durant la période troublée de la guerre entre le Sacerdoce et l'Empire. Elle était, par alliance, la tante du fameux Godefroid de Bouillon, héros de la Première Croisade.

L'abbaye fut fondée dans le premier quart du XIIème siècle pour des moines du nouvel ordre de Cîteaux, par le comte Otton de Chiny, sur des terres de son patrimoine.

Arnoul, Otton, Mathilde... les siècles ont passé sur ces blancs fantômes de jadis. Seule l'eau translucide de la source se souvient encore...

Le nom d'origine du loup-garou est Werewolf, ce qui signifie homme-loup. Dans plusieurs régions de France, il est connu sous différentes appellations : dans le Berry, c'est loup-berou. En Bretagne, le bisclaveret. En Dordogne, le libérou. En Gironde, la bête bigourne. En Normandie, il s'agit du garwall, et en Picardie, du loup-varou. Bien-sûr, les grands-mères, jadis, ne se privaient pas de broder quantité de contes autour de ce mythe.

L'existence des loups-garous se retrouve dans de nombreux procès de sorcellerie, car qui disait sorcellerie, disait démon. Par conséquent, le loup-garou faisait partie d'un ensemble maléfique par excellence. Le fameux De Lancre, dans son inquisition incessante et insatiable, en avait fait capturer un au XVIIème siècle.

LES LOUPS-GAROUS

« Au loup ! Au loup ! ». Lorsque ce cri retentissait dans les campagnes d'autrefois, les bergers rassemblaient leurs bêtes à la hâte, tandis que les portes des chaumières se refermaient sur la peur des villageois. Si d'aventure le loup venait à être un loup-garou, la peur se muait alors en effroi.

Les origines du mythe du loup-garou paraissent se confondre avec les coutumes des clans primitifs, dont les chasseurs endossaient la dépouille d'un fauve pour mieux traquer ses congénères ou encore pour s'en approprier les ruses ou la force. Au Vème siècle avant notre ère, Hérodote colportait déjà des histoires de loup-garou, dont l'archétype semble fort ancien et commun à de nombreux peuples.

A la fin du Moyen Age et à la Renaissance, les gens soupçonnés de se métamorphoser en loup étaient assimilés aux suppôts du Diable et jugés à l'instar des sorciers. Les minutes de leurs procès permettent de dégager le schéma typique des manifestations du loup-garou.

Celui-ci, dont seuls les yeux et la voix laissaient présager la véritable nature en temps ordinaire, se muait, à chaque pleine lune, en un grand loup qui égorgeait hommes et bêtes. Il était censé porter son pelage sous la peau et, lors de la métamorphose, se retourner comme un gant. Superstitions populaires, hallucination collective née des siècles ténébreux où les hivers les plus rudes rameutaient les hordes de loups jusque sous les murs des villes ? Sans doute... A l'heure présente, néanmoins, les psychiatres ne rejettent pas le mythe, puisqu'il leur revient parfois de tenter de remédier à la lycanthropie, affreuse psychose où le malade se croit transformé en loup et réagit comme tel. De même, les occultistes et les spirites voient là une preuve de l'existence d'un « double astral ».

Les croyances du passé recensaient trois espèces de loups-garous. En premier, les victimes d'une tare héréditaire, d'une malédiction indélébile ; ensuite, ceux qui, par le biais de la magie noire, recherchaient cet état monstrueux par perversité ; enfin, les loups-garous bienfaisants, cachant sous la toison de leur poitrail un cœur noble et vaillant, à l'occasion redresseurs de torts, vengeurs de la veuve et de l'orphelin.

Ce fut quelquefois sous ce dernier aspect que nos ancêtres ardennais, pourtant ennemis jurés des loups qui pullulaient en leurs forêts, perpétuèrent sa légende. Il en va ainsi de ce paysan d'Alle-sur-Semois qui avait omis d'aller présenter ses vœux de nouvel-an à son père : il fut contraint de remplir ses devoirs filiaux par une troupe de loups-garous.

Dans le Hainaut, le mythe se dévoie en chargeant de chaînes un grand chien, créature fantomatique condamnée de toute éternité à tirer son fardeau cliquetant. Le folkloriste Oscar Colson relatait qu'en 1892 la population d'un hameau de Gilly, Sart-Allet, vivait dans la terreur de ce monstre vomi de l'enfer et dont les yeux incandescents avaient la taille de soucoupes. La bête surgissait du néant à la nuit close et faisait un pas de conduite aux passants attardés. L'un d'eux se hâtant par un chemin de traverse fut abordé par un inconnu qui lui dit « Souhaite-moi le bonsoir, mon vieux ! » et se transforma illico en un molosse noir, couvert de chaînes.

Revenants, goules et loups-garous incarnent peut-être la mauvaise conscience du genre humain. Le loup du « Petit Chaperon Rouge » ravit et terrorise toujours les enfants. Pourquoi le loup-garou n'en serait-il pas l'octave réservé aux adultes ? Après tout...

Si, de nos jours, on ne voit plus de loups-garous que dans les films d'horreur, il ne faut pas pour autant cesser de se méfier de comportements humains qui paraissent bien intentionnés, mais cachent parfois de bien mauvaises intentions. L'homme n'est-il pas un loup pour l'homme ?

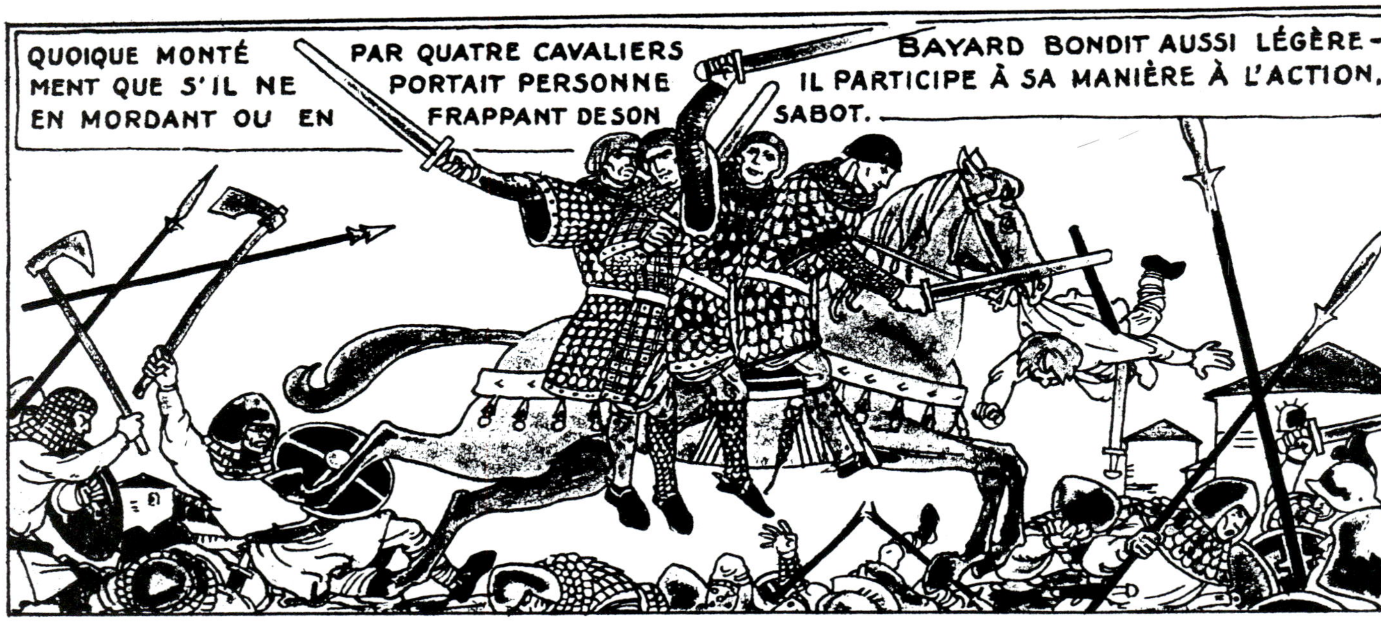

Illustration extraite d'une bande dessinée de Jacques Laudy, publiée à partir du 26 septembre 1946 dans le Journal de Tintin. L'auteur a traduit dans un style plein de pittoresque les épisodes principaux d'une chanson de geste qui connut une belle fortune littéraire et artistique, inspirant notamment Le Tasse, Monteverdi, Lulli, Gluck et Haendel, aussi bien que les auteurs du théâtre populaire breton du XIXème siècle.

Le Cheval Bayard d'Alost a été introduit dans le cortège carnavalesque en 1953. Par dérision, il a reçu le surnom de « Cheval Balatum », les Alostois n'ayant pas réussi, un an auparavant, à s'emparer du Cheval Bayard de Termonde, célèbre pour sa magnifique tête de bois sculpté.

Bayard, le plus fier destrier que l'on ait connu depuis Pégase, galope toujours à la nuit tombante à travers l'Ardenne, à la recherche de ses maîtres disparus. D'un seul coup de sabot, il franchit fleuves et vallées et s'ébroue ensuite, triste de sentir nu son large dos, lui qui portait ensemble quatre cavaliers, les quatre fils du duc Aymon. Un peu partout dans les terroirs forestiers de l'Ardenne, la roche a gardé l'empreinte de Bayard. Fracassée, fendue spectaculairement comme à Dinant, on la désigne sur la Semois, l'Ourthe ou l'Amblève par les vocables de « Pas Bayard » ou de « Rocher Bayard ».

La geste des Quatre Fils Aymon constitue un modèle d'épopée destinée par essence à charmer princes et seigneurs, mais dont le succès tint néanmoins à sa large diffusion dans les milieux populaires. Depuis le XIIIème siècle, la légende circula dans l'Europe entière et, dans nos régions, fut surtout revendiquée par l'Ardenne, bien que le Limbourg, la Flandre et la Hollande célèbrent à l'envi le fougueux Bayard. Le plus connu des cortèges folkloriques mettant en scène le cheval magique est sans conteste le « Ros Beiaard » de Termonde que convoitent traditionnellement les Alostois.

LE CHEVAL MAGIQUE

Bayard

A Wéris, dans la rue des Trois-Fontaines, une large et profonde rainure imprimée dans ce bloc de pierre serait la trace laissée par le sabot du cheval Bayard, prenant son élan pour emmener d'un seul bond les quatre fils Aymon jusqu'à Durbuy, à deux lieues de là.

Bayard, à la robe de nuit, fut donné par l'enchanteur Maugis à son cousin Renaud, le plus vaillant des fils Aymon. Ce dernier, armé chevalier par Charlemagne, fut gravement offensé par un neveu de l'empereur et le tua dans un mouvement de colère.

Poursuivis par la vindicte impériale, Renaud et ses frères Alart, Guichard et Richard connurent l'errance des proscrits. Avec l'aide de Maugis, ils construisirent la forteresse de Montfort, sur la Meuse, mais Charlemagne réussit à s'en emparer par traîtrise. Les quatre chevaliers s'enfoncèrent alors dans la forêt, souffrant de la faim et des assauts des bêtes sauvages. Leur mère les accueillit un temps au manoir familial, mais les vrais guerriers ne gardent pas longtemps la botte sur les chenêts. Renaud et ses frères gagnèrent la Gascogne, où, au service du roi Yon, ils combattirent les Sarrasins. Yon accorda à Renaud, pour prix de sa bravoure, la main de sa sœur et la possession d'un fief où s'érigea le château de Montauban. Cependant la haine de Charlemagne ne désarmait pas : il affama la garnison de Montauban, contraignant les fils Aymon à une fuite peu glorieuse vers le château de Trémoigne... que l'empereur assiégea bientôt. Cette guerre interminable et injuste émut les pairs de France ; la paix fut signée, mais le tribut exigé par Charlemagne en échange de sa clémence était cruel : pour Renaud, un pèlerinage expiatoire en Terre Sainte et pour le pauvre Bayard, la mort.

Une pierre meulière attachée au cou, le cheval fut précipité dans la Meuse, mais, en digne coursier de la fée Orlande et du magicien Maugis, Bayard triompha des hommes et de leurs sinistres entreprises en brisant la pierre contre un rocher, puis en s'arrachant au courant du fleuve, léger comme l'oiseau, immortel comme la légende.

Renaud, hélas, qu'aucun sortilège ne protégeait plus, mourut lâchement assassiné sur le chantier de la cathédrale de Cologne, où, après son retour de Palestine, il avait choisi de poursuivre sa pénitence. Ses frères retrouvèrent sa dépouille dans le Rhin et la portèrent au château de Trémoigne, ce château perdu dont le site même est oublié. Peut-être s'est-il dressé à Dortmund ou encore à l'emplacement du « Château Renaud » près de Virton. Quoi qu'il en soit, Renaud appartient au cortège des ombres du passé, alors que Bayard, lui, galope toujours dans le vent de l'aventure.

RUDE PAYS DE LOUPS

L'Ardenne

Au siècle passé, en échange de quelques sous, des villageois de Coo précipitaient un malheureux chiot dans les eaux écumantes de la cascade, à l'intention du touriste de passage... Fallait-il que certains de ces paysans ardennais d'autrefois fussent pauvres et démunis pour faire monnaie d'un geste aussi cruel!

N'imaginez pas cependant que les natifs de ces terroirs isolés et sous-peuplés fussent à la traîne du reste de leurs compatriotes, en ce qui touche par exemple à l'instruction publique et à l'honnêteté. Les statistiques l'attestent: la province de Luxembourg, il y a cent ans, enregistrait le taux le plus bas d'analphabétisme de tout le royaume et ses habitants se rendaient coupables de vingt fois moins d'infractions que leurs homologues brabançons.

Nombreux étaient jadis les gars d'Ardenne qui demandaient leur pain à la forêt. Ils s'en allaient «peler» (écorcer) sur les combes. A raison de moins d'un franc le fagot! Fagots que véhiculaient des bœufs efflanqués vers les lointaines tanneries...

L'Ardenne de jadis, ce fut avant tout la forêt. Dense, malveillante et nourricière à la fois, vénérée à l'instar d'une divinité par nos lointains ancêtres gaulois. Des inscriptions romaines font référence au culte de la «Dea Arduinna», la Diane chasseresse que l'on représentait déjà flanquée du sanglier, symbole immémorial de cette rude, mais fascinante région. Charlemagne, le plus glorieux des empereurs carolingiens, aimait ses palais forestiers de Mellier, Longlier et Herstal. Il y fit de nombreux séjours, même hivernaux, y chassa avec ses pairs. Qui sait si ces hêtraies et chênaies séculaires n'abritaient pas encore, en ce temps-là, des ours et des aurochs? En tout cas, elles regorgeaient de loups, de cerfs et de sangliers.

Quant aux populations rurales qui défrichèrent et humanisèrent les clairières, elles s'acharnèrent des siècles durant à dompter une nature ingrate et à ensemencer un sol avaricieux. Les affouages fournissaient aux gens du cru le bois de chauffage et de construction, tandis que de multiples petites entreprises artisanales, telles les scieries de long, les tanneries, les saboteries et les boisselleries, prospéraient modestement, avant de connaître le naufrage de l'ère industrielle. La forêt ardennaise fut également, dans le passé, le lieu d'élection d'une industrie métallurgique qui ne déserta ses frondaisons qu'au XIXème siècle. Les charbonniers («faudeurs») y produisaient, au cœur des futaies, le précieux charbon de bois nécessaire aux fonderies établies le long des rivières et des torrents, qui leur fournissaient l'énergie hydraulique indispensable.

La forêt, abîmée par le pâturage des troupeaux de porcs et de bovidés, amoindrie par l'écobuage, cette culture itinérante sur brûlis, et réduite en cendres dans les «faudes», paraissait néanmoins si inépuisable à nos devanciers qu'il fallut attendre le siècle dernier pour que l'Etat et les communes s'émeuvent de ce gaspillage des ressources naturelles de l'Ardenne.

Une vaste opération de reboisement, combinée à une entreprise de transformation des sols incultes en terres arables, fut lancée vers le milieu du XIXème siècle. Dans un premier temps, on implanta le pin sylvestre de Campine,

A la veillée, tandis que les femmes filaient, les vieux contaient aux marmots de fascinantes aventures de chasse, les exploits des brigands et les histoires de nutons.

Quelle quantité de lièvres et de chevreuils le braconnier ne parvenait-il pas à écouler chez les hôteliers, les médecins et les curés du coin ! Le risque ? Chaque contravention non réglée lui valait une «villégiature gratuite» à la prison de Marche-en-Famenne...

puis on tenta d'acclimater l'épicéa. Bientôt, le tiers de la superficie ardennaise devint le domaine des résineux, tandis que les friches des plateaux (les «pelées virées») faisaient place à la marée jaune des blés et des avoines.

Mais comment évoquer la forêt sans parler de ses hôtes les plus redoutables, les loups? Avant 1850, les communes isolées organisaient encore des battues en cernant les massifs où se rassemblaient les hardes. Lorsque l'hiver se prolongeait plus que de coutume, les loups affamés sortaient du bois et se rapprochaient des habitations. Ils hurlaient, la nuit, au cœur du hameau, et s'enhardissaient même à gratter l'huis des étables, dont disparaissaient parfois les jeunes bêtes sans défense. Surgissaient alors, comme venus de nulle part, d'étranges mendiants, coltinant la carcasse d'un loup empaillé et bien souvent mangé des mites. Ils affirmaient avoir récemment défié la bête en un combat singulier et l'avoir tuée. Moyennant finances, ils récitaient l'oraison du loup, prière qui, à les en croire, avait le pouvoir de prémunir pendant un an fermiers et bestiaux des morsures du terrible prédateur. On ne saurait dire assez la joie des villageois lorsque les chasseurs rentraient triomphalement de leur battue et exhibaient les cadavres pantelants des loups abattus.

En 1845 encore, par temps de neige, la diligence qui allait de Recogne à Neufchâteau, fut encerclée par une bande de loups, laquelle terrorisa si bien le postillon que celui-ci refusa tout net de reprendre la route. Deux ans après, les derniers loups du pays chestrolais avaient disparu définitivement.

La grande forêt d'Ardenne, appartenant donc ancestralement à la faune sauvage et aux chasseurs, a donné naissance à maints contes et légendes, qui se murmurent encore parfois, le soir, à l'auberge, quand les carniers débordent de gibier. Ainsi cette «chasse fantastique» qui, certaines nuits maudites, parcourt les halliers sous une lune basse...

Plus d'un affirmait l'avoir vue et ajoutait qu'il n'était pas alors question de fuir, parce qu'une poigne invisible vous retenait cloué au sol, tandis que défilaient sans fin les milliers de chiens qui précédaient, dans leur course folle, le seigneur et ses rabatteurs montés.

Le ciel n'avait-il pas condamné quelque cruel hobereau, en expiation de ses crimes passés, à jouer éternellement les revenants au cours de ces épuisantes chasses?

Tout près du Béguinage de la Vigne, se trouve le Minnewater (Lac d'Amour) dont certains disent qu'il s'agit là d'un ancien bassin du port, mais tous les Brugeois savent que c'est un endroit légendaire où de tous temps les amoureux ont trouvé refuge, puisque déjà Uilenspiegel et son ami Lamme y virent passer « sous les arbres feuillus, jusque sur leur tête comme une voûte basse, hommes, femmes, fillettes et garçons se donnant la main, coiffés de fleurs... se regardant dans les yeux tendrement sans rien voir qu'eux-mêmes en ce monde » (Charles de Coster).

NOUVELLE OPHELIE

L'étang du Minnewater

Au temps où l'envahisseur romain se pressait à nos frontières, Bruges communiquait encore avec la mer du Nord par le Zwin et comptait beaucoup de pêcheurs parmi ses habitants.

Dans l'une des maisonnettes qui bordaient la Reie, une belle jeune fille prénommée Minna soignait son vieux père. Pendant de longues années, celui-ci avait affronté les tempêtes de la mer du Nord mais, l'âge venant, il limitait ses activités de pêcheur aux eaux calmes de la Reie. Les temps étaient durs et le vieil homme n'avait guère le loisir de rêver. Pourtant, il entretenait l'espoir d'une vieillesse comblée et d'un bon parti pour sa fille Minna : un gendre capable de lui succéder au gouvernail de son bateau et, surtout, un petit-fils.

Horneck, le pêcheur, lui paraissait devoir faire un beau-fils tout à fait acceptable, mais Minna ne partageait pas cet avis et n'avait en outre aucun goût de devenir l'épouse d'un homme de la mer.

En revanche, elle aimait Stromberg, le laboureur, qui habitait sur l'autre rive de la Reie et nourrissait pour la jeune fille une passion égale à la sienne. Les deux jeunes gens se rencontraient en secret et se juraient fidélité, mais le père de Minna concevait une aversion croissante pour leur projet d'union, niant qu'un paysan pût s'accorder avec une fille de pêcheur. Minna réussit néanmoins à différer à plusieurs reprises son mariage avec Horneck.

Quand les Romains déferlèrent dans nos campagnes, les paysans firent front, mais les pêcheurs ne se jugèrent pas concernés. Tant que l'occupant ne s'attaquerait pas à leurs biens, ils continueraient de tremper leurs filets dans les vagues de la mer.

Profitant de l'absence de Stromberg, parti guerroyer, le vieux pêcheur appela sa fille et lui dit: « Avant que le soleil ne se soit couché trois fois, tu épouseras Horneck ».

La pauvre Minna pleura deux jours et deux nuits. A l'aube du troisième jour, elle quitta en catimini la demeure paternelle et marcha toute la journée dans le sable des dunes, puis à travers bois et bruyères.

Le soir, épuisée, elle se laissa tomber dans les roseaux des rives de la Reie et s'y terra toute tremblante. Après une semaine de vains combats, Stromberg regagna sa maison et s'enquit de Minna. A peine eut-il appris sa fuite éperdue qu'il se lança à sa poursuite et la découvrit, déjà mourante, dans le marécage. Toute une nuit, l'amant éploré veilla le corps de sa belle et, lorsque le soleil parut à l'horizon, l'idée de lui creuser une tombe unique en son genre avait germé dans son esprit. Il dressa de ses mains un barrage sur la Reie, afin de détourner vers la mer les eaux de la rivière. En aval, les pêcheurs étaient si affairés à prendre du poisson qu'ils ne s'aperçurent même pas de la baisse anormale du niveau des flots.

Stromberg creusa alors une tombe dans le lit asséché de la rivière et y déposa tendrement le cadavre de Minna qu'il recouvrit d'un blanc manteau de nénuphars.

Ensuite, il libéra la Reie qui se rua dans la tombe et redevint miroir pour le ciel de Flandre. Sur une grande pierre noire qu'il dressa sur la rive, Stromberg grava le mot « Minnewater » en souvenir de sa douce fiancée.

Aujourd'hui, les hautes tours du Minnewater se mirent dans des eaux tranquilles où dérivent des cygnes. A l'emplacement du barrage de Stromberg, un pont enjambe l'onde, dans laquelle les amoureux jettent des pièces de monnaie pour que Minna les entende et exauce leurs tendres vœux.

Depuis le pont, on jouit d'une vue superbe sur le plan d'eau, la maison éclusière, la Poudrière, les arbres et les clochers de la ville. Tout en flânant autour du Lac d'Amour, on admire les cygnes qui semblent conscients de la protection dont ils bénéficient.

D'un geste puissant, le jeune général romain Silvius Brabo jette au loin la main coupée du géant. Le « David » d'Anvers a triomphé de Goliath. Cet exploit — « handwerpen » — donna, selon la légende, son nom à la ville future. Une métropole pouvait naître.

BRABO ET ANTIGON

Un nom de baptême

Devant la maison communale d'Anvers, la célèbre statue de Jef Lambeaux, qui figure le héros Silvius Brabo se préparant à jeter par-dessus les toits une main monstrueuse, fait spécifiquement référence au mythe des origines de la ville.

Les protagonistes de la légende, qui n'est pas sans évoquer le récit biblique de David et Goliath, vivaient au temps des « Anciens Belges » et de la conquête de la Gaule par Jules César. Ne voulant pas limiter l'hégémonie romaine à nos régions, César entreprit d'envahir l'Angleterre et confia une partie du territoire soumis à son général Silvius Brabo. Un jour que ce dernier contemplait une large rivière depuis les prairies où il avait établi son campement, l'un de ses soldats lui dit : « Voici l'Escaut. Si vous voulez passer sur l'autre rive, il vous faudra vous entendre avec le géant qui tient le seul gué existant ».

Ce géant, nommé Antigon ou Druon, s'était fait construire un donjon près du gué et exigeait de tout voyageur un droit de passage exorbitant. A

Le géant Antigon est terrassé. Finie la terreur sur les rives de l'Escaut ! Le passage est libre. Anvers peut se développer et connaître un destin grandiose.

ceux qui refusaient d'acquitter le péage, Antigon offrait l'alternative de l'amputation de la main droite ou d'un combat singulier. Les malheureux qui choisissaient la lutte périssaient immanquablement sous les coups du monstre. Il n'était donc pas étonnant que le trafic se fût détourné de cet endroit sinistre, la majorité des passants et voyageurs préférant un long détour à l'affreuse confrontation avec le géant.

Lorsque Brabo entendit ce récit, son sang de héros ne fit qu'un tour. Il provoquerait à coup sûr Antigon, le tuerait et rendrait le gué au tumulte des caravanes de marchands. Brabo se mit en chemin, malgré les avertissements de ses hommes, et parvint au pied de la tour où le valet d'Antigon lui réclama le droit de péage habituel. Le Romain fit savoir à haute et intelligible voix qu'il n'avait nullement l'intention de payer, encore moins de se laisser couper la main et qu'il engageait le monstre à venir se mesurer à lui. La réaction du géant fut immédiate. Sortant de la tour en brandissant sa massue, il bondit sur l'ennemi, qui, plus agile, le fatigua si bien qu'après de longues heures de combat il lui trancha la main droite, puis l'acheva en le décapitant. Prenant alors la main coupée, Brabo la lança de toutes ses forces par-delà le lit du fleuve en s'écriant : « Jusqu'à l'endroit où tombera cette main s'étendra le terre de Brabant ».

Ayant appris l'exploit de son fidèle général à son retour d'Angleterre, César ordonna qu'une tour s'élevât sur le lieu du combat, tour qu'il offrit à Silvius Brabo, ainsi que toute la région avoisinante et le titre glorieux de margrave de l'Empire. Sur le blason du héros fut frappée une porte d'or surmontée de deux mains coupées, armoiries que conserva la future cité, tout naturellement baptisée « Handwerpen » — la main jetée — ou Antwerpen.

Cette légende, qui inflige allègrement quelques entorses à l'histoire, remonte au XVIème siècle, lorsque les Anversois cherchèrent une étymologie au nom de leur ville et eurent à cœur de prouver l'appartenance à l'Empire germanique de la vieille marche médiévale d'Anvers. La légende de Brabo s'insère en effet dans un ouvrage à vocation historique et surtout généalogique, qui, au prix de violences faites à d'illustres filiations et grâce à l'imagination de l'auteur, rattache les souverains des Pays-Bas du XVIème siècle — Charles Quint et Philippe II — à l'intrépide Romain pourfendeur du géant, et ce, via des générations de ducs et de duchesses de Brabant sans aucune interruption.

Hurlant et agitant son énorme gourdin, le géant se jette sur le jeune et téméraire héros. Brabo, tel Astérix, ignore peur et danger. Au terme d'un long combat, il tuera Antigon. L'artiste nous a livré à sa manière, quelque peu humoristique, sa version personnelle du duel.

« Fortunata Antwerpia » : Anvers en effet connut un sort heureux. Ses armoiries conservent tous les éléments de la légende. Les deux mains représentent la façon originale dont Brabo en fixa le territoire et l'aiglon à deux têtes « atteste » qu'Anvers fut légendairement tenue pour une ville impériale germanique.

C'était une habitude jadis que de confier la garde du troupeau communal à un même pâtre. A Virton, celui-ci se chargeait en outre du bétail des fées, tâche qu'il accomplissait avec zèle depuis de nombreuses années, sans percevoir en retour le moindre émolument. Un beau matin, poussé par sa femme Nanette, il résolut de se rendre à la demeure des fées afin d'y réclamer son dû. « Sait-on jamais, dit-il à son épouse, s'il leur prenait l'envie de quitter leur trou, je ne verrais pas le moindre sou ! ». Arrivé sur les lieux, Jean — c'était là son prénom — se plaignit de ne pouvoir subvenir aux besoin de sa famille et émut jusqu'aux larmes les gentes demoiselles par le récit de son indigence.

Les fées lui firent don d'un sac plein, mais léger comme une plume, avec la consigne impérative de ne l'ouvrir qu'une fois rentré au logis. Jean les remercia et s'en retourna. Mais la curiosité le

QUAND LES FEES REVIENDRONT

Les paysans de Bertrix voulurent utiliser la vache des fées, qui venait paître avec le troupeau communal, pour découvrir l'entrée de la demeure de ces dames. Mais l'animal parvenait à chaque fois à s'évader dans les broussailles. Et les paysans en étaient pour leurs frais. Les fées qui habitaient ce rocher, au-dessus de la vallée de la Muno, avaient un coq qui chantait pour toute la région.

Chassepierre, charmant village gaumais. Au pied de la roche qui supporte le cimetière, une grotte, l'entrée d'un souterrain, qu'on nomme le trou aux fées. Ne serait-il qu'aux fées ? Plus prosaïques, certains soutiennent que ce souterrain partait de l'ancien château fort et permettait en temps de guerre ou de siège de protéger les sorties et les retraites des troupes.

travailla tant et si bien que, n'y tenant plus, il ouvrit la toile de jute.

Celle-ci contenait une avoine si finement moulue que la première brise l'emporta quand Jean, fou de rage, secoua le sac pour en disperser le contenu. Toujours pestant et maudissant les fées, il rentra chez lui, où Nanette l'attendait avec l'impatience qu'on devine.

A peine lui eut-il conté sa mésaventure que le sac, laissé pour compte sur le plancher, émit un éclair jaune. Là où quelques paillettes d'avoine s'étaient accrochées au tissu, brillaient de beaux écus tout neufs. Jean perçut alors l'étendue du désastre et s'en fut bien vite ramasser en chemin le reliquat de sa fortune galvaudée.

Mais les fées étaient déjà passées par là et avaient récupéré leur bien. Le conte assure que le pâtre, après s'être repenti, reçut un sac tout pareil au premier. Hélas, pas la moindre pièce d'or ne s'en échappa, seulement de gros rats qui s'enfuirent en couinant, sous les yeux d'une Nanette terrorisée.

Le rire de la fée.

La forêt gaumaise, séjour d'élection des fées, abrite en plusieurs endroits leur caverne légendaire. Etroit, profond d'une demi-douzaine de mètres, un trou aux fées s'ouvre à la base du rocher de grès blanc qui s'élève à proximité du carrefour de la Croix-Rouge, à gauche de la route de Virton. Chassepierre en compte également un et Bertrix s'énorgueillit d'un château aux fées. La Gaume, comme le pays picard, appartient à ces êtres vaporeux et l'on n'y compte plus les tables, trous, châteaux et roches aux fées.

Esprits des sources et des clairières, les fées gaumaises possèdent une vache dont elles confient la garde au pâtre communal. Toutes ne se distinguent pas par l'avarice proverbiale propre aux fées

Thi thi, thi thi, thi thi... Le rire des fées résonnait ainsi, disent les légendes. On devait les entendre à Chassepierre. Et surtout les jours de danse. Car on raconte que les grottes de Chassepierre étaient habitées par des fées qui en sortaient pour aller danser dans la prairie d'en face, surnommée « mare de sang ».

Un accès à peine assez large pour permettre le passage d'un homme conduit dans une première chambre du trou aux fées de Chassepierre. Celle-ci conduit à une deuxième chambre et cette dernière à une troisième. Mais les deux dernières chambres sont remplies de décombres...

virtonaises et savent récompenser l'effort: un repas attaché à la corne droite de la vache, une bourse garnie à la corne gauche.

A Chassepierre, l'entrée du souterrain que les autochtones baptisent « trou aux fées » débouche au pied de la roche qui supporte le cimetière. Il est probable qu'il s'agisse là de quelque issue dérobée de l'ancien château-fort, laquelle, en temps de guerre ou de siège, protégeait les sorties des hommes de la garnison. L'hypothèse d'un passage secret réservé aux escapades des fées séduira plus d'un rêveur qui les imaginera retroussant leur robe couleur de soleil pour mieux courir à la fête de Carignan. On dit que la dernière des fées de la région habita une chaumière au débouché du fameux souterrain et que, lorsque son rire éclatait dans l'obscurité naissante, le passant ne savait trop s'il devait s'épouvanter ou se réjouir de ce « thi-thi, thi-thi » sonore.

Les fées demeuraient autrefois dans le château qui, à Bertrix, surplombait le ruisseau du Muno, un affluent de la Semois. Du moins, est-ce la légende qui l'affirme... Un bossu, aussi dégourdi que difforme, eut un jour l'idée d'ajouter un couplet de sa composition au refrain qu'elles venaient de lancer. L'air eut le don de plaire aux fées qui récompensèrent le malheureux en lui ôtant sa bosse. La recette, hélas, s'avéra inopérante pour un autre quidam, qui, en sus de sa bosse, se retrouva affligé de celle de son prédécesseur.

Des nutons dans les Ardennes, des fées entre Semois et Chiers... A chaque grotte son hôte surnaturel, à chaque caprice de la nature — rocher bizarre, effrayant précipice ou éboulis mystérieux — sa justification magique... Les hommes sont

Les bouches béantes du trou aux fées de Virton n'ont guère un aspect attrayant. On raconte même à leur sujet une histoire effrayante. Un professeur eut un jour l'idée d'explorer les lieux. Il partit en compagnie d'un ouvrier terrassier et armé d'une pelle et d'une pioche. Mais à peine avait-il donné dans la pierre le premier coup de pioche qu'il s'effondra, mort !

ainsi faits. Leurs frayeurs, leurs émois portent vêtements d'ombre et physionomie fantasmatique.

«*Parcs Nationaux*», la revue trimestrielle de l'association «*Ardenne et Gaume*», souhaitant rationaliser l'inexplicable, se demandait si «ces contes n'ont pas eu pour origine des événements réels déformés ou transposés par les traditions populaires et si les contes de fées ne seraient pas des contes de faits ? Qui sait par exemple, si la survivance de petites communautés forestières de prêtresses païennes n'a pas été plus durable et plus obstinée que les documents historiques, longtemps contrôlés par l'Eglise, ne le laissent supposer ?».

Quant à Albert Doppagne, dans son ouvrage «*Esprits et génies du terroir*», il souligne que les fées sont absentes de la mythologie populaire wallonne. Il n'y a pas de conte accrédité dans la tradition wallonne qui mentionne des fées ou leurs marques dans le sol par le truchement de la toponymie. Point de fées, donc, mais des nutons ou des sotês... Par contre, en Gaume ou dans la région picarde, les fées recensées au légendaire présentent d'étranges analogies avec les nutons. «Pour les fées, comme pour les nutons, la page est tournée, poursuit Albert Doppagne. Aujourd'hui, elles ne se manifestent plus. Les vieux vous diront qu'elles sont endormies mais qu'elles s'éveilleront de leur long sommeil lorsque les prêtres ne réciteront plus, à la messe, l'évangile de Saint Jean.

En attendant leur réveil, il nous reste la légende, d'inexplicables friselis dans l'eau des fontaines et le ressac des forêts secouées par le vent de nulle part...

Les pèlerins affluaient, jadis, des quatre coins du pays pour contempler le reliquaire de sainte Dymphne dont ils imploraient la guérison de leurs enfants débiles. Ces pèlerinages furent à l'origine des méthodes très particulières qui s'appliquent, à Geel, dans la thérapie des maladies mentales, méthodes qui connaissent une réputation mondiale.

Ste-Dymphne à Geel

UNE SAINTE PEU COMMUNE

Geel fait surtout penser à une manière tout à fait originale de soigner les malades mentaux. Cependant la plupart des gens ignorent l'existence d'un culte à Dymphne, et sa relation avec la façon de traiter les maladies mentales n'apparaît pas nécessairement au premier coup d'œil. Les deux sont pourtant liés, mais il faut remonter à l'ancienne et dramatique légende de cette fille de roi irlandais, Dymphne, qui connut à Geel une fin tragique.

Au milieu du VIIème siècle vivait en Irlande un redoutable roi païen, dont la cruauté était proverbiale. Son épouse, au contraire, était louée par tous pour sa beauté rayonnante, sa douceur et la noblesse de son caractère. Bien que la christianisation de l'Irlande en fût encore à ses débuts, la reine s'était convertie et éduqua sa fille Dymphne selon les préceptes de la nouvelle religion. Lorsque la reine mourut, le roi chercha une nouvelle épouse qu'il voulait aussi belle que la précédente. Pour la découvrir, il voyagea à travers le pays. En vain. Un jour, ses yeux se posèrent sur sa fille, qui avait hérité de sa mère le charme et l'amabilité, et il tenta de l'entraîner dans l'inceste. Révoltée par tant de perversité, Dymphne quitta le domaine paternel en compagnie de deux serviteurs et du moine Gerebernus et traversa la mer. Après avoir erré, la petite troupe atteignit la Campine où elle s'installa dans les environs de Geel. Cependant, durant leur voyage, les fuyards avaient acheté de la nourriture dans une auberge près de Westerloo, « Au Chaudron », et cette halte allait entraîner leur perte.

Le roi, fou de colère parce que Dymphne lui avait échappé, avait juré de la rattraper et de la punir. Ses espions parcoururent le monde et arrivèrent finalement en Campine. A force d'argent, ils parvinrent à acheter l'aubergiste qui révéla l'existence d'une princesse étrangère et de ses compagnons, vivant en ermites près de Geel.

Le roi vint en personne assister à l'arrestation des fugitifs. Les deux domestiques furent tués, et le moine Gerebernus, horriblement torturé. Le père indigne refit son abominable proposition à Dymphne qui refusa de s'y soumettre ; il la décapita alors non loin de l'endroit où se trouvait la chapelle en l'honneur de saint Martin et où se dresse aujourd'hui l'église de Sainte-Dymphne à Geel.

Un crime aussi sanglant ne pouvait, selon les contemporains, se perpétrer que dans un accès de folie. Or, au Moyen Age, les fous n'étaient pas considérés comme des malades, mais comme des personnes dont l'esprit était possédé par le diable. C'est pourquoi Dymphne fut invoquée par ceux qui avaient des malades mentaux dans leur famille. Lorsque des guérisons miraculeuses se produisirent sur la tombe de la princesse, l'on s'y pressa de toutes parts et la petite église devint rapidement trop exiguë. Un grand sanctuaire fut érigé au XVème siècle. Les pèlerins qui venaient à Geel avec leurs malades trouvaient asile chez les habitants, car il n'y avait pas moyen de loger tant de monde dans les auberges de la petite ville. De là naquit la tradition de soigner les malades dans les familles, et jusqu'à nos jours les faibles d'esprit sont ainsi placés dans des foyers, ce qui, dans les annales psychiatriques, constitue une particularité unique au monde.

Avec un souci de piété naïve, l'artiste a voulu immortaliser dans ces statuettes la fin tragique de Dymphne d'Irlande. Résignée et pleine de foi, celle-ci attend le moment fatal où l'épée de son père la transpercera. Victime de la folie aveugle, elle fut bientôt, grâce à la dévotion populaire, adorée comme la patronne des faibles d'esprit; des guérisons miraculeuses eurent lieu sur son tombeau.

PATRONNE DES FEMMES BATTUES

Ste-Godelieve à Gistel

Abbaye Ten Putte. Retable de sainte Godelieve, avec des épisodes de sa vie. Le culte de la « patronne des femmes battues » n'a jamais cessé, au cours des siècles, d'être très populaire en Flandre.

La petite cité de Gistel, dans l'arrière-pays d'Ostende, s'enorgueillit du patronage de sainte Godelieve, l'une des plus attachantes figures du féminisme avant la lettre. Godelieve, canonisée en 1084 par l'évêque de Tournai Radbod, au quadruple titre glorieux — mais paradoxal — de vierge, épouse, veuve et martyre, s'inscrit dans la pieuse lignée des saintes médiévales qui, des temps reculés du paganisme au XVème siècle finissant, constituèrent autant de modèles proposés par l'Eglise à la dévotion des fidèles.

Femmes de tête et femmes de cœur, courageuses, fermes dans la foi, filles de roi ou de bourgeois, issues de la légende ou de l'histoire, les « bienheureuses » de nos régions sont indissociables de nos traditions folkloriques dont les manifestations prolongent la naïve hagiographie.

Il y eut Gudule, « inventée » de toutes pièces pour les besoins cultuels de Bruxelles au berceau ; Ermelinde, qui préféra l'ermitage à la vie de

château ; Alène, massacrée par les sbires de son païen de père ; Pharaïlde, qui survécut à son ignoble mari pour devenir une charmante vieille dame charitable ; Marie la Misérable, innocente victime d'une erreur judiciaire ; Maxellende, qui paya de sa vie son refus du mariage ; Magenulfe, qui mourut de misère dans la forêt...

Aux temps mérovingiens, voici Aldegonde, Waudru, Itte, Gertrude et Begge, fondatrices de monastères. Au XIIIème siècle, Marie d'Oignies, Marguerite de Louvain, Juliette de Cornillon, Alice de Schaerbeek, Lutgarde, Ivette de Huy, Christine l'Admirable, au mysticisme frotté d'idéal cistercien.

Entre toutes, Godelieve et son histoire offrent des résonances étrangement actuelles. Fille d'un vassal du comte de Boulogne, Godelieve était mariée, contre son gré semble-t-il, à Bertholf, seigneur de Ghistelles. Celui-ci, poussé au mal par une mère jalouse, rudoya tant sa jeune épouse que celle-ci regagna le manoir paternel. Plainte fut par ailleurs déposée auprès du comte de Flandre, le suzerain de Bertholf, qui saisit de l'affaire l'évêque de Noyon-Tournai.

Bertholf, dûment morigéné, fut contraint de reprendre sa femme et de la traiter honorablement. Ce qu'il fit pendant un certain temps, au terme duquel les sévices reprirent de plus belle. Excédé par la dignité silencieuse qu'il rencontrait chez son épouse, le méchant seigneur finit par la faire étrangler par deux de ses sicaires, une nuit de juillet 1070.

Un crime sordide, sans même l'alibi de la passion.

Godelieve morte, la légende prit son essor, avec son cortège de miracles. Le sol sur lequel elle avait été assassinée se couvrit de pierres blanches. L'eau de l'infecte mare où l'on avait plongé son corps, pour s'assurer de son trépas, prit la transparence du cristal. Edith, la fille née d'un second mariage de Bertholf, une aveugle de naissance, fut quitte de son infirmité en se baignant le visage dans cette eau curative. Quant à l'infâme époux, il se repentit, gagna son pardon en Terre Sainte et finit ses jours dans une abbaye.

Neuf siècles plus tard, le culte de sainte Godelieve est demeuré très vivace en Flandre, en particulier à Gistel où, chaque année, le premier dimanche après le 5 juillet, une procession historique célèbre l'anniversaire de la « martyre ».

A l'abbaye Ten Putte, érigée sur les lieux du crime, une relique « douteuse », la tunique soi-disant confectionnée *post mortem* par la sainte à son mari, est présentée à la vénération des pèlerins, des malades souffrant de la gorge et... des femmes battues, auxquelles l'Eglise actuelle, cependant, ne peut plus décemment proposer la prière comme seul remède à ce triste sort.

Détail de la coupole du « puits de sainte Godelieve ». Les assassins jettent le cadavre de la jeune femme dans une mare.

L'abbaye Ten Putte, fondée à la fin du XIème siècle, a été entièrement rénovée en 1953. C'est aujourd'hui un lieu touristique très fréquenté, sur la « Hoevenroute ».

La légende des trois Auvergnats donne lieu, tous les cinq ans, à de grandes fêtes au cours desquelles est reconstituée la mésaventure de Charles Quint.

S'il est certain que Charles Quint visita Beaumont en 1549, la triste fin des trois Auvergnats, en revanche, n'a laissé aucun souvenir dans l'Histoire. Qu'importe : c'est l'occasion d'un fastueux cortège !

HAUT ET COURT !

Les 3 Auvergnats de Beaumont

Né à Gand, prince belge avant même que la Belgique n'existât, Charles Quint se plaisait à parcourir nos provinces. Nombreuses sont donc nos villes qui, à travers les siècles, ont précieusement conservé le souvenir de son impérial passage. Ainsi séjournait-il souvent à Audenarde : il y filait avec Jeanne un amour si parfait que Marguerite de Parme y naquit en 1522. Le voici encore dînant avec le seigneur de Merode, en son château de Ham-sur-Heure, un soir de décembre 1540. Il fut donc aussi à Beaumont, le 21 août 1549, où, nous apprennent les historiens, on le reçut avec grand faste.

L'histoire — avec un petit h — raconte que, ce jour-là, trois colporteurs auvergnats, attirés par la visite de l'empereur, cheminaient de concert vers la ville. Le soleil était déjà haut, la chaleur pesante, la route poudreuse et malaisée, comme il convenait aux chaussées de ce temps-là. Nos trois gaillards, les jambes molles, l'esprit déjà embrumé par moultes chopes de bière, traînaient péniblement leurs ballots, soufflant, jurant et criant qu'il fallait que « *Lucifer se fût mis au fond* ».

C'est alors qu'ils croisèrent un cavalier solitaire, vêtu simplement mais de belle allure. En un clin

« Entravés, les trois Auvergnats furent traînés au pied du gibet, puis, la corde au cou, furent hissés en haut de la potence ». *Une scène qui, on s'en doute, constitue un des grands moments des fêtes d'octobre! La légende est reconstituée avec tant de fidélité que les bourreaux, peut-être étourdis par la bière, la musique et les applaudissements de la foule, abandonnèrent un jour les trois malfaiteurs à leur triste sort... et que l'un des figurants, sans doute pendu avec un trop grand zèle, faillit passer de vie à trépas!*

d'œil, voilà l'inconnu jeté à bas de son cheval, les marchandises hissées sur la monture et nos trois Auvergnats, ainsi allégés, qui forcent l'allure vers Beaumont. Midi sonne lorsqu'ils franchissent les portes de la ville et qu'en sort un groupe de cavaliers de haute condition conduits par le seigneur du lieu. Celui-ci est bien inquiet: Charles Quint a quitté la ville, sans escorte, pour une promenade à cheval et, au château, on l'attend depuis plus d'une heure...

La suite, vous l'avez devinée. L'empereur va être retrouvé, marchant à grands pas et fort courroucé, sur la route où l'ont laissé les bandits. Il ordonna — autorité impériale oblige — qu'ils soient condamnés à un châtiment exemplaire...

« Et nos trois malotrus,
Par la garde arrêtés,
Furent sur le champ jugés
Et au gibet pendus ».

L'un d'eux aurait dit, avant de rendre l'âme:

« Ville de Beaumont, ville de malheur,
Arrivés à midi, pendus à une heure ».

Car, on le voit, les poètes (ici René Bouvigne) n'ont pas manqué de mettre en vers la légende des trois Auvergnats...

Une légende, certes: l'Histoire — avec un grand H cette fois — n'a rien retenu de la mésaventure de Charles Quint. Mais une légende qui est restée bien vivace dans la mémoire des Beaumontois puisqu'elle fut représentée à plusieurs reprises et, pour la première fois, le 12 février 1872. En 1980, le 150e anniversaire de l'indépendance du pays fut l'occasion d'une brillante reconstitution et, depuis lors, c'est tous les cinq ans, le premier dimanche d'octobre, qu'un cortège accompagne les trois Auvergnats et Charles Quint à travers les rues de la ville.

N'attendez cependant pas le prochain millésime multiple de cinq pour venir flâner à Beaumont. La petite ville est chargée d'histoire et la vieille tour Salamandre veille depuis des siècles sur l'idyllique vallée de la Hantes. Ses macarons, depuis bien longtemps, font sa réputation, comme d'ailleurs ses remparts qu'envahit le lierre et la chambre où Napoléon passa la nuit qui précéda Waterloo.

Beaumont, aujourd'hui, n'est plus la ville de malheur de la légende mais une cité aux bonheurs multiples...

HEROISME OU EXPIATION

Manneken-Pis

Quel est le monument le plus photographié de Bruxelles ? Le Palais de Justice ? L'Hôtel de Ville ? La Maison du Roi ? Vous n'y êtes pas du tout. La réponse à cette devinette vous est donnée, au coin de la rue du Chêne et de la rue de l'Etuve, par la foule des touristes mitraillant de leur objectif une statuette en bronze, celle de Manneken-Pis, le « ketje » le plus irrévérencieux de la capitale. Ce bambin sans qui Bruxelles serait triste comme un jour sans soleil et auquel le folklore brabançon doit ses plus surprenantes légendes. La mémoire des Bruxellois a retenu le prénom de Julien — Juliaanske —, mais s'égare volontiers lorsqu'il s'agit de retrouver les circonstances qui entourèrent l'assouvissement d'un pressant besoin enfantin. Depuis des siècles, une ébauche de sourire aux coins des lèvres, le petit garçon arrose sa vasque sans que le mystère de ses origines ait été éclairci. L'incertitude plane toujours et planait déjà sur son identité lorsqu'en 1619 le sculpteur Jérôme Duquesnoy l'Ancien, à la demande des édiles bruxellois, orna l'angle des rues du Chêne et de l'Etuve d'une figurine qui prenait la relève d'un Manneken-Pis de facture plus ancienne.

Les aventures que l'on prête à ce petit bonhomme malicieux sont aussi nombreuses que variées et, depuis la fin du Moyen Age, tous les historiens qui écrivirent le passé mythique et héroïque de Bruxelles leur ménagèrent une place de choix dans leurs chroniques et baladèrent la geste de Manneken-Pis de l'époque mérovingienne à celle des Bourguignons.

En voici une version manifestement tirée du légendaire populaire. Bruxelles était en liesse, ce jour-là. Dans la foule, un riche bourgeois, sa femme et leur fils unique. On se presse, on se bouscule. Tant et si bien que voilà le bambin séparé de ses parents. La mère éplorée, le père affolé cherchent en vain leur enfant. « Sainte Vierge », s'écrie le papa, « rendez-moi mon fils et je vous promets de faire don à la ville d'une statue qui le montrera tel que je l'aurai retrouvé ! ». Le vœu, aussitôt émis, est exaucé : le bourgeois découvre son rejeton, nullement inquiet, arrosant d'un jet vigoureux les pavés de la rue de l'Etuve.

Remontons le temps et, préférant l'hagiographie à l'Histoire, arrêtons-nous aux lointaines années de la christianisation des Gaules. Alors que Bruxelles n'était encore qu'un village au bord de la Senne, l'évêque d'Arras Vindicien, arrivé au terme d'une éprouvante tournée pastorale, s'y arrête et demande l'hospitalité au seigneur du lieu. La joie ne régnait pas au manoir car le ciel tardait à bénir l'union des propriétaires, auxquels il ne venait pas de descendance. L'évêque pria si intensément que le miracle s'accomplit sous la forme d'un bébé joufflu qui, en guise d'entrée dans la vie, mouilla la barbe du saint homme. Celui-ci, hélas, rendit son âme à Dieu avant d'avoir pu procéder au baptême de l'enfant. Les parents eurent alors recours à Gudule, dont les mérites égalaient ceux de Vindicien et qui, sitôt mandée, accourut bénir le nouveau-né. Mais les charmes de la jeune fille avaient troublé le seigneur qui désormais la poursuivit de ses assiduités. Il y mit un jour tant de fougue que la sainte ne dut son salut qu'à une colonne qui s'ouvrit et l'engloutit. Courroucée, elle jeta à l'empressé seigneur — la piété n'empêche pas certaine verdeur de langage — cette malédiction: «Pour vous punir, je condamne votre fils à ne plus grandir et à ne plus s'arrêter de pisser!».

Plus victime que héros dans cette version de la fable, Manneken-Pis retrouve tout son panache dans celle qui l'identifie au tout jeune duc Godefroid de Brabant. Au XIIème siècle la bataille de Ransbeke opposa Malines et Bruxelles. Le petit Godefroid, encore au berceau, fut accroché à la branche d'un chêne afin que sa vue galvanisât l'ardeur des Bruxellois. Quelle ne fut pas leur surprise lorsqu'ils virent le marmot se dresser et uriner au nez et à la barbe de l'agresseur. Ce geste de souverain mépris déchaîna leur courage: ils remportèrent la victoire et élevèrent une statue au petit Godefroid.

Dans une autre légende, l'enfant, né du comte et de la comtesse d'Hove, accueillit à sa façon les Croisés de retour de Jérusalem. Aux parents humiliés par l'affront de leur rejeton, il restait la solution de l'expiation: faire immortaliser par un artiste cet acte impie.

Et si Manneken-Pis était un héros? Au XIVème siècle, un petit garçon nommé Juliaanske aurait sauvé la ville en éteignant d'un jet puissant la mèche de la bombe avec laquelle les ennemis voulaient mettre le feu à la cité?

Par contre, qui se serait attendu à trouver notre «ketje» mêlé de près à une affaire aussi sérieuse que la querelle de spiritualité qui opposa Jan Van Ruysbroeck à Bloemardine, la mystique bruxelloise? Cette dernière prétendait qu'une personne remplie de l'amour divin ne péchait pas en assouvissant ses pulsions naturelles. Les Bruxellois, ces hédonistes, ne cachaient pas leur penchant pour la théorie de Bloemardine. Aussi allèrent-ils jusqu'à porter en triomphe — puis à lui ériger un monument — le fils du duc Jean III de Brabant, qui venait de l'illustrer en dévoilant aux commères de la rue de l'Etuve la partie la plus secrète de son anatomie enfantine.

La légende du bambin envoûté par une sorcière et transformé en statue de pierre par un charme pernicieux ne clôture pas la liste fort longue des exploits du plus vieux bourgeois de Bruxelles.

Si vous le voulez bien, revenons à la plus jolie fontaine de la capitale et écoutons discourir ceux pour qui la réalité dissimule messages et symboles. Ils affirment que Manneken-Pis n'est rien d'autre qu'une fontaine alchimique, érigée par les tenants du grand œuvre pour témoigner de leur découverte de la pierre philosophale. Elle présupposerait d'ailleurs une référence aux grimoires de l'Art Royal. Dans l'un de ces précieux manuscrits, le «Splendor Solis», une gravure représente un guerrier dressé sur deux fontaines alimentées par le double jet d'urine de deux petits enfants. D'autres similitudes? Alors que sept étoiles entourent la tête du guerrier, celle de Manneken-Pis n'est-elle pas surmontée d'une coquille à sept stries? Dans le «Splendor Solis», un chêne se dresse à droite de la fontaine. Manneken-Pis n'officie-t-il pas à l'angle de la rue... du Chêne?

Mais laissons là l'alchimie et les alchimistes, et contemplons une dernière fois notre petit bonhomme. Tiens, le voici aujourd'hui vêtu d'une tenue de carabin. Un costume qui sied bien à son insouciance et à sa gouaille séculaires?

Nous sommes à un vol de chouette de Dinant. Au-dessous de la Meuse, une forteresse démantelée que mangent églantiers griffus et touffes de buis: c'est Crèvecœur, accroché au rocher depuis le XIVème siècle.

« Approchez, chrétiens fidèles,
Pour entendre réciter
Comme en ce château croulé
Trois dames jeunes et belles
Du haut des tours ont sauté
Requiescant in pace ».

(La complainte des dames de Crèvecœur)

CES DAMES DE CREVECŒUR

Bouvignes

Nous sommes à Bouvignes, en l'an de grâce 1554. Le roi de France Henri II assiège la ville. Mis en demeure de capituler, les habitants lui font savoir « *que mieux aimoient respandre leur sang jusques au massacre du dernier homme que de se rendre à la discrétion et soub l'obeyssance de Henry second* ». Le roi de France fait alors mettre en batterie ses couleuvrines et ses bombardes, une brèche s'ouvre et les assaillants pénètrent dans la place. Bien des bourgeois, nous dit-on, périrent les armes à la main, après une résistance que les documents de l'époque qualifient volontiers d'héroïque. Et, « *pour avoir téméralrement résisté et tenu fort contre la puissance du roy* », la vaillante cité est incendiée.

Mais, dominant la ville, un château se défend toujours : celui de Crèvecœur. Les gens de Bouvignes l'avaient édifié au XIVème siècle pour fortifier leur position contre Dinant, leur ennemie de toujours et rivale en dinanderie. Lorsque, le lendemain, les Français lui donnent l'assaut, Crèvecœur est commandé par trois chevaliers, valeureux autant qu'intrépides, comme il sied à des chevaliers. La tradition représente leurs épouses jeunes et belles, luttant aux côtés de leurs maris et soignant les blessés, rechargeant les arquebuses et réparant même les brèches dans la muraille. Quant aux soldats de la garnison, ils accomplissent, nous assure-t-on encore, des prodiges de courage.

Malgré la témérité de tous, le mur d'enceinte est enfoncé et les chevaliers tombent. Alors, avec une poignée de survivants, les trois dames se réfugient dans le donjon, n'hésitant pas à s'exposer aux balles, aux traits et à la mort. Invulnérables? Certes pas : elles comprennent vite que l'ennemi, frappé par leur beauté, cherche à les capturer vivantes... Aussi, une fois la poterne forcée et les Français dans la tour, gagnent-elles la plate-forme qui surplombe le rocher à pic. Et là, se prenant par la main, elles s'élancent toutes trois du haut des murailles pour échapper à la soldatesque.

Des combats opposèrent ici, en 1554, les gens de Bouvignes à Henri II. Le roi de France était, à cette époque, redouté comme Barbe-Bleue...

L'épisode des dames de Crèvecœur n'est guère connu que par la tradition : les historiens contemporains, nous dit Félix Rousseau, semblent l'ignorer. Un fait est certain, cependant : au XVIIIème siècle, une messe anniversaire était dite à la mémoire des trois jeunes femmes. Il en est fait mention dans des registres de l'époque ayant appartenu à la cure de Bouvignes. Et, au début de ce siècle encore, un service était célébré chaque année, le 24 août, pour le repos de leurs âmes.

Ainsi, autour de Crèvecœur, légende et histoire se confondent. Mais les vestiges de la forteresse se dressent toujours au-dessus de la Meuse, perchés sur leur éperon rocheux, incorruptibles. Empruntez donc le sentier qui y conduit, en sous-bois, parmi les senteurs pénétrantes de l'aubépine et du buis. La promenade est agréable et le panorama, là-haut, constitue une suprême récompense. La vue s'étend sur Bouvignes, sur le fleuve majestueux et, plus loin, sur Dinant et son clocher bulbeux. Les ruines sont là, restaurées, et, sur la plate-forme tragique, on peut, aujourd'hui encore et dans le silence retrouvé, évoquer le cliquetis des armes et la fin héroïque des trois dames de Crèvecœur.

MALEGIJS

Ces dames du Mont Kemmel

Trois d'entre elles, sœurs par le sang et issues d'un royal lignage d'Ecosse, émigrèrent, il y a bien longtemps, au plus profond de nos forêts d'Ardenne, en terre de Luxembourg. La plus belle répondait au prénom de Mélusine...

Sans doute connaissez-vous son histoire pour l'avoir entendue narrer entre Rhône et Loire, aux quatre coins de la France. Pauvre fée-serpente dont les jambes se transformaient, le temps d'un bain, en queue de dragon et que la curiosité d'un époux impatient rendit à sa condition monstrueuse... Mélusine appartient au vieux substrat légendaire de l'Europe et ses avatars sont aussi nombreux qu'il y eut de bouches pour les colporter et d'oreilles pour les ouïr.

Même si, dans la région yproise, on est plus que sceptique quant à la véracité de l'aventure rocambolesque des trois filles van den Driessche, le Syndicat d'Initiative de Kemmel n'a pas hésité à se donner comme enseigne le nom de l'enchanteur par qui tout arriva.

C'est ici, au sommet du Mont Kemmel que, suivant leurs dires, les trois jeunes écervelées se retrouvèrent nues, dépouillées et bien en peine de trouver une explication plausible à leur situation pour le moins insolite. Le Kinderput ou trou aux enfants y est signalé par un panneau sculpté symbolisant à l'aide de figures suggestives la légende de Malegijs.

Les mythes et les religions, les contes et les légendes affectionnent les triades, la notion trinitaire semblant par ailleurs déterminer les structures anthropologiques des anciennes sociétés indo-européennes. Les Parques et les lugubres Harpies allaient par trois. Pourquoi n'en aurait-il pas été de même des fées, ces fantasques jouvencelles capables du pire comme du meilleur ?

Ainsi, cette aventure qui survint à trois jeunes filles d'Ypres, en 1521, procède indubitablement de la même veine.

Magdalena Ghyselin, Lucia Larmeson et Maxima van den Driessche se promenaient un soir dans les rues de la petite cité flamande. Dans la Tempelstraat, un cheval blanc les aborda sans façon et leur proposa une balade. Une invitation aussi gracieusement formulée ne se refusant pas, le trio enfourcha aussitôt la monture, laquelle prit son envol et gagna un palais magique où nos trois pucelles semblaient impatiemment attendues.

On but beaucoup, on mangea tout autant et on organisa des jeux à gages au cours desquels les Yproises perdirent successivement leurs bijoux, leurs colifichets et... tous leurs vêtements. Le rêve se mua alors en un véritable cauchemar : seigneurs, château et musiciens, tout s'évanouit, laissant à leur funeste destin trois demoiselles entièrement nues, dans un trou, au sommet du mont Kemmel.

Légende ? Tradition orale enjolivée ? Ou encore histoire bâtie de toutes pièces par trois jeunes écervelées qui, pour des raisons connues d'elles seules — et peut-être peu avouables — se retrouvèrent nues, en pleine nuit, dans la campagne yproise ? Pourquoi, en effet, pour se disculper n'auraient-elles pas songé au château de Mélusine, qui, lui aussi, disparut comme par enchantement ?

Pourquoi aussi ce cheval blanc ? N'évoque-t-il pas Bayard, ce coursier prodigieux que l'enchanteur Maugis (ou Malegijs en pays thiois) offrit aux quatre fils Aymon et qui, à cette époque, hantait tous les récits chevaleresques et populaires ?

Au XVIème siècle, à Ypres comme ailleurs, on se racontait à la veillée les merveilleuses histoires de Bayard et de la fée Mélusine. La nouveauté consistait à amalgamer les deux mystères. Ce qui n'était certes pas pour déplaire à un auditoire friand de surnaturel.

Alors, verrez-vous ici un chapitre supplémentaire aux exploits de l'enchanteur Maugis ? Un conte affolant inventé par trois jeunes filles avides de polariser l'attention d'autrui ? A Kemmel, personne ne tranchera. Peut-être se trouvera-t-il quelqu'un pour vous conduire au « Kinderput » — le trou aux enfants — , la combe fatidique où churent les demoiselles et... leurs illusions. Vous ne manquerez pas de remarquer, en passant, que le bureau de tourisme porte l'enseigne de Malegijs... Avec un clin d'œil complice !

DIABLE ET VALET

Fléris

Le « Fleriskot » à Leffinge : cette belle ferme fortifiée, à peu de distance de la plage de Middelkerke, servit de cadre aux mauvaises plaisanteries du diablotin Fléris. Lorsque Fléris fut chassé de la ferme, il emporta la prospérité avec lui et l'exploitation connut la ruine. Les bâtiments en sont aujourd'hui restaurés.

De nombreux récits populaires ont comme personnages centraux des farfadets. Songeons par exemple à « Lange Wapper » ou à Knudde à la Chaîne. Leffinge, une commune qui fait partie aujourd'hui de Middelkerke, eut jadis à souffrir d'un diablotin qui s'appelait Fleris. Il existe encore toujours dans ce village une ancienne maison de campagne qui, selon la tradition populaire, aurait appartenu aux Templiers. Un chemin souterrain y mènerait à Slijpe et surtout à la Tour du Diable de Nieuport. Il y a bien longtemps, vivait sur le domaine un paysan qui ne respectait pas les commandements de Dieu, jurant et se démenant comme un beau diable. Il terrorisait sa famille et ne gardait jamais bien longemps un domestique ou une servante. Un jour, alors que le dernier valet avait fui la maison, il s'écria, furieux : « Je veux et j'aurai un nouveau domestique, dût-il venir de l'enfer ! »

A peine eut-il prononcé ces paroles qu'un jeune et robuste gaillard, nommé Fleris, se présenta pour entrer à son service. Le paysan n'hésita pas un seul instant. Le nouveau domestique abattait du travail comme trois, quelle que fût la tâche qu'on lui demandait de faire : récurer la maison, chercher de l'eau, nettoyer les étables, traire les vaches, ferrer les chevaux ; il œuvrait avec entrain, très vite et très aisément. Rapidement tout alla bien dans le domaine. Le fermier semblait plus calme, les autres servantes et domestiques ne songeaient plus à partir et le jardin produisait comme jamais auparavant.

Cependant des faits curieux se produisirent. Lorsque les domestiques se préparaient à aller à l'église, l'attitude de Fleris changeait brutalement. Tout le contrariait ; il refusait même de tendre la main. Bien plus, ses diaboliques penchants bouleversaient le cours normal des choses. Les servantes avaient beau nettoyer dix fois le sol, ce dernier restait sale ; les domestiques préparaient la voiture : il y manquait toujours un élément. Par contre, si tout allait encore trop bien selon Fleris, il faisait appel à des tours plus maléfiques : en un clin d'œil le cheval et la carriole se retrouvaient sur le toit de la ferme ! En revanche s'il s'agissait de se rendre à la kermesse ou au bal, rien alors n'était assez vite expédié pour Fleris. Plus les domestiques et les servantes dansaient, plus il se réjouissait, s'activant comme pas un pour qu'ils puissent aller faire la noce. Si un cheval était malade ou fatigué, il prenait sa place et se faisait atteler pour travailler. Mais il devait être attelé à droite ; à gauche, il ruait dans les brancarts et disparaissait au grand galop. Si Fleris avait quelque chose en tête, plus rien ne tournait rond : il taquinait les bonnes, tirait leur tablier, lançait au loin les casquettes des domestiques... Chacun disait bien qu'il avait quelque chose de diabolique, mais personne n'osait rien tenter, craignant sa grande force. Fort, il l'était. Ainsi, il allait parfois s'asseoir sur la grange et la démolissait en un clin d'œil. Mais, nul ne savait comment, le lendemain elle était à nouveau debout.

Un jour, le paysan excédé alla demander conseil au curé. Celui-ci lui dit de servir le soir à son valet une potée à l'ail. A peine Fleris l'eût-il goûtée qu'il s'écria : « Une potée à l'ail ! Fleris s'en va et le bonheur aussi ! » En effet, on ne le vit plus dans le jardin et de ce jour tous les malheurs se succédèrent : maladies des hommes et des bêtes, mauvaises récoltes, décadence de la ferme.

Fleris a disparu, la maison de campagne existe toujours et porte le nom évocateur de « Fleriskot ».

Ce portrait révèle la brutalité et la méchanceté de Fléris. Quand il se déchaînait, personne n'était plus en sécurité. Tout le monde fuyait. Lorsqu'il fut chassé du terrain de ses exploits, il proféra un juron diabolique dont on se souvint longtemps.

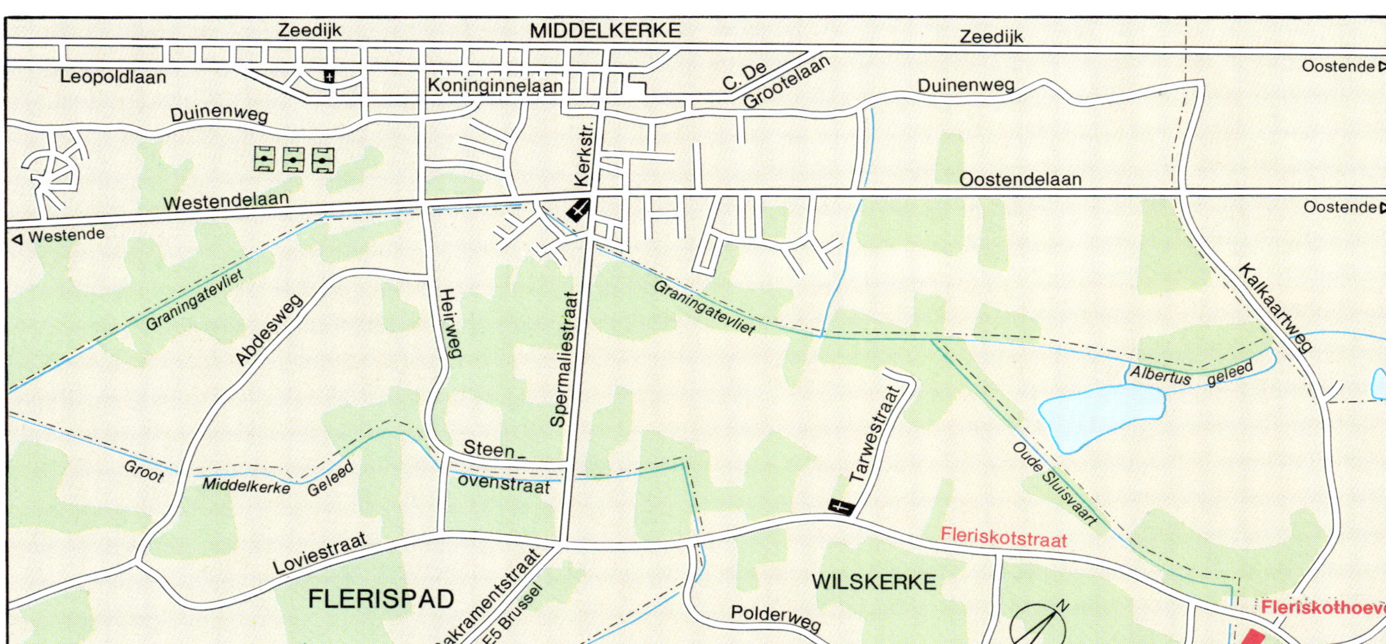

Quelques sites ont permis de comprendre ce que les vainqueurs faisaient de leurs trophées. Le plus saisissant, celui de Roquepertuse, dans les Alpes-Maritimes, est présenté aujourd'hui au Musée Borély de Marseille. On y a retrouvé, encore en place dans les niches d'un sinistre portique, les crânes des vaincus.

LES CROYANCES CELTIQUES

Tout récemment, les archéologues ont été mis en émoi par la découverte, dans le sud de la Gaule Belgique, de deux fantastiques charniers rassemblant encore les restes de plusieurs centaines de cadavres, tous d'hommes dans la force de l'âge, et tous systématiquement décapités.

C'est là incontestablement l'un des plus clairs témoignages d'une coutume celtique dont l'apparente barbarie a choqué les contemporains, et que ceux-ci ont depuis largement condamnée et commentée : l'habitude des Celtes de ramener en trophées les têtes de leurs ennemis et les seins de leurs femmes.

Cette étonnante distinction entre les sexes correspondait en fait aux idées mêmes que les Celtes se faisaient de l'âme humaine et de la transmission de la vie.

Non sans une logique certaine, ils avaient constaté la différence essentielle entre un vivant et un mort : la chaleur que gardait l'un, mais que l'autre avait perdue. Ils ont dès lors identifié naturellement la vie à la chaleur vitale. D'autant plus que la faculté évidente de transmettre la vie dépend elle aussi d'une substance présentant une certaine chaleur : le liquide séminal.

Mais si la simple expérience conduisait à cette observation, l'origine de ce liquide était moins évidente. Le rôle des glandes testiculaires était encore inconnu. La question semblait donc être la suivante : si la vie se transmet par l'intermédiaire d'un liquide tiède, gluant et blanchâtre, d'où provient ce liquide ? Où l'homme dispose-t-il d'une réserve de pareille substance ? La réponse semblait simple : dans la tête... Car c'est bien là que le cerveau présente une masse visqueuse et opaline. On imaginait donc que le cerveau était la réserve de vie de l'homme, son potentiel vital, dont certaines parties pouvaient être transmises par l'acte sexuel. Et comment ces gouttes de vie passaient-elles du cerveau au sexe ? Mais par le canal de la moëlle épinière.

Un homme tué au combat est mort avant d'avoir épuisé naturellement son potentiel vital. Il doit donc lui rester, selon les idées de l'époque, une certaine quantité de vie dans la tête. La lui couper et l'emporter comme trophée permettait au vainqueur de s'approprier, moyennant certains rites, cette part de vie subsistante.

C'était aussi une façon superlative de tuer l'ennemi, en lui coupant le canal de transmission de la vie : une forme de castration qui le rendait définitivement impuissant. Les mythes celtes sont pleins d'ennemis qu'on ne peut vaincre qu'en les décapitant et en laissant l'acier froid d'une arme sur leur cou tranché pour «geler» la moëlle épinière: faute de quoi, ils recolleront la tête sur le cou et ressusciteront plus hostiles que jamais.

Mais pourquoi donc les têtes des femmes ne présentaient-elles pas le même intérêt , et pourquoi donc étaient-ce leurs seins que l'on emportait en trophées?

Tout simplement parce que le rôle de l'ovulation féminine était inconnu et que la femme ne semblait pas capable de transmettre la vie: elle n'apparaissait que comme le réceptacle de la semence produite par l'homme.

Mais bien sûr la semence mâle ne suffit pas à engendrer la vie. Il faut encore qu'installée dans le corps d'une femme, elle soit nourrie par celle-ci. Pour qu'un enfant naisse, il fallait, selon les Celtes, que l'homme émette une portion de vie et que la femme la nourrisse jusqu'à maturité. Au liquide séminal de l'homme répondait donc fonctionnellement le lait de la femme. Trancher ses seins correspondait systématiquement à la décapitation de l'homme.

Curieux temps, curieuses mœurs apparentées au cannibalisme rituel de certaines peuplades d'Afrique, des Iles de la Sonde et d'Amazonie.

«Quand ils ont tué des ennemis, raconte Diodore de Sicile, les Gaulois coupent les têtes et les attachent aux rênes de leurs chevaux. Confiant à leurs suivants les armes des morts, ils ramènent en trophées ces têtes toutes sanglantes, en chantant un péan de victoire. Ils les clouent ensuite dans leurs demeures, comme d'autres le font avec les têtes du gibier tué».

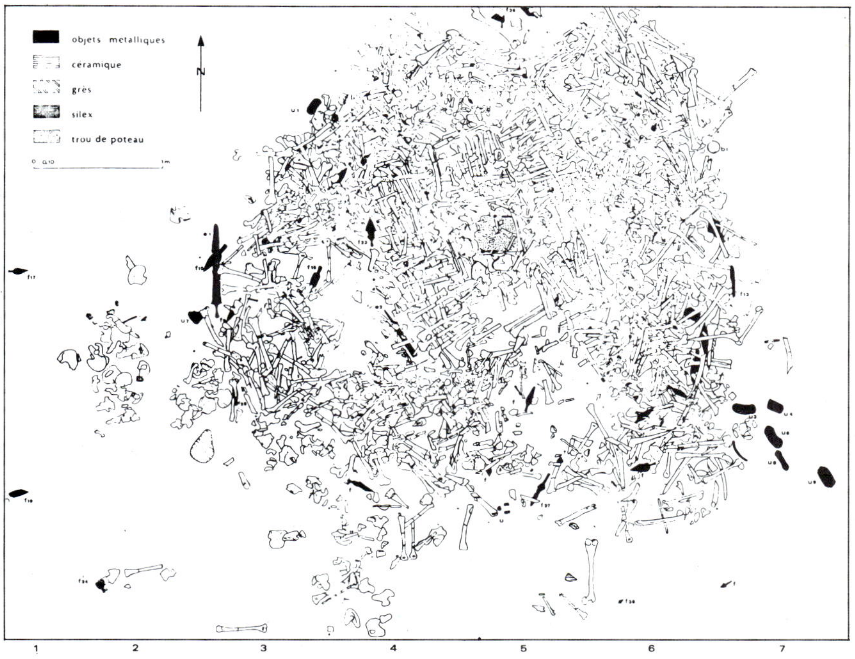

A Ribemont-sur-Ancre, l'ossuaire s'étale dramatiquement autour d'un grand pieu carré, au cœur d'un sanctuaire orienté exactement dans la direction du lever du soleil au matin du solstice d'hiver, et l'on sait que pour les Celtes comme pour tant d'autres peuples, l'hiver est la saison de la mort. Un autre ossuaire, aux éléments moins clairs, a été trouvé à Gournay en 1979.

Enigmes

Allô le Cosmos ? Ici la Terre.
Est-ce vous qui nous envoyez ces objets étranges, sphères flamboyantes ou
disques pâles, qui paraissent, puis disparaissent dans notre ciel
et entretiennent dans nos cœurs d'hommes
l'espoir d'autres mondes habités ?
Elles nous émerveillent et nous inquiètent tout à la fois,
ces machines volantes que nous appelons « soucoupes » ou « OVNIS ».
Sont-elles rêve ou réalité, maléfice ou heureux présage ?
Allô la Terre ? Ici Hadès, le dieu des Enfers.
J'ai là quelques âmes errantes qui me donnent du fil à retordre.
Elles refusent obstinément leur obole à Charon sous prétexte de dissiper,
entre vie et mort, le mystère qui assombrit leur existence terrestre
ou leurs heures dernières.
Je vous fais grâce de l'homme au masque de fer,
de l'enfant présumé d'un roi de France guillotiné et de la vieille
dame amnésique en qui d'aucuns reconnurent la fille du dernier tsar.
Ces cas me semblent désespérés.
En revanche, n'y a-t-il donc rien à tenter
pour qu'un célèbre général retrouve ses parents et un député, ses assassins ?
Allô Hadès ? C'est la Mélancolie qui vous appelle,
l'allégorie aux voiles gris, la muse des deuils et des chagrins.
M'autorisez-vous à ôter quelques fleurs
du bouquet qui perpétue la mémoire du général Boulanger
et à en orner deux tombeaux un peu oubliés ?
Celui d'une jeune duchesse de Bourgogne,
morte il y a longtemps d'une mauvaise chute de cheval,
et celui d'une originale qui porta culottes au temps des crinolines.
Allô, allô… ? La ligne est morte,
le téléphone de l'au-delà ne fonctionne plus.
Saurons-nous jamais si Hercule Poirot a retrouvé les « Juges Intègres »,
le panneau volé de « L'Agneau Mystique » ? Et qui nous apprendra —
sera-ce la rose des vents ou la sempiternelle commère ? —
comment un dieu de pierre de l'île de Pâques,
en exil dans la solitude d'un musée,
a persuadé un manteau de plumes de ne pas tomber en poussière ?

Jean VAN EYCK : « L'homme au turban » (portrait du peintre par lui-même), 1433, National Gallery.

PEINTRE ALCHIMISTE ?

Jean Van Eyck

En 1410 sans doute, Jean Van Eyck imagina un procédé révolutionnaire de peinture à l'huile.

Giorgio Vasari fut le premier, en 1550, à fournir un récit détaillé de cette invention qui révolutionna l'art de peindre : « Ce fut une très belle invention et une grande commodité pour l'art de la peinture d'avoir découvert le coloris à l'huile. Le premier inventeur en fut Jean de Bruges... Il chercha diverses sortes de couleurs, étant très amateur d'alchimie et distillant continuellement des huiles pour composer des vernis et différentes sortes de choses, comme cela arrive fréquemment aux personnes imaginatives ».

L'information fut reprise en 1604 par l'historien Carel Van Mander qui n'hésitait pas à comparer la découverte avec celle, beaucoup moins pacifique, de la poudre à canon.

Si tous les chroniqueurs s'entendent sur l'importance de l'invention, aucun n'en révèle la nature. Des éléments permettent cependant de formuler une hypothèse assez solide. Vasari écrivait encore : « Et quoique ses peintures possédassent une certaine odeur aiguë d'où il paraissait possible de les connaître, le secret ne fut quand même pas trouvé pendant de nombreuses années ». Cet indice olfactif, rapproché du fait que le peintre distillait des huiles, fait songer à la térébenthine dont l'usage se vulgarisa par la suite. La térébenthine aurait déjà été distillée à la fin du XIIème siècle par un médecin, chanoine à Tournai, Jean de Saint-Amand, et était connue à Bruges au milieu du siècle suivant. C'est elle vraisemblablement qui, n'ayant pas été détectée en laboratoire lors de la restauration du célèbre « Agneau Mystique », fut qualifiée de substance x. Restauré, mais amputé du panneau original des Juges Intègres, le polyptique de l'« Agneau Mystique » recèle une part du mystère qui rattache Van Eyck à l'occultisme. L'œuvre contient nombre d'inscriptions énigmatiques qui mêlent l'hébreu, le grec et le latin. Ainsi cet *Honi* qui reste inexpliqué, l'incantation *Adonaï sabaot* et cet *Agla* qui pourrait être l'abréviation d'*Agno Laus* ou l'acrostiche d'une formule kabbalistique destinée à éloigner les démons : *Atha Gilbor Leolam Adonaï*.

De nombreux tableaux portent la devise du peintre, « Als ich can », qui curieusement comporte la majorité des lettres d'*alchimia*. L'ancien nom néerlandais de l'alchimie, *alkemen*, proche de *al-kennen* (tout connaître) ou de *al-kunnen* (tout pouvoir), pourrait en éclairer le sens : « Comme je peux ».

Van Eyck alchimiste ? Certainement ! Dans la seconde moitié du XVème siècle, il n'était pas rare de voir les érudits et les artistes s'intéresser à l'alchimie tant technique que philosophique. Ne citons pour preuve que cet Arnold de Bruxella, surnommé le Flamand, qui s'imposa comme l'un des meilleurs imprimeurs du siècle et qui possédait des connaissances alchimiques très étendues. Ne disait-on pas que le protecteur de Van Eyck, le duc Philippe le Bon lui-même s'intéressait aux spéculations alchimiques et avait tout spécialement créé l'Ordre de la Toison d'Or, en 1429, pour en célébrer l'excellence ?

Le duc avait fait aménager dans son palais de Bruxelles une « chambre de retret », sorte de cabinet de curiosités, où il collectionnait les objets insolites, des « choses secrètes », parmi lesquelles un fourneau d'alchimiste ne devait pas détonner.

Si Van Eyck y pénétra par la faveur princière, gageons que les deux hommes y discutèrent politique et peinture, mais aussi de cet or philosophal, clé fondamentale de la toute-puissance. De cette communion de l'esprit et de l'intérêt entre le peintre et son mécène naquit d'ailleurs la confiance qui fit accomplir à Van Eyck sans doute plusieurs missions diplomatiques au nom de la Cour de Bourgogne.

Quand Philippe II d'Espagne interrogea son contemporain, Ricardo Estanhimst, sur les manies et les goûts de son ancêtre, celui-ci lui apprit que Philippe le Bon avait accru sa fortune grâce à des transmutations alchimiques et fondé l'Ordre de la Toison d'Or pour les commémorer.

Jean VAN EYCK : « Portrait présumé des époux Arnolfini », 1434, National Gallery.

Ceci corrobore la tradition alchimique de la quête de Jason dont le mythe, propagé au Xème siècle par le Byzantin Suidas, fit le bonheur de nombreux poètes de la fin du Moyen Age.

Un des conseillers de Philippe le Bon et non des moindres, le chancelier Nicolas Rollin, dont Van Eyck immortalisa les traits, n'aurait-il pas eu lui aussi des faiblesses pour Dame Alchimie. Sa curieuse devise, *Seulle*★, permet du moins de le supposer puisque le sceau de Salomon, l'étoile à cinq branches bien connue des ésotéristes, était le symbole de la pierre philosophale, quintessence du grand œuvre.

A la Renaissance, de nombreux peintres étaient aussi alchimistes. Cosimo Rosseli et Le Parmesan se ruinèrent en vaines recherches pour découvrir la poudre de projection. Quant à Léonard de Vinci, plus prudent, il se limita aux seules distillations.

Dès lors il n'y a rien de surprenant que Van Eyck s'inscrivît également dans ce courant hermétique. Le singulier « Double portrait dit d'Arnolfini et de son épouse », qui date de 1434, se décrypte comme un rébus. Van Eyck aurait été le témoin de ce riche mariage, ce qui expliquerait qu'il se fût représenté lui-même, reflété dans le miroir-sorcière au centre du tableau. Ces noces seraient celles du soufre et du mercure, le couple alchimique destiné à engendrer la pierre et également inscrit virtuellement dans le miroir rond et bombé. De même l'auto-portrait du peintre, « L'homme au turban rouge », ne laisse pas d'intriguer les spécialistes. La coiffure drapée symboliserait la pierre philosophale, rouge comme elle, que les Egyptiens désignaient d'ailleurs du terme d'encéphale à cause de sa nature spirituelle.

« Als ich can »... Devise d'un peintre alchimiste, mais aussi adage d'un artiste resté modeste au faîte même de sa gloire.

DES JUGES VOLES

L'Agneau mystique à Gand

Une magie opère depuis plus de cinq siècles sur tous ceux qui approchent du célèbre retable dit de l'Agneau mystique, dans la cathédrale Saint-Bavon de Gand. Le polyptique dû à Jean Van Eyck dégage en effet une aura faite de perfection esthétique et de spiritualité, comme seules les plus grandes œuvres de la peinture religieuse en exhalent.

Depuis 1934, cette émotion s'imprègne d'un parfum de mystère ; tous les visiteurs savent — et les guides ne manquent jamais de le rappeler — qu'un des panneaux de gauche, dans le registre inférieur, le remarquable panneau des « Juges intègres », n'est qu'une copie de Vanderveken, admirable de précision, intégrée au polyptique en 1937. L'original a été dérobé dans la nuit du 10 au 11 avril 1934. Depuis lors, l'énigme reste entière...

Un homme, pourtant, un seul, aurait pu la résoudre, reconstituer le chef-d'œuvre, restituer une pièce maîtresse à la peinture universelle. Et il a tenté de le faire, sur son lit d'agonie, à l'heure des remords. Mais ceux-ci sont venus trop tard; la mort vint interrompre sa confession et emporter le secret des «Juges intègres».

Cet homme s'appelait Arsène Goedertier. Il était Gantois, bigot et nationaliste flamand convaincu. Entré à Saint-Bavon en tant que sacristain, il était devenu très vite le confident de l'évêque, Mgr. Coppieters. Certains, il est vrai, font de lui un cousin du prélat. A l'époque du vol, M. Goedertier vivait à Wetteren; agent de change et modeste banquier, il se débattait dans de sérieuses difficultés financières.

Rien, pourtant, dans les premières semaines de l'enquête, ne permit de le désigner comme suspect. Mais «les voleurs» le choisirent comme intermédiaire dans leurs négociations avec l'évêché. Des lettres lui parvinrent, qu'il transmit régulièrement au prélat. On sait, grâce à sa confession ultime, que l'ancien sacristain les écrivit lui-même...

La première missive qui aboutit à Mgr Coppieters livra les termes d'un chantage: le ou les voleurs réclamaient un million de francs pour la restitution du tableau. Pour prouver l'authenticité de son propos, le maître-chanteur révélait que la partie extérieure du panneau, qui représente St-Jean-Baptiste, se trouvait — séparée de l'ensemble par ses soins (quelques coups de scie) — à la consigne d'une gare bruxelloise. On s'empressa de vérifier: c'était exact.

Après que l'enquête officielle eut piétiné pendant de longues semaines, l'évêché, convaincu que la négociation était la seule solution possible, se résolut à céder, non sans fermement discuter le montant de la rançon. Une correspondance s'engagea entre les voleurs et Mgr Coppieters, toujours par l'intermédiaire de l'étrange M. Goedertier.

Elle fut marquée par une diminution constante des exigences, jusqu'au début du mois de juin, quand l'évêque lâcha un chiffre définitif: vingt-cinq mille francs. La somme fut versée quelques jours plus tard, dans des circonstances jusqu'ici restées obscures; mais les «Juges intègres» ne réapparurent pas.

On en resta sur cet échec jusqu'au 25 novembre de la même année. C'est ce soir-là qu'à l'agonie Arsène Goedertier fit sa confession inachevée... Il avait commencé à révéler que la solution de l'énigme était cachée dans son bureau. Mais aucun objet, aucun document contenu dans la pièce ne livra le fameux secret.

La manière dont se déroula l'enquête, avant et après le décès de l'ancien sacristain, ne laisse pas d'intriguer. Trop de choses ont été tues à la Justice, trop de gens sont intervenus dans l'affaire, qui donnèrent l'impression d'en savoir long sans pour autant aider au dénouement... Trop de politiciens, trop de personnalités publiques...

A première vue, pourtant, le dossier relevait banalement du droit commun: un vol destiné à obtenir le paiement d'une rançon, un chantage somme toute classique.

On admet généralement aujourd'hui que le climat politique de l'époque — montée du nationalisme flamand et du rexisme, querelles autour de l'enseignement catholique — entrava l'enquête ou, à tout le moins, nuisit à son déroulement efficace. En cause, très probablement, l'engagement politique d'Arsène Goedertier, à l'extrême-droite du flamingantisme.

Finalement, seules émergent des hypothèses. Le voleur voulut-il se servir du tableau pour un autre chantage, à thème politique? Voulut-il soustraire une partie de l'œuvre à la bourgeoisie francophone de Gand? Voulut-il au contraire attirer avec éclat l'attention sur l'art flamand, par nationalisme exacerbé?

A défaut de pouvoir retenir ou écarter une ou plusieurs de ces thèses, les chercheurs actuels reprennent l'enquête par les éléments les plus concrets et les moins contestés. Goedertier avait ainsi écrit que le panneau était caché à un endroit «d'où il ne pourrait être retiré sans être vu du public.» Un passionné de l'énigme songea au monument élevé à Melle, près de Gand, à la mémoire des fusiliers français tombés là en 1914. Un monument inauguré dix jours après la remise de la rançon, en juin 1934... Son socle creux fut sondé cinquante ans plus tard, en vain.

Le même type de recherches s'appliqua à une quinzaine de maisons gantoises fréquentées par Goedertier et à un ancien couvent, véritable dédale, occupé jadis par deux vieilles demoiselles liées au sacristain. Sans résultat.

Le mystère a pris à ce point l'allure d'un roman policier, depuis plus d'un demi-siècle, qu'un journaliste italien, connaisseur de la Belgique, y consacra un ouvrage (1) mêlant faits et fiction. Van Eyck aurait bien peu soupçonné (et apprécié...) ce destin parallèle de son chef-d'œuvre!

(1) Arton Guido, *La disparition des Juges*, Denoël, Paris.

QUI L'A TUE ?

L'assassinat de J. Lahaut

L'assassinat politique n'appartient pas, heureusement, aux mœurs belges. Aussi l'énigme que pose encore de nos jours la mort violente du député communiste sérésien Julien Lahaut, abattu à son domicile le 18 août 1950, se double-t-elle d'une interrogation idéologique. Des royalistes farouches ont-ils seulement voulu, comme on l'a cru jusqu'il y a peu, punir le vieux militant d'un cri républicain jugé sacrilège? Les assassins ont-ils accompli un dessein politique beaucoup plus profond, mûri de longue date?

Il est 21 h 15 environ, le 18 août 1950, quand deux hommes sonnent au numéro 65 de la rue de la Vecquée (aujourd'hui rue Julien Lahaut), à Seraing. A l'épouse du député et président de parti, ils disent venir de la part d'un ami «du camarade Lahaut», un certain Hendrickx. En captivité, Julien s'était lié d'amitié avec un garçon nommé Adrien Hendrickx; Mme Lahaut ne se méfie d'aucune façon et appelle son mari. Quand celui-ci paraît sur le seuil, il est immédiatement fauché par le tir rapide d'un Colt 11 mm. Cinq balles lui portent la mort en quelques secondes.

L'émotion est grande à Seraing, à Liège et dans toute la Wallonie. Et l'unanimité se fait autour d'une hypothèse: Julien Lahaut a probablement été victime d'extrémistes royalistes. C'est que, une semaine plus tôt, le député communiste avait en effet fait scandale devant les Chambres réunies,

Grand résistant et prisonnier politique, en même temps que tribun populaire souvent virulent et communiste convaincu, Julien Lahaut ne laissait personne indifférent. Jusqu'à son cri antiroyaliste de 1950, jugé sacrilège, ses adversaires de droite lui reconnaissaient une classe réelle, qui transparaît dans ses portraits.

Ne touchez pas au Parti des Fusillés !

Discours de Julien LAHAUT

prononcé devant le Parlement

Préface d'Edgard LALMAND

EDITIONS POPULAIRES

1945

lors de la prestation de serment du prince Baudouin, promu «prince royal»: Julien Lahaut s'était levé et avait tonitrué «Vive la République!»

La question royale achevait à peine d'agiter l'opinion et les Belges restaient fort divisés à ce propos. Aussi le cri du cœur du communiste, républicain convaincu, avait-il ulcéré les catholiques et les fidèles partisans du Trône. Dès le 19 août, toute la gauche wallonne nourrissait à son tour une rage vengeresse mal contenue à l'égard des conservateurs...

La justice ne put jamais élucider l'affaire Lahaut. Il y eut bien des rebondissements. Jusqu'en 1960, on appréhenda des suspects, que l'on relâcha chaque fois, faute de preuves. Petit à petit, l'énigme perdit de son attrait et fut oubliée du grand public.

Elle refit brusquement surface en 1985, avec la publication d'une étude universitaire flamande. Deux chercheurs, Rudi Van Doorslaer et Etienne Verhoeyen, livrèrent là un lot stupéfiant de révélations (1). Non seulement ces universitaires prétendaient connaître l'identité de l'assassin, qu'ils désignaient sous le pseudonyme d'Adolphe, mais encore ils mettaient à mal, arguments à l'appui, la thèse d'une «punition» ultra-royaliste.

Il résulte en effet de leur enquête que l'assassinat d'une personnalité communiste aurait été décidé bien avant le cri de Lahaut au Parlement; la cible originelle en aurait été le secrétaire du parti, Edgard Lalmand; ce n'est qu'après le scandale provoqué par l'exclamation pro-républicaine que les conjurés auraient choisi de tuer le député Lahaut, profitant de l'émoi pour donner plus d'impact à leur geste.

Les assassins auraient été des militants d'extrême-droite, autour d'un leader «historique» de cette mouvance en Belgique, toujours en vie. Ce personnage aurait d'ailleurs été soupçonné, de fort loin, au moment d'une reprise de l'instruction, en 1958. Trois ans plus tard, un de ses anciens amis politiques l'aurait même dénoncé à nouveau... en vain. Quant à l'auteur des coups de feu, désigné par le même homme, il aurait été fiché par la Sûreté en 1950, après le crime, et serait aujourd'hui décédé...

(1) *L'assassinat de Julien Lahaut ou le communisme considéré comme l'ennemi public intérieur*, éditions Kritak, Leuven, 1985.

A l'issue de la guerre, Julien Lahaut s'était érigé en défenseur vigoureux de la mémoire de tous ceux qui avaient donné leur vie et souffert pour le pays: le titre de son discours (page de gauche) en témoigne. Mais il était aussi devenu un pacifiste sincère et un internationaliste, ce qui ne manqua pas de lui attirer de solides inimitiés...

FILS DE PERSONNE

Maxime Weygand

Au début du mois de mars 1965, la terre de Bretagne se refermait sur un grand Français, un grand soldat, qui, à deux ans près, aurait eu cent ans : le général Maxime Weygand. Celui-ci emportait dans la tombe le secret de son ascendance et de sa naissance. Aujourd'hui encore, le mystère demeure entier : aux historiens d'en faire leur lot.

La première photographie de Maxime montre un petit enfant à la frimousse ronde, au regard doux, un peu triste. Par contre, sur les portraits pris à Saint-Cyr, le jeune officier affiche déjà ce visage aigu, aux traits durs, que les années n'entameront pas. La pommette est haute, le teint sombre, la moustache cirée, l'œil fendu ; on cherche vainement une caractéristique physique qui appellerait une quelconque ressemblance avec le roi Léopold II de Belgique ou avec la sœur de ce dernier, l'impératrice Charlotte, les géniteurs que l'on suppose, à tort ou à raison, à Maxime Weygand.

« Je suis mon propre ancêtre », avait-il coutume d'affirmer pour couper court aux ragots. Sans doute, puisqu'il naquit bien de parents inconnus, à Bruxelles, le 21 janvier 1867, et dédia ses premiers sourires à sa nourrice, madame Saget. A six ans, il fit la connaissance de son tuteur, David Cohen, un négociant de Marseille, qui l'inscrivit en classe élémentaire sous le patronyme de Maxime de Nimal. A un professeur du lycée Louis le Grand qui s'était exclamé, quelques années plus tard » : « Quoi ! Toute votre ambition est d'être un petit croûton d'officier ! », le futur général avait rétorqué : « J'aime mieux être un petit croûton d'officier qu'un gros croûton de professeur ! ». Sacré caractère, dont le maréchal Foch sut néanmoins, au cours de la Grande Guerre, tirer le meilleur parti au service du pays en danger. Car la roue du destin tourna vite pour Maxime, devenu Weygand en 1888, après avoir été officiellement reconnu par un employé de son tuteur et, de ce fait, naturalisé français.

Lieutenant-colonel en 1914, il termina la guerre avec le grade de major général auprès de Foch, dont il fut le bras droit et le fils spirituel.

Travailleur infatigable, Weygand fut à ses heures stratège, diplomate et écrivain. L'entre-deux-guerres le vit en Pologne, dont il commanda l'entraînement des troupes face au péril russe, et

L'acte de naissance de Maxime Weygand est conservé dans les archives de la Ville de Bruxelles. L'enfant, né de parents inconnus, avait été déclaré par le docteur Laussedat et mentionné sous son seul prénom. Naquit-il réellement au 59 du Boulevard de Waterloo, à Bruxelles ? Mystère.

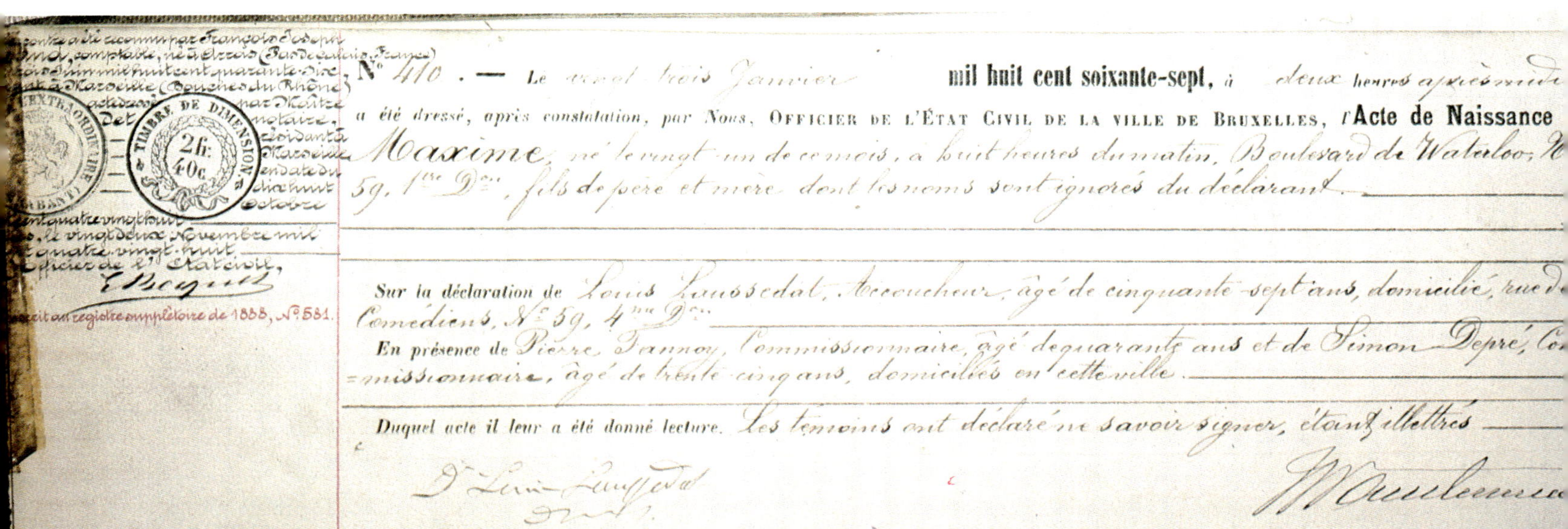

N° 410. — Le vingt trois Janvier mil huit cent soixante-sept, à deux heures après midi a été dressé, après constatation, par Nous, Officier de l'État Civil de la Ville de Bruxelles, l'Acte de Naissance Maxime, né le vingt un de ce mois, à huit heures du matin, Boulevard de Waterloo, N° 59, 1re Don, fils de père et mère dont les noms sont ignorés du déclarant.

Sur la déclaration de Louis Laussedat, Accoucheur, âgé de cinquante-sept ans, domicilié, rue des Comédiens, N° 59, 4me Don.

En présence de Pierre Tannoy, Commissionnaire, âgé de quarante ans et de Simon Depré, Commissionnaire, âgé de trente-cinq ans, domiciliés en cette ville.

Duquel acte il leur a été donné lecture. Les témoins ont déclaré ne savoir signer, étant illettrés.

Dr Louis Laussedat

au Moyen-Orient, où il laissa le souvenir d'un homme intègre et conscient des problèmes de la colonisation. Ce, jusqu'en 1935, où arrivé au faîte des honneurs mais aussi à la limite d'âge, ce tâcheron des armées dut estimer, bien à tort, n'avoir désormais pour seul avenir que sa famille, ses chevaux et ses livres.

C'était, hélas, trop augurer d'une paix fragile.

Dans le naufrage de l'été 1940, « le vieux passager qui avait fait naguère de la navigation » accepta de prendre la barre du vaisseau France aux côtés du maréchal Pétain. Bien que Weygand ait fait la preuve d'une droiture absolue dans son commandement des forces armées d'Afrique, le pays libéré ne pardonna pas à celui-ci d'avoir joué la carte de Vichy et s'il ne fut pas jugé coupable au même titre que Pétain, sa carrière exemplaire s'entacha néanmoins d'une macule indélébile.

On le voit, sans même prendre en compte le mystère de ses origines, Maxime Weygand se rangea parmi les hommes hors du commun. Il n'en reste pas moins qu'en marge de ses mérites personnels, le général bénéficia, dans sa jeunesse surtout, d'influences occultes et de puissantes protections, qui lui ouvrirent notamment les portes de Saumur et de son Cadre d'élite. Comme l'écrit avec pertinence son biographe Charles Fouvez : « On ne brouille pas les pistes, on ne mobilise pas l'administration, la diplomatie, la magistrature, la police, le Cabinet du Roi pour dissimuler l'identité d'un rejeton plébéien ». Ainsi, pour beaucoup d'historiens, les hypothèses d'une parenté royale ne seraient-elles pas sans fondements. La moins solide est celle qui donne pour mère au général Weygand Charlotte, l'épouse de Maximilien d'Autriche, le malchanceux et éphémère empereur du Mexique.

Au moment de la naissance de Maxime, à Bruxelles, en janvier 1867, l'infortunée princesse, qui manifestait des signes évidents de folie, avait été assignée à résidence au château de Miramar, près de Trieste. Charlotte avait perdu la raison à Paris, où elle avait tenté en vain d'obtenir de Napoléon III une aide militaire au Mexique. En juin 1867, son mari tombait sous les balles du peloton d'exécution de Queretaro.

L'imagination des auteurs a peuplé l'odyssée de Charlotte de plus d'un séducteur : le colonel Van der Smissen, chef de la légion belge au Mexique, et l'un ou l'autre courtisan latino-américain ; aucun n'est réellement susceptible d'avoir engendré cet enfant.

Le général Weygand, d'après une gravure popularisée au terme de la Grande Guerre, dont il fut l'un des héros, comme Foch et Pétain. Ce fut à lui que revint l'écrasante responsabilité de communiquer aux Allemands, dans le wagon de Rethondes, les conditions mises par les Alliés à la fin des combats.

Il est moins aisé de rejeter par contre l'hypothèse de la paternité du roi Léopold II, possibilité que n'écartait pas la reine Elisabeth et qu'admettaient bon nombre de familiers à la Cour de Belgique. Dans les années trente, une tradition tenace parmi la noblesse hongroise attribuait à une dame de haut parage une liaison avec le roi des Belges et désignait Maxime Weygand comme le fruit de cette passade.

Enfant de roi ou enfant de personne, peu importe après tout. La badine de jonc sous le bras, Maxime Weygand alla jusqu'au bout d'une destinée peu ordinaire, dont il fut l'artisan responsable.

La beauté troublante des visages, la finesse de la composition s'imposent d'emblée aux visiteurs du petit musée qui abrite la très fidèle copie de la « Dernière Cène » de Léonard de Vinci : le peintre a saisi l'instant tragique où le Christ dit à ses disciples « Un d'entre vous me trahira ». Il a nimbé chaque visage d'un rayonnement doré... à l'exception de celui de Judas que tout, dans la scène, désigne comme le traître. On ne peut assez souligner combien le musée de Tongerlo met magnifiquement en valeur ce témoignage essentiel de l'art de Léonard, à l'heure où l'original milanais lutte pour sa survie dans le réfectoire de Sainte-Marie-des-Grâces. A Tongerlo, un jeu subtil de lumières, une musique d'une profonde douceur et un commentaire à la fois érudit et mesuré invitent à l'admiration.

Blottie sous les frondaisons de la Campine anversoise, l'abbaye norbertine de Tongerlo recèle un trésor méconnu, dont l'identité seule devrait pourtant exciter la curiosité : une copie de la célèbre « Dernière Cène » de Léonard de Vinci. L'amateur d'art, sceptique, froncera évidemment les sourcils. La copie d'un Vinci, dans une abbaye flamande, quel intérêt ?

Il changera d'avis dès qu'il saura que la toile, admirablement mise en valeur à Tongerlo, a été exécutée à Milan même, peut-être sous le contrôle de Léonard, moins de vingt ans après l'original. L'intérêt artistique d'une telle œuvre s'est accru avec la dégradation — sans doute inexorable — dont fut victime la fresque dans le réfectoire de Sainte-Marie-des-Grâces à Milan.

Tous les spécialistes en conviennent : la copie de Tongerlo permet d'apprécier l'intelligence de la composition, la technique du maître toscan, le jeu des couleurs. Le copiste a exécuté là un travail tout à fait fidèle à l'œuvre de Léonard et, de plus, la toile respecte scrupuleusement les dimensions de la fresque.

La copie de Tongerlo a pourtant connu des vicissitudes qui auraient pu, à maintes reprises, causer sa disparition ou, tout au moins, des dommages irréparables. Cet itinéraire agité lui confère un attrait supplémentaire.

LA DERNIERE CENE

Tongerlo

L'abbaye de Tongerlo ne vaut pas seulement par son trésor pictural. L'ensemble des bâtiments, au milieu de jardins reposants, témoigne de l'évolution du complexe abbatial, avec la grange aux dîmes et la ferme du XVIème siècle, la Prélature et sa façade classique de 1725 et l'église reconstruite au XIXème siècle.

Qui commanda cette copie à un atelier milanais ? Selon un manuscrit anonyme, l'œuvre aurait été achetée par « un roi de France ayant envahi Milan ». Ce roi ne pourrait être que Louis XII qui investit la ville en 1499. Léonard de Vinci ayant exécuté sa fresque entre 1495 et 1498, la copie serait quasiment contemporaine de l'original.

Une autre hypothèse fait de l'œuvre un « carton » destiné à être reproduit sur une tapisserie. Les musées du Vatican conservent en effet une « Cène », dite tapisserie Arazzo, plus que probablement tissée en Flandre. La toile aurait alors été, après « usage », vendue dans nos régions pour sa valeur artistique intrinsèque.

Il ressort cependant du premier fait établi que l'œuvre dut venir de France ou être acquise à un Français. En 1545, elle fut achetée — pour 450 florins — à Anvers par l'abbé de Tongerlo, aux héritiers d'un nommé Jean le Grand... dont nous ignorons tout. Il se pourrait que le tableau, commandé lors de la campagne lombarde de Louis XII, ait été ramené d'Italie par un de ses ministres ou un de ses lieutenants.

Le tableau fut suspendu dans le chœur, puis dans la nef de l'église abbatiale. Il vit défiler des admirateurs prestigieux, tels Rubens, Teniers et Van Dyck.

En 1796, les Prémontrés durent le soustraire aux commissaires de la République française et il resta caché jusqu'en 1840, année du retour de l'Ordre à Tongerlo. Passablement désargentés, les religieux tentèrent à plusieurs reprises de le vendre au cours du siècle dernier, mais en vain.

En avril 1929, un violent incendie ravagea l'église. La toile fut hâtivement découpée le long du cadre. Au cours de l'opération, elle se déchira dans sa partie supérieure et fut malencontreusement pliée. « La Dernière Cène » de l'abbaye de Tongerlo dut son sauvetage à un restaurateur anversois et fut définitivement rendue à son état original grâce à l'Institut royal du Patrimoine Artistique, de 1958 à 1966. Depuis lors, elle occupe à Tongerlo un petit musée moderne conçu en fonction de sa splendeur recouvrée.

Pou Hakanononga avait d'abord été baptisé Honga Oné Oné. Mais ce n'était que le nom de la baie au bord de laquelle l'expédition du Dr Henri Lavachery l'avait trouvé. Le dieu des pêcheurs de thons a quitté son socle pour rejoindre une salle de musée belge.

UN DIEU DECHU ?

Hakanononga

Janvier 1935. Le vent ne s'arrête jamais de souffler sur l'île de Pâques. Il courbe l'herbe drue, gonfle les vêtements et les chevelures des indigènes et fait bedonner les voiles du navire-école belge *« Mercator »*, prêt à lever l'ancre.

A l'aide de rondins, les Pascuans ont amené la statue sur la plage. Demain, le bateau de ces messieurs les savants de France et de Belgique l'emportera très loin, au-delà des mers. Une voix plaintive s'élève : Maria Ika chante les vers qu'elle a composés pour Pou Hakanononga, le dieu des pêcheurs de thons. « Ils t'ont arraché de l'ahu Orogon en tirant sur des cordes. O toi, Pou Hakanononga, dieu des pêcheurs de thons. Ils te tiraient avec leurs cordes, ces joyeux étrangers qui avaient débarqué. Ils vont t'emporter. Ils te dresseront de nouveau sur un mausolée en Belgique où des jeunes filles viendront te regarder. » Au nom de son peuple, elle salue le départ de l'image de la divinité qui, depuis de longs siècles, contemplait l'océan et désignait du regard les bancs de thons, de *kahi,* aux pêcheurs croisant au large.

Un an auparavant, une mission franco-belge, dirigée par le Dr Henri Lavachery, avait débarqué dans l'île pour y étudier, entre autres, les curieuses statues disséminées partout dans les collines. Au moment du départ, les Belges obtinrent du gouverneur chilien de l'île de Pâques l'autorisation d'emporter l'une d'elles.

L'effigie de Pou Hakanononga n'était pas trop encombrante : elle ne pesait que six tonnes et ne mesurait que 2,73 m de haut sur 1,50 m de large. Elle quitta donc son *ahu,* son socle, sur lequel les Pascuans des temps anciens (entre 400 et 1100 de notre ère) avaient dressé, à la force des bras, le grand bloc d'andésite volcanique et donné forme au dieu de la mer.

Ornée de dessins en relief et de tatouages qui évoquent des hameçons, la statue massive, trapue, dont la grosse tête sans cou ne semble vivre que par les yeux en amande, accomplit au fil des âges sa mission magique qui consistait à protéger les pêcheurs et à les guider vers des eaux poissonneuses. Ces derniers venaient-ils à trop s'éloigner de l'île que la disparition à l'horizon de la silhouette tutélaire les inquiétait et rappelait les esquifs au rivage.

Aujourd'hui, Pou Hakanononga ne contemple plus le sombre ressac du Pacifique et son épiderme de pierre, à défaut de vent salé, se couvre de la poussière d'un temps immobile. Plus de pêcheurs ni de bancs de thons. La section polynésienne des Musées d'Art et d'Histoire du Cinquantenaire n'accueille en fait que de rares visiteurs et s'isole tout au bout de la longue enfilade des salles orientales, chinoises et japonaises.

Relégué au fond d'un couloir, entre les vitrines où s'entassent les masques, les poteries, les bois sculptés, reliques des îles heureuses du Pacifique Sud, le géant de l'île de Pâques semble attendre l'heure bénie qui le rendra à sa plage originelle. Enfermé, le dieu ? En prison ? Pas tout à fait. La salle n'est pas interdite, mais elle est rarement ouverte, car le manque de personnel, mal chronique de nos musées, rassemble les gardiens dans les sections plus fréquentées par le public.

Pou Hakanononga attend. Sa patience est infinie, comme est infinie cette sagesse séculaire des Pascuans que la légende affirme être les derniers héritiers d'un monde et d'une civilisation engloutis.

Les plus lourdes statues pesaient dix tonnes. Pour les hisser à bord des bateaux, il fallait des grues et des hommes. Mais comment les Pascuans les déplaçaient-ils ? « L'outillage nécessaire à ce transport ne demandait ni beaucoup de soins ni des connaissances en mécanique incompatibles avec ce que savent partout ailleurs les Polynésiens », répondait le Dr Henri Lavachery en 1935. On le voit ici caricaturé par Ochs en couverture du Pourquoi Pas ? *du 31 mai 1935.*

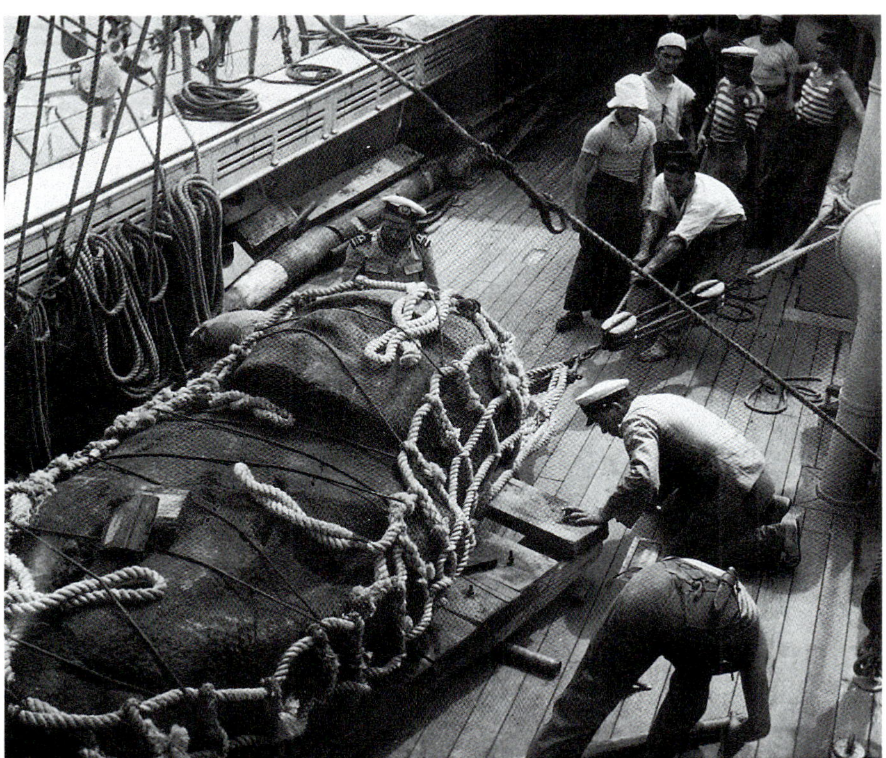

Ce sont les plumes d'ibis rouge qui, en principal, ornent le manteau « dit de Moctezuma ». Cet oiseau est plus fréquent au Brésil qu'au Mexique.

Mme Marguerite Calberg a étudié ce manteau. Elle est formelle : « Les arguments sont probants qui militent en faveur de l'origine brésilienne du groupe de vêtements auquel notre manteau appartient sans conteste. » Exit Moctezuma. Voilà donc le manteau tupinamba.

UN MANTEAU DE PLUMES

Pour Moctezuma

Le 8 novembre 1519, Hernán Cortés et ses « conquistadores » entraient sans combat dans Tenochtitlan (Mexico). L'empereur aztèque Moctezuma, deuxième du nom, réserva un accueil déférent à ces hommes blancs et barbus, venus de l'Orient, qui, en fonction d'une vieille prophétie, furent reconnus comme les émissaires du dieu Quetzalcóatl. Cortés passa quelques jours à admirer la ville bâtie au milieu d'un lac et qu'il décrivit telle « une nouvelle Venise ». Cependant, très vite, sa brutalité de conquérant se réveilla et il s'empara de la personne de l'empereur, régnant inconditionnellement, par son intermédiaire, sur les « sauvages » dont le pays fut mis en coupe réglée.

Au cours du bref repos du guerrier qui précéda cette opération de force, Cortés et Moctezuma échangèrent des cadeaux, dérisoires gages de paix. Est-ce à cette occasion que Cortés entra en possession du fameux manteau impérial que l'on peut admirer aujourd'hui encore aux Musées royaux d'Art et d'Histoire de Bruxelles ? Une tradition sans fondement historique l'affirme... que dément par ailleurs un examen — même sommaire — du matériau dont est constitué le manteau. Haut de

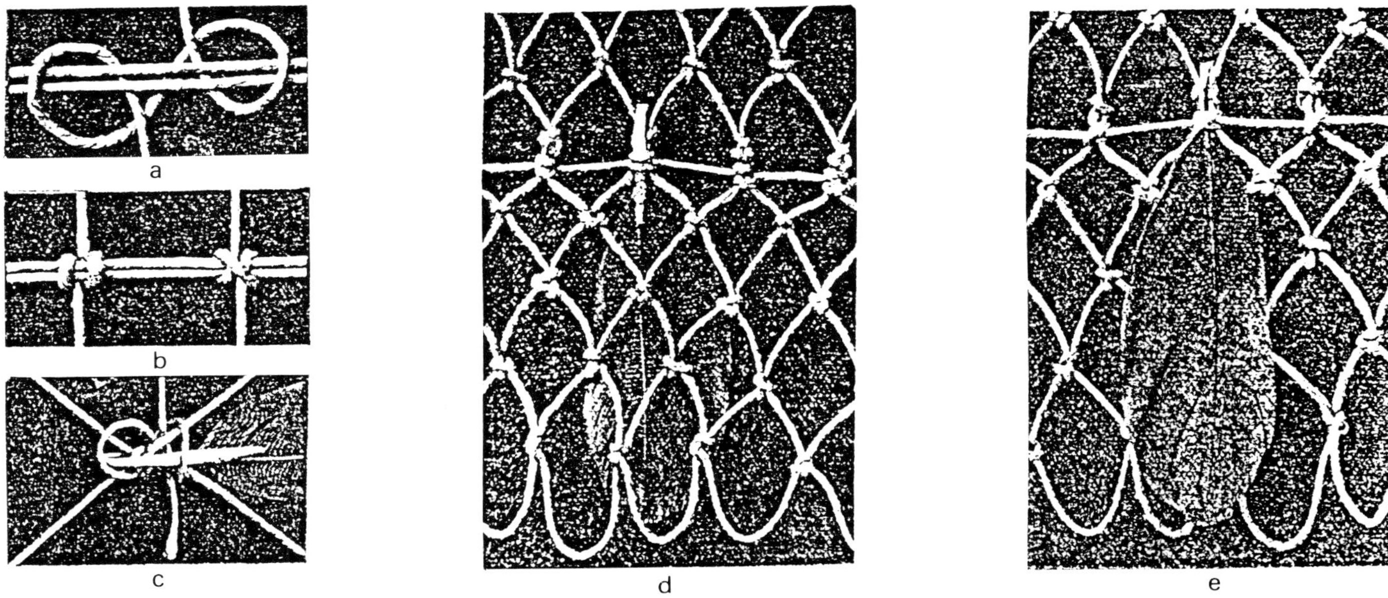

Schéma de fixation des plumes du manteau. On comprendra sans peine la marche du travail en examinant les quelques échantillons que nous avons exécutés en vue d'expliquer par l'image le mode d'attache des plumes. Le nœud auquel l'artisan a donné la préférence à cause de sa grande fermeté est celui dont on voit en « a » la confection, en « b » la forme caractéristique à l'endroit et à l'envers. La façon dont ce nœud double se fait sur le fond de filet après accrochage de la plume est clairement représentée en « c ». Il n'est enfin qu'à jeter un regard sur les deux échantillons latéraux pour se rendre compte du résultat de ce mode de ligature tant à l'intérieur (d) qu'à l'extérieur du manteau (e). (Documents et textes extraits de l'ouvrage de Marguerite Calberg : « Le manteau de plumes dit de Moctezuma »).

2 mètres et large de 1,80 mètre à son bord inférieur, celui-ci est fait de filets à larges mailles, aux nœuds desquels sont solidement fixées les plumes rouges, vertes et noires qui le revêtent. Ces plumes appartiennent à des aras bleus et jaunes, à des perroquets, à des ibis rouges ; et ce dernier oiseau est spécifiquement amazonien. Elles ont vraisemblablement été collectées par les indiens tupinambas. Cette cape singulière ne présente aucune des caractéristiques propres à l'artisanat mexicain et s'apparente très nettement aux manteaux de plumes brésiliens, les *guara abucu.*

Vraisemblablement chatoyantes à l'origine, les couleurs des plumes apparaissent à l'heure présente quelque peu ternies par le temps. Le manteau semble en effet être objet de musée depuis bien longtemps. En 1781, il figurait déjà dans la collection de l'Arsenal royal, dans une galerie des écuries de la Cour — à l'emplacement de l'actuelle rue de Namur — où le gouvernement entreposait des armes et autres souvenirs, témoins des règnes des souverains des Pays-Bas depuis le XVème siècle. Dans l'inventaire dressé alors par Georges Gérard, académicien distingué, on trouve la description suivante : « n° 70. Une espèce d'habillement ou manteau composé de plumes rouges qu'on dit avoir appartenu à Moctezuma, Empereur du Mexique. » Au XIXème siècle, la formule « qu'on dit avoir appartenu » se mua en « qui appartint », l'affirmation remplaçant la prudence dubitative.

Une belle histoire qui s'effondre ? Pas vraiment. En 1523, les curiosités de la « librairie » de Marguerite d'Autriche, à Malines, comportent des « accoustrements de plumes venuz des Indes », dont « ung aultre manteau, le fond de plumes de couleur incarnat, le collet garniz d'or en partie » qui pourrait très bien être le nôtre. Il serait dès lors probable que le manteau ait été offert à Charles Quint par l'un de ces aventuriers qui, progressivement, gagnèrent à l'Espagne les territoires immenses du continent latino-américain, peut-être ce Francisco de Orellana, compagnon de Pizarre, qui revint en Espagne en 1541, chargé d'un riche butin. En 1549, des Indiens furent exhibés dans nos villes lors de la visite de Philippe II aux Pays-Bas. N'auraient-ils pu apporter le manteau de plumes en guise de cadeau ?

LA CHUTE D'ICARE

Pierre Bruegel

Dans ce magnifique tableau, Pierre Bruegel prit des libertés très étranges avec la légende de la chute d'Icare telle qu'elle fut racontée par Ovide. Elles cacheraient un message destiné à des initiés par cet artiste dont le milieu était jugé suspect. (Bruxelles, Musées Royaux des Beaux-Arts de Belgique).

Pour s'échapper du labyrinthe où Minos le retenait prisonnier ainsi que son fils, l'architecte Dédale fabriqua des ailes de plumes et de cire. Brutalement libéré de la pesanteur qui le rivait à sa prison, le jeune Icare s'éleva toujours plus haut dans l'azur de la Crète, si haut que ses ailes fragiles fondirent sous l'ardeur des rayons du soleil et que le présomptueux enfant fut précipité dans la mer.

Le mythe de l'homme-oiseau charma un peintre du nord, Pierre Bruegel l'Ancien, qui le traita allusivement, Icare se résumant à une paire de jambes battant l'écume des vagues. Un détail de cette « Chute d'Icare » de Bruegel ne manque pas de piquer la curiosité du spectateur : le soleil qu'il s'attend à trouver figuré haut dans le ciel, apparaît timidement à l'horizon, au ras des flots. La raison de cette bizarrerie réside dans le message alchimique de la toile. L'aurore — l'heure d'or selon un traité alchimique du XVème siècle — symbolise la réussite de la transmutation dont l'alchimiste identifié à Dédale — l'habile ouvrier en grec ancien — magnifie la perfection au sortir des épreuves et des errances du labyrinthe. De même, le lever de l'astre sur la mer (qui se traduit en grec par *aruein*) n'est pas sans évoquer le nom d'Ariane dont le fil éloigna Thésée du redoutable Minotaure.

La chute d'Icare correspondait à la précipitation d'un produit volatil, et le berger qui contemple le ciel, appuyé sur sa houlette, évoquait à coup sûr le père de l'Art Royal, Hermès. Le laboureur représentait l'alchimiste. Dans certains traités, ce dernier avait les traits d'un semeur et répandait l'or qui, pensait-on, devait être mis en terre pour y croître à l'instar d'une plante. L'œuvre, on le voit, rattachait étroitement son auteur à l'alchimie, cette science mystérieuse dont il approcha certains des aspects spéculatifs, très prisés en son temps. Au XVIème siècle, en effet, l'alchimie, qui s'orientait plus vers la recherche de l'or spirituel que vers le métal précieux proprement dit, eut dans nos provinces de nombreux adeptes, peut-être dans le milieu des libertins anversois. Il n'est pas exclu que Bruegel, comme d'ailleurs le célèbre imprimeur Plantin, ait fréquenté cette société très secrète dont les membres se regroupaient autour de deux maîtres à penser, Hendrik Niclaes et de Barrefelt. Plantin entretint d'ailleurs avec ce dernier une correspondance qui fut retrouvée dans sa maison, cachée dans le fond d'un tiroir secret.

L'alchimie n'était pas toujours très estimée par l'Eglise. Pourtant, ce fut au sein même de l'Eglise qu'elle trouva ses plus ardents défenseurs, tel le cardinal de Granvelle, qui prit sous sa protection les tenants de cette philosophie hermétique, parmi lesquels Bruegel et ses amis. D'Italie où il en avait sans doute assimilé les fondements, le peintre ramena peut-être également cette pointe d'esprit critique à l'endroit de l'alchimie. Au philosophe s'attachait souvent son contraire, le fou se ruinant en vaines recherches. Bruegel l'a dessiné, en pleine déconfiture, déplorant que tout fût perdu: «alghemist», occasion rêvée d'un jeu de mots sur «alchemie». Insaisissable et mystérieux Bruegel qu'on cantonne trop fréquemment dans les kermesses et les fêtes paysannes qu'il peignit avec tant de talent! On prétend que, sentant venir la mort, il ordonna à sa femme de brûler ses dernières œuvres. L'explication de semblable précaution tient peut-être dans ces deux phrases de son ami, le géographe Ortélius: «Et ce Bruegel que je vante, il a peint des choses qui ne peuvent être peintes. Dans toutes ses œuvres, il s'applique toujours à faire comprendre plus que ce qu'il nous donne à voir».

Cette gravure de Bruegel semble être une satire des alchimistes qui, ruinés, finissent par mendier. En fait, l'artiste a distingué le sage, (à droite) du fou (au centre et à gauche). D'un côté, l'ordre et la raison, de l'autre le fouillis et le non-sens! (Bruxelles, Bibliothèque Royale)

« Peindre des tableaux pour la gloire, des portraits pour la soupe » proclamait Antoine Wiertz. Et effectivement, alors que son talent aurait pu lui permettre, en se cantonnant à l'académisme, de se faire encenser, il choisit la voie de l'outrance, de la provocation et de l'original frisant parfois le canular.

UN PEINTRE DE CAUCHEMAR

Antoine Wiertz

Le numéro 42 de la paisible rue Vautier, à Ixelles, abrite un petit musée peu fréquenté et pourtant bien connu des Bruxellois. Cette demeure-atelier fut, de 1850 à 1864, la résidence d'un des peintres belges les plus controversés, au point que les critiques d'art n'hésitent pas à parler du « cas Wiertz ». Dinantais d'origine, Antoine Wiertz fut-il un génie incompris ou un marchand d'illusions dont l'orgueil confina au délire ? Un personnage peu ordinaire en tout cas, dont les œuvres engendrent le malaise à mesure de leur découverte, au gré des salles du musée. Le visiteur en effet y ressent quasi physiquement l'écho des obsessions qui poursuivirent l'artiste tout au long de sa vie. Comment aurait-il pu en être autrement ? A l'âge de 18 ans, Wiertz n'était pas loin de se considérer

La grande salle du musée Wiertz à Ixelles servit jadis d'atelier au peintre. Le gouvernement belge qui lui fit ce cadeau ne lésina pas sur les moyens, et pourtant les murs monumentaux suffisent à peine à l'accrochage de toiles aussi démesurées dans leurs dimensions que dans leur conception.

comme l'égal des plus grands maîtres de la Renaissance. Orgueilleux jusqu'à la démesure, le jeune homme était en outre encouragé dans cette voie passionnelle par ses parents, par ses amis-mécènes de Dinant et par l'obtention d'un Prix de Rome, en 1832. Pourtant l'échec au Salon de Paris, en 1839, de sa gigantesque toile «Les Grecs et les Troyens se disputant le corps de Patrocle» (8 m sur 5) aurait dû le ramener à une plus juste perception de ses moyens. Bien que couvert d'éloges par certains, le peintre s'isola peu à peu dans une solitude hautaine et un univers chimérique, bâti sur d'évidentes contradictions.

Ainsi, par exemple, Wiertz se désignait comme un second Rubens, tout en traitant avec dédain l'école romantique, héritière du grand peintre anversois. Ou encore, son admiration à la fois pour Raphaël, Michel-Ange et les petits maîtres hollandais du XVIIème siècle était telle qu'elle le conduisait, par respect à leur endroit, à prôner une conception créatrice si originale qu'elle frisait le canular.

Pour lui, l'expression à rendre devait conditionner l'emploi de l'une ou l'autre technique, ce qui, suivant le sujet choisi, l'amenait à bouleverser complètement sa palette et les modalités d'exécution du tableau par référence à de précédentes toiles. D'où un ensemble d'œuvres sans unité de style, mais bien faites pour désarçonner le public. D'un côté, un classicisme de bon aloi, comme dans «Scipion l'Africain et les ambassadeurs d'Antioche» — qui lui valut le Prix de Rome —, de l'autre, un langage pictural frénétique, confinant à l'abstraction, comme dans «La révolte des Enfers contre le Ciel». La «Nature morte à la tête de mort» révèle la poussée des obsessions morbides et des fantasmes érotiques de Wiertz, alors que d'autres œuvres trahissent son adhésion à une idéologie socialisante. Les titres de ses tableaux prirent au fil des années des allures de plaidoyers, et les œuvres elles-mêmes furent conçues comme autant de brandons destinés à mettre le feu aux tabous d'une société honnie. «Pensées et visions d'une tête coupée» milite contre la peine de mort, «Dernier canon» ou «Les partis jugés par le Christ», contre la guerre. «Suicide» dénonce les hiérarchies, les cloisonnements d'un monde fondé sur le pouvoir et l'argent. «L'inhumation précipitée» s'attaque à l'incapacité du corps médical. Autant de faits divers glanés dans la presse et étalés sous les yeux d'un public bourgeois, dont Wiertz pouvait pressentir

Le corps féminin constitue une des constantes de l'œuvre de Wiertz lui permettant de donner ainsi libre cours à ses obsessions érotiques. Pourtant, par un curieux amalgame où certains ont cru déceler une névrose proche de la folie, il put rarement les dissocier de la peur de la mort.

la réprobation et qu'il agressait à plaisir du bout de son pinceau trempé dans le sang et la pourriture. Derrière la mort, la misère et la foi passées au crible de son imagination, où donc se dissimulait le véritable Wiertz ? Lui-même eut sans doute été bien en peine de le dire, et nul ne s'étonnera dès lors d'éprouver le sentiment d'être passé à côté des interrogations que ce peintre du cauchemar voulait poser aux hommes.

GRANDS PEINTRES ET PETITS MYSTERES

Suite à un patient et long travail d'identification, la liste des œuvres de Rembrandt se trouve réduite de 3000 à ...265 unités ! Dernière victime de marque de « ce grand nettoyage », cet « Homme au casque d'or ».

La recherche en histoire de l'art revêt souvent l'aspect d'une passionnante aventure intellectuelle, laquelle exige de ceux qui s'y consacrent de l'esprit d'invention, de l'intuition et une patience à toute épreuve.

Dans un ouvrage récent, R.H. Marijnissen, directeur-adjoint de l'Institut Royal du Patrimoine artistique, vient d'en faire la brillante démonstration. Ainsi, lorsqu'il constate qu'à force de restaurer maintes fois un vrai tableau, on en arrive quasiment à fabriquer un faux, puisque la part des ajouts et des retouches l'emporte en fin de compte sur celle du créateur.

La délicate « Vierge d'Autun » dite « Vierge au chancelier Rolin », que conserve le Musée du Louvre, est due au lumineux pinceau de Jean Van Eyck (vers 1390-1441). L'œuvre pose une énigme, qui, depuis des décennies, n'en finit pas d'irriter les spécialistes. Entre la représentation de la Vierge et celle du donateur (le chancelier de Bourgogne Nicolas Rolin), l'artiste a intercalé le panorama d'une cité fluviale du XVème siècle, que les savants exégètes de ce chef-d'œuvre se sont ingéniés à identifier. Tour à tour il fut question, et l'énumération est loin d'être complète, de Maastricht, de Liège, de Bruxelles (que baignaient alors les bras de la Senne) et de Bruges. Certains crurent même discerner, à l'examen du tableau, les « preuves » de l'existence de *deux* frères Van Eyck (Hubert et Jean), dont l'un se serait consacré au portrait humain, l'autre se chargeant du décor. Peu d'érudits s'arrêtèrent à l'hypothèse, pourtant plausible, que l'artiste limbourgeois aurait résolu de fondre en une seule scène des caractéristiques urbaines empruntées à diverses villes qu'il avait connues. Moins nombreux encore furent ceux qui estimèrent que l'imagination du peintre lui avait fait coucher sur le bois l'image de quelque cité idéale que nul ne pourrait jamais doter du nom d'une ville existante...

Restons encore quelques moments dans le domaine de la peinture religieuse. Dieu seul connaît le nombre exact de « Chemin de croix » et de « Crucifixion » que les siècles passés nous ont légués. Cependant, peu d'entre nous s'avisent qu'à de rares exceptions près elles mettent en scène une flagrante inexactitude matérielle qui réside dans la manière dont les artistes ont figuré le Christ portant sa croix, lors de la montée au Calvaire.

Les recherches historiques et archéologiques semblent, en effet, avoir démontré que le crucifié n'a porté que la pièce horizontale — amovible — du futur instrument de son supplice. Le piquet vertical, lui, était en fait fiché sur place, à poste fixe, et n'était complété qu'au lieu même du gibet par ladite traverse de bois.

En outre l'iconographie chrétienne traditionnelle fait fausse route sur deux autres détails de la Crucifixion. Tout d'abord, en figurant les clous du supplice enfoncés en pleine paume, celle-ci ne pouvant physiologiquement supporter le poids du condamné. En fait, les clous étaient, très vraisemblablement, fichés au milieu du carpe.

Quant aux pieds, ils étaient, à l'époque du Christ, encloués directement dans la poutre verticale et ne reposaient donc pas sur la console de bois que les artistes figurèrent fréquemment pour rendre plus esthétique l'attitude du divin supplicié.

L'un des pièges les plus pernicieux tendus par l'histoire de l'art à ses spécialistes est sans conteste celui des fausses œuvres picturales. Par chance, les faux en peinture sont rarement le fait de génies! Généralement ignorants des techniques de l'artiste qu'ils plagient, les faussaires en viennent à accumuler les erreurs et les inexactitudes. Entre autres, celle de se piquer au jeu et de multiplier exagérément les «œuvres»... à une cadence que le maître qu'ils contrefont n'aurait jamais pu tenir. De même, il arrive souvent au faussaire d'user tout bonnement d'une technique ou d'un matériau inconnu à l'époque de son modèle.

Tout le monde ne peut être Hans Van Meegeren, cet étonnant artiste hollandais de la première moitié de notre siècle, lequel, ulcéré de voir que ses propres tableaux — fort banals au demeurant — étaient boudés par la critique et les acheteurs, se mit à réaliser une série impressionnante de faux. La production de prétendus Vermeer, réalisée au prix de prouesses technologiques extraordinaires, confondit les experts les plus tâtillons, qui, en toute bonne foi, applaudirent à la découverte d'œuvres inconnues du maître de Delft, dont le catalogue ne dépassait pas jusqu'alors la quarantaine de toiles. Arrêté comme... collaborateur des occupants allemands en mai 1945 (Goering en personne s'était clandestinement porté acquéreur d'un «Christ et la femme adultère» de «Vermeer»!), Van Meegeren passa aux aveux et peignit alors, publiquement, pour convaincre les sceptiques, un «Vermeer» de plus...

En 1947, à l'issue de son procès — au cours duquel l'expert belge P.B. Cooremans joua un rôle déterminant — Van Meegeren fut déclaré coupable et condamné à un an de prison, soit la peine minimum. Il ne devait pourtant pas la purger, puisqu'il mourut en clinique, la même année... Ainsi disparut un être astucieux, mais instable, qui avait réussi à mystifier pendant des années les plus grands spécialistes de l'histoire de la peinture néerlandaise..., lesquels n'avaient pas jugé utile de procéder, avant les aveux, au moindre examen de laboratoire des œuvres de Van Meegeren.

Quant au problème des changements d'attribution, il constitue sans doute la hantise des propriétaires de tableaux de renom... Il est en effet aisé d'imaginer le sentiment d'effroi qui s'empare d'un collectionneur privé ou même d'un directeur de galerie de peintures célèbres, lorsque la critique ou la science prive un géant de l'art de la paternité d'un chef-d'œuvre qui fait précisément partie de ses collections...

Témoin, la mésaventure posthume qui arriva récemment au génial Rembrandt (1606-1669). Selon de nouvelles expertises, l'un de ses tableaux les plus célèbres, «L'homme au casque d'or», un des fleurons des cimaises du musée de Dalhem à Berlin-Ouest, serait dû au pinceau d'un disciple flamand — fort doué s'entend — de l'entourage du maître d'outre-Moerdijck...

Les chefs-d'œuvre de la peinture, tel ce «Christ sur la croix» de Dali (1951), donnent lieu à une telle débauche d'interprétations de la part des spécialistes, qu'elles stupéfient parfois les maîtres eux-mêmes!

Si Van Meegeren — dont voici les «Pèlerins d'Emmaüs», qu'il prétendait de Vermeer — a pu mystifier tant d'«experts», c'est qu'ils furent trop confiants en leur intuition et négligèrent les acquits de la science.

LES ROSES ROUGES

d'une mortelle passion

La gloire : général victorieux, Georges Ernest Boulanger voit se former autour de son nom un mouvement politique, le boulangisme. Aux élections du 21 juillet 1889, c'est l'apothéose.

Le cimetière d'Ixelles… D'imposants marronniers montent la garde le long de l'allée principale. Au bout de celle-ci, empruntez l'allée n° 3. Vous vous arrêterez, sur la gauche, devant une pierre grise surmontée d'une colonne brisée. De gros massifs de lauriers recouvrent le fer forgé qui ceinture le tombeau. Quelques œillets de soie rose défraîchis soulignent la mélancolie du lieu. Le temps a fissuré la pierre et effacé en partie les mots qui y sont gravés :

« Marguerite
19 décembre 1855
16 juillet 1891
A bientôt
Georges
29 avril 1837
30 septembre 1891
Ai-je bien pu vivre deux mois sans toi ? »

C'est ici en effet que repose le général Georges Boulanger à qui la vie donna le pouvoir et l'amour pour lui reprendre ensuite l'un et l'autre. Fatalité n'est pas un vain mot pour ce Breton, vaillant soldat des armées de la IIIème République que l'opportunisme et l'ambition parèrent d'une gloire éphémère. Au début de 1888, une vaste coalition se forma contre le régime en place à Paris. Le général Boulanger, qui avait été ministre de la Guerre en 1886 et jouissait d'une popularité inouïe, en prit la tête, entraînant sous la bannière du boulangisme tous les royalistes résolus à abattre la IIIème république.

Ses partisans organisèrent une sorte de plébiscite sur son nom en posant sa candidature dans toute la France.

Il fit ainsi une percée électorale triomphale, mais hésita, puis recula devant la menace d'un conflit sanglant. Les républicains contre-attaquèrent en votant l'interdiction des candidatures multiples. Le gouvernement dénonça le « complot boulangiste », et lança contre le général un mandat

La disgrâce: devant le succès du général Boulanger, le gouvernement prend peur. Il dénonce le complot boulangiste et lance un mandat d'arrêt qui pousse le général à l'exil.

Gravure publiée dans le « Grelot » le 29 mai 1887.

d'arrêt. Georges s'enfuit à Bruxelles en 1889. Il fut condamné par contumace à la déportation à vie.

Commence alors la dernière étape de son existence tumultueuse: elle est tragique. La maîtresse du général, la vicomtesse Marguerite de Bonnemain, l'avait rejoint dans son exil. Hélas, comme la Dame aux Camélias, Marguerite était poitrinaire. Lorsqu'elle s'installa dans le petit hôtel de maître de la rue Montoyer, la mort y entra avec elle. Tout l'amour que lui prodigua son amant fut impuissant à conjurer le mal fatal qui l'emporta le 16 juillet 1891. Elle fut inhumée au cimetière d'Ixelles. Boulanger demeura seul. A celui qui avait combattu en Cochinchine et dans l'Atlas, à celui qu'avaient habité la gloire et la passion, le fardeau de la vie se fit trop pesant. Le 30 septembre 1891, deux mois après la mort de Marguerite, le général se tira une balle dans la tête sur la tombe de sa compagne. Le rouge des roses qu'il avait déposées sur la pierre s'exalta de la couleur du sang.

En 1938, le journal « La Nation belge » relatait que le Dr Paulin Méry, ancien député et président-fondateur du « Souvenir boulangiste » avait légué 5000 F dont les intérêts serviraient à fleurir annuellement la tombe du général.

Ces fleurs sont-elles le dernier souvenir du boulangisme? Plus personne ne se rend-il sur la tombe abandonnée?

Pourtant, en 1950, Louis Quiévreux, chroniqueur bruxellois, reçut une lettre l'informant de la mort d'une demoiselle Christiaens qui depuis son enfance aurait été celle qui fleurissait tous les ans la tombe du général...

Aujourd'hui encore, 95 ans après cette fatale journée de septembre 1891, le mausolée s'orne de temps à autre d'un bouquet, ou de quelques fleurs de saison déposées là par une main inconnue.

Qui vient-on honorer? Le général, étoile éphémère de l'histoire française? Ou Georges, l'amant fidèle jusque dans la mort?

Cela restera sans doute une énigme: pourquoi, 95 ans après la mort du général Boulanger, des inconnus viennent-ils fleurir encore sa tombe au cimetière d'Ixelles, perdue au fond de l'allée numéro 3 sous les massifs de lauriers-cerises?

Qui vient-on honorer en déposant des fleurs sur cette pierre délavée? Le général Boulanger, étoile filante de l'histoire politique française? Ou Georges Ernest, l'amant fidèle à sa bien-aimée jusque dans la mort?

UN SQUELETTE TEMOIGNE

Marie de Bourgogne à Bruges

Côte à côte devant l'autel principal, les tombeaux de la duchesse Marie de Bourgogne et de son père, Charles le Téméraire, morts dans de tragiques circonstances.

Le 27 mars 1482, Marie, duchesse de Bourgogne, mourait à Bruges, des suites d'une mauvaise chute de cheval. Les Brugeois inhumèrent en grande pompe leur souveraine, à peine âgée de 25 ans, dans l'église Notre-Dame. Au cours de la Révolution française, la sépulture aurait été endommagée par les sans-culottes en quête d'éventuels trésors. Elle fut restaurée en 1806 par Napoléon, dont la nouvelle épouse, Marie-Louise d'Autriche, était une lointaine descendante de Marie de Bourgogne.

En 1979, des fouilles furent entreprises à l'endroit où la duchesse était enterrée, au terme desquelles il était prévu d'ériger côte à côte les tombeaux de Charles le Téméraire et de sa fille Marie devant le maître-autel de l'église. Les archéologues découvrirent très vite la tombe, qui contenait un squelette et dont l'une des parois avait été défoncée à une époque ultérieure à celle de l'inhumation. Etait-ce la trace du passage des Révolutionnaires, à qui la tradition impute en outre l'éparpillement des ossements qu'ils avaient préalablement déterrés ? Si le caveau correspondait en tout cas aux descriptions anciennes qui mentionnaient une belle cave voûtée, décorée de fresques, qu'en était-il du squelette ? Celui-ci, qu'un premier examen paléontologique attribuait à une femme décédée vers l'âge de 25 ans, fut confié au Dr Paul Janssens, une sommité dans le domaine de l'anthropologie et de la paléo-pathologie.

Après une étude approfondie, le Dr Janssens conclut à l'identification formelle des restes de Marie de Bourgogne, dont il avait fait comparer les photos du crâne au portrait réaliste qui ornait son mausolée. Les lésions relevées sur l'ossature permirent même de déterminer précisément les causes du décès. La jeune femme montait en

Dans l'adorable style pré-renaissant flamand, l'artiste mit tout son art pour honorer la duchesse à laquelle les Brugeois vouaient un véritable culte.

Comme si elle était plongée dans un profond sommeil, la jeune duchesse est représentée en gisante. La ressemblance entre le crâne découvert et le portrait réaliste a permis de conclure avec certitude qu'il s'agissait bien de Marie de Bourgogne. Etonnante coïncidence de l'art et de la technique moderne !

amazone dans les bois de Wijnendale, lorsque son cheval trébucha et tomba, écrasant partiellement sous son poids la cavalière. Quatre côtes cédèrent et trouèrent le tissu pulmonaire. Les bras aussi furent blessés dans la chute, comme l'indique la position anormale des mains du squelette: la droite, repliée intérieurement vers l'avant-bras, la gauche, compètement retournée vers l'arrière. La fracture de la cage thoracique avait entraîné un épanchement d'air et de sang entre les plèvres, qui déclencha une forte infection et condamna la duchesse à une agonie lente par asphyxie progressive.

L'accident dont elle fut victime ne remet pas en cause les qualités de cavalière de Marie de Bourgogne, dont le squelette présente des déformations des jambes caractéristiques d'une pratique assidue de l'équitation. Le crâne et les membres présentent des lésions, qui sont, elles, totalement étrangères à la chute de cheval et furent pratiquées *post mortem* sur le cadavre. Vu le lignage prestigieux auquel elle appartenait, les obsèques de la fille du Téméraire s'entourèrent d'un faste inouï que rehaussa encore la présence de princes venus des quatre horizons. La préparation de la cérémonie exigeait pour le moins un mois, au terme duquel le corps devait apparaître intact. Un embaumement s'avéra donc nécessaire. Une première tentative d'extraire le cerveau, par un orifice pratiqué au marteau et au ciseau, échoua; il fallut trépaner la tête, préalablement détachée du tronc. Le corps fut ensuite placé en position de prière grâce à de nombreuses incisions et à l'insertion de broches.

Deux détails encore nous restituent la vivante image de cette « gente dame » du temps passé : avec 1,62 m, Marie était grande pour l'époque; elle n'avait en outre que 21 dents, une anomalie génétique, semble-t-il, qui signerait, bien plus que son patronyme, son appartenance à la lignée des ducs de Bourgogne.

OVNIS

Dans le ciel belge

En juin 1987, les ufologues — en termes clairs, ceux qui étudient les objets volants non identifiés (ou OVNI) — ont marqué d'une pierre blanche le jour anniversaire du début de leur recherche. Ce fut en effet le 24 juin 1947, voici quarante ans, que le témoignage d'un homme d'affaires américain fit démarrer la plus longue enquête de tous les temps, la plus controversée aussi.

Cet après-midi là, Kenneth Arnold s'était envolé à bord de son avion personnel de l'aéroport de Chéhalis (État de Washington), lorsqu'à proximité du Mont Rainier il aperçut une esquadrille d'étranges objets spatiaux « qui volaient comme des pierres plates que l'on aurait fait ricocher sur l'eau ». Il les prit d'abord pour des avions à réaction, mais observa avec une incrédulité croissante leur forme circulaire. Il les décrivit aux journalistes qui l'attendaient à son atterrissage comme deux soucoupes renversées l'une sur l'autre et que l'on aurait accolées. Leurs vastes dimensions et l'absence de fuselage les démarquaient fondamentalement des avions conventionnels.

D'autre part, en examinant leur parcours par rapport à des repères montagneux, il avait estimé la vitesse de ces engins à environ 1800 miles à l'heure (près de 3000 km/h), ce qui, à l'époque, était l'apanage des seuls produits de la science-fiction.

A partir de là, les observations d'OVNI allaient se succéder, l'aventure de Kenneth Arnold ayant ouvert la voie à une prise de conscience généralisée du phénomène, ainsi qu'à l'intérêt des milieux officiels américains à son endroit. Les services secrets des Etats-Unis, à la veille de la guerre froide, soupçonnaient les Russes d'étrenner une arme à longue portée, lorsque les journaux soviétiques se firent également l'écho de mystérieux survols du territoire de l'URSS. Il s'agissait donc bien d'autre chose...

Il semble que les OVNI aient été observés dans la basse atmosphère, sous toutes les latitudes, et ce, peut-être depuis les temps les plus reculés. Les traditions mythologiques de plusieurs civilisations font état de visiteurs célestes, descendus parmi les hommes sur des lances brillantes ou encore sur des boucliers ardents.

La manière la plus habituelle pour un OVNI d'apparaître se présente comme suit : c'est un engin de forme allongée, sorte d'immense cylindre qui descend rapidement du ciel et s'immobilise à

En se basant sur environ 300 cas d'atterrissages, un groupe de chercheurs en sociologie de l'Oklahoma a pu établir ce portrait robot d'un humanoïde de 1 m 20 de haut, aux yeux bridés et sans nez. (Doc. H. CRAWFORD)

C'est à Faymonville, à l'est de Malmédy, que le 19 juillet 1972 vers 22 h 30, M. et Mme Mathar purent photographier cet objet lumineux qui, par deux fois, traversa le ciel nocturne du village. (Doc. SOBEPS)

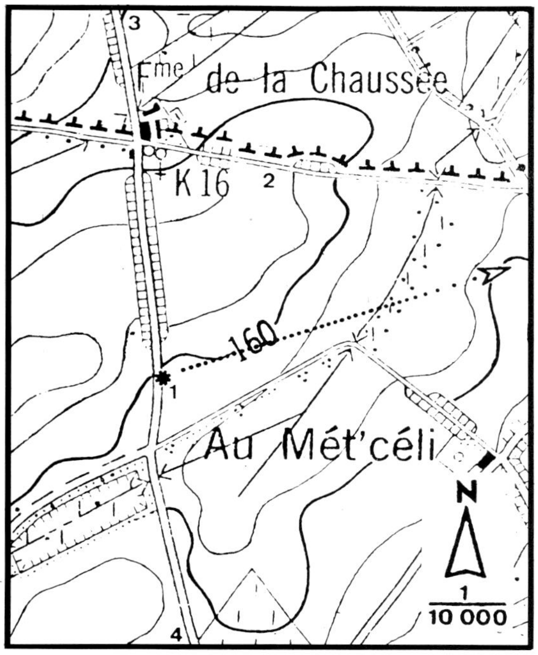

1) lieu de l'observation; 2) chaussée Brunehaut; 3) vers Perwez; 4) vers Liernu.
Cette reconstitution de l'observation d'Aische-en-Refail montre l'objet circulaire s'élevant du sol à l'approche de la voiture de Mme N.D. qui, le 31 janvier 74, roulait sur la petite route de campagne reliant Perwez à Liernu. (Doc. SOBEPS)

moyenne altitude. Il est parfois nimbé de nuées. Jaillissent alors de cet espèce de cigare volant des engins plats qui, à très grande vitesse et dans un silence absolu, se dispersent aux quatre points cardinaux. Ce comportement des OVNI ainsi largués fut observé par le spécialiste français Aimé Michel, qui releva des dizaines de schémas directionnels lors de la grande « invasion » d'OVNI en 1954.

Les engins issus du grand vaisseau spatial sont souvent décrits comme circulaires, ovales, triangulaires ou carrés, d'apparence métallique brillante, allant du mini-format (plus ou moins 30 cm) au modèle géant (plusieurs dizaines de mètres de diamètre). A de rares exceptions près, les OVNI ne paraissent pas animés d'intentions malveillantes. S'ils sont couramment générateurs de perturbations électriques et arrêtent les moteurs des voitures circulant à proximité, ils se bornent souvent à tenir les curieux à distance grâce à un « champ de force » ou à un « rayon paralysant. »

Depuis une trentaine d'années, le dossier des OVNI ne cesse de s'épaissir sans que les « preuves » de leur existence aient pour autant levé le voile sur leur origine et sur les « intelligences » qui

Ce diagramme montre les différentes hypothèses permettant l'étude scientifique du phénomène OVNI. Cette approche peut se diviser en deux groupes: les hypothèses à bases réelles et les hypothèses à bases imaginaires.

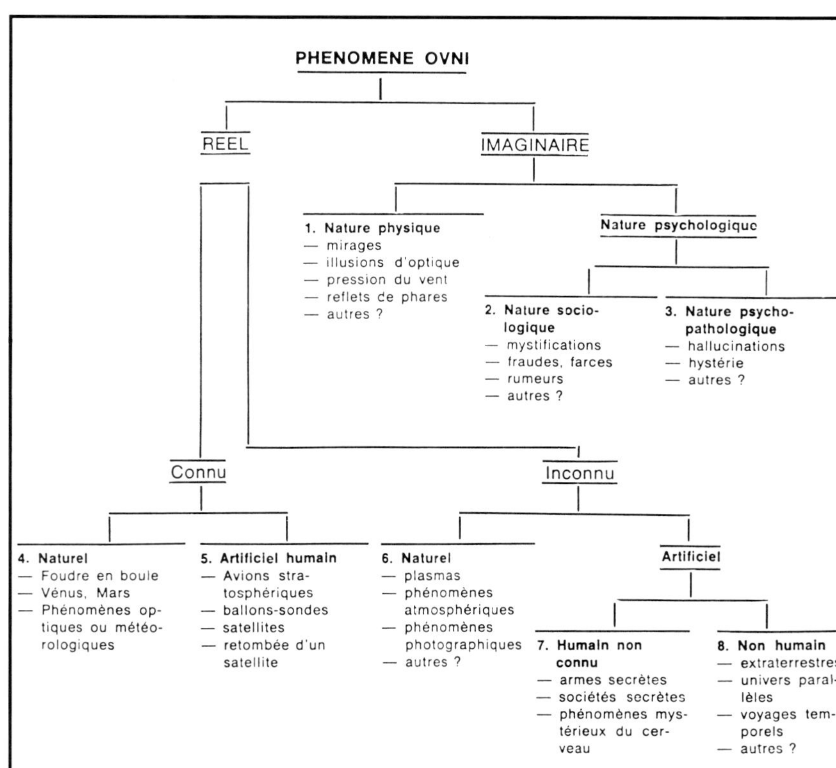

Ces trois photos ont été prises près de Namur par M. Muyldermans le 5 juin 1955. Il était environ 19 h 30 quand, roulant à vélo, il remarqua cet objet très lumineux qui traversait le ciel sans aucun bruit. Soudain l'objet s'immobilisa et le témoin put prendre un premier cliché, ensuite l'objet descendit en produisant une traînée blanche, puis remonta en la traversant comme le montre la deuxième photo. Il accéléra enfin brutalement en lâchant de minuscules particules lumineuses qui sont visibles sur le dernier cliché. (Doc. SOBEPS)

les guident. Il est certain que l'on ne peut plus éluder désormais la probabilité d'autres vies dans un Univers dont les astro-physiciens repoussent quotidiennement les limites par la découverte de nouvelles étoiles, voire de nouvelles galaxies. Dans notre système solaire, en effet, aucune des huit planètes recensées ne semble réunir les conditions nécessaires au développement d'une forme de vie évoluée.

Le cinéma et la littérature nous ont accoutumés aux rencontres du troisième type, c'est-à-dire lorsqu'un dialogue s'instaure entre un extra-terrestre et un Terrien.

La Belgique n'a jusqu'ici rencontré officiellement aucun cas de ce genre. Par contre la Société Belge d'Etudes des Phénomènes Spatiaux, a.s.b.l. située à Bruxelles(1), qui regroupe ingénieurs, informaticiens et professeurs d'université — la SOBEPS — possède dans ses fichiers plus de 500 témoignages d'observations d'OVNI, relevés sur l'ensemble du territoire national. Si les témoignages individuels sont à considérer avec la plus extrême prudence, on sera nettement moins circonspect quand le récit émane de nombreuses personnes spectatrices du même événement, surtout si celles-ci, comme l'écrivait le journal LE SOIR, appartiennent « à la fine fleur de notre aéronautique militaire ».

(1) 74, Av. P. Janson — 1070 Bruxelles.

Il y a quelques années, une automobiliste d'Aische-en-Refail, qui circulait de Perwez à Liernu à bord d'une Volkswagen, vit à 150 m d'elle un OVNI presque au niveau du sol. En se rapprochant de l'objet, Mme N.D. constata que le régime de son moteur se mettait à ralentir, malgré les appels de pédale, alors que simultanément la radio de bord, allumée, perdait de sa puissance pour se taire totalement quelques secondes plus tard. L'objet se trouvait à une dizaine de mètres. Il devait avoir un mètre de diamètre et une hauteur de 0,50 m. Peu après, l'engin s'éleva et se rapprocha du véhicule, puis s'éloigna pour disparaître derrière une rangée de peupliers. Sidérée, Mme N.D. entendit le moteur de sa voiture reprendre vie et gagner progressivement de la vitesse, sans qu'elle eût touché à quoi que ce fût.

Le phénomène OVNI continue, inexpliqué, irritant, imprévisible. De plus en plus de scientifiques dans le monde et en Belgique consentent aujourd'hui à se pencher très sérieusement sur le dossier. Selon la plupart d'entre eux, le phénomène serait réel, inconnu, artificiel — les objets ayant l'apparence de machines et produisant des incidences sur notre environnement — et non humain.

Réalité ou hallucination ? Qui tranchera et quand ? La science n'ayant heureusement pas atteint ses limites, puisse-t-elle un jour expliquer ce phénomène hautement étrange et dérangeant.

Ce prospecteur canadien, S. Michalak, observa durant 30 minutes un OVNI posé au sol, à Falcon Lake (Manitoba). S'étant approché, il fut brûlé par un souffle chaud quand l'objet se mit à tourner pour disparaître au-dessus des arbres. Cette photo montre la curieuse trace en damier qui apparut sur l'abdomen du témoin, victime de troubles de santé graves suite à son étrange rencontre. (Doc. C.R.N. UFO REPORT)

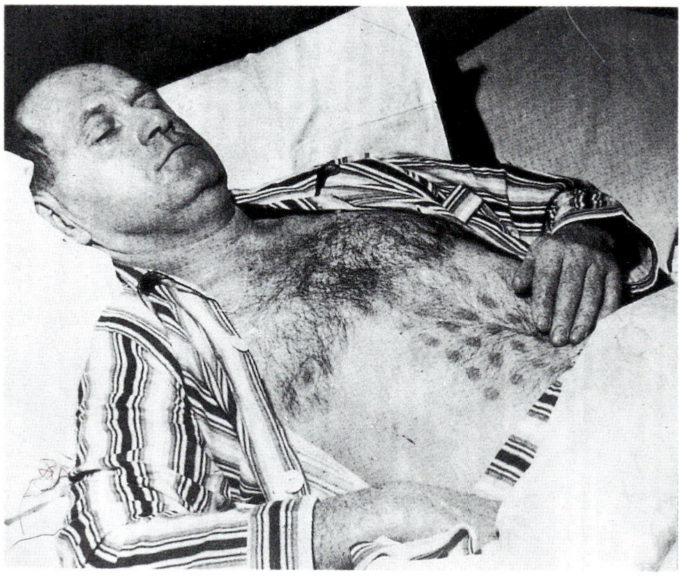

Cette photo montre une formation de points lumineux se déplaçant en ligne droite ; elle fut prise à Montréal (Canada) le 5 août 1973 par un jeune étudiant qui, tôt le matin, se rendait à l'exposition « Terre des Hommes » (Doc. M. IMBAUT). ◀

Cette autre photo fait partie d'une série de 4 clichés réalisés par M. Arranda à Yungay au Pérou en mars 67. (Doc. APRO) ▼

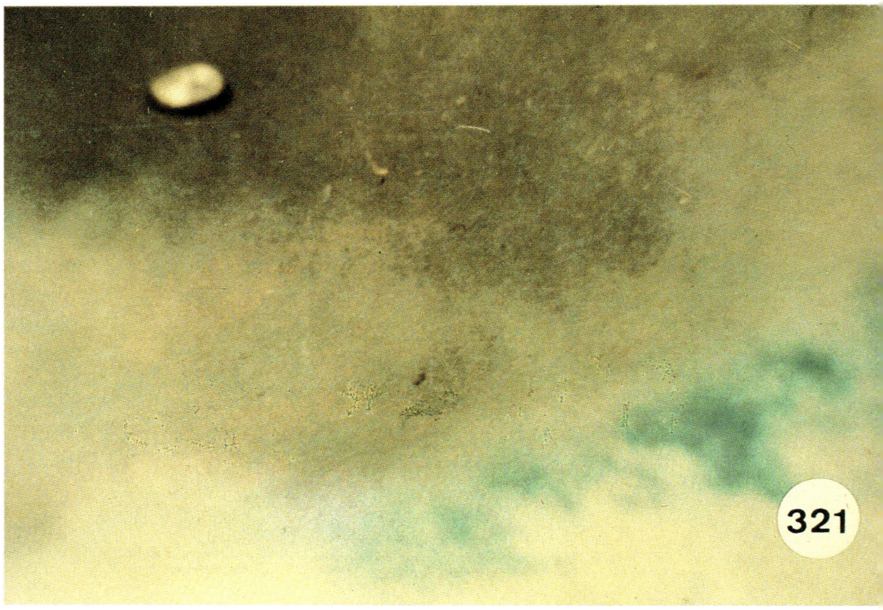

CLES D'UN DELIRE

Jérôme Bosch

Jérôme Bosch (vers 1450-1516) apparaît comme le maître incontesté de l'art fantastique. De son temps déjà n'était-il pas renommé comme « inventeur de choses fantastiques et bizarres », « faiseur de diables » ? Ses diableries constituent en fait des rébus qui déclenchèrent la plus belle foire d'empoigne de l'histoire de l'art.

Un tableau aussi touffu que la *Tentation de saint Antoine* (daté d'entre 1490 et 1505) permet ainsi de nombreuses approches, dont la plus plausible est centrée sur le culte rendu à ce saint. Le panneau central montre une scène étrange. Le saint est agenouillé près d'une table autour de laquelle semble se dérouler un rituel. Un infirme y assiste. Devant lui, posé sur un linge, un pied sectionné constitue la clé d'interprétation de l'ensemble du triptyque.

Par dévotion pour saint Antoine, un ordre s'était constitué en Dauphiné, dont les moines portaient sur leurs habits une sorte de croix, le « tau ». Ces Antonins, qui avaient essaimé rapidement, s'étaient spécialisés dans le traitement d'une maladie atroce, l'ergotisme gangréneux ou convulsif. Celle-ci était provoquée par l'absorption d'aliments contenant du seigle contaminé par un champignon. Rapidement les membres noircissaient et se putréfiaient. S'ils ne tombaient pas d'eux-mêmes, ils étaient amputés par les Antonins, qui les accrochaient aux façades de leurs chapelles. Les amputés (« démembrés » ou « stropiats ») mendiaient alors pour l'ordre en exposant parfois le membre qu'ils avaient perdu ! Cette maladie était appelée « feu saint Antoine », « feu d'enfer » ou « mal des ardents », tant elle répandait dans le corps des brûlures insoutenables. Elle ne pouvait qu'inspirer une sainte terreur envers Antoine, puisque celui-ci protégeait du feu ou punissait par lui. Cela explique les incendies qui embrasent ses *Tentations*.

L'ergot responsable du mal provoquait en outre chez le malade des hallucinations épouvantables et des convulsions qui laissaient croire à des possessions sataniques. Les Antonins, qui furent les témoins de ces troubles, s'en inspirèrent certainement lorsqu'ils commandèrent des *Tentations* pour leurs chapelles. Il n'y a en effet aucune commune mesure entre leurs visions de cauchemar et les épreuves subies par Antoine lorsqu'il vivait en ermite dans le désert d'Egypte.

Ces troubles psychiques causés par l'ergot de seigle étaient encore accrus par les moyens thérapeutiques alors en usage. En effet, pour atténuer les douleurs de l'amputation, les chirurgiens administraient des narcotiques ayant eux-mêmes des vertus hallucinogènes voire aphrodisiaques. C'était le cas de la célèbre mandragore, une plante quasi mythique. Elle tenait, croyait-on, sa forme d'homoncule du fait qu'elle était engendrée lors d'une fécondation de la terre par du sperme de pendu ! Les Antonins l'incorporèrent sans doute à leur breuvage miraculeux, le « saint vinaige », dans lequel avaient macéré des reliques de leur patron. C'est certainement l'offrande de cette potion qui se voit au centre du triptyque.

Les êtres humains étaient répartis suivant leurs activités en catégories dites des « Enfants planétaires ». C'est ainsi que les Antonins, comme les alchimistes, dépendaient de Saturne qui pouvait avoir des effets néfastes. Saturne était un dieu boîteux, infirme comme les protégés des Antonins. Il s'appuyait sur une béquille en forme de « tau » et était accompagné d'un porc, l'animal de saint Antoine. L'on pourrait en déduire que le personnage à tête de porc qui s'apprête à recevoir le « saint vinaige » ne serait autre que Saturne.

L'espèce humaine était en outre divisée en quatre « tempéraments », dont la mélancolie, qui correspondait au sinistre Saturne. Les mélancoliques étaient troublés par des sécrétions de bile noire qui, lors de phases aiguës, pouvaient les plonger dans le délire. Pour les calmer, comme pour l'ergotisme, on leur administrait de la mandragore.

Cette parfaite coïncidence entre Saturne et Antoine s'étend à l'alchimie qui disposait d'un répertoire symbolique considérable pouvant expliquer de nombreuses énigmes dans les œuvres de Bosch. Il y avait d'ailleurs un apothicaire dans la famille du peintre, du côté de sa femme Aleyt.

Parmi les emprunts les plus évidents de la *Tentation* à l'alchimie, se découvrent des matras fantastiques mais aussi des arbres creux, symboles du fourneau (ou athanor). L'un d'eux, à demi métamorphosé en mégère, engendre un enfant emmailloté, l'or alchimique. Un autre abrite une femme nue qui tente l'ermite. Symbole du mercure, elle nous rappelle que les Antonins eurent parfois des conceptions assez libertines. Les jésuites ne reprochèrent-ils pas à leurs hôpitaux d'être de vrais lupanars ?

Sur le volet gauche, un prélat indique un antre souterrain entre les cuisses d'un homme-tertre. Tel détail rappelait à l'alchimiste qu'il devait (suivant l'acrostiche « vitriol ») visiter les entrailles de la terre pour y trouver la matière de la pierre philosophale et que celle-ci était aussi vile qu'excréments (suggérés par la posture du personnage).

Dans le passé, un tel ésotérisme était admis comme un langage « hiéroglyphique » réservé à des initiés et parfaitement justifié par la nationalité égyptienne de saint Antoine.

repose le corps dans
l'esperance de Mlle.
Meriora Gillibrand
décédée à Ligneuville
1863 à l'âge de
munie des Sacrements
mère la sainte
ICI REPOSE
LE CORPS DE MLLE
MERIORA GILLIBRAND
EN SON VIVANT
MONSIEUR HAWARDEN

UNE AFFAIRE DE SEXE

M. ou Mme Hawarden

A une lieue de Malmédy, dans le petit cimetière de Ligneuville, une tombe porte une épitaphe en apparence anodine : « Ici repose le corps dans l'espérance de Mademoiselle Meriora Gillibrand décédée à Ligneuville le 1er mars 1863 à l'âge de 58 ans, munie des Sacrements de Notre Mère la Sainte Eglise ». Cependant, le 2 mars de cette année 1863, un certain Aubin Querinjean avait déclaré à la mairie de Recht le décès non d'une demoiselle, mais d'Arthur Hawarden, âgé de 52 ans et d'origine inconnue. Quelques semaines plus tard, le beau-frère de la personne défunte, le comte de Mouîse, obtenait la suppression de cette mention d'un sieur Hawarden dans le registre des décès et son remplacement par le libellé du nom de Maria Meriora (sic) Gillibrand, célibataire de 56 ans (sic).

Pour la famille, pour les intimes, Meriora ne fut rien moins sans doute qu'une originale, une excentrique. Fumant la pipe ou le havane, elle habillait de vêtements masculins son corps d'androgyne, et, moderne chevalier d'Eon, ne rêvait

Le mythe de l'androgyne n'a cessé d'intriguer l'humanité qui, au cours des siècles, y a projeté sa nostalgie d'un être idéal mâle et femelle. La demoiselle Meriora Gillibrand qui, de son vivant, se fit passer pour un homme, Monsieur Hawarden, y fut-elle sensible? Etait-elle un travesti ou, simplement, se cachait-elle pour échapper à des recherches? Son corps repose dans le petit cimetière de Ligneuville où elle s'était retirée en 1850.

que plaies et bosses au gré des chemins où la menait son caprice. Au siècle de George Sand, un tel comportement faisait sourire les Parisiens, mais pour les habitants de Ligneuville, tout être qui revêtait l'apparence d'un homme en était indubitablement un et monsieur Hawarden n'était autre que... monsieur Hawarden.

Il est difficile de dissocier la légende et la réalité dans l'existence tumultueuse de Meriora, sur laquelle son biographe, Henri Cunibert, laisse d'ailleurs planer plus d'une ombre. En prenant le nom de Hawarden, celle-ci n'aurait fait qu'emprunter l'un des patronymes de sa famille d'ascendance anglaise. Tirant parti d'une connaissance étendue des langues étrangères, elle se prétendait Anglaise alors qu'elle était sans nul doute citoyenne française. Arrêtée avec d'autres émeutiers pour avoir fait le coup de feu sur les barricades, en 1848, elle ne dut son salut qu'à l'examen médical qui l'identifia à la femme qu'elle refusait si farouchement d'être. Pourtant la tradition lui assigne un mari et des amants qui s'entretuèrent pour cette héroïne romantique capable de régler elle-même ses affaires de cœur et parfois de la plus sanglante manière. Ne disait-on pas qu'elle avait poignardé l'un de ses prétendants, lequel avant d'expirer l'avait blessée d'une balle dans la poitrine ? Séquelle du combat ou phtisie, Meriora en tout cas toussait et crachait le sang. Ses errances et, qui sait, la peur des gendarmes la conduisirent, un jour de 1850, au cœur de l'Ardenne, à Ligneuville. Le village compta un paroissien de plus.

Etrange paroissien en vérité qui, lorsque les éléments se déchaînaient, s'élançait à cheval sur la Fagne et n'arrêtait sa monture que sous les créneaux rompus de Salm, de Reuland ou de Reinhardstein. Un jeune garçon d'une douzaine d'années l'accompagnait souvent et consigna les confidences de Hawarden dans un carnet. Grâce à lui, la personnalité du mystérieux gentilhomme prend du relief et l'on devine sa silhouette gracile coiffée d'une haute casquette. Hawarden passait pour riche, encore que nul ne se fût avisé de l'interroger sur les trésors de sa cassette, au vu des deux pistolets qu'il portait à la ceinture. Pas chasseur, mais tireur d'élite, ce brave Hawarden ! Ses dernières années, comme celles de sa jeunesse, constituent une énigme. « Monsieur » Hawarden mourut seul et dans la misère, et le médecin qui constata son décès n'eut aucune curiosité pour ce pauvre mort, à la toilette duquel il n'avait même pas été procédé.

PHOTOGRAPHIES

L'emplacement des photographies est indiqué par les abréviations suivantes: h: en haut, b: en bas, g: à gauche, d: à droite.

P. CLAREBOUT: 26, 43. — P. COERTEN «VISUAL NEWS»: 10-11, 18-19, 20-21, 24-25, 71-72-73, 84, 96-97, 98-99, 103, 112-113, 184-185, 192-193, 242-243h, 252-253, 259, 280-281, 300. — M. DEJAEGHER-«MARCO»: 48-49, 58-59, 82-83, 190-191, 194-195, 202-203, 204-205, 248-249, 250-251, 260-261, 262-263, 276-277, 290-291. — R. DE KEIJSER: 102. — DELHAYE: 256-257. — V. DE RUDDER: 54-55, 56-57. — R. EISCHENNE: 88-89. — G.O.B.: 110-111. — P. JACOB: 114h, 115h. — M. JASINSKI: 193, 206-207-208-209. — J. LAUDY: 240h. — V. LEIRENS: 65bg. — D. MALLINUS: 14-15, 22h-23hd, 28-29, 34-35, 36-37, 40-41, 240. — G. MATTHIEU: 22b, 23hg, 30-31, 32-33, 42, 62-63, 64-65, 77, 78bg, 79b, 80-81, 85, 90-91h, 94-95, 117-118, 124-125, 126-127, 162-163, 164, 166-167, 168-169, 170, 172-173, 174-175, 176-177, 179, 182-183, 186-187, 198-199, 214-215, 216-217, 218-219, 220-221, 222-223, 224-225, 226-227, 228-229, 230-231, 241, 246-247, 254-255, 278-279. — MUSEE BORELY, MARSEILLE: 266 — MUSEES ROYAUX D'ART ET D'HISTOIRE: 282. — MUSEES ROYAUX DES BEAUX-ARTS: 284-285, 286-287, 298-299. — NATIONAL GALLERY: 270-271. — G. PHILIPPART de FOY: 8, 52, 86, 106, 122-123, 160, 180, 196-197, 210, 232, 258, 268. — D. PHILIPPE: 150. — ROSSEL: 178. — A. SCHRÖDER: 12-13, 16-17, 46-47, 60-61, 66-67, 68-69, 76, 78-79bd, 79h, 104-105, 108-109, 114, 120-121, 128-129, 130-131, 132-133, 134, 136-137, 138-139, 140-141, 142-143, 144-145, 146-147, 152-153, 154-155, 156, 188-189, 229, 236-237, 244-245, 264-265, 292-293. — SOBEPS: 294-295, 296-297. — C. STERCKX: 117-118. — E. STOCKMAN: 74-75. — R. TERCAFS: 200-201. — THILL S.A.: 135.

ILLUSTRATIONS

G. MASOIN: 27, 44-45, 50-51, 70, 91b, 92-93, 100-101, 157, 162, 164, 179, 231, 234, 238-239, 242-243b, 247, 261, 262.

LA BELGIQUE INSOLITE ET MYSTERIEUSE
Composition : PHOTOCOMPO CENTER, Bruxelles
Photogravure : GRAFOSSART, Herstal
Impression et reliure : AMILCARE PIZZI, Milan

Achevé d'imprimer le 1er décembre 1987
Première édition

D/1987/0621/47
ISBN 2-87101-009-9
PRINTED IN ITALY